呼和浩特海关年鉴
2022

《呼和浩特海关年鉴（2022）》编纂委员会——编著

中国海关出版社有限公司
·北京·

图书在版编目（CIP）数据

呼和浩特海关年鉴 . 2022 /《呼和浩特海关年鉴（2022）》编纂委员会编著 . — 北京：中国海关出版社有限公司，2023.3

（中国海关史料丛书）

ISBN 978-7-5175-0661-4

Ⅰ.①呼… Ⅱ.①呼… Ⅲ.①海关—呼和浩特— 2022 —年鉴 Ⅳ.① F752.55-54

中国国家版本馆 CIP 数据核字（2023）第 045163 号

呼和浩特海关年鉴（2022）
HUHEHAOTE HAIGUAN NIANJIAN (2022)

作　　者：《呼和浩特海关年鉴（2022）》编纂委员会	
责任编辑：孙　旸	
出版发行：中国海关出版社有限公司	
社　　址：北京市朝阳区东四环南路甲 1 号	邮政编码：100023
编 辑 部：01065194242-7535（电话）	
发 行 部：01065194221/4238/4246/5127（电话）	
社办书店：01065195616（电话）	
https://weidian.com/? userid=319526934（网址）	
印　　刷：北京盛通印刷股份有限公司	经　　销：新华书店
开　　本：889mm×1194mm　1/16	
印　　张：29	字　　数：550 千字
版　　次：2023 年 3 月第 1 版	
印　　次：2023 年 3 月第 1 次印刷	
书　　号：ISBN 978-7-5175-0661-4	
地图审图号：蒙 S（2017）026 号	
定　　价：290.00 元	

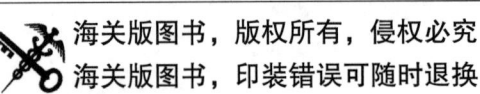

海关版图书，版权所有，侵权必究
海关版图书，印装错误可随时退换

《呼和浩特海关年鉴（2022）》编纂委员会

主 任 委 员　　　　李建伟

副 主 任 委 员　　　孙福军　彭志生　肖万歧　王　华　阳振荣
　　　　　　　　　　侯文波　高明炎　陆　扬　王　静　韩　翔
　　　　　　　　　　蒋志文　孙　志

编纂委员会委员　　　（按姓氏笔画排序）
　　　　　　　　　　于卫东　才志民　马晓功　王东胜　王福林
　　　　　　　　　　云映红　云晓锁　冯永胜　孙　毅　刘宏梅
　　　　　　　　　　张　然　张贵生　杜　培　李春晖　李俊涛
　　　　　　　　　　邬海涛　赵淞兰　段永翔　哈斯图雅　耿亚杰
　　　　　　　　　　秦　岭　常世英　赛希雅拉图　薛君彦

《呼和浩特海关年鉴（2022）》编辑部

总　　　　编	阳振荣
副　总　　编	孙　毅　李春晖
执　行　主　编	苗春雨　王昭岩
执 行 副 主 编	郭胜利
主要撰稿人员	（按姓氏笔画排序）
	王淑芳　亢美燕　邢邦彦　曲晨曦　朱春华
	祁雪峰　纪　斌　杜孟伟　李　娟　李晓璐
	李墨澜　杨　洋　吴志超　何江平　张红艳
	张春艳　张春楠　张锦华　阿牧古龙　武　杰
	周　洋　宗照临　屈　尧　郝雅丽　秦中来
	郭　倩　郭　浩　郭　萍　郭宇坤　崔建高
	梁知新　董　永　董国社　曾得源　靳　谦
	满都呼　翟绍中
主要审稿人员	苗春雨　王昭岩　王　梁　郭胜利
主要校对人员	宗照临　梁　洁　侯忠贞　崔建高　王淑芳
	许　多　李墨澜　阿牧古龙　祁　峻　张锦华
	张红艳

编辑说明

一、《呼和浩特海关年鉴（2022）》由呼和浩特海关组织、呼和浩特海关史研究工作领导小组及下设办公室编辑，是全面反映呼和浩特海关贯彻落实国家重大决策部署、统筹疫情防控和促进外贸稳增长成绩的综合性年鉴。本卷为首卷。

二、文字内容以"篇"为单元，设特载、专记、党的建设、业务建设、综合保障、各隶属海关单位、直属事业单位和群众团体、人物荣誉、大事记、统计资料10篇。包含党建工作、巡视巡察、纪检监察、队伍管理、口岸开放与运行管理、法治建设、业务改革与发展、特殊监管区域管理、风险管理、税收征管、卫生检疫、动植物检疫、进出口食品安全监督、商品检验、口岸监管、政策研究与统计、企业管理和稽查、查缉走私、国际合作、科技发展、政务管理、财务管理、督察内审、离退休干部管理等主题。使用图片206幅。主要反映2021年度呼和浩特海关各项工作的新情况、新举措、新进展，尤其是统筹疫情防控和促进外贸稳增长方面的大事要事，是各级领导、各有关部门了解海关工作、加强沟通联系、实施科学决策，各行业特别是外贸企业查询资料、获取信息的大型便捷工具书。

三、本期年鉴采用分类编纂法，"类目"下列"分目""次分目""条目"。"分目"标题用黑体字表示，"条目"标题用【】表示。

四、稿件由呼和浩特海关所属各职能处室、各隶属海关、各直属事业单位提供。年鉴中所有文字、统计数据、资料，均经供稿单位审核。照片均由呼和浩特海关办公室提供。

五、主要业务数据由呼和浩特海关统计部门提供，其他部门提供的数据与统计部门不一致的，以呼和浩特海关统计部门对外发布的数据为准。计量单位均采用国务院公布的公制和国际单位制，个别遵从习惯。货币计量单位，除明确标注币种之外，均为人民币。

六、数字使用遵照中华人民共和国国家标准《出版物上数字用法的规定》(GB-T15835-2011)。

七、除注明外,文字和图片中的资料数据均截至2021年12月31日。鉴于本卷是首次编纂,综述等内容适当上溯。

目 录

综　述 …………………………………… 1
海关专题图片 …………………………… 1

第一篇　特　载

在2021年呼和浩特海关工作会议上的
　讲话 …………………………………… 3
在2021年呼和浩特海关全面从严治党
　工作会议上的讲话 …………………… 17

第二篇　专　记

呼和浩特海关党史学习教育 …………… 31
呼和浩特海关贯彻实施《"十四五"海关
　发展规划》 …………………………… 35
呼和浩特海关统筹口岸疫情防控和促进
　外贸稳增长 …………………………… 52
优化口岸营商环境　促进跨境贸易
　便利化 ………………………………… 60
呼和浩特海关"三智"建设与国际合作 …… 71
呼和浩特海关打击走私重点专项工作 …… 75
呼和浩特海关开展国门生物安全与食品
　安全行动 ……………………………… 81

第三篇　党的建设

党建工作 ………………………………… 89

概况 …………………………………… 89
宣传思想文化 …………………………… 89
党委理论学习中心组学习 …………… 89
意识形态管理 ………………………… 90
入选"'我为群众办实事'
　百佳项目" ………………………… 90
举办建党100周年摄影书画
　作品展 ……………………………… 90
基层组织建设 …………………………… 91
最强党支部建设 ……………………… 91
基层党建品牌创建 …………………… 91
获评全国先进基层党组织 …………… 92
成立党员突击队和创新专班 ………… 92
北疆模范机关创建 …………………… 95
党风廉政建设 …………………………… 95
"三重一大"事项决策制度修订 ……… 95
"一把手"和领导班子监督 …………… 95
警示教育活动 ………………………… 95
警示教育月活动 ……………………… 96
治理违反中央八项规定精神突出
　问题 ………………………………… 96
为基层减负 …………………………… 96
群团组织 ………………………………… 97
群团组织建设 ………………………… 97
工会陪你E起就地过年 ……………… 97
参加"永远跟党走"合唱比赛 ………… 97
巡视巡察 ………………………………… 99
概况 …………………………………… 99
巡视整改 ………………………………… 99
巡视长期整改 ………………………… 99

巡视监督重点自查梳理和整改 ………… 99
巡察 ………………………………………… 99
　　巡察组织建设 …………………………… 99
　　常规巡察 ……………………………… 100
　　巡审联动 ……………………………… 100
　　巡察干部管理 ………………………… 100
　　巡察整改监督 ………………………… 101
　　巡察学习与研究 ……………………… 101
纪检监察 ……………………………… 102
　　概况 …………………………………… 102
监督检查 ……………………………… 102
　　"四风"监督 ………………………… 102
　　新冠肺炎疫情防控监督 ……………… 102
　　派驻监督 ……………………………… 102
　　"一把手"和领导班子纪检监督 …… 103
　　酒驾醉驾治理监督 …………………… 103
　　廉政意见回复 ………………………… 103
执纪问责 ……………………………… 103
　　纪律审查 ……………………………… 103
　　打私反腐"一案双查" ……………… 103
　　执纪审查协作办案 …………………… 104
　　问责 …………………………………… 104
　　"现场监管与外勤执法权力寻租"
　　　专项整治 …………………………… 104
示警促改 ……………………………… 104
　　以案示警 ……………………………… 104
　　以案促改 ……………………………… 105
队伍管理 ……………………………… 106
　　概况 …………………………………… 106
机构编制管理 ………………………… 106
　　编制核查 ……………………………… 106
　　内设机构调整 ………………………… 106
干部人事管理 ………………………… 106
　　干部选拔任用 ………………………… 106

　　新冠肺炎疫情防控人力保障 ………… 107
　　执法一线科长队伍建设 ……………… 107
　　选人用人检查自查 …………………… 108
　　竞争性选调 …………………………… 108
　　专业技术类公务员分类管理 ………… 108
　　事业单位岗位设置管理 ……………… 108
　　干部人事档案专项审核 ……………… 109
　　个人有关事项报告查核处理 ………… 109
人才队伍建设 ………………………… 109
　　公务员招录 …………………………… 109
　　职称评审 ……………………………… 109
　　人才培养建设 ………………………… 109
　　队伍建设平台推广应用 ……………… 110
　　边关工作荣誉表彰 …………………… 110
　　扶贫驻村干部选派 …………………… 110
教育培训 ……………………………… 110
　　习近平新时代中国特色社会主义
　　　思想教育培训 ……………………… 110
　　公务员初任培训 ……………………… 111
　　培训对象分级分类 …………………… 111
　　培训方式形式多样化 ………………… 111
　　师资建设 ……………………………… 111
　　培训机制建设 ………………………… 111

第四篇　业务建设

口岸开放与运行管理 ………………… 117
　　概况 …………………………………… 117
口岸开放与发展 ……………………… 117
　　口岸开放 ……………………………… 117
　　口岸发展 ……………………………… 117
优化口岸营商环境 …………………… 117
　　优化营商环境新闻发布会 …………… 117

压缩整体通关时间培训交流 ………… 118
　　成立压缩整体通关时间工作专班 …… 118
　　优化营商环境措施及任务分工 ……… 118
　　"百人联千企 力行促外贸"
　　　专项活动 ……………………………… 118
　国际贸易"单一窗口"建设 ………………… 119
　　"单一窗口"推广培训 ………………… 119
　　"单一窗口"推广应用 ………………… 119
　　"单一窗口"业务创新 ………………… 120

法治建设 …………………………………………… 121
　概况 ………………………………………………… 121
　法规管理 …………………………………………… 121
　　学习宣传习近平法治思想 ……………… 121
　　法治建设规划实施意见制定 …………… 122
　　"放管服"改革落实措施与成效 ……… 122
　　"证照分离"改革实施方案制订与
　　　落实 …………………………………………… 122
　　法治培训 ………………………………………… 123
　　法治人才队伍建设 ……………………… 123
　　立法建议被总署吸纳 …………………… 123
　　行政规范性文件清理建议被自治区
　　　采纳 …………………………………………… 123
　复议应诉 …………………………………………… 123
　　行政复议、诉讼信息维护与机制
　　　建设 …………………………………………… 123
　　行政执法"三项制度"落实 …………… 124
　　案件审理委员会会议 …………………… 124
　　权责清单编制参与和修改建议 ………… 124
　　法律顾问聘用与民事合同审查 ……… 124
　法治协调和法治宣传 ……………………………… 124
　　法治宣传教育规划实施意见制定 …… 124
　　普法责任清单与计划制订 ……………… 125
　　全民国家安全教育日宣传活动 ………… 125
　　法治调研与合作 ………………………… 125

　　"美好生活·民法典相伴"
　　　普法宣传 ……………………………………… 125
　　海关法治宣传日活动 …………………… 126
　　"宪法宣传周"活动 …………………… 126
　　入选十大法治事件 ……………………… 126
　　法治宣传教育基地培育 ………………… 127
　　《法治参考》专栏设立 ………………… 127

业务改革与发展 …………………………………… 128
　概况 ………………………………………………… 128
　业务改革协调 ……………………………………… 128
　　"两步申报"业务改革培训 …………… 128
　　"两步申报"业务改革推广 …………… 128
　　落实"问题清零"机制 ………………… 129
　通关运行管理 ……………………………………… 129
　　通关专题研究分析 ……………………… 129
　　通关运行监测分析 ……………………… 129
　贸易管制与技术规范 ……………………………… 129
　　禁限管控 ………………………………………… 129
　　海关技术规范制修订 …………………… 130
　　技术性贸易措施调查及案例 …………… 130
　知识产权海关保护 ……………………………… 130
　　知识产权海关保护专项行动 ………… 130
　　寄递渠道知识产权海关保护
　　　专项行动 ……………………………………… 131
　　成立知识产权海关保护工作专班 …… 131
　特殊监管区域管理 ……………………………… 132
　概况 ………………………………………………… 132
　制度创新 ………………………………………… 132
　　落实"四自一简"政策 ………………… 132
　　以企业为单元税款担保改革 ………… 132
　　辅助系统建设 …………………………………… 133
　　研提促发展建议 ………………………… 133
　　跨境电商保税进口操作指南制定 …… 133
　特殊监管区域管理 ……………………………… 134

特殊区域内跨境电商验核与稽查 ……… 134
　　保税监管安全生产与案例 …………… 134
　　特殊区域管理子系统上线 …………… 135
　　协助综保区面积调整 ………………… 135
风险管理 …………………………………… 137
　概况 …………………………………… 137
　风险信息监测预警 …………………… 137
　　风险信息管理 ………………………… 137
　　信息收集转化 ………………………… 137
　　风险预警机制建设 …………………… 137
　　业务运行风险监控 …………………… 138
　　署级风险预警课题 …………………… 138
　风险分析处置 ………………………… 138
　　风险管理高质量发展规划与实施
　　　方案制订 …………………………… 138
　　"猎鼠"专项行动 …………………… 138
　　"国门利剑2021"风险防控 ………… 139
　　邮递物品风险防控 …………………… 139
　　跨境客车渠道风险防控 ……………… 139
　　涉检风险研判 ………………………… 139
　　"清邮"行动 ………………………… 140
　大数据应用 …………………………… 140
　　大数据应用队伍建设 ………………… 140
　　大数据应用效果 ……………………… 140
税收征管 …………………………………… 141
　概况 …………………………………… 141
　税政调研与估价管理 ………………… 141
　　税政调研 ……………………………… 141
　　估价管理 ……………………………… 142
　征收管理 ……………………………… 142
　　综合治税 ……………………………… 142
　　税收分析 ……………………………… 142
　　属地纳税人管理 ……………………… 142
　　企业集团财务公司税款担保 ………… 143

　　税款担保改革 ………………………… 143
　　组建税收征管人才库 ………………… 143
　　涉税化验调研 ………………………… 143
　　携手助企专项活动 …………………… 143
　　行邮税征管应用系统试点 …………… 144
　　进境物品税收征管督导核查 ………… 144
　税收风险防控 ………………………… 144
　　协同防控 ……………………………… 144
　　征管规范 ……………………………… 145
　原产地管理 …………………………… 145
　　《亚太贸易协定》项下货物享惠 …… 145
　　RCEP实施准备 ……………………… 145
卫生检疫 …………………………………… 147
　概况 …………………………………… 147
　检疫管理 ……………………………… 147
　　口岸新冠肺炎疫情防控机制建设与
　　　运行 ………………………………… 147
　　口岸常态化新冠肺炎疫情防控技术
　　　方案修订 …………………………… 148
　　陆路口岸检疫查验 …………………… 148
　　新冠肺炎季节性疫情防控方案
　　　制订 ………………………………… 148
　　新冠肺炎疫情防控安全防护管理 …… 149
　　新冠肺炎疫情防控安全防护培训
　　　计划与实施 ………………………… 149
　　新冠肺炎疫情防控安全防护监督 …… 149
　　新冠肺炎疫情防控专项督导 ………… 149
　　新冠肺炎疫情防控应急处置及演练 … 150
　　一线工作人员集中封闭管理 ………… 150
　　健康教育 ……………………………… 150
　生物安全 ……………………………… 151
　　口岸生物安全宣传教育 ……………… 151
　　"全国疟疾日""世界艾滋病日"
　　　主题宣传 …………………………… 151

口岸生物安全风险防控研究 ………… 151
疾病监测 ……………………………………… 151
　　传染病监测能力提升 ………………… 151
　　多病共防 ……………………………… 152
卫生监督 ……………………………………… 152
　　口岸公共卫生监督 …………………… 152
　　预防性消毒处理监督指导 …………… 152
　　口岸食品安全抽检 …………………… 153
　　口岸常规病媒生物监测 ……………… 153
　　"一带一路"重点口岸病媒生物
　　　专项监测 …………………………… 154

动植物检疫 …………………………………… 155
　　概况 …………………………………… 155
进出境动物检疫 ……………………………… 155
　　检疫监管制度制定与运行 …………… 155
　　进境动物隔离场验收制度制定与
　　　运行 ………………………………… 155
　　国门生物（动物检疫）安全监测 …… 156
　　来自动物疫区运输工具检疫 ………… 156
　　绒毛出口企业推荐至欧盟 …………… 156
　　供港澳活牛育肥厂注册 ……………… 156
　　禽流感疫情防控 ……………………… 156
　　进口种羊检疫监管 …………………… 157
　　牛结节性疫病防控 …………………… 157
　　进口种猪检疫 ………………………… 157
　　进境种猪隔离场审验 ………………… 158
　　进口牛精液检疫监管 ………………… 158
进出境植物检疫 ……………………………… 158
　　外来入侵物种防控 …………………… 158
　　国门生物（植物检疫）安全监测 …… 159
　　进出口农产品和饲料安全风险监控 … 159
　　"国门绿盾"行动 …………………… 159
　　进口粮食加工管理 …………………… 160
　　进出口粮食等企业资质审核 ………… 160

进出境动植物检疫管理 ……………………… 160
　　"十四五"动植检实施方案制订 …… 160
　　进出境动植物检疫处理监督管理 …… 160
　　进出境动植物检疫处理工作质量
　　　检查 ………………………………… 161
　　建立进出境动植物检疫审核验收
　　　专家库 ……………………………… 161
　　进出境动植物检疫岗位资质培训 …… 161
　　助企动植物检疫专项活动 …………… 161

进出口食品安全监督 ………………………… 163
　　概况 …………………………………… 163
检验管理 ……………………………………… 163
　　《中华人民共和国进出口食品安全
　　　管理办法》宣传贯彻 ……………… 163
　　遴选进口食品境外生产企业注册
　　　评审员 ……………………………… 163
　　食品安全宣传 ………………………… 163
　　进出口食品安全监督抽检 …………… 164
　　进出口食品安全监督专题培训 ……… 164
　　进出口食品民生项目 ………………… 164
　　进出口食品安全风险监测 …………… 165
　　进出口食品安全信息编报 …………… 165
　　蒙古国食品安全管理体系研究 ……… 165
　　食品营养健康宣传 …………………… 167
　　进出口食品安全合作 ………………… 167
进口检验检疫 ………………………………… 168
　　进口冷链食品疫情防控 ……………… 168
　　进口冷链食品疫情防控人员安全
　　　防护 ………………………………… 168
　　进口冷链食品疫情防控应急演练 …… 169
　　"国门守护"进口食品安全行动 …… 169
出口检验检疫 ………………………………… 169
　　出口食品企业培育 …………………… 169
　　应对境外技术性贸易措施 …………… 170

商品检验 ……………………………… 171	邮递物品监管 ……………………… 181
概况 …………………………………… 171	**跨境电商** ……………………………… 182
危险品检验监管 ……………………… 171	简化申报与随机巡查 ……………… 182
进出口危险品及其包装检验监管 …… 171	首单"班列＋电商"业务监管 …… 182
进出口危险品属地查验 …………… 172	"断链刨根"专项整治 …………… 182
进出口危险品业务培训和岗位练兵 … 172	**行李物品监管** ……………………… 182
固体废物属性鉴别 ………………… 172	旅客行李物品监管首次采用"一次
进出口防疫物资质量安全监管 …… 173	过检"模式 …………………… 182
大宗资源商品检验监管 …………… 173	复工复产"绿色通道"入境监管 … 183
进口煤炭质量安全风险管理试点 … 173	出入境旅客健康申报电子化 ……… 183
进口煤炭检验监管 ………………… 174	**场所场地监管** ……………………… 183
进口铜精矿检验监管 ……………… 174	监管场所验核与存储危险品排查 … 183
进口原油质量检验监管 …………… 174	监管场所巡查 ……………………… 183
出口化肥检验监管 ………………… 175	**智慧监管** …………………………… 186
检验预警与监督 ……………………… 175	"三智"示范展示 ………………… 186
进出口商品质量安全预警监管 …… 175	公路口岸智能卡口联动 …………… 186
防止商品假冒伪劣"清风行动" … 175	"辅助系统"二期建设与应用 …… 186
进出口商品质量监督检查 ………… 176	监控指挥中心运行管理 …………… 187
口岸监管 ……………………………… 177	智能审图同屏比对 ………………… 187
概况 …………………………………… 177	智能闸机电子化验核应用 ………… 187
运输工具监管 ……………………… 177	**海关口岸监管环节反恐** …………… 188
公路进出境运输工具备案管理 …… 177	参与口岸反恐标准制定 …………… 188
进出境航空器监管 ………………… 177	反恐培训与演练 …………………… 188
分流入境航班监管接受督导 ……… 178	**安全生产** …………………………… 188
货物监管 …………………………… 178	安全生产联防联控合作 …………… 188
中欧班列监管 ……………………… 178	安全生产管理 ……………………… 189
"呼和浩特—莫斯科"中欧班列	"安全生产月"活动 ……………… 190
首发监管 ……………………… 179	**政策研究与统计** ……………………… 191
公路运输进出境货物监管 ………… 180	概况 …………………………………… 191
集装箱进口高风险非冷链预防性	**统计调查** …………………………… 191
消毒方案制修订 ……………… 180	调查问卷填报与分析 ……………… 191
进口冷链货物预防性消毒监督 …… 180	沙棘税号申请 ……………………… 191
快件邮件监管 ……………………… 181	**贸易统计与业务统计** ……………… 192
快件监管 …………………………… 181	贸易统计 …………………………… 192

业务统计 ……………………………… 192
统计数据运用与管理 …………………………… 193
　　宣传贯彻《中华人民共和国数据
　　　安全法》 …………………………… 193
　　业务数据分类分级标准安全管理 …… 193
　　数据分析 ……………………………… 193
统计新闻宣传和服务 …………………………… 193
　　召开外贸新闻发布会 ………………… 193
　　统计咨询服务 ………………………… 194
政策研究 ………………………………………… 194
　　向北开放重要桥头堡研究 …………… 194
　　贯彻《"十四五"海关发展规划》
　　　实施意见制定 ……………………… 196
　　改革创新课题研究 …………………… 197
　　《海关政研》专栏采编 ……………… 199
　　署级课题研究 ………………………… 199
　　关级课题研究 ………………………… 200
　　重点商品调研 ………………………… 202
监测预警 ………………………………………… 202
　　统计监测分析 ………………………… 202
　　黄河流域监测分析 …………………… 202
企业管理和稽查 ………………………………… 203
　　概况 …………………………………… 203
企业管理 ………………………………………… 203
　　优化和改善企业管理 ………………… 203
　　行政审批制度改革 …………………… 203
　　行政审批改革培训 …………………… 204
　　企业备案改革 ………………………… 204
　　"多证合一"备案 …………………… 204
　　企业注销管理 ………………………… 205
　　特定资质企业管理 …………………… 205
　　企业信用管理 ………………………… 205
　　企业信用培育与差别化管理 ………… 205
保税监管 ………………………………………… 206

　　加工贸易企业监管 …………………… 206
　　企业集团加工贸易监管 ……………… 206
稽查核查 ………………………………………… 206
　　稽查业务改革方案制订 ……………… 206
　　"国门利剑"稽查行动 ……………… 207
属地查检 ………………………………………… 207
　　查验随机与"选查处"分离 ………… 207
　　属地查验改革 ………………………… 208
查缉走私 ………………………………………… 209
　　概况 …………………………………… 209
综合管理 ………………………………………… 209
　　缉私工作会议 ………………………… 209
　　缉私重点任务分工方案制订 ………… 210
　　缉私专项行动推进 …………………… 210
打击涉税走私 …………………………………… 210
　　打击"水客"长效机制建设 ………… 210
　　行政大要案报批 ……………………… 211
打击非涉税走私 ………………………………… 211
　　"蓝天2021"专项行动 ……………… 211
缉私法制建设 …………………………………… 211
　　行政执法质量检查 …………………… 211
　　刑事执法质量检查 …………………… 212
　　案件集体审议制度制定与执行 ……… 212
　　执法质量管控 ………………………… 212
　　法制宣传与培训 ……………………… 212
　　与检察、审判机关联系配合 ………… 213
国际地区执法合作与综合治理 ………………… 213
　　国际地区执法合作 …………………… 213
　　打击走私综合治理会议 ……………… 213
　　打私综合治理调研 …………………… 213
　　打私联合执法 ………………………… 213
　　打击走私综合治理考评机制建设 …… 214
国际合作 ………………………………………… 215
　　概况 …………………………………… 215

多边合作 ·················· 215
　署级合作项目研究 ·············· 215
　"三智"建设与合作机制 ············ 216
　"三智"项目培育展示 ············· 216
双边合作 ·················· 217
　联络官调整报批 ··············· 217
　中蒙边境地海关联络官会晤 ·········· 217
　中蒙病媒生物联合监测 ············ 217
外事管理 ·················· 218
　外事队伍建设 ················ 218
　外事培训交流 ················ 218
技术性贸易措施交涉应对 ············ 218
　成立技术性贸易措施专班 ··········· 218
　技术性贸易措施影响调查 ··········· 218
　特别贸易关注议题 ·············· 219
科技发展 ·················· 220
　概况 ···················· 220
信息化建设 ·················· 220
　核心设备及基础设施建设 ··········· 220
　系统应用管理 ················ 221
　智能卡口与智慧审图系统建设 ········· 221
　信息化制度建设 ··············· 222
　信息系统安全保障 ·············· 222
　网络安全宣传周 ··············· 222
　科技人员跟班作业 ·············· 222
实验室管理 ·················· 223
　实验室管理与布局 ·············· 223
　实验室建设 ················· 223
　实验室安全检查 ··············· 223
　合作共建实验室 ··············· 223
　实验室仪器设备使用与管理 ·········· 224
　数字实验室切换上线 ············· 224
科研管理 ·················· 224
　署级科研立项 ················ 224

　科技成果及奖励管理 ············· 225
　科技项目验收评审管理 ············ 225
　专项科研申报 ················ 225
　科技发展规划实施意见制定 ·········· 226
　科技宣传 ·················· 226

第五篇　综合保障

政务管理 ·················· 231
　概况 ···················· 231
应急值守与政务信息 ·············· 231
　应急值守 ·················· 231
　政务信息管理 ················ 231
　互联网信息编报 ··············· 231
会议管理 ·················· 232
　会议管理制度落实 ·············· 232
　2021年工作会议 ··············· 232
　2021年全面从严治党工作会议 ········ 232
　形势分析及工作督查例会 ··········· 233
公文处理 ·················· 233
　公文处理制度落实 ·············· 233
　公文质量管理 ················ 233
督查督办 ·················· 233
　基层减负督查 ················ 233
　政府工作督查 ················ 234
建议提案办理 ················· 234
　自治区人大建议办理 ············· 234
　自治区政协提案办理 ············· 235
保密管理 ·················· 235
　保密管理职责履行 ·············· 235
　保密法宣传教育 ··············· 235
档案管理 ·················· 236
　档案资料保管 ················ 236

档案安全检查 …………………… 236
政务公开 ……………………………… 236
　　政务公开能力提升 ………………… 236
　　12360 服务热线归并 ……………… 236
　　隶属海关政务公开调研 …………… 237
信访与新闻宣传 ……………………… 237
　　信访工作 …………………………… 237
　　新闻宣传 …………………………… 237
史志编纂 ……………………………… 238
　　海关口述史料征集 ………………… 238
　　年鉴编纂方案制订与启动 ………… 238
疫情内部防控 ………………………… 238
　　新冠肺炎疫情内部防控制度制定 …… 238
　　线下活动新冠肺炎疫情防控工作
　　　方案制订 ………………………… 239
　　新冠肺炎疫情内部防控管理系统
　　　上线运行 ………………………… 239
财务管理 ………………………………… 240
　　概况 ………………………………… 240
税费财务管理 ………………………… 240
　　税费财务管理制度落实 …………… 240
　　年末年初税费财务管理 …………… 240
预决算管理 …………………………… 240
　　预算管理 …………………………… 240
　　项目支出绩效评价与绩效运行
　　　监控管理 ………………………… 241
　　编制项目支出规划 ………………… 241
　　预算绩效管理评价 ………………… 241
　　项目支出核心绩效指标体系修订 …… 241
　　"过紧日子"定期评估 …………… 241
国库集中支付管理 …………………… 242
　　国库集中支付管理培训 …………… 242
　　国库集中支付管理规范制定 ……… 242
涉案财物管理 ………………………… 242

　　涉案财物配合管理制度修订 ……… 242
　　涉案财物管理自查 ………………… 242
　　涉案财物仓库安全管理 …………… 242
　　走私冻品和"双无"固体废物
　　　移交处置 ………………………… 243
企事业单位财务管理 ………………… 243
　　海关企事业单位脱钩 ……………… 243
　　海关全民所有制企业改制 ………… 243
机关财务管理 ………………………… 244
　　政府采购管理专项检查 …………… 244
　　准备期养老保险金、职业年金
　　　核算和清缴 ……………………… 244
　　财务基础工作核查 ………………… 244
　　财务内部控制建设 ………………… 244
基建管理 ……………………………… 244
　　重点建设项目绩效评价 …………… 244
　　重点实验室项目总验收 …………… 244
资产与装备管理 ……………………… 245
　　公务用车管理 ……………………… 245
　　新冠肺炎疫情防控物资保障 ……… 245
　　节能管理 …………………………… 245
　　资产管理 …………………………… 246
督察内审 ………………………………… 247
　　概况 ………………………………… 247
督察监督 ……………………………… 247
　　重大政策措施督察 ………………… 247
　　署级跟踪督察 ……………………… 247
　　进出口危化品督察 ………………… 248
内部审计 ……………………………… 248
　　重点工作专项审计 ………………… 248
　　实验室建设审计调研 ……………… 248
　　经济责任审计 ……………………… 248
　　竣工结算审计 ……………………… 249
内控建设 ……………………………… 249

内控管理 …………………………………… 249
　　内控机制建设培训 ………………………… 249
　　内控评价 …………………………………… 249
　　HLS2017 平台应用 ………………………… 250
执法评估 ………………………………………… 250
　　参与署级执法评估专题 …………………… 250
　　进口煤炭评估 ……………………………… 250
　　通关时效评估 ……………………………… 250
疫情防控督导 …………………………………… 251
　　新冠肺炎疫情防控督导 …………………… 251
　　新冠肺炎疫情防控安全防护督导 ………… 251
离退休干部管理 …………………………………… 252
　　概况 ………………………………………… 252
离退休干部党建 ………………………………… 252
　　离退休干部党委工作制度制定 …………… 252
　　离退休干部党支部建设 …………………… 253
　　离退休干部思想政治建设 ………………… 253
　　离退休干部党支部品牌培育 ……………… 254
　　离退休干部党风廉政建设 ………………… 254
　　离退休干部党史学习教育 ………………… 254
离退休干部服务管理 …………………………… 255
　　"我看建党百年新成就"专题调研 …… 255
　　改进离退休干部管理 ……………………… 256
　　离退休干部参加重要会议 ………………… 256
　　走访慰问老党员老干部 …………………… 257
　　困难帮扶 …………………………………… 257
　　离退休干部信息化服务 …………………… 257
离退休干部文化教育 …………………………… 258
　　"两个阵地"建设 ………………………… 258
　　离退休干部教育培训 ……………………… 258
　　离退休干部文化宣传 ……………………… 258
　　发挥离退休干部作用 ……………………… 259

第六篇　各隶属海关单位

呼和浩特白塔机场海关 …………………………… 263
　　概况 ………………………………………… 263
　　党的建设 …………………………………… 263
　　纪检监察 …………………………………… 263
　　新冠肺炎疫情防控 ………………………… 264
　　检验检疫 …………………………………… 264
　　查缉走私 …………………………………… 264
　　口岸监管 …………………………………… 265
　　优化口岸营商环境 ………………………… 265
　　政务管理 …………………………………… 265
　　财务管理 …………………………………… 265
赛罕海关 …………………………………………… 267
　　概况 ………………………………………… 267
　　党的建设 …………………………………… 267
　　队伍建设 …………………………………… 267
　　新冠肺炎疫情防控 ………………………… 268
　　关区业务集中处置 ………………………… 268
　　企业管理 …………………………………… 269
　　综合保税区监管 …………………………… 269
　　特色产业产品监管 ………………………… 269
　　口岸监管 …………………………………… 269
　　政务管理 …………………………………… 270
　　财务管理 …………………………………… 270
二连海关 …………………………………………… 271
　　概况 ………………………………………… 271
　　党的建设 …………………………………… 271
　　纪检监察 …………………………………… 272
　　队伍建设 …………………………………… 272
　　法治建设 …………………………………… 272
　　新冠肺炎疫情内部防控 …………………… 272
　　属地新冠肺炎疫情防控 …………………… 273

卫生检疫 273
铁路口岸司机电讯检疫 273
口岸病媒生物监测 274
农产品"绿色通道"监管 274
中欧班列监管 275
进出口食品安全监管 275
查缉走私 276
优化口岸营商环境 276
"互联网+核查" 277
跨境电商政策研究 277
口岸新冠肺炎疫情防控国际合作 277
中蒙联合病媒生物监测 277
重要野生动物鉴定课题研究 278

包头海关 280
概况 280
党的建设 280
纪检监察 281
法治建设 281
口岸新冠肺炎疫情防控 281
口岸卫生监督 281
病媒生物及鼠疫监测 282
进境种羊隔离检疫 282
进出口食品安全监管 283
商品检验 283
口岸监管 283
查缉走私 284
企业管理 284
税收征管 284
优化营商环境专项活动 285
督察内审 285
签署国际口岸卫生检疫合作协议 285

额济纳海关 287
概况 287
党的建设 287

纪检监察 288
队伍建设 288
法治建设 288
口岸新冠肺炎疫情防控 289
属地新冠肺炎疫情防控 289
口岸卫生监督 289
病媒生物及鼠疫监测 290
进出口食品安全宣教 290
商品检验 290
优化口岸营商环境 291
口岸监管 291
查缉走私 292
税收征管 292
督察内审 292

东乌海关 293
概况 293
党的建设 293
纪检监察 293
法治建设 294
卫生检疫 294
应对重大疫情卫生检疫设施项目
　改造 295
口岸病媒生物监测 295
进口种鸡隔离检疫监管 296
服务企业发展 296
口岸监管 297
税收征管 297
查缉走私 298
财务管理 298

乌拉特海关 299
概况 299
党的建设 299
纪检监察 299
法治建设 300

口岸新冠肺炎疫情防控 …………… 300	中欧班列监管 …………………… 313
动植物检疫 ……………………… 300	进出口食品安全监管 …………… 313
监管业务 ………………………… 301	优化口岸营商环境 ……………… 313
查缉走私 ………………………… 301	政务管理 ………………………… 314
优化口岸营商环境 ……………… 302	财务及后勤保障 ………………… 314
支持 AGV 跨境无人驾驶自动通关	
项目建设 ……………………… 302	**乌海海关** ………………………… 315
科技发展 ………………………… 302	概况 ……………………………… 315
财务管理 ………………………… 303	党的建设 ………………………… 315

鄂尔多斯海关 …………………… 304
    概况 ……………………………… 304
    党的建设 ………………………… 304
    纪检监察 ………………………… 304
    法治建设 ………………………… 305
    卫生检疫 ………………………… 305
    口岸病媒生物及鼠疫监测 ……… 306
    综合保税区监管 ………………… 306
    中欧班列监管 …………………… 307
    试点推广原产地无纸化申报 …… 307
    进境种猪隔离场验收与检疫准备 …… 307
    进出口食品安全监管 …………… 308
    商品检验 ………………………… 308
    查缉走私 ………………………… 309
    优化口岸营商环境 ……………… 309

集宁海关 ………………………… 310
    概况 ……………………………… 310
    党的建设 ………………………… 310
    纪检监察 ………………………… 310
    队伍建设 ………………………… 310
    法治建设 ………………………… 311
    新冠肺炎疫情防控 ……………… 311
    国门生物安全监测 ……………… 311
    监管业务 ………………………… 312
    保税物流监管 …………………… 312

纪检监察 ………………………… 316
监管业务 ………………………… 316
属地查验 ………………………… 316
进出口食品安全监管 …………… 317
查缉走私 ………………………… 317
优化口岸营商环境 ……………… 318
"百人联千企 力行促外贸"
    专项活动 ……………………… 318
政务管理 ………………………… 318

阿拉善海关 …………………… 320
    概况 ……………………………… 320
    党的建设 ………………………… 320
    纪检监察 ………………………… 320
    队伍建设 ………………………… 321
    法治建设 ………………………… 321
    新冠肺炎疫情防控 ……………… 321
    监管业务 ………………………… 321
    查缉走私 ………………………… 322
    安全生产 ………………………… 322
    优化口岸营商环境 ……………… 322
    财务及后勤保障 ………………… 323

第七篇　直属事业单位和群众团体

呼和浩特海关后勤管理中心 ………… 327

概况 …… 327
党的建设 …… 327
队伍建设 …… 328
新冠肺炎疫情内部防控 …… 328
新冠肺炎疫情防控保障 …… 328
安全生产 …… 329
节约型机关创建 …… 329
政府采购实施 …… 330
节假日施工 …… 330
涉案财物保管 …… 330
公车管理 …… 330
落实海关系统全民所有制企业
　改制 …… 331
资产处置与年金清缴 …… 331

中国电子口岸数据中心呼和浩特分中心 …… 332
概况 …… 332
党的建设 …… 332
新冠肺炎疫情防控 …… 333
"三重一大"制度制修订 …… 333
劳动合同管理 …… 333
"质量强企"合作 …… 333
"关银一KEY通"合作项目 …… 333
为企业排忧解难 …… 334
跨境电商平台建设 …… 335
安全生产 …… 335
涉外会议保障 …… 335
财务制度修订 …… 335
固定资产清查与处置 …… 335
运维服务与巡检管理 …… 336
公司管理 …… 336
公司制度汇编 …… 336

呼和浩特海关技术中心 …… 337
概况 …… 337
党的建设 …… 337

新冠肺炎疫情防控 …… 338
多项测量审核获通过 …… 338
内部质量控制管理 …… 338
参加国家级和其他机构能力验证
　考核 …… 338
实验室检测资质认可 …… 339
实验室安全管理 …… 340
数据安全管理 …… 340
固体废物属性鉴定实验室建设 …… 341
化学品废弃物管理 …… 341
三项课题验收鉴定 …… 341
多项研究获成果登记证书 …… 342
学术研究 …… 342
地方标准制定 …… 343
行业标准制定 …… 344

呼和浩特国际旅行卫生保健中心 …… 345
概况 …… 345
党的建设 …… 345
新冠肺炎疫情防控技术支持 …… 346
口岸新冠病毒实验室检测 …… 346
P3实验室制度建设 …… 346
P2+实验室建设 …… 346
实验室能力建设 …… 347
实验室培训及实操演练 …… 349
实验室生物安全制度建设 …… 349
预防接种与传染病监测体检 …… 350
"预防接种异常反应应急处置"
　演练 …… 350
艾滋病预防与筛查 …… 350
地方标准制定与发布 …… 350
科研项目成果 …… 351
学术研究 …… 351
媒介监测与鉴定 …… 351
安全生产 …… 352

医废及消毒管理 …… 352
呼和浩特海关学会 …… 353
　　概况 …… 353
　　论文征集 …… 353
　　论文评审 …… 353
　　启动换届 …… 354
　　志书出版 …… 354

2021年呼和浩特海关进出口商品月度
　　总值表 …… 379
2021年呼和浩特海关进出口商品国别
　　（地区）前30位总值表 …… 380
2021年呼和浩特海关进出口商品贸易
　　方式总值表 …… 382
2021年呼和浩特海关进出口企业性质
　　总值表 …… 383
2021年呼和浩特海关进出口商品关别
　　总值表 …… 384
2021年呼和浩特海关进出口商品运输
　　方式总值表 …… 385
2021年呼和浩特海关进出口商品类章
　　总值表 …… 386

第八篇　人物荣誉

2021年荣获全国、海关总署、内蒙古自治区
　　"两优一先"表彰集体和个人名单 …… 357
呼和浩特海关首次荣获"光荣在党50年"
　　纪念章名单 …… 358
2021年国务院"授衔令"（二级关务
　　监督及以上） …… 359
2021年获得扎根艰苦地区边关工作金质、
　　银质、铜质奖章人员名录 …… 360

缩略语

缩略语 …… 393

第九篇　大事记

2021年呼和浩特海关大事记 …… 363

条目汉字笔画索引

条目汉字笔画索引 …… 399

第十篇　统计资料

呼和浩特海关进出口商品年度总值表 …… 377

"中国海关史料丛书"编委会

"中国海关史料丛书"编委会 …… 411

综 述

中华人民共和国呼和浩特海关，直属海关总署，正厅局级。辖区范围为内蒙古自治区（以下简称"自治区"）呼和浩特市、包头市、鄂尔多斯市、乌海市、巴彦淖尔市、乌兰察布市、锡林郭勒盟、阿拉善盟8个盟市。从20世纪50年代设立二连海关始，作为国家进出关境的监督管理机关，就肩负起为中国特色社会主义建设服务的光荣使命。特别是改革开放后，主动适应不断扩大的开放形势，持续全面深化改革，坚决落实总体国家安全观，优化跨境贸易营商环境，坚持依法行政、为国把关，努力为保障和促进自治区对外经济贸易发展服务，在建设中国特色社会主义现代化海关道路上担当作为、奋力拼搏、不断前进。

一

中华人民共和国成立之初，为扩大同苏维埃社会主义共和国联盟（以下简称"苏联"）等社会主义国家的贸易，对外贸易部、海关总署、自治区外贸局开始筹建中华人民共和国集宁关。

1952年9月15日，中、苏、蒙三国协定兴建集宁—乌兰巴托铁路。集宁—乌兰巴托铁路在我国境内的集二线（集宁—二连浩特），是我国第一个五年计划期间建设的第一条国际联运干线；于1953年5月动工，1955年11月完工并通过国家验收。

1955年6月22日，为迎接即将开通的中、苏、蒙国际联运铁路，集宁关筹备处在满洲里关成立，集中从其他关抽调的人员在满洲里关学习陆运口岸的各项海关业务；12月1日，集宁关正式成立，当日开始对外办公。12月19日，集宁关所属二连分关成立，翌年1月1日起正式对外办公。1956年1月3日，集宁—乌兰巴托铁路接轨典礼在中蒙边境二连口岸和扎门乌德之间隆重举行。中华人民共和国副总理乌兰夫和蒙古人民共和国总理泽登巴尔出席，钉上最后两枚道钉，并与中、苏、蒙代表团团长握手祝贺。剪彩仪式后，从乌兰巴托开来的第一列货物列车于10：55进入中国，由中国出发的第一列货车于11：40开往蒙古人民共和国。二连分关圆满完成第一列进出蒙古人民共和国货运列车监管任务。

其时，由于货物的换装设备在集宁，经由二连口岸进出境运输工具及货物的监管由集宁关、二连分关分别实施。运输工具及货物的交接在二连浩特进行，二连分关监管任务重在掌握原车交接环节；货物换装在集宁，由集宁关负责货物的现场监管和其他有关工作。凡经二连口岸进口的货物，由二连铁路部门向二连分关申报，除特殊货物由二连分关负责查验外，均作为"海关监管货物"监管到集宁换装，由集宁关查验放行；出口货物在集宁换装，经集宁关查验后，按"海关监管货物"监管到二连浩特，二连分关复核无讹后放行出境。国际联运客车及进出境旅客、行李、邮递物品直接在二连口岸验放，由二连分关负责查验；旅检工作在联运客车上进行，旅客不下车，物品不落地。1959年1月1日，二连邮电局开办国际邮件交换业务，进出境邮递物品由二连分关负责。

集宁关从成立到20世纪60年代初，监管进出境货运量居全国四大陆路口岸之首，其中在1959年达到历史高点266万吨；进口货物主要为机械设备等，出口货物主要为矿产品、纺织品、食品等，过境货物主要为苏联与越南、朝鲜的互贸物品。查私业务主要集中在行邮渠道。1956年，二连分关丙班在全国海关第一次先进工作者代表大会上获得"先进单位"称号。1955—1964年，二连分关1名关员先后2次被评为"全国海关先进工作者"。

1965年9月，对外贸易部批准成立中华人民共和国二连关，同时撤销中华人民共和国集宁关和中华人民共和国二连分关。集宁站换装区迁移到二连站，进出口货物全部在二连口岸换装。10月22日，二连关正式对外办公。

二

1980年2月，全国海关建制收归中央统一管理，二连关更名为二连海关，成为直属海关总署管理的处级关。自1981年起，二连口岸货运量逐年增加，进出口商品种类、贸易方式、贸易国别呈现多样性。为适应迅速发展的贸易形势，二连海关全面开展监管业务工作，把监督货物合法进出国境作为工作重点。1986年，按照"促进为主"的海关工作方针，以提高经济效益和社会效益为核心，采取简化手续、加速验放等方式，支持边境贸易发展。1988—1989年，先后提出"为口岸服务""务实、提高、准确、高效"工作思路，以"促进监控结合，改进监管方法，方便合法进出"为指导思想，抓大放小，放开搞活，促进边疆地区经济"活而有序"发展。

20世纪80年代后期，被称为自治区"金三角"的呼和浩特、包头、鄂尔多斯3市外向型经济发展迅速。为方便该地区企业办理进出口手续，促进自治区外向型经济发展，1988年9月20日，国务院批复同意设立呼和浩特海关（副厅局级），1991年7月6日正式开关，承接原二连海关业务管辖范围，二连海关成为呼和浩特海关隶属机构。1990—1995年，经国家批准，呼和浩特海关关区先后开放珠恩嘎达布其、策克、甘其毛都、满都拉4个季节性口岸、二连公路口岸及呼和浩特白塔机场国际航空口岸，在内蒙古邮电局开办国际邮件交换业务，除珠恩嘎达布其和二连公路口岸由隶属二连海关派员监管外，其他口岸均由呼和浩特海关直接派员监管。自此，关区设立铁路、公路、航空口岸7个，形成"点多线长"的监管格局。1999年5月28日，呼和浩特海关走私犯罪侦查分局成立（正处级），2003年1月更名为呼和浩特海关缉私局（副厅局级）。2000年12月，经总署批准，呼和浩特海关升格为正厅局级。2008年1月，珠恩嘎达布其口岸正式实现国际性常年开放，成为自治区继满洲里口岸、二连口岸之后第三个实现常年开放的国际性口岸；之后策克、甘其毛都、满都拉口岸相继实现常年开放，口岸性质为双边性常年开放公路客货运输口岸。2016年，鄂尔多斯伊金霍洛机场获批常年开放。

呼和浩特海关认真贯彻落实海关工作方针，不断深化业务改革和整合创新。1992—1994年，以抓好业务基础工作和业务结合部工作为中心开展业务改革，重点简化前期报关手续，加强审单和中期核查，推行稽查制度，强化后续管理。1997年，制订《窗口业务改革方案》，实行"一个窗口对外""内外勤分离作业"制度，加强内部作业流程分解、调整和重组，以作业模式改革促进监管效能提高。2000—2003年，按照海关总署统一部署，开展通关作业改革，在通关技术处设立审单中心，开展集中审单，并将通关和监管业务归口整合到监管处管理。2006年9月1日起，按海关总署部署，实施跨关区"属地申报，口岸验放"通关模式，凡符合海关规定条件的企业进出口货物时，可自主选择向属地任一海关单位申报，在货物实际进出境地的口岸海关办理货物验放手续，并可自主选择运输工具、运输路线和运输时间；呼和浩特海关所在片区，属于天津海关牵头，派关员到天津海关集中工作。2012年，设立风险管理处和审单处。2014年，总署印发实施《海关全面深化改革总体方案》，将以"两个中心，建立三个制度"为核心的全国通关一体化作为全面深化改革的标志性引领性任务，统筹海关各项工作，推进海关治理体系和治理能力现代化。2015年，根据东北地区海关区域通关一体化改革工作安排，呼和浩特海关等6个海关，于是年5月全面启动东北地区海关区域通关一体化改革，25日实现系统切换；大连海关成立区域审单中心，涉及关区的审单工作，选派关员到大连审单中心集中工作。同年，自治区两关（呼和浩特海关、满洲里海关）一检签订《关于推进"三互"深化合作　共促外经贸发展合作备忘录》，"三互"大通关试点顺利推开，"一站式作业"改革在二连浩特公路口岸客车出境通道和旅检现场、铁路口岸出境旅检现场，以及呼和浩特白塔国际机场快件业务现场试点开展，实现关检"共用监管场所、共用监管设施，联合查验、一次放行"通关模式；2016年，推广至关区所有旅检、邮递监管现场，在二连口岸货运渠道启动试点；2017年，货运通道关检合作"四个一"（一杆、一磅、一机、一场）"一站式"作业改革覆盖关区5个公路口岸。2017年7月1日，呼和浩特海关所有业务现场全部按时切换进入全国海关通关一体化模式。2017年年底，呼和浩特海关开始推动关区公路口岸监管作业模式改革，即"10+1"项改革，改革的核心，除对关区各业务现场加工贸易、减免税、稽查、审像等业务进行集中管理外，主要是建设呼和浩特海关通关监管作业"智能卡口+提前申报"模式，2018年5月实地测试成功，之后在隶属额济纳海关试点，其他隶属海关跟进复制；通过建设智能卡口，所有通关监管信息全部进系统、留痕迹，有利于加强进出境运输车辆、货物规范监管，有利于防控税收风险、管理风险和廉政风险；改革得到了海关总署的批准和认可，成为海关总署单独批复立项的项目，这是呼和浩特海关第一个经海关总署批准独立运行的辅助业务系统。与此同时，呼和浩特海关通过与缉私部门通力合作，与自治区有关部门开展综合治理，特别是大型集装箱车辆检查设备等科技设备的安装使用，打击走私力度不断加大，连续破获走私洋垃圾、武器弹药、毒品、冻品、珍贵动植物制品等重大案件，海关监管日益严密规范。

呼和浩特海关始终把优化跨境贸易营商环境、支持内蒙古自治区外向型经济发展作为重要任务。1991—1993年，通过提供咨询服务、上门验货、建立保税仓库等多种方式，支持国有大中型企业发展。通过加强对边贸企业的业务指导，鼓励易货贸易，扶持边贸发展。1994—1999年，认真落实"依法行政，贯彻政策"海关基本准则，将工作重心转移到严格规范执法上来。1996年、2006年和2012年，分别举办部分重点企业座谈会。2004年和2006年，先后提出"坚持从地方改革开放的关注点、自治区经济发展新的增长点、海关自身监管的变化点，确定海关把关服务着力点"的"以3点定1点"服务思路和"区兴我兴，区荣我荣"服务理念。2006—2009年，连续4年推出支持内蒙古自治区经济发展10项措施，为区域经济发展提供全方位服务。2008年，举办"呼和浩特海关服务自治区外向型经济发展论坛"。2011年，《署区合作备忘录》正式签署。2013年，围绕内蒙古自治区"8337"发展思路，提出"只要地方政府有发展的想法，海关就去积极想办法"服务理念。2014年，推行24小时预约通关、取消口岸午休、集中申报、原煤直通式监管、果蔬绿色通道等便捷措施，提高大宗进出口货物通关效率。2015年，面向外贸企业举办大型宣讲会6次，高效服务首届中蒙博览会。2016年、2017年，分别举办各类企业培训班30余次、政策宣讲会20余次。2016年，经亚欧大陆桥二连浩特支线出境的中欧班列常态化开行，全年监管中欧班列166列、货物8.65万吨，和2015年相比分别增长115.58%、181.54%；2017年，途经二连浩特的中欧班列运行线路达到15条，发送575列、货运量31.84万吨，分别是2016年的3.46倍、3.68倍。

三

2018年4月14日，原内蒙古出入境检验检疫局管理职责和队伍（除满洲里海关辖区检验检疫机构和人员）划入呼和浩特海关。海关职能从传统的监管、征税、缉私、统计进一步扩展到进出境卫生、动植物检疫，以及进出口商品、食品检验等。是年，呼和浩特海关认真落实中央关于党和国家机构改革"出入境检验检疫队伍和管理职能划入海关总署"的重要决定，按照海关总署统一安排，稳步推进、圆满完成各阶段工作任务；关检业务全流程、全要素、全方位深度融合，创新开展"五梳理五整合"，有序推进"五统一"，全部行政审批事项实现线下"一个窗口"受理，企业一次申请、一次提交、一次出证，关检融合"改头换面"阶段性任务圆满完成。翌年，呼和浩特海关开展议事机构清理、内部管理制度"立、改、废"工作；统一原各隶属单位业务辖区划分，各项业务衔接有序；稳步推进事业单位改革；关检融合培训、全员岗位大练兵活动深入开展，举办全员集中调训15期、各类培训500余期，参训2万人次；开展清产核资，整合利用存量资产，统筹调配办公用房。

呼和浩特海关下辖12个正处级隶属海关单位：呼和浩特白塔机场海关、赛罕海关、二连海关、包头海关、额济纳海关、东乌海关、乌拉特海关、鄂尔多斯海关、集宁海关、乌海海关、阿拉善海关、呼和浩特海关风险防控分局。所属事业单位9个，其中4个为直属事业单位：呼和浩特海关后勤管理中心、中国电子口岸数据中心呼和浩特分中心、呼和浩特海关技术中心、呼和浩特国际旅行卫生保健中心。拥有国家乳及乳制品检测等重点实验室5个、区域中心实验室9个、国家级生物安全三级实验室1个。呼和浩特海关缉私局（副厅局级）下辖4个正处级隶属机构：二连海关缉私分局、包头海关缉私分局、额济纳海关缉私分局、乌拉特海关缉私分局。

2018年以来，呼和浩特海关深入贯彻党的十九大和十九届历次全会精神，忠诚捍卫"两个确立"，坚决做到"两个维护"，全面贯彻习近平总书记对海关工作和内蒙古工作的重要指示批示精神，认真践行海关总署党委"政治建关、改革强关、依法把关、科技兴关、从严治关"总体要求，切实履行国家进出境监督管理职能，贯彻落实总体国家安全观，筑牢北疆生态安全屏障和安全稳定屏障，促进对外经济贸易发展，各项事业稳步推进。

坚持以政治建设为统领，"政治建关"从严从实。把学习贯彻习近平总书记重要讲话重要指示批示精神固化为党委会、党委理论学习中心组、关区形势分析及工作督查例会"第一议题"，持续强化监督检查、动态评估、跟踪问效。扎实落实习近平总书记在内蒙古考察并指导开展"不忘初心、牢记使命"主题教育时提出的"四个到位"（抓思想认识到位、抓检视问题到位、抓整改落实到位、抓组织领导到位）要求。迅速掀起学习贯彻党的十九大和十九届历次全会精神热潮。及时成立、调整统筹口岸疫情防控与促进外贸稳增长指挥机构；建立定期调度、统筹口岸疫情防控与促进外贸稳增长工作指挥部随时部署的工作机制，确保重大决策部署稳步落实、疫情防控最新要求一贯到底；积极参加自治区疫情防控指挥部各组工作，无缝对接联防联控工作机制、高效落实防控工作任务。落实海关总署党委部署，完成呼和浩特海关和其隶属海关两级党委组建。坚持不懈推进始终把政治建设摆在首位、扎实做好理论武装思想工作、突出基层党建重点夯实基层基础、努力打造高素质专业化干部队伍、持续深化准军事化海关纪律部队建设、切实抓好清廉海关建设六项重点工作。制定《党建标准化指引》，实施责任制、清单化管理；通过"强基提质工程"，政治机关建设再创佳绩，隶属额济纳海关党总支被中共中央授予"全国先进基层党组织"称号，书记黄卫东赴北京领奖，受到习近平总书记接见；隶属额济纳海关监管一科党支部入围全国海关首批22个基层党建"书记项目"，白塔机场海关党总支获评"全国海关党建示范品牌"。制定《呼和浩特海关党委工作规则》《呼和浩特海关关区两级党委理论学习中心组学习实施办法》等规章制度，不断提升党委把方向、谋大局能力。出台《呼和浩特海关党委关于加强意识形态工作的实施方案》《呼和浩特海关持续加强新形势下意识形态工作的指导意见》，确保目标明确、责任清晰、各负其责，推动党委、机关党委、基层党支部三级责任落实。用好"三千孤儿入内蒙""齐心协力建包钢"等红色资源，扎实推进党史学习教育，开展"党旗在基层一线高高飘扬——我为群众办实事""百名书记百堂党课""边关银发宣讲团""'永远跟党走'职工大合唱""百名青年读党史"等"学史·铸魂"系列活动，"乌兰牧骑理论宣讲轻骑兵——行走的党课"被中央党史学习教育简报刊发。聚焦企业和群众"急难愁盼"问题，开展"我为群众办实事"实践活动，"筑实北疆'桥头堡'拱卫首都'护城河'""纾困解难 再续'齐心协力建包钢'佳话"2个项目入选全国海关"我为群众办实事'百佳项目'"。择优选派驻包联嘎查村第一书记，对口帮扶乌兰察布市卓资县退出国家贫困县序列，所有帮扶贫困户达到脱贫标准。持续深化政治巡察，狠抓巡视巡察整改，将整改融入日常、抓在平常。积极创建"模范机关"，在98个自治区直属机关中以得分第一名的优异成绩获评自治区首届"创建北疆模范机关先进单位"。

坚持改革创新提层次，"改革强关"求新求真。呼和浩特海关5个边境公路口岸全部实现对货运车辆智能验放，"提前申报、卡口验放"新模式投入运行，公路口岸通道卡口智能化水平跻身全国前列，率先做到了"三个第一"：第一个在提前审结模式下直接对接海关总署金关二期智能卡口系统，第一个运用自治区公共服务平台对接智能卡口系统，第一个在边境小额贸易方式下使用集中申报业务。全面落实海关总署"2020框架方案"统一部署，积极推广"两步申报"（第一步概要申报提货，第二步完整申报）通关模式，首创进口主要矿产品"集报清单的提前申报"模式；进口原油采用"提前申报+两步申报"模式，压缩通道整体验放时间30分钟。聚焦中蒙食品贸易政策法规和标准差异开展研究分析，提交的《中蒙进出口食品安全管理体系比较研究报告》被海关总署食品局作为范例在全系统推广。"两轮驱动"（随机抽查、精准布控）实现业务现场全覆盖，构建科学随机抽查与精准布控协同分工、优势互补的风险统一防控机制。以进口矿产品为切入点，推动"两段准入"（准许入境、合格入市）改革落实落地。关区货运监管现场及旅检邮快递监管现场实现"智能审图"作业模式。推进铁矿、锰矿、铬矿等进口大宗资源性商品检验"先放后检"改革，检验检疫流程时长由10.24天压缩至1.15天，压缩率88.8%。优化行政审批和监管服务，推动实现"一窗受理""一网通办"，国际贸易"单一窗口"主要业务应用率保持100%。深化"证照分离"改革，14项海关涉企经营许可事项全部落实海关总署改革要求。2018—2021年，进口整体通关时间较2017年分别缩短82.45%、78.52%、80%和88.82%，出口整体通关时间较2017年分别缩短71.08%、76.35%、86%和95.17%。税政调研取得历史性突破，调整进口氯化钾暂定税率、新增沙棘汁本国子目建议、调整高速轴联轴器暂定税率、排除骨炭贸易管制要求4条税政调研建议被国务院关税税则委员会采纳。属地纳税人管理不断推进。原产地证书智能审核全面推广，实现全天候不间断审核。2018—2021年，原产地证书签证金额分别为13.05亿美元、12.60亿美元、9.96亿美元和15.59亿美元。保障关区进口蒙古国商品享受《亚太贸易协定》关税减让。深入开展"一般纳税人"资格试点、AEO企业差别化管理等工作，"四自一简"等"两区优化"监管创新措施全面落地。2019年，个性化制定特殊监管区分类指导和重点支持政策，推动鄂尔多斯综合保税区正式封关运作，巴彦淖尔和包头保税物流中心（B型）顺利通过验收，呼和浩特出口加工区升级为综合保税区通过验收。2020年，呼和浩特综合保税区、鄂尔多斯综合保税区进出口值分别为9.3亿元、4.1亿元，分别为2019年的6.8倍、161.4倍；2021年，进出口值分别为2020年的2.8倍、5.1倍。2020—2021年，口岸开放层次进一步提升，包头东河航空口岸、二连浩特赛乌素航空口岸获批常年开放；中欧班列关键物流节点乌兰察布市七苏木保税物流中心（B型）正式验收；阿拉善海关正式开关,乌力吉口岸获准临时开放;关区跨境电商保税和直购业务的软硬件系统全部开通,9家跨境电商企业入驻呼和浩特、鄂尔多斯综合保税区。畅通生鲜农食产品对蒙"绿色通道",创新推出农产品"公铁联运"模式,保障生鲜果蔬高效通关;关区首家供港澳蔬菜种植基地、出口禽畜原料养殖基地获准备案;关区首次对蒙古国出口云杉;螺旋藻、籽仁类、乳制品等自治区特色农产品远销90多个国家和地区,鲜乳饼干、葡萄叶罐头、烤奶皮等食品实现首次出口。

坚持监管服务相统一,"依法把关"有力有效。坚持"外防输入、内防反弹",坚持"人、物同防",与自治区指挥部及地方各联防联控成员单位建立"信息共享、联合指挥、协同研判"的现场指挥机制;与蒙古国海关和检疫部门建立24小时信息交流与沟通联络机制,全方位开展联防联控;常态化口岸疫情防控持续增强,采取"一口岸一方案""一航班一方案"工作模式,高效实施针对性检疫,2020年和2021年保障分流进境国际航班分别为90架次和32架次,入境人员分别为1.89万人次和6,330人次;检疫陆路口岸出入境人员分别为92.18万人次和37.2万人次。持续强化业务建设,实际检验检疫和监管效能显著提升。2018—2021年,监管进出口货物分别为6,012万吨、6,178.8万吨、4,446.9万吨和3,857.5万吨;运输工具分别为209.5万辆/节/架次、196.3万辆/架次、138.5万辆/节/架次和112.1万辆/节/架次;检验检疫出入境货物货值分别为417.67亿元、498.7亿元、438.8亿元和774亿元;全国口岸首次截获非检疫性有害生物4种,自治区口岸首次截获检疫性有害生物1种,首次查获偷逃两用物项许可证案和逃避商检案,食品安全工作连续3年获得自治区人民政府表彰。强化进出口商品质量安全风险管理,安全生产无事故。2018年危化品安全检验检出不合格商品1.56万批、5.21亿美元,进口、出口不合格食品检出批次比2017年分别下降50%、91%;2020年,对进出口食品年度监督抽检964个样品,检测10,290项次,检出不合格项目3项次;2021年,对煤炭、铜精矿、原油等重点商品风险分析,检验进出口商品23,119批次,检出不合格商品434批次、不合格危化品及其包装12批次。优化跨境贸易营商环境,全力融入"一带一路"建设。制定《呼和浩特海关支持中欧班列发展22条举措》,2018—2021年,经二连口岸运行进出境中欧班列线路分别为26条、34条、43条和54条,中欧班列分别开行1,052列、1,490列、2,384列和2,666列;2021年,搭载标箱27.67万个,货物总重234.21万吨,货值374.97亿元,同比分别增长14.67%、4.37%、39.36%。完善综合治税工作机制,定期开展税收风险联合研判、处置,自报自缴、汇总征税、关税保证保险等改革加速推进,财关库银横向联网系统全面推开,税收风险排查处置率、有效率稳步提高,综合治税水平稳步提升。2018—2021年,实现关税和进口环节税净入库分别为90.34亿元、87.36亿元、62.67亿元和71.99亿元。始终保持打击走私高压态势。2018—2021年，侦办刑事案件分别为41起、53起、25起和19起，案值分别为2,809.31万元、5,651.7万元、987.62万元和6,523.61万元；首次查获北方赛加羚羊角、北方高鼻羚羊角24根，首次截获蒙古旱獭2只，首次破获人体藏毒案、国际快件渠道走私大麻案和走私奢侈品案，人民网、法制网、《中国国门时报》等央级媒体集中专题报道了上述案件。稽查作业成效明显。2018—2021年，稽查有效率分别达到78.84%、51.16%、59.6%、59.46%，首次查获伪报目的地、偷逃两用物项许可证案件和逃避商检案件。关区业务风险联合研判机制高效运行，跨境客车风险防控试点工作顺利开展；紧盯新业态健康发展，建立快件及跨境电商企业专门风险防控档案。深化海关知识产权保护。2021年办理侵权案件14起，查获侵权货物1,497件，同比增长12%；2起知识产权保护案例入选自治区2021年"双打"工作10大典型案例。

坚持科技创新为引擎，"科技兴关"图智图强。首创疫情防控"远程流调"作业模式，实现流调工作由"面对面"到"屏对屏"模式的升级。自主开发疫情防控全程信息化系统，实现健康申报、体温监测、流行病学调查等全过程信息化闭环管理。明确"智慧海关"建设目标，出台呼和浩特海关"智慧海关"建设方案，以"三区域联动、三平台驱动、两中心互动、一窗口服务"为基本框架，推动构建符合关区业务实际的针对口岸业务运行监控和指挥调度的"立体化"智能监管体系。"公路口岸监管作业模式改革"项目入选全国海关"三智"示范展示项目。持续深化智能卡口应用，关区所有公路货运通道全部实现自动验放，所有公路口岸客运通道智能卡口全部建成，除满都拉口岸外，其他所有公路口岸货运通道卡口与监管作业场所卡口全部实现智能联动。所有入境人员通道全部配备智能闸机，入境人员健康申明卡无纸化申报、信息核验、体温检测等实现无缝衔接。"智享联通"深化互助合作。深度推进与蒙方AEO互认合作，协助总署企管司推进与蒙古国海关AEO互认实施，召开中蒙海关AEO互认合作推进会。持续深化中蒙边境海关统计数据交换，线上交换、共享上年贸易统计数据9,271条。持续深化中蒙海关联合监管工作，全年累计接收蒙方载货清单电子数据13.61万条、向蒙方发送载货清单电子数据4.13万条。扎实开展加强海关业务数据安全专项行动，筑牢数据安全防线。着眼平衡布局、统筹资源和可持续发展，编制完成《呼和浩特海关关区实验室规划》，加快建设布局合理、功能完善、统筹管理、高效运行的关区实验室网络体系。高等级病原微生物实验室通过科技部建设审查并投入运行，5个生物安全二级实验室建成，生物安全三级实验室硬件部分已全部完成，P2+移动实验室配置到位，进一步补齐边境口岸一线检测短板。正式启用保健中心P2+实验室，新冠病毒核酸检测能力由100人次/天提升至1,500人次/天。深入开展检测技术研究，提升象牙等濒危物种及其制品鉴定实验室能力。呼和浩特海关技术中心具备象牙及象牙制品鉴定技术能力。非洲猪瘟生物因子操作获CNAS（中国合格评定国家认可委员会）生物安全二级实验室认可，隶属二连海关技术中心非洲猪瘟检测初筛实验室通过海关总署现场考核和资格认定。开展科研攻关，"传染病跨国境传播风险评估、预警与监测、检测技术研究"项目获得2018年度内蒙古自治区科学技术进步奖二等奖，"中蒙国际合作中应对两国边境地区病媒生物携带病原体的关键技术研究"项目获评2021年度海关总署科技成果三等奖，"中蒙边境口岸地区病媒生物跨境联合监测及检测技术研究"获评2021年度自治区科技成果三等奖，"几种重要野生动物DNA快速鉴定关键技术研究"项目获评2021年度海关总署优秀项目。2个合作科研项目获批海关总署"揭榜挂帅"项目，分别为与海关总署风险防控局（上海）合作的"非贸渠道风险防控一体化分析模式及方法研究"项目、与石家庄海关合作的"口岸输入性病媒生物图谱及数据库研究"项目。2018年以来主导的《中蒙跨境口岸地区生物媒介鼠疫监测、检测和防护技术规程》《动物垫料中大肠埃希氏菌O157：H7/NM检测》等28项内蒙古自治区地方标准公布实施。呼和浩特海关二级二类监控指挥中心与隶属关三级二类监控指挥中心全面建成，实现关区数字化视频监控、业务监控、应急指挥一体化、全覆盖。加强自动监测、现场快速检测设备配备，推动关区实现车辆扫描大型机检设备全覆盖、行邮现场CT机全覆盖、辐射探测识别防护设备全覆盖。增配102台/套设备解决一线"硬缺口"，关区全年视频监控在线率从95.7%提升到98.51%。更新CT智能审图算法，有效拦截商品增加至32种，加快推进快件监管现场智能审图同屏比对和旅检监管现场出境旅客行李"一次过检"，智能化、自动化监管水平进一步提升。开发大数据整合平台，建立全景业务指标展示平台（一期），探索建立并完善对煤炭、铜精矿等七大类商品税收风险分析、建模工作。梳理汇总2016—2021年全国海关审计出的数百个问题，提出预警指标，并嵌入全景业务指标展示平台（二期），做到实时监控。搭建数据交换平台二级节点，并实现与数据中心一级节点的联调测试，为智能卡口系统提供实时报文交换，为关区开展跨境电商业务提供技术支撑。加强科技应用，财务管理、干部考勤、请假审批、出境证件管理、外出登记等全部进系统、留痕迹、可追溯。

坚持严管厚爱相结合，"从严治关"铸人铸魂。关检队伍深度融合，开展"一对多"专题讲座、"点对点"跟班作业、线上网络培训和线下现场教学等培训50余期，6,000余人次参训；全员参加海关执法能力学习考试；有序推进准军事化纪律部队集训，关容风纪持续改观；"补短板、转作风、提效能"专项活动成效显著。逐项落实总署党组支持艰苦地区边关22条措施，边关一线民生类项目在关区占比超过80%，边关"五难"问题逐步得到解决，干部更安身、更安心、更安业。认真落实总署党委进一步激励关爱疫情防控一线党员干部职工担当作为的11条措施，通报表扬疫情防控一线表现突出的10个先进集体和81名先进个人。进一步优化干部队伍梯次结构，注重在基层一线和吃劲岗位、重要岗位培养锻炼干部，正向激励提振队伍精气神，安排25名45岁以下优秀青年干部交流任职，1名干部赴我关结对帮扶嘎查村担任驻村第一书记和工作队队长。狠抓《进一步加强执法一线科长队伍建设的若干措施》落实，选拔7名优秀执法一线科长担任隶属海关党委委员，选派9名执法一线科长赴东南沿海地区海关开展互派锻炼工作，选拔任用30岁以下执法一线科长1名。全力落实海关总署党委加强基层党支部建设15条意见，明确"支部建在科上、扎在国门，强在科上、为在边关"导向，编制《呼和浩特海关党支部标准化规范指引》《支委职责清单》等规程，建立完善的党建标准化制度体系。坚持组织生活每月有指引，厚植组织建设基础，推动党的组织生活有活力、有温度、有质量。全面启动"最强党支部"创建，配套建立组织评定、党员评议、群众评判、社会评价的"四评"工作机制，"合格支部"达标考核实现全覆盖，建成"四强"支部28个，署级示范品牌3个、培育品牌2个，成功推报书记"百问百答"项目3个，推动基层党组织全面进步、全面过硬。封闭管理区"临时党支部"在筑牢口岸检疫防线中发挥坚强战斗堡垒作用。倡导"信心培树争先、思想解放争先、能力提升争先"，引领广大党员无私奉献、克难攻坚，力促每名党员都成为一面鲜红的旗帜。完善党支部与贫困户结对帮扶机制，加大特色扶贫、产业扶贫力度，支持开展以帮扶家庭为单位的养殖产业，受益农户收入稳步提升。紧盯"关键少数"，持续深化清廉海关建设，印发《呼和浩特海关党组成员开展党风廉政建设重要工作约谈办法（试行）》，进一步规范约谈工作；加强对"一把手"和领导班子监督，建立"1+3+1"（"落实措施"+"责任清单、负面清单、问责清单"+"任务分工"）制度体系，健全"三重一大"制度，出台问责、巡察、监督等制度16项。深入开展"现场监管与外勤执法权力寻租"专项整治，规范处置现场监管和外勤执法领域问题线索。坚持长效抓整改，定期检视整改效果，确保反馈问题见底清零、对账销号。加强审计监督，高质量全覆盖开展关区经济责任审计项目。狠抓准军事化纪律部队建设，常态化实施准军事化集训、内务规范和窗口作风建设督查，关区纪律作风查发问题总体呈逐月下降趋势，"令行禁止、雷厉风行"的严实作风加速养成。创新廉政宣传教育模式，创建"呼声关语"微信公众号，内容涵盖新海关建设、廉政纪律提示等；管好宣传阵地，全面清理内外网有关负面信息，切实维护网络和宣传思想意识形态安全；组织开展"以案为鉴、筑牢思想防线"等系列专题警示教育，全员及时跟进学习海关总署警示教育精神和通报案例，持续推进酒驾醉驾专项治理，督促全体干部职工从思想深处明法纪、知敬畏、存戒惧、守底线。坚决纠治"四风"，对公车使用、公务接待、后勤采购等不定期明察暗访。关区荣获个人及集体省部级以上荣誉127项，其中2人分别获评全国抗击新冠肺炎疫情先进个人和全国先进工作者荣誉称号，1人获评全国三八红旗手。关区79名同志被海关总署党委授予扎根艰苦地区边关工作金质荣誉章，139名同志获银质荣誉章，218名同志获铜质荣誉章。

"雄关漫道真如铁，而今迈步从头越。"面对21世纪20年代全球经济一体化新特点、新发展、新要求，作为中国对外开放窗口之一的呼和浩特海关，将随着时代前进的脚步，与时俱进，不断改革创新，奋发图强，励精图治，全面推进海关各项事业发展，为统筹疫情防控和促进外贸稳增长，全面贯彻落实总体国家安全观，持续优化跨境贸易营商环境，发挥更加重要的作用。热情、奔放、高效、廉洁的呼和浩特海关，像一颗璀璨的珍珠镶嵌在祖国的北疆，永放光芒。

海关专题图片

领导活动

▲1月28日,呼和浩特海关2021年工作会议、2021年全面从严治党工作会议召开

▲3月10日,呼和浩特海关召开"现场监管与外勤执法权力寻租"专项整治动员部署会。呼和浩特海关党委书记、关长李建伟(左四)作动员讲话,呼和浩特海关党委委员王静(右三)、刘伶(左三)、孙福军(右二)、彭志生(左二)、肖万岐(右一)、王华(左一)参加会议

4月15日，呼和浩特海关党委书记、关长李建伟在呼和浩特白塔机场海关现场调研

9月6日，呼和浩特海关党委书记、关长李建伟参加"博爱一日捐"党日活动

12月29日，呼和浩特海关党委书记、关长李建伟参加"青城号"中欧班列首发仪式

◀ 6月18日，呼和浩特海关党委委员、副关长王静与自治区司法厅座谈

6月23日，呼和浩特海关党委委员、政治部主任刘伶代表呼和浩特海关，参加首届内蒙古自治区直属机关"创建北疆模范机关先进单位"评审暨创建工作经验交流会并取得现场述评分数第一名 ▶

◀ 5月13日，呼和浩特海关党委委员、纪检组组长孙福军在二连海关植物检疫标本室调研

7月20日,呼和浩特海关党委委员、副关长彭志生到种牛企业调研

9月17日,呼和浩特海关党委委员、副关长肖万岐在呼和浩特参加"中蒙海关AEO互认合作推进会"视频会议

7月23日,呼和浩特海关党委委员、副关长王华主持召开呼和浩特海关2021年上半年自治区外贸情况新闻发布会

党的建设

◀ 6月24日,呼和浩特海关在机关所在社区开展"双报到'我为群众办实事'启动仪式"暨"送健康进社区"活动

6月5日,呼和浩特白塔机场海关在空港口岸开展"我为群众办实事"主题实践活动问卷调查 ▶

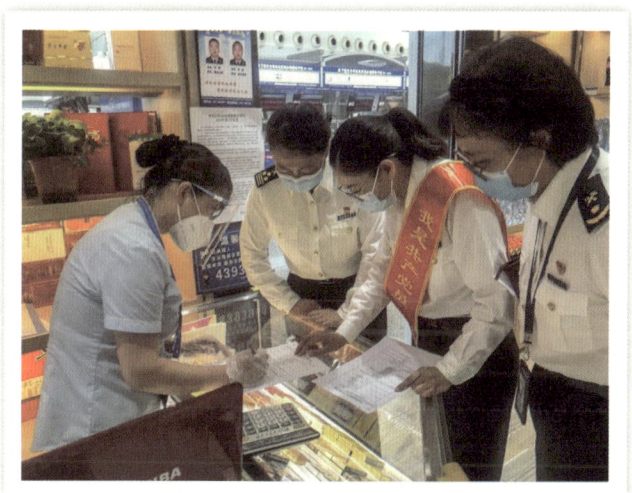

◀ 6月29日,额济纳海关党总支书记黄卫东作为"全国先进基层党组织"代表在北京接受表彰

◀ 1月1日,二连海关成立抗寒战"疫"攻坚队

3月19日,呼和浩特海关办公室党支部赴 ▶
企业调研党支部共建

◀ 4月19日,赛罕海关开展"守护绿水青山 推动绿色发展"主题党日活动

9月30日,包头海关在包头市博物馆开展 ▶
爱国主义教育活动

疫情防控

◀ 5月15日,呼和浩特白塔机场海关分流航班远程流调工作现场

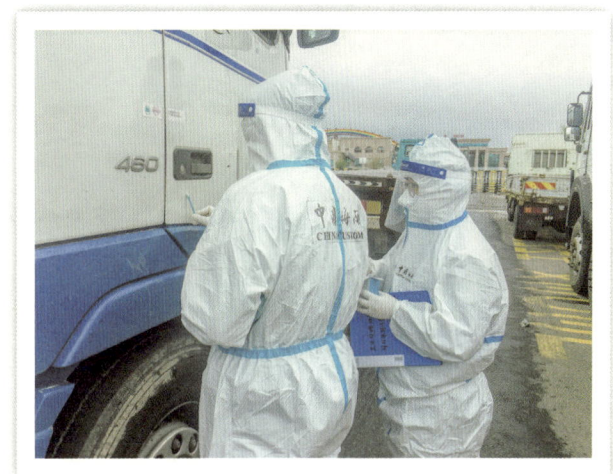

6月24日,二连海关在公路口岸零公里处 ▶ 对入境货车开展卫生处理效果评价

◀ 7月2日,鄂尔多斯海关在鄂尔多斯国际机场开展包机归国人员疫情防控和工作人员职业暴露应急处置演练

11月16日,包头海关举行新冠肺炎疫情 ▶ 应急处置演练

法治建设

◀ 4月15日,呼和浩特海关开展送法进校园活动,向小学生宣讲国门生物安全法律知识

6月9日,包头海关在静心花苑小区开展普法宣传进社区活动 ▶

◀ 6月17日,呼和浩特海关联合法律顾问单位,向卓资县梨花镇榆树营村村民宣讲法律知识,提供法律咨询服务

11月19日,呼和浩特海关组织新任领导干部宪法宣誓 ▶

口岸监管

◀ 2月28日，乌拉特海关雪中促通关

3月27日，二连海关在二连口岸克服沙尘 ▶
暴天气，助力企业快速通关

◀ 7月22日，包头海关在满都拉口岸对进口
铁矿石进行查验

12月17日，乌拉特海关克服大风天气登 ▶
临查验进口铜精矿

特色监管

◀ 3月31日，鄂尔多斯海关对企业出口羊绒进行查验

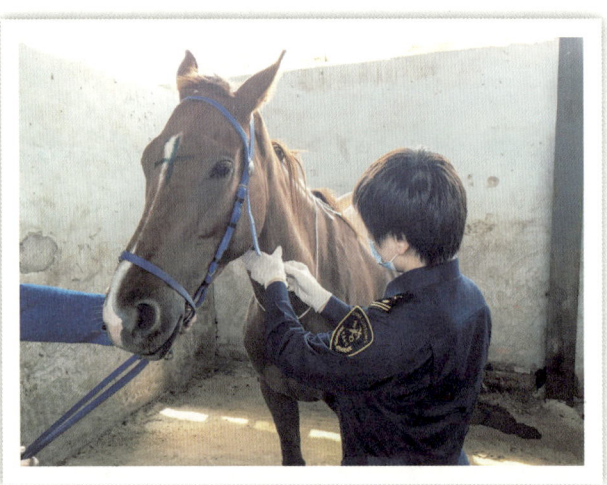

6月2日，二连海关在公路货运现场对拟出口赛马开展临床检查 ▶

◀ 6月16日，赛罕海关接收异地监管种牛

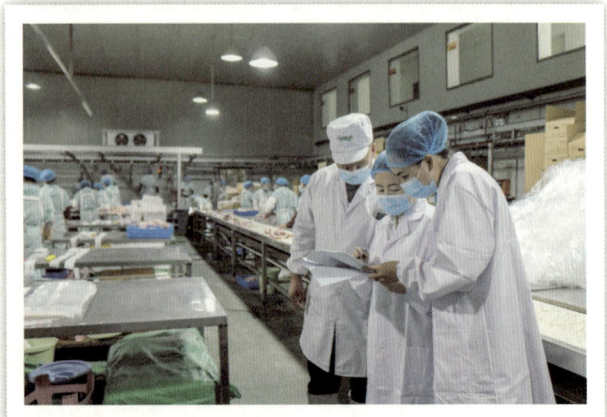

9月23日，东乌海关在冷冻羊肉出口企业开展核查 ▶

动植物检疫

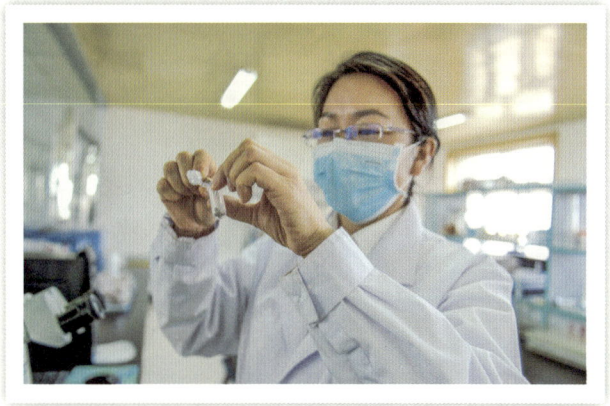

◀ 4月9日,二连海关在二连铁路口岸进口油菜籽中截获检疫性杂草

6月3日,集宁海关赴辖区进境种猪隔离场开展整改项跟踪检查 ▶

◀ 6月13日,鄂尔多斯海关关员对出口蝴蝶兰进行查验

9月16日,东乌海关赴辖区供港澳蔬菜种植基地指导作物用药工作 ▶

国门生物安全

◀ 4月15日,呼和浩特白塔机场海关在邮递物品监管现场开展国门生物安全知识宣传活动

4月22日,二连海关在铁路口岸开展原木熏蒸除害处理监管 ▶

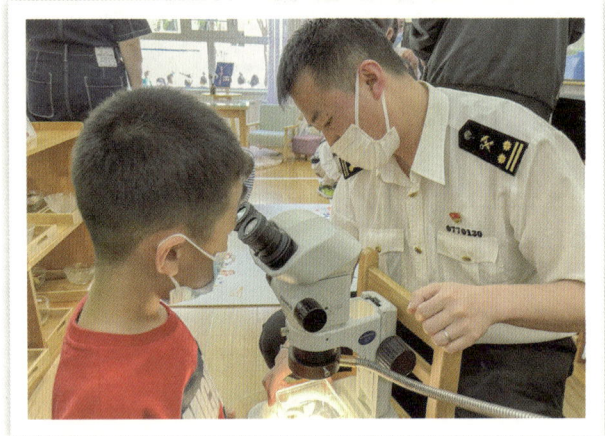

◀ 5月28日,鄂尔多斯海关开展国门生物安全进校园活动

6月22日,呼和浩特海关技术中心生物实验室开展进口动物检疫 ▶

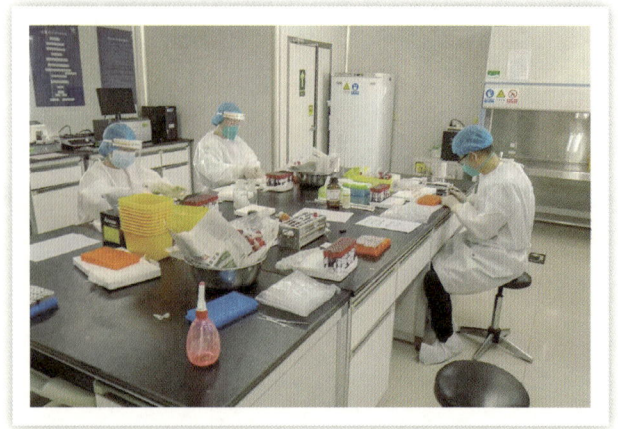

鼠疫检测

◀ 3月15日,东乌海关开展鼠疫调查,处置不明死因动物尸体

4月21日,二连海关开展鼠疫监测 ▶

◀ 6月25日,额济纳海关开展鼠疫监测

8月3日,包头海关在满都拉口岸开展鼠疫监测 ▶

商品检验

◀ 3月18日,乌拉特海关查验出口危化品

5月7日,包头海关在满都拉口岸对 ▶ 进口煤炭进行取样

◀ 9月8日,鄂尔多斯海关对辖区内出口压力容器危险品包装进行监管

农产品及食品检验检疫

◀ 3月22日,乌拉特海关查验出口农产品

8月19日,包头海关在企业进行现场 ▶
监管

◀ 10月10日,东乌海关赴马铃薯出口备案种植基地调研马铃薯丰收情况

保税监管

◀ 5月18日,乌拉特海关在巴彦淖尔市保税物流中心(B型)现场监管进口转关货物入库

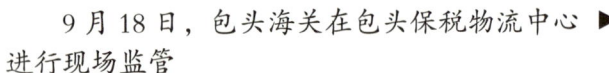

9月18日,包头海关在包头保税物流中心 ▶
进行现场监管

◀ 11月1日,赛罕海关在综合保税区清点跨境电商过期商品

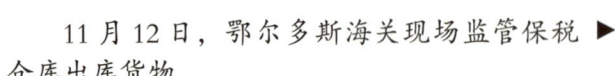

11月12日,鄂尔多斯海关现场监管保税 ▶
仓库出库货物

查缉走私

◀ 1月22日夜，二连海关缉私分局与二连海关在铁路现场对同批次报关出口货物随机联合查验

3月10日，乌拉特海关缉私分局在甘其毛都口岸查获1起走私冻品案 ▶

◀ 4月28日，包头海关缉私分局查获1起走私毒品案

4月29日，呼和浩特海关缉私局侦办1起走私国家禁止进出口货物物品案 ▶

服务企业

◀ 3月23日,包头海关在企业开展优化营商环境政策宣讲

3月30日,二连海关在二连口岸向粮食绒毛类企业宣讲政策 ▶

◀ 5月11日,呼和浩特海关赴企业送政策和服务上门促农产品贸易稳定

11月4日,呼和浩特海关在保税区开展政策宣讲 ▶

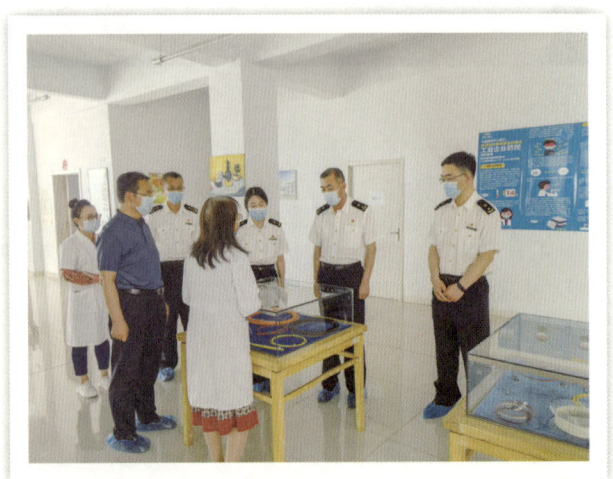

与自治区政府部门联合执法

◀ 4月25日，鄂尔多斯海关与驻地市场监督管理局联合开展"知识产权宣传周"活动

7月2日，呼和浩特海关与内蒙古自治区林业和草原局工作人员清点拟移交羚羊角 ▶

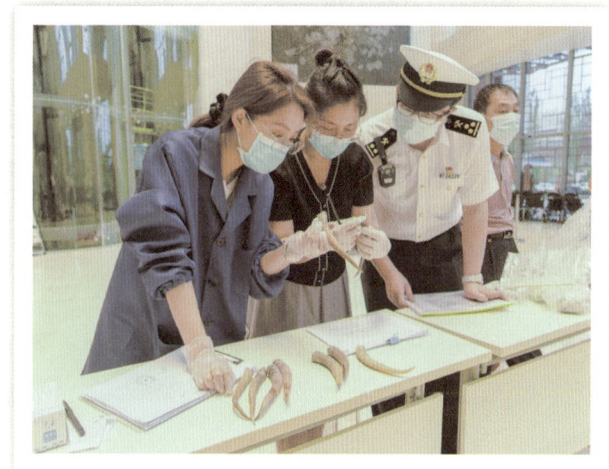

◀ 8月20日，集宁海关联合兴和县政府举办"海关政策宣讲暨重点项目对接"

10月8日，额济纳海关联合市场监督管理局开展知识产权、进出口食品安全检查 ▶

风采展示

◀ 5月8日，呼和浩特海关组织队列训练

6月24日，呼和浩特海关合唱队参加内蒙古自治区直属机关"永远跟党走"庆祝中国共产党成立100周年职工大合唱比赛 ▶

◀ 10月8日，呼和浩特海关组织升国旗仪式

12月25日，呼和浩特海关退休干部开展"银领先锋"红歌合唱排练 ▶

第一篇 特载

在2021年呼和浩特海关工作会议上的讲话

呼和浩特海关关长、党委书记　李建伟

（2021年2月2日）

这次会议的主要任务是：以习近平新时代中国特色社会主义思想为指导，全面贯彻党的十九大和十九届二中、三中、四中、五中全会以及中央经济工作会议精神，认真落实2021年全国海关工作会议、全国海关全面从严治党工作会议部署，总结工作、分析形势、谋划思路，研究安排2021年工作。

下面，我代表呼和浩特海关党委讲3点意见。

一、2020年和"十三五"时期工作回顾

2020年是极不平凡、极不寻常的一年。面对疫情防控的严峻考验，面对促进外贸稳增长的繁重任务，我们坚持以习近平新时代中国特色社会主义思想为指导，全面贯彻党的十九大和十九届二中、三中、四中、五中全会精神，深入落实海关总署党委和内蒙古自治区党委工作部署，统筹推进疫情防控和促进外贸稳增长，各项工作稳中有进、稳中向好、稳中提质，在大考中交出了一份合格的答卷。

（一）做到"两个维护"坚定坚决。

——学习贯彻习近平新时代中国特色社会主义思想更深更实。总关党委带头加强政治理论学习，示范带动学懂弄通做实，全年开展党委会、党委理论学习中心组学习23次。建立总关党委委员对隶属海关党委理论学习中心组学习巡听旁听制度，年内对3个隶属海关开展巡听旁听。关区上下"预、备、讲、述、研、考、评"常态化学习机制基本建立，用好"学习强国"App、钉钉等平台形成自觉，及时跟进学、联系实际学、笃信笃行学氛围更浓。

——落实重大决策部署坚决有力。贯彻习近平总书记重要指示批示精神"第一

议题"制度全面落实，持续强化监督检查、动态评估、跟踪问效，坚决确保落地见效。总关党委闻令而动、遵令而行，自觉把思想和行动统一到习近平总书记重要指示批示精神和党中央重大决策部署上来，高效落实总署党委、自治区党委部署要求，有力统筹疫情防控和促进外贸稳增长工作。总关党委委员带头下沉一线、靠前指挥；各级党组织牢固树立"一盘棋"意识，冲锋在前、敢打硬仗；全体干部职工众志成城、勇担使命，坚决筑牢了北疆国门抗疫防线。两级党委委员担任辖区重点企业协调员，全面为企业复工复产保驾护航。坚决扛起筑牢北疆"两个屏障"的政治责任，严厉打击洋垃圾、濒危物种及其制品走私，严守国门安全防线。定点帮扶对象全部脱贫摘帽，圆满完成脱贫攻坚任务。

——政治机关建设全面加强。强化政治机关意识教育深入开展，两级党委书记全部上讲台讲党课。机关"灯下黑"问题专项整治扎实推进。总署巡视整改持续深化，深度推进2轮常规巡察、3个专项巡察和1次巡察"回头看"，涵盖5个内设机构、7个隶属海关和2个直属事业单位。以党支部为基本单元的网格化管理机制持续深化，意识形态工作责任不断夯实。

（二）推进疫情防控精准精细。

——齐心抗疫充分彰显了众志成城的"凝聚力"。关区全面动员，举全关之力打好疫情防控阻击战。组建109人的应急梯队支援白塔国际机场海关业务一线，各隶属海关均成立一线、二线、应急3个梯队。组建19支党员突击队，成立白塔国际机场分流国际航班临时党支部和"乌兰牧骑疫情防控"轻骑兵，300余名党员干部递交请战书，10名同志火线入党，全体党员踊跃捐款27.21万元；云华同志荣获"全国抗击新冠肺炎疫情先进个人"称号，杨作军同志荣获"全国先进工作者"称号，累计4个集体、17名个人获总署、自治区表彰；充分展现海关精神、海关力量和海关担当。

——阶段性成果生动展现了闻令而动的"执行力"。构建全覆盖、无缝隙、严闭环监管链条，坚决确保中蒙陆路口岸新冠肺炎病例"零输入""零输出"。严格落实"三查三排一转运"，推动中蒙"绿色通道"安全畅通，检疫发现全国首例出境新冠病毒核酸阳性；严格开展进口冷链食品风险监测及口岸环节预防性消毒，监测样品2,295个，检测结果均为阴性，消毒货物1,725.15吨。各业务现场开通"绿色通道"和"7×24"小时服务热线，全力保障9,286.39万元疫情防控物资顺利进出境。勇担首都国际机场入境分流航班检疫任务，采取"一航班一方案"，首创远程流调作业模式，自主开发疫情防控全程信息化系统加强实时监控，实现了健康全申报、测温全覆盖、人员全保障、疑似全排查。累计检疫分流进境国际航班89架次、入境人员1.89万人次，所有境外输入病例无一本地扩散、无一区外输出。

——高效联防联控持续强化了密切协同的"组织力"。全面对接联防联控，高效落实自治区疫情防控领导小组和指挥部工作部署，与联防联控成员单位建立"信息共享、联合指挥、协同研判"的现场指挥机制，合力阻断境外输入渠道。与蒙古国海关和检疫部门建立24小时信息交流与沟通联络机制。严格落实内部防控要求，属地、部门、单位、个人"四方责任"全面落地，排查、隔离、管控、监测"不漏一人"，率先实行一线防控人员全封闭管理模式，建立第一时间常态化排查工作机制，严格落实每日报告、外出报告报备制度和"应检尽检"要求，坚决实现"打胜仗、零感染"。

（三）守护国门安全有力有效。

——生物安全防线更加牢固。国门生物安全及病媒传染病监测预警效能充分发挥，坚决阻截鼠疫、非洲猪瘟、沙漠蝗等重大疫情传入传出和外来物种入侵。检出3种动物二类传染病、7种植物检疫性有害生物；在131批次进口油菜籽中检出违规转基因成分，是过去10年检出转基因总批次的5倍多。圆满完成3万只蒙古国捐赠羊通关检疫任务，得到总署、自治区政府充分肯定。进出口商品检验监管模式改革取得阶段性成效，进出口商品质量安全风险预警和快速反应监管体系加速建立，严防劣质煤炭进口，全年出口危化品"零事故"。进口食品"国门守护"行动扎实开展，进出口食品安全监督抽检及风险监测严格实施，检出不合格进口食品14批，未发生区域性、系统性进出口食品安全事件。

——综合监管效能更加凸显。在5个公路口岸首创设置前置拦截区，口岸监管环节反恐怖能力进一步提升，监管作业场所场地规范化管理水平持续提高，安全生产专项整治三年行动扎实开展。税收征管质量进一步提升，全年入库税收62.67亿元，年末税收吻合度达99.63%。稽查后续监管能力大幅提升。知识产权海关保护工作成效显著，2起案例入选自治区2020年打击侵权假冒领域20个典型案例。加强海关业务数据安全专项行动扎实开展，"零风险、零泄露、零信任"要求落地落实。风险防控精准靶向能力显著提升，非贸领域整体防控初显成效。

——高压严打走私更加有力。"国门利剑2020""蓝天2020"等专项行动深入开展，打私综合治理有力推进，业务现场移交刑事案件率达72%，创历史最高。破获关区近三年首起走私固体废物案；破获关区首起走私白银出境案；破获国家禁止进出口货物物品案，查获旧机动车86.3吨；跨关区联合行动破获总署缉私局一级、二级挂牌督办案件2起，案值8.7亿元。运用大数据分析手段查发走私手表等奢侈品案件线索，分别移交11个直属局，案值5.6亿元。

（四）服务外贸发展高效高质。

——助力开放水平全面提升。22条务实举措力促中欧班列"中通道"运行数量同比增长60%，运行线路累计达43条，均创历史新高。综合保税区步入快速发展轨道，呼和浩特综合保税区、鄂尔多斯综合保税区进出口总值分别为9.3亿元、4.1亿元，分别是2019年的6.8倍、161.4倍；七苏木保税物流中心（B型）首年运行，进出口值已达2亿元。跨境电商保税和直购业务有序开展。阿拉善海关顺利开关，乌力吉口岸获准临时开放。呼和浩特航空口岸、鄂尔多斯航空口岸申建水果、冰鲜水产品等进口指定监管场地有序推进。

——助力优势产业做大做强。高效推动口岸矿能产品进口提速增量，推进TIR（国际公路运输）业务快速发展，进境业务位居全国第一。果蔬出口"绿色通道"高效运转，对蒙果蔬出口量逆势增长10.4%；助力巴彦淖尔市"天赋河套"绿色品牌走出国门，出口农副产品同比增长7.9%。AEO企业总数达到21家，国外官方注册优质出口食品企业达到11家，外贸先导指数填报率、有效率均达100%。"数据+研究"职能有效发挥，政策研究成果丰硕，被总署、自治区党委政府核心载体采编20余篇，高效完成重点商品调研任务，5篇监测预警报告得到中央领导批示，取得历年最好成绩。

——营商环境进一步优化。空运、公路、铁路舱单作业和运输工具备案、监管作业全部实现无纸化；通关作业全程无纸化申报率达99.8%。压缩整体通关时间取得更大成效，进出口整体通关时间分别为29.55小时、0.37小时，较2017年分别减少80.11%、83.78%。疫情期间货物查验"门到门""不到场"等便利举措得到有效落实。"一窗受理""一网通办"全面落地，五项创新改革全面启动，"两步申报"应用率超17%。原产地证书智能审核全面推广，实现全天候、不间断审核。

（五）科技引领支撑创新创效。

——智慧海关全面铺开。信息化基础环境实现提档升级，核心业务系统运行更加稳定可靠。

——智能边境接续推进。"提前申报、卡口验放"货运监管模式高质量运行，关区累计35条货运通道实现无人值守自动验放。5个公路口岸客运通道智能卡口全部建成，监管作业场所智能卡口接入率近90%。监管作业模式改革辅助系统功能逐步完善。舱单管理系统铁路子系统和运输工具管理系统铁路子系统完成上线。

——智享联通稳健起步。优化与蒙方海关贸易统计数据交换机制，完成关区5个边境地口岸数据线上交换，实现数据共享、互通。协同蒙方海关、技术监督部门开展重大动植物疫情疫病联合防控，推动实现信息共享、风险预警。

（六）全面从严治党走深走实。

——党建工作高质量发展实现新突破。全面启动"四强"支部、"最强党支部"创建，配套建立组织评定、党员评议、群众评判、社会评价的"四评"工作机制，命名12个"最强党支部示范点"。为先进支部量身定制"品牌成长计划"，关区5个支部党建品牌获评全国海关基层党建示范和培育品牌。精神文明创建多点开花，额济纳海关获评全国文明单位，5个隶属海关获评自治区文明单位，白塔机场海关、赛罕海关同城同创模式得到自治区文明办批复。深化准军事化纪律部队建设，内务督察形成常态，关容风纪显著改善。

——干部队伍高素质锻造焕发新风貌。落实总署党委出台的在疫情防控中加强党的领导、激励关爱防控一线党员干部职工担当作为的系列措施，对10个集体、81名个人表彰奖励。公务员分类管理和职务与职级并行制度有效落实，持续性开展干部选拔任用、职级晋升，累计晋升职级62人次。用人导向更加鲜明，选拔1名执法一线科长担任隶属海关副关长，2名执法一线科长担任隶属海关党委委员，关区35岁左右执法一线科长超过执法一线科长总数的1/8。事业单位绩效工资、岗位设置等改革任务有序推进。分级分类培训深入开展，88人考试合格，取得卫生检疫、动植物检疫、加工食品类专业资质，事业单位6人取得高级职称。

——持续正风肃纪清廉海关建设取得新成效。常态化开展警示教育活动，进一步筑牢全体干部职工思想防线。健全党委领导的监督体系，制定全面从严治党规章制度14项，风险防控分局和事业单位纳入派驻监督范围，实现监督执纪全覆盖。督察审计监督作用有效发挥，专项审计和业务督察稳步开展，新海廉平台和内控节点的应用绩效明显提升，配合总署领导干部经济责任审计和执法领域远程联网审计取得良好效果。约谈1个隶属单位领导班子，对1名基层支部书记提醒谈话，明确释放全面从严抓班子、聚焦主责促落实的强烈信号。

（七）综合服务保障务实扎实。

——法治建设不断加强。行政执法"三项制度"全面推行，关区案件集体审议机制进一步完善。办理的行政复议案件取得"办理一个案件，规范一类执法""定纷止争，案结事了"的良好效果。法治宣传精准助力疫情防控，"七五"普法圆满收官。

——政务管理日益精细。信息和新闻宣传层级、质量、覆盖面全面提升，档案综合管理工作位居全国海关前列，会议管理、政务公开、值班应急等智能化管理项目取得新成效，机要保密标准化建设全面推进。

——综合保障更加有力。全过程预算绩效管理稳步推进，政府采购制度体系和运行机制更加健全，涉案财物处置联系配合机制不断完善。离退办、工青妇工作进一步加强，各事业单位不等不靠，稳步推进各项工作。

2020年是"十三五"收官之年。五

年来，关区上下凝心聚力，实干苦干，扎实推进"五关"建设，集中精力办成了一件件大事，解决了很多长期想解决而未解决的难事，担起了重任，经住了考验，为"十四五"期间关区各项事业高质量发展奠定了坚实的基础。

——五年来，我们坚定落实习近平总书记重要指示批示精神和党中央、国务院重大决策部署，政治底色更加鲜亮。牢牢把握政治机关定位，坚持用习近平新时代中国特色社会主义思想武装头脑、指导实践、推动工作，高质量开展"两学一做"学习教育、"不忘初心、牢记使命"主题教育，高效能落实机构改革、筑牢口岸安全防线、精准扶贫、畅通西部陆海新通道等习近平总书记重要指示批示精神和党中央、国务院重大决策部署，关区上下知行合一践行习近平新时代中国特色社会主义思想的思想自觉、政治自觉、行动自觉实现了全面提升。

——五年来，我们坚持释放改革红利，服务发展更加有力。坚持以改革促发展、以创新提效能，既紧盯总署业务改革统一部署，又立足区情关情补齐发展短板，通关一体化、"海关业务改革2020"、中蒙海关联合监管等总署重点改革项目扎实落地生效，在畅通中欧班列"中通道"和农副产品"绿色通道"等方面探索监管服务新路子，形成了可复制、可推广的经验做法；压缩整体通关时间取得了显著成效，"放管服"改革红利持续释放。

——五年来，我们坚决筑牢"两个屏障"，国门防线更加严密。坚守北疆国门"第一岗""第一哨"角色定位，坚持防风险、强监管、严打私、优检验、精检疫，积极探索具有内蒙古边境特色的安全防控体系，综合监管的科学性和有效性不断提高，维护国门安全的整体能力持续提升，新冠肺炎、鼠间鼠疫、非洲猪瘟、沙漠蝗等重大疫病疫情的有效防控得到总署党委高度认可，油菜籽等进境粮食、煤炭等大宗散货质量安全管理持续加强，食品"两个一律不准进口"严格落实，有力维护了国门安全。

——五年来，我们坚守创新驱动发展，科技引领更加凸显。坚持科技创新赋能改革发展，关区公路口岸通道卡口智能化水平跻身全国前列，创新打造的集中审像中心成功上线运行"智能审图"系统，监控指挥中心应急指挥、监督检查、专项值守功能不断强化，关区实验室的统筹布局更加科学、检测体系更加全面、检测领域更加广泛，积极开展大数据领域应用探索，走出了一条符合边关实际的智慧海关建设新路子，精准监管、智能监管的基础不断强化。

——五年来，我们坚实带好边关队伍，发展根基更加牢固。坚持把全面从严治党"两个责任"扛在肩上、抓在手上、落实到行动上，突出"重党建引领、强队伍建设、严监督制约"，持续深化准军事化纪律部队建设，用心用情做好边关子女就学等民生工程，全国文明单位数量和精神文明建设取得新突破，干部队伍梯次结构实现新优化，关区上下人心思上、人心思进、人心思干的良好精神风貌总体形成，各级党组织凝聚力战斗力号召力显著增强。

二、精准研判，用辩证的思维把准关区面临的新形势

党的十九届五中全会对立足新发展阶段、贯彻新发展理念、构建新发展格局作出了战略部署。倪岳峰署长强调，全国海关要深刻认识新发展阶段的新特征新要求，完整、准确、全面贯彻新发展理念，从全局和战略高度准确把握海关工作面临的新形势新任务，坚持系统观念，强化监管优化服务，统筹发展和安全，科学谋划"十四五"海关工作，更好促进高质量发展、高水平开放，有力服务构建新发展格局。我们要全面贯彻党的十九届五中全会和中央经济工作会议精神，认真落实全国海关工作会议、全国海关全面从严治党工作会议精神，准确研判形势、认清目标定位，科学谋划"十四五"时期关区各项工作。

（一）深刻认识关区学习贯彻习近平新时代中国特色社会主义思想、做到"两个维护"的极端重要性。

习近平新时代中国特色社会主义思想具有实践性、时代性、创造性的鲜明品格，是从新时代中国特色社会主义全部实践中产生的理论结晶，是推动新时代党和国家事业不断向前发展的科学指南。倪署长强调，海关作为中央国家机关，首先是政治机关，必须持续加强政治机关建设，强化政治机关意识，不断提高政治判断力、政治领悟力、政治执行力。政治机关建设第一位的是要坚决做到"两个维护"。我们要深化政治机关意识，始终牢记海关是政治机关，自觉同习近平总书记重要讲话重要指示批示精神对标对表，真抓实干把党中央决策部署落到实处，坚定走好"两个维护"第一方阵；要持续提升政治能力，始终牢记政治能力是"第一能力"要求，深学笃信习近平新时代中国特色社会主义思想，做到明辨是非、提升政治判断力，抓住重点、提升政治领悟力，强化落实、提升政治执行力。

（二）深刻认识关区统筹发展和安全、筑牢国门安全屏障面临的复杂性艰巨性。

习近平总书记指出，安全是发展的前提，发展是安全的保障；当前和今后一个时期是我国各类矛盾和风险易发期，各种可以预见和难以预见的风险因素明显增多；我们必须坚持统筹发展和安全，增强机遇意识和风险意识，树立底线思维。倪署长强调，海关处在对外开放安全防控"第一线"，承担着为国把关的重要使命，任何时候都要牢记严格监管是本职，放松监管就是失职渎职。着眼自治区战略定位，内蒙古自治区是祖国北疆重要生态安全屏障和安全稳定屏障，是国家重要能源和战略资源基地、农畜产品生产基地，是

我国向北开放的重要桥头堡，肩负着维护国家政治安全、边疆安全、生态安全、粮食安全、能源安全、产业安全等重大政治责任，对于海关做好对外开放安全防控有着更高的要求。立足关区监管实际，进出境领域政治、意识形态、生态安全等输入性风险相互交织、叠加；濒危野生物种及其制品、毒品、枪支弹药等走私屡打不绝；蒙古国部分地区口蹄疫、非洲猪瘟疫情仍未消除，鼠疫疫情防控形势依然严峻，植物检疫性有害生物也时有截获；进出口食品和商品质量安全风险仍然存在，维护国门安全面临更多挑战。我们要统筹好发展和安全"两件大事"，牢固树立底线思维，强化口岸安全管控能力，推进全方位联防联控、全过程有效把控、全要素保障支撑，构建科学、完备的国门安全防控体系，着力推进业务风险一体化防控，筑牢国家安全屏障。

（三）深刻认识关区服务自治区加快融入新发展格局、扩大对外开放的时代性挑战性。

习近平总书记指出，要加快构建以国内大循环为主体、国内国际双循环相互促进的新发展格局，是"十四五"规划建议提出的一项关系我国发展全局的重大战略任务，需要从全局高度准确把握和积极推进。倪署长强调，海关处在国内国际双循环的"交汇枢纽"，必须积极主动作为，协同推进强大国内市场和贸易强国建设，更好服务构建新发展格局。从内蒙古自治区面临的发展机遇来看，"十四五"时期，将迎来深度融入共建"一带一路"的重大发展机遇，全面参与中蒙俄经济走廊、西部陆海新通道建设，特别是新发展格局的加快构建，为自治区推动资源、生态、区位等比较优势转化为发展优势创造了较大的提升空间。"一个桥头堡"和"两个屏障""两个基地"的战略定位如何深化落实，也需要我们积极贡献海关智慧和力量。我们要用改革创新的办法解决关区事业发展中遇到的问题，向改革要动力、用创新激活力，大胆突破惯性思维束缚、破解关键制约因素；要找准比较优势，优化营商环境，努力把口岸优势转化为发展优势，推动形成资源集聚集散、要素融汇融通的全域开放平台，力促高水平开放、高质量发展。

（四）深刻认识关区深入推动全面从严治党"两个责任"落实、建设清廉海关的紧要性长期性。

习近平总书记指出，各级领导干部特别是主要负责同志必须切实担负起管党治党政治责任，始终保持"赶考"的清醒，保持对"腐蚀""围猎"的警觉，把严的主基调长期坚持下去。倪署长强调，推动全面从严治党向纵深发展，必须要强化责任担当，拧紧责任链条，精准实施问责。关区各业务现场点多、线长、面广的特点比较明显，外部执法环境复杂，执法风险、管理风险、廉政风险交织，近些年查发的违纪案件，也反映出关区推进全面从严治党、党风廉政建设和反腐败斗争的任务依然十分艰巨繁重。两级党委和派驻纪检组必须旗帜鲜明、理直气壮地履行管党治党的责任，推动"两个责任"贯通联动、形成合力。要做到真管真严，坚决杜绝把党建工作写在纸上、挂在墙上、落在会上等现象；要做到敢管敢严，坚持用纪律管思想、管组织、管作风，维护好风清气正的政治生态；要做到长管长严，决不能有松松劲、歇歇脚的心态，高度警惕全面从严治党中出现的新情况新问题，毫不松懈抓好清廉海关建设。

面对新形势新要求，我关积极参与海关总署和内蒙古自治区"十四五"发展规划编制和研究，向总署报送重大政策措施、重要指标和重大工程项目政策建议16条。组建专班参与内蒙古自治区"十四五"发展规划研究，报送的7条意见建议被《中共内蒙古自治区委员会关于制定国民经济和社会发展第十四个五年规划和二〇三五年远景目标的建议》采纳印发；倡导各隶属单位积极参与辖区盟市"十四五"规划的编制和研究工作。下一步，将制订方案、加强研究、细化分工、出台我关的贯彻落实意见，全面落实海关总署和内蒙古自治区"十四五"规划部署，明确关区"十四五"具体发展目标任务。

2021年是建党100周年，是"十四五"开局之年，是全面建设社会主义现代化海关新征程开启之年。做好今年的工作，责任重大、意义深远。面对新机遇新要求新挑战，总关党委研究决定，今年工作的总体思路是：以习近平新时代中国特色社会主义思想为指导，深入贯彻党的十九大和十九届二中、三中、四中、五中全会和中央经济工作会议精神，认真落实全国海关工作会议和全面从严治党工作会议部署，增强"四个意识"、坚定"四个自信"、做到"两个维护"，以党的政治建设为统领，以全面深化改革为动力，强化监管，优化服务，全面巩固拓展口岸疫情防控和促进外贸稳增长成效，马上就办、真抓实干，锲而不舍、一以贯之，凝心聚力推进"五关"建设新实践，开辟服务"一个桥头堡"和"两个屏障""两个基地"建设新路径，砥砺前行开启社会主义现代化北疆海关建设新征程，以优异成绩庆祝建党100周年。

新时代是奋斗者的时代，迈好第一步，打赢开局仗，必须提振精气神，党员领导干部要走在前、做表率，当好营造担当氛围的"领头羊"，积极做到"三个争先"。

第一，要信心培树争先。

重点从三个维度培树。一要培树"稳"的定力，在常学常新中加强理论修养，在真学真信中提升政治能力，在学思践悟中牢记初心使命，在知行合一中主动担当作为，始终做到忠诚干净担当；二要培树"进"的锐气，行动更快、举措更实、本领更强，抓严监管模式，抓实深化改革，抓优营商环境，实现"管得住、放得开、效率高、成本低"；三要培树"实"

的作风，坚持事业是一点一滴干出来的，道路是一步一个脚印走出来的，扎实踏实务实推进各项工作，有为有位，用成绩单说话，以实绩论英雄。

第二，要思想解放争先。

重点从三个方面体现思想解放成效：一是体现在面对困难是否坚定坚决，不能一遇到难事就束手无策，不能一碰到难题就推诿下移，不能一面临矛盾就上交了事；二是体现在履职尽责是否主动担当，不仅要完成"规定动作"，还要强化"找事做"的意识，主动担当、主动作为；三是体现在推进改革是否敢拼敢闯，有没有深化改革的硬招、有没有促进发展的实效、有没有拼搏创新的进取心，同时要鼓励业务部门和基层海关在"去烦琐、减动作、优流程、防风险、提效能"上大胆闯、大胆试，在实干中蹚出一条高质量发展的新路子。

第三，要能力提升争先。

重点实现三个方面的能力提升：一是突出调研学习提升创新能力，紧紧围绕总署党委关注热点、关区发展难点开展深度调研，抓实调研成果转化，使调查研究真正成为辅助决策、推动工作、密切关企关系的桥梁和手段；二是突出科技支撑提升保障能力，要补基础、强管理、善应用、重吸收、铸精品，借助信息技术、智能手段为我所用，统筹推进各领域智能化建设，以智能化改革撬动各方面改革，努力实现弯道超车；三是突出学用结合提升专业能力，要增强补课充电的紧迫感，尽快培养起一批适应融合发展需要的"全科医师"式业务骨干，不断提高专业能力，努力成为服务构建新发展格局的行家里手。

三、砥砺前行，奋发有为推动关区工作全面提升

2021年，我们要着力推动以下重点工作：

（一）坚持政治统领强根铸魂，在做到"两个维护"上实现高站位。

——坚决落实"第一议题"。坚持把学习贯彻习近平总书记重要指示批示精神作为形势分析及工作督查例会的"第一议题"，优化督办落实路径，强化督察问责力度，不断完善上下贯通、执行有力的抓落实工作机制，确保一贯到底、落实到位。

——持续提高"第一能力"。深入学习贯彻习近平新时代中国特色社会主义思想，抓好两级党委理论学习中心组学习，开展党的十九届五中全会精神轮训，抓好领导干部专题培训，深入推进青年理论学习提升工程，巩固完善"预、备、讲、述、研、考、评"工作链条，进一步提高党员干部政治判断力、政治领悟力、政治执行力。

——坚定走好"第一方阵"。将"两个维护"融入血脉、铸入灵魂。持续强化政治机关意识，全面落实意识形态工作责任制。扎实推进"讲政治、守纪律、负责

任、有效率"模范机关建设，争创区直机关模范机关先进单位（标兵单位）。抓好党的优良传统和作风教育，组织开展"党旗在基层一线高高飘扬——以实际行动庆祝中国共产党成立100周年""我为群众办实事"活动。

（二）坚持严密防控巩固成效，在抓好常态化疫情防控上实现新提升。

——从严实施口岸卫生检疫。坚决克服麻痹思想、厌战情绪、侥幸心理、松劲心态，加强口岸疫情防控常态化管理体系建设，做好重点航班检疫、陆路口岸及重点人员口岸卫生检疫，严格落实闭环管理。深化二连浩特赛乌素航空口岸、乌力吉公路口岸公共卫生核心能力建设，推动包头东河航空口岸通过总署考核验收，巩固提高口岸公共卫生核心能力。

——从严加强高风险货物检疫。持续做好进口冷链食品风险监测常态化工作，科学规范实施抽采样、实验室检测、消毒处理等相关工作。按要求做好口岸环节进口高风险非冷链集装箱货物的预防性消毒，夯实各方责任。

——从严防范疫情叠加风险。完善"境外、口岸、境内"三道防线，严防鼠疫等重大传染病疫情跨境传播。健全国门生物安全查验机制，强化非洲猪瘟及沙漠蝗等重大动物疫病及有害生物监测，加大检疫处理监管力度，推动国门生物安全教育常态化。

——从严做好个人安全防护。加强现场查验人员个人防护的监督检查，加大一线防护物资保障力度。建立关区疫情防控人力资源储备库，常态化开展疫情防控培训、演练。建立完善内部工作人员感染新冠肺炎应急处置机制，保障关区在疫情防控期间的正常工作秩序，确保"打胜仗、零感染"。

（三）坚持强化监管织密防线，在筑牢安全屏障上实现新提升。

——推进风险整体防控。聚焦精准防控，强化业务风险协同和口岸安全风险联合防控，提升口岸安全准入风险防控效能。进一步健全风险信息工作机制，加强风险信息工作力量。建立健全边民互市贸易风险防控机制，推进非贸渠道业务风险一体化防控。有序推进风险处置类稽核查指令统一下达。提升大数据风险防控的智慧服务能力。

——着力保障税收安全。完善综合治税机制，加强跨部门跨系统协同配合，推进税收风险信息的互通与共享，实施税收风险联防联控。强化非贸易税收征管，严格现场验估作业。落实属地纳税管理措施，进一步推广关税保证保险、汇总征税、自报自缴等措施。结合关区业务特点，深入开展税收政策研究。

——严把进出口检验关。坚持贯彻"四个最严"，严格执行年度进出口食品监督抽检及风险监测，强化不合格进口食品后续处置。推动落实进口食品"国门守护"行动。完善关区进出口商品质量安全风险预警监管体系建设。强化进出口危化品等重点敏感商品的检验监管。积极推动进口铜精矿粉监管模式改革，实施差别化、精准化安全风险监管。推进进口煤炭检验监管模式改革，严防劣质煤炭进口。

——强化国门实际监管。优化口岸前置拦截区和监管设施设备布局，持续提升口岸监管环节反恐怖和安全防范能力。优化加工贸易集中审核作业流程，探索跨境电商保税货物与非保税货物开展分状态监管，进一步严密加工贸易保税监管手段。加强知识产权保护。严格规范场所场地管理，持续深入开展安全生产专项整治三年行动。

——始终高压严打走私。进一步完善缉私与海关业务部门联系配合办法，联合开展业务分析研判、法律研究，做好全员打私绩效评估，各隶属海关关长要认真履行打击走私第一责任人责任，压实打私主体责任。深化"智慧缉私"大数据分析应用。认真组织开展"国门利剑2021"专项行动，持续高压严打洋垃圾、象牙等濒危物种及其制品、疫区冻品以及涉毒、涉枪、涉税等走私，进一步强化"水客"打击治理。深化反走私综合治理，推动地方政府发挥打私基础性作用，持续组织实施专项打击。

（四）坚持改革攻坚提质增效，在服务构建开放新格局上实现新提升。

——全力打造更高层次的开放新格局。优化中欧班列顺势监管、智慧监管机制，深入推进TIR业务开展，完善多式联运模式。支持申建中国（内蒙古）自由贸易试验区，推进综合保税区、保税物流中心（B型）高质量发展。依托呼和浩特跨境电商综合试验区建设，探索形成"传统贸易＋跨境电子商务"一体发展格局。支持边民互市贸易区规范高质量发展，支持开展进口商品落地加工。推动甘其毛都—嘎顺苏海图口岸农副产品快速通关"绿色通道"建设。建立高风险农产品风险管理机制，完善跨境动植物生态安全进境模式，推动优质农畜产品扩大进出口。支持包头东河机场、二连浩特赛乌素机场尽快常年开放。深入创建二连公路口岸国际卫生陆港。

——全面提升营商环境软实力。因地制宜争取业务改革试点，接续推进"提前申报"以及"五项创新"等业务改革深度实施。深化"放管服"改革，巩固压缩货物整体通关时间成效，进一步推动降低进出口环节合规成本，推进原产地智能化签证，落实蒙古国加入《亚太贸易协定》原产地及税收政策。持续推进多元化担保、预裁定等征管方式改革。推进"单一窗口"应用，确保海关主要业务应用率保持100%。加强技术性贸易措施研究。根据总署部署，简化特定资质企业注册手续。充分发挥全球贸易监测分析中心成员单位的作用，加强宏观经济研究和外贸形势分析；深入推进内蒙古自治区建设国家向北开放桥头堡课题研究。

（五）坚持科技兴关支撑引领，在深化创新驱动上实现新提升。

——夯实智慧海关建设基础。优化网络配置结构，提升网络支撑和管控能力。全力推动实现车辆扫描大型机检设备、行李物品现场CT机、辐射探测识别、有害生物远程鉴定设备联网管理。持续增配大型机检设备和自动监测、现场快速检测设备，建设口岸煤炭、铁矿石等大宗散货机械化取样、制样设施。完善区域中心实验室常规实验室布局，加快推进生物安全三级实验室建设，推动总署进口固体废物属性鉴定常规实验室通过验收。进一步开展检测项目开发，深化实验室技术能力建设。加强科研项目实施管理。

——加快智能边境建设步伐。积极探索"自助式""移动式""智能化"业务模式。推动业务运行监控指挥体系建设，加速推进边境口岸卫生检疫设施智能化改造。做好总署各类系统应用和具有关区特色的实用系统的开发，在公路口岸建成涵盖运输工具、货物、进出境人员的智能验放体系。

——拓展智享联通合作领域。深化中蒙边境地海关联合监管，深入开展贸易统计数据比对分析，强化边境合作。探索在联合监管、安全认证、案件协查等领域推进跨境执法智能化互助。加快建设中蒙边境鼠疫智能监测预警系统，推动搭建中蒙边境动植物疫病疫情联合监测共享平台，强化口岸传染病和动植物疫情联防联控。

（六）坚持综合保障固本夯基，在厚植发展优势上实现新提升。

——加强法治建设。全面清理行政执法规范性文件，开展规范性文件有效性确认、废止、修订等工作。加快"三项制度"在关区全面落地。编制两级权责清单，建立动态调整机制。深入实施关区公职律师能力提升计划。推进精准普法、创新普法、融合普法，启动关区"八五"普法工作，加快法治文化建设。

——加强机关效能建设。严格公文办理和审核把关制度执行。巩固精简文件和会议成效。提升督查检查实效，巩固提升新闻宣传和信息报送质量，做好值班应急、机要保密、政务公开和信访等工作。

——加强财务后勤管理。深入贯彻落实"过紧日子"要求，狠抓预算执行，完善预算保障机制，提高政府采购质效和资产使用效益，继续清理规范涉企收费，深化涉案财物管理改革。进一步提升事业单位财务管理水平。

——加强督审机制完善。围绕中央重大决策部署开展审计监督和跟踪督察，开展领导干部经济责任审计，推进审计监督全覆盖。全面推进督察审计问题整改，按照"三个坚决不放过"要求，做到举一反三、问题清零。强化新海廉系统应用，建立具有关区特色的覆盖新海关各项业务领域的内控节点指标体系，统筹做好内控机制、执法监督、执法评估工作。

（七）坚持强基提质淬炼队伍，在勇担职责使命上实现新提高。

——着力建强领导班子。落实领导班子建设规划，选优配强处科级领导班子，大力加强执法一线科长队伍建设。突出事业导向、突出基层导向，切实把那些能干事、想干事、干成事的干部选拔上来、使用起来。加强两级党委班子自身建设，健全完善两级党委工作规则、议事规则和决策程序。

——全面打造过硬基层。巩固拓展"强基提质工程"成果，深化"最强党支部"建设，总结提炼、健全完善具有呼关特点的党建工作机制。完善党建业务融合发展模式，建立机关党建和业务工作联动式评价机制。深化"灯下黑"问题整治。发挥署级、关级党建品牌示范效应，广泛开展支部结对共建、以强带弱、互学互帮。依托现有资源建立更具操作性、更加高效便捷的全流程智慧党建工作系统。

——持续锻造准军部队。完善内务规范强化月等特色做法，常态化抓好窗口建设和行风建设，落实"好差评"工作制度。持续开展分级分类全员培训和大练兵、大比武，锻造复合型海关人才队伍。传承红色基因，加强海关文化建设，抓好海关干部职业荣誉感、使命感教育。高标准推进文明单位、青年文明号创建工作。充分发挥群团组织作用。

——扎实推进清廉海关建设。坚持严的主基调不动摇，完善党建述职评议制度和履责提醒机制，深入推进责任落实。严格落实中央八项规定及其实施细则精神，毫不松懈纠治"四风"，深入整治形式主义官僚主义问题，健全基层减负机制。用好"制度+科技"手段规范权力运行。持续深化运用监督执纪"四种形态"，充分运用"第一种形态"，健全抓在经常、管在平常的工作机制。继续推进警示教育常态化，筑牢拒腐防变思想防线。

——切实加强人文关怀。进一步加大奖励力度，对在落实疫情防控、"六稳"、"六保"等重点工作任务中表现突出的集体和个人及时奖励。进一步落实总署支持艰苦地区边关22条措施，完善干部表彰机制，加大激励关怀力度，强化正向激励。认真贯彻落实离退休干部各项方针政策，用心用情扎实开展离退休干部服务保障工作。

同志们！风正时济，自当破浪前行；任重道远，更需快马加鞭。让我们紧密团结在以习近平同志为核心的党中央周围，以习近平新时代中国特色社会主义思想为指引，振奋精神、鼓足干劲，凝心聚力、砥砺前行，奋力开启社会主义现代化北疆海关建设新征程，以优异成绩庆祝建党100周年！

在 2021 年呼和浩特海关全面从严治党工作会议上的讲话

呼和浩特海关党委书记、关长　李建伟

（2021 年 2 月 2 日）

这次会议的主要任务是，深入学习贯彻习近平总书记重要讲话精神，认真贯彻十九届中央纪委五次全会部署，全面落实 2021 年全国海关全面从严治党工作会议精神，总结 2020 年关区全面从严治党、党风廉政建设和反腐败工作，安排部署 2021 年主要任务。

在刚刚结束的全国海关全面从严治党工作会议上，总署党委书记、署长倪岳峰同志传达了习近平总书记重要讲话精神和十九届中央纪委第五次全会精神。习近平总书记的重要讲话，充分肯定过去一年全面从严治党取得新的重大成果，深刻阐述全面从严治党新形势新任务，强调全面从严治党首先要从政治上看，不断提高政治判断力、政治领悟力、政治执行力，一刻不停推进党风廉政建设和反腐败斗争，以强有力的政治监督，确保"十四五"时期目标任务落到实处。讲话高屋建瓴、思想深邃、内涵丰富，充分彰显了以习近平同志为核心的党中央高瞻远瞩的战略眼光、始终如一的历史担当、为民无我的崇高境界、兴党强国的使命情怀，具有很强的政治性、思想性、指导性，是推进全面从严治党向纵深发展的重要遵循。倪岳峰署长要求全国海关认真组织学习，准确把握精神实质，自觉把思想和行动统一到党中央决策部署上来，旗帜鲜明讲政治，坚定不移贯彻落实，把严的主基调长期坚持下去，以永远在路上的韧劲把海关全面从严治党引向深入。关区上下要认真学习贯彻，努力把习近平总书记重要讲话精神和党中央的部署要求不折不扣地落实到位，把总署党委的安排和要求转化为实实在在的工作举措，推动全面从严治党工作取得新的进步。

下面，我代表关党委讲两方面意见：

一、2020年工作回顾

过去一年，关区各级党组织以习近平新时代中国特色社会主义思想为指导，坚决扛起管党治党政治责任，一以贯之全面从严，深入推进清廉海关建设，全面从严治党各项工作取得新成效，为贯彻党中央重大决策部署、落实总署党委各项工作安排提供了坚强保证。

（一）政治机关建设扎实推进。

一是坚持以政治建设为统领，把学习贯彻习近平新时代中国特色社会主义思想作为首要政治任务。增强"四个意识"、坚定"四个自信"、做到"两个维护"，建设模范机关，当好"三个表率"。始终把学习贯彻习近平总书记重要讲话和重要指示批示精神作为党委会、党委理论学习中心组、关区业务形势分析及工作督查例会学习"第一议题"，力求吃透精神、把握要义、指导实践。二是始终把习近平总书记重要指示批示精神作为行动号令，第一时间学习研究、贯彻落实、督查问效。坚决贯彻落实习近平总书记关于疫情防控工作的重要讲话和重要指示批示精神，迅速成立疫情防控指挥部和10个工作组、5个工作专班，广大党员干部坚决扛起筑牢北疆"两个屏障"政治责任，尽锐出战，用党性筑牢防线，用忠诚守卫国门，鲜红的党旗始终飘扬在战"疫"一线，保持了"打胜仗、零感染"佳绩，得到了习近平总书记肯定。继续保持打击象牙等濒危动植物及其制品、洋垃圾走私高压态势，做好"六稳"工作、落实"六保"任务，确保党中央、国务院决策部署落地落实落细。聚焦打赢脱贫攻坚战，加强扶贫指引，细化帮扶措施，各级党组织书记317人次、党员干部1,000余人次深入帮扶点开展帮扶、慰问、调研、宣讲，扶贫重点项目全部落实，帮扶村户全部摘帽。三是深入开展政治机关意识教育。严明政治纪律和政治规矩，严格落实重大事项请示报告制度，以"模范机关"创建为抓手，深入开展"灯下黑"问题专项整治，扎实推进22项整改措施落实落地。通过加强理论学习、开展党史教育、开展主题党日、举办庆祝建党99周年系列活动等，帮助党员干部进一步提高政治站位，"三个表率"意识明显增强。

（二）思想理论武装持续深化。

一是巩固深化"不忘初心、牢记使命"主题教育成果。各级党组织深化学习教育，对标检视问题，统筹抓好整改落实，"一账一表一清单"和"8+4+4"专项整治重点任务基本完成。二是深入学习贯彻党的十九届五中全会精神。制定17项具体措施，组织集中培训、专题调研、学习研讨，各基层党组织充分运用"预、备、讲、述、研、考、评"学习机制，开展各类学习宣讲、研讨交流活动113次，形成研讨体会文章87篇。三是充分发挥党委理论学习中心组示范带头作用。制定党委中心组学习《习近平谈治国理政》（第三卷）课程表，通过集中学习和自学，实现各篇目学习全覆盖。制订《两级党委理论学习中心组学习实施办法》和年度学习计划，按月细化学习安排，建立总关党委中心组学习台账，推动学习成果转化，受到工委考核组认可。建立对隶属海关党委中心组学习巡听旁听机制，对3个隶属海关开展巡听旁听。全年，总关党委组织中心组集中学习研讨21次，党委成员深入基层调研151次。四是认真抓好意识形态责任制落实。印发《关于持续加强新形势下意识形态工作的指导意见》，建立并完善网格化管理机制，推动责任制落实。强化理想信念教育，围绕"铸牢中华民族共同体意识"深化学习实践。加强阵地建设，坚持正确舆论导向和正面宣传，举办5次新闻发布会。

（三）"强基提质工程"巩固拓展。

一是全面推动党建高质量发展。出台实施意见，制定9项推进措施，推出党建标准化指引（2020版），制订落实《中国共产党党和国家机关基层组织工作条例》实施方案，围绕"强基提质"建立10个类别22项工作规范，进一步完善按月发布组织生活指引机制，我关推动基层党建高质量发展典型经验被工委认可并在区直机关宣介。出台《精神文明建设三年规划（2020—2022）》，召开关区党建和精神文明建设成果交流会，表彰奖励41个集体和53名个人。关区荣誉创建体系不断完善，设立荣誉争创台账，已创建全国文明单位3个、省部级文明单位5个。获评全国青年文明号2个、自治区青年文明号3个。二是统筹推进"四强"支部、"最强党支部"建设。细化实施方案和35项考核标准，持续整治"两张皮""灯下黑"，命名12个关区"最强党支部示范点"，举办三期覆盖全体党支部书记的党务干部培训班，以点带面对标抓建，提升能力保障支撑，基层党支部组织力不断增强。党委委员联系指导基层党支部联系点更加精准务实，开展党建专题调研8次，争创各级荣誉13个，引领支部建设全面进步、全面过硬。三是不断擦亮党建品牌。品牌成长计划有序推进，"一支部一品牌"体现量身定制，关区5个支部党建品牌获评全国海关基层党建示范和培育品牌，1个品牌获区直机关党建单项特色奖，12个品牌被命名为关区党建示范和培育品牌。传承"蒙古马"精神、"乌兰牧骑"精神和胡杨品质，"乌兰牧骑+"文化品牌与把关服务重点工作有机融合，23支"轻骑兵"队伍在疫情防控、应急支援、支持复工复产等方面发挥突出作用。

（四）纪律作风建设走深走实。

一是持续保持落实中央八项规定及其实施细则精神力度。修订完善落实《海关系统贯彻落实中央八项规定精神、切实纠正"四风"的细化措施》的实施意见，制定40项改进调查研究、精简会议活动、精简文件简报、密切联系基层、厉行勤俭节约等具体措施并抓好落实。二是深入贯彻落实习近平总书记关于坚决制止餐饮浪费行为的重要指示批示精神。严格落实"过紧日子"要求，开展"制止餐饮浪费、培养节约习惯"专项行动，专题组织生活会覆盖所有党支部，勤俭节约意识入脑入心见行动。三是下大力气整治形式主义、官僚主义。关区各部门、单位围绕"六个是否"自查问题130个，制定整改措施136项，认真落实改进会风文风克服形式主义16条措施，取得积极成效。四是准军事化纪律部队建设持续加强。组织全员队列训练，在2个业务领域开展岗位练兵，推进内务规范强化月活动，组织内务督察和作风纪律检查12次，内涵学军意识进一步树牢，雷厉风行、令行禁止的作风不断强化。五是加强政风行风建设。海关政务服务"好差评"系统上线运行，政务服务全年无差评，外部监督不断加强，完善特约监督员联络机制，组织对隶属海关开展明察暗访，实现线上线下监督渠道全覆盖。

（五）权力监督制约更加有效。

一是强化"制度＋科技"成果运用。不断完善风险研判和精准防控体系，确保业务运行留痕可溯，杜绝"体外循环"。稽核查外出执法全部实行执法记录，抽查外出执法廉政情况101人次，未发现不廉洁情事。二是强化纪检监督。聚焦民主集中制执行情况和"三重一大"事项决策过程开展监督，紧盯执法领域关键环节和非执法领域腐败易发多发环节开展精准监督。三是深入开展审计督察监督。开展扶贫、信息化建设、实验室建设、基建工程、设备采购、税收征管6个重点领域专项审计；对5个单位负责人开展经济责任审计，对发现的问题立行立改；围绕贯彻落实党中央重大决策部署、总署党委重要工作部署，实施专项督察项目10个。运用新海廉平台处置异常数据2,243条。四是全面加强日常监督。开展业务数据安全专项行动，对122个业务数据系统、人员、出口进行检查，清理、调整授权近4,000条。抽查处科级干部配偶、子女及其配偶从业情况57人次，未发现违规情形，建立近三年离职人员从业行为清单。严格执行领导干部报告个人有关事项制度。

（六）反腐倡廉综合效应持续增强。

一是始终保持惩治腐败高压态势。坚持无禁区、全覆盖、零容忍，重遏制、强高压、长震慑，立案4件，提醒谈话59人、诫勉谈话2人、函询9人，给予党纪处分5人，知敬畏、存戒惧、守底线的意识进一步增强。全年处理上缴未能拒收礼品价值5,200元，全部用于扶贫。二是深化打私反腐"一案双查"。制定落实《直属海关打私反腐"一案双查"工作办法（试行）》细化措施，"一案双查"工作已纳入全面从严治党主体责任。三是坚持"三不"一体推进。开展为期两个月的警示教育月活动，通过举办廉政文化作品展、典型案例交流、专家讲座等多种形式，以案释纪、以案释法。组织开展"三不"一体推进课题研究，邀请驻署纪检监察组专家授课，课题成果初步形成。规范党纪处分决定执行工作，做深做实查办案件"后半篇文章"。四是统筹巡视巡察整改。关党委4次听取巡视整改和巡察工作汇报，认真组织巡视整改"回头看"，巡视整改措施全部落地。全年对5个内设机构、7个隶属海关和2个直属事业单位开展了2轮常规巡察、3个专项巡察和1次巡察"回头看"，巡察"利剑"作用不断彰显。

（七）管党治党政治责任不断压实。

一是健全完善全面从严治党制度体系。出台贯彻落实《党委（党组）落实全面从严治党主体责任规定》的实施意见，制定《两级党委全面从严治党主体责任清单》，明确两级党委及班子成员35项具体责任，出台党纪处分、问责、巡察、派驻监督等工作制度14项。二是党委带头强化责任担当。组织梳理党委班子、党委书记、党委成员主体责任节点任务和量化指标，逐条逐项对照检查，落实落细"一岗双责"；关党委4次听取党建和党风廉政建设工作汇报，8次专题听取纪检工作汇报，组织各部门、单位2次书面汇报全面从严治党工作；定期组织形势分析研判，召开督查例会12次、廉政形势分析例会4次。召开党组织书记党建述职评议考核会，听取11个党组织书记现场或远程视频述职，党委委员进行现场提问并点评。进一步配齐配强纪检监察队伍，将风险防控分局和直属事业单位纳入派驻监督范畴。

二、2021年主要任务

2021年是中国共产党成立100周年，是实施"十四五"规划、开启全面建设社会主义现代化国家新征程的第一年，关区全面从严治党所有工作要紧紧围绕开好局、起好步来展开。站在"两个一百年"奋斗目标的历史交汇点上，既要充满信心，也要居安思危。经总关党委认真研究，确定2021年关区全面从严治党工作的总体思路是：以习近平新时代中国特色社会主义思想为指导，深入贯彻党的十九大和十九届二中、三中、四中、五中全会精神，认真落实十九届中央纪委第五次全会部署，增强"四个意识"、坚定"四个自信"、做到"两个维护"，全面落实全国海关工作会议和全面从严治党工作会议部署的各项任务，坚持稳中求进，立足新发展阶段，贯彻新发展理念，推动构建新发展格局，深入贯彻全面从严治党方针，充分发挥全面从严治党引领保障作用，把严的主基调长期坚持下去，以高质量发展为主题，坚持系统观念，强化责任落实，一体推进不敢腐、不能腐、不想腐，持续深化清廉海关建设，锻造准军事化纪律部队，深入推进政治建关、改革强关、依法把关、科技兴关、从严治关，为建设社会主义现代化海关提供坚强保证，以优异成绩庆祝中国共产党成立100周年。

重点做好以下7个方面工作。

（一）坚持政治建关，坚定不移做到"两个维护"。

一要从政治上检视全面从严治党工作。立足"两个大局"，心怀"国之大者"，着力突出"严"字，不断提高政治判断力、政治领悟力、政治执行力，自觉把"两个维护"作为思想认识上的政治态度、政治信条和一切实践活动的政治原则、政治保障。全面落实"第一议题"制度，完善落实效果评估、督查问责机制。持续深化政治机关意识教育，以上率下落实政治建关要求，党委班子进一步在讲政治、强党建、保廉洁方面发挥示范推动作用，党员领导干部充分发挥"三个表率"作用。制定模范机关创建方案和考评标准，着力解决"灯下黑"问题。二要坚决迅速落实习近平总书记重要指示批示精神和党中央决策部署。毫不放松抓好常态化疫情防控，实现"打胜仗、零感染"目标。保持打击象牙等濒危动植物及其制品、洋垃圾走私力度，做好"六稳"工作、落实"六保"任务，推动外贸高质量发展。巩固拓展脱贫攻坚成果，按照"一户一策"的思路，推进落实帮扶措施，加强对驻村干部的管理，认真解决工作生活困难。对重点工作严督促、勤推动，凝心聚力做好"十四五"开局各项工作。三要强化理论武装和成果转化。开展党的十九届五中全会精神轮训，帮助广大党员干部准确把握新发展阶段、新发展理念、新发展格局对海关工作的新要求。以庆祝建党100周年为契机，把学习习近平新时代中国特色社会主义思想同学习党史、新中国史、改革开放史、社会主义发展史贯通起来，引领党员干部加强党性锻炼、党性修养，百折不挠办好自己的事。党委理论学习中心组带头改进学习，采取聘请专家授课、举办学习报告会等多种方式，示范带动关区全体党员干部持续在学懂弄通做实上下功夫。总关党委委员按照对口联系原则巡听旁听隶属海关党委中心组学习，年内实现全覆盖。通过组织考试、完善学习台账、加强调查研究等方式，推动学习成果转化。围绕改革发展、把关服务等重要课题，组织专题研讨和实践调研，形成有应用价值的理论成果。四要全面落实意识形态工作责任制。举办"铸牢中华民族共同体意识"轮训，定期开展意识形态领域形势分析研判，分层抓好责任制落实。完善网格化管理制度，组织开展网格员培训。加强思想教育，坚决反对和抵制各种错误思潮和负面言论。关注社会舆情，定期开好新闻发布会。巩固深化"不忘初心、牢记使命"主题教育成果，开展好"党旗在基层一线高高飘扬"活动，大力弘扬边关精神，加强理想信念教育，提升职业归属感。

（二）坚持系统观念，一体推进不敢腐、不能腐、不想腐。

一要在"三不腐"一体推进上下功夫。推动专项课题研究成果转化，打通"不敢腐、不能腐、不想腐"三者的内在联系，形成"三不腐"一体推进的叠加效应，做到系统施治、标本兼治。要保持高压态势，强化不敢腐的震慑，全面从严开展监督和惩治，拓宽信访举报和问题线索来源渠道，紧盯打招呼干扰执法、招投标、以权谋私、失职渎职等问题风险，严厉查处、形成震慑；要严格监督制约，织密不能腐的笼子，立足边关特殊的地理人文环境和工作特性，聚焦执法监管审批环节，盯住管人、管钱、管事的部门，不断完善制度体系，推动责任落实，强化刚性约束，加强不能腐的制度机制保障；要提高思想自觉，筑牢不想腐的堤坝，深化教育引导、文化感召和关怀帮扶，推动警示教育常态化，结合以案促改，用身边事教育身边人，用好用足"第一种形态"，开展经常性的提示提醒，抓早抓小，防微杜渐。二要在着力提高监督效能上见成效。突出重点对象，紧盯"关键少数"，强化对各部门、单位"一把手"的监督，持续加大对隶属海关单位审计监督力度，实现审计监督全覆盖；突出重点领域，持续加强对政府采购、基建工程、资产管理、实验室建设、疫情防控卫生检疫物资购置等非执法领域重点环节的监督；坚持重心下沉，紧盯打招呼干扰执法、"贴着海关发财"等扰乱通关秩序问题，坚决整治推诿扯皮、吃拿卡要等发生在企业和群众身边的作风问题。持续拓展打私反腐"一案双查"，深挖彻查腐败问题与危害国门安全相交织的污染源、利益链、关系网，特别针对曾经发生的私车公养、放纵走私、违规处置罚没物品等突出问题，要举一反三、扎实篱笆。三要在推进各类监督贯通协同上出实招。将纪律监督、监察监督、派驻监督、巡视巡察监督、督察审计监督有效贯通起来，构建系统集成、协同高效的监督体系。继续深化以案促改，把查办违纪违法案件与堵塞制度漏洞、强化监督管理结合起来，以案改监管、以案改制度、以案改作风，做到查处一案、警示一片、治理一域。要加强对受处分人员的跟踪回访。严肃查处诬告陷害行为，及时为受到不实反映的干部澄清正名、消除影响，推动关区上下形成激浊扬清、干事创业的良好政治生态。要加强廉政文化建设，用好边关文化资源，营造崇廉尚廉的浓厚氛围。

（三）坚持靶向纠治，驰而不息整治形式主义。

一要锲而不舍落实中央八项规定精神。加强监督检查，密切注意"四风"新动向、新表现，紧盯公车私用、私车公养、违规收受礼品礼金、违规接受吃请等问题集中领域，继续在常和长、严和实、深和细上下功夫，从严查处、及时通报。党员领导干部要自觉反对特权思想和特权行为，严格管好家属子女，严格家教家风。二要深化拓展基层减负工作。紧盯老问题，关注新表现，继续整治文山会海，切实改进会风文风，统筹好职能监督、专门监督力量，整合好各类考核、评比、调研、检查工作，解决检查考核过多过频问题，减少基层报文报表，开展"指尖上的形式主义"排查，坚决杜绝政策执行"一刀切"、层层加码问题，切实缓解基层压力。坚决纠正不用心不务实、工作拖沓推诿、不担当、慢作为、乱作为等问题，切实改进机关工作作风。三要坚持"过紧日子"。持续开展节约型机关创建行动，从严开展工程项目结算审计，确保财政资金规范有效使用。对餐饮浪费行为长期监督，对享乐奢靡之风、违反财经纪律情事露头就打，对心存侥幸、顶风违纪的人员严肃查处，抓住典型一律曝光。四要持续加强政风行风建设。进一步优化口岸营商环境，深入推进"放管服"改革，推动落实"单一窗口"建设，开展好推进跨境贸易便利化专项行动，加强进出口环节涉企收费管理，推进提效降费。制定《政务服务"好差评"管理实施细则（试行）》，常态化抓好窗口建设，持续提升政务服务水平。进一步发挥特约监督员外部监督作用，完善联系配合机制，提高明察暗访实效。提升12360服务质量，开展"我为群众办实事"主题实践活动，不断增强企业群众获得感。

（四）坚持严管厚爱，一以贯之加强准军事化纪律部队建设。

一要增强党组织政治功能和组织功能。全面落实推进关区党建工作高质量发展实施意见，巩固拓展"强基提质工程"成果，统筹抓好"四强"支部和"最强党支部"建设，探索更加有效的党支部直接教育监督管理党员机制和党内监督方式，从严管思想、管工作、管作风、管纪律，努力做到上下贯通、执行有力。二要严抓纪律执行。对标对表"政治坚定、业务精通、令行禁止、担当奉献"要求，持续推进准军事化纪律部队建设。强化日常养成，高标准高质量开展准军事化集训、内务规范强化月活动，每月至少开展1次内务督察和视频检查，加大通报曝光和提醒约谈力度。三要从严管理监督干部。加大领导干部个人有关事项申报核实和干部配偶、子女及其配偶从业行为核查，坚决杜绝干部近亲属从事与海关利益冲突的行业，坚决杜绝"贴着海关发财"，加强"八小时"内外监督，严防酒驾醉驾发生。四要以正确选人用人导向引领干事创业导向。既用监督加压、又用信任加力，突出实干实绩选人用人，注重在重大任务、关键时刻、斗争一线考察识别干部，在火线发展优秀分子入党，以更大魄力、更科学方法培养选拔优秀年轻干部，持续加强执法一线科长队伍建设，不断优化干部队伍结构。常态化开展职级晋升工作，进一步发挥职务与职级并行制度的持续激励作用。五要加大专业人才队伍建设和培养力度。巩固深化大学习大培训成果，以专业能力提升为主要内容，持续补课充电，强化实践锻炼，优化关区教育培训工作机制，通过岗位练兵、技能比武等形式抓好业务实训和专题培训，提升关区队伍的业务能力和专业化水平。六要激励担当作为。深入开展党的优良传统和作风教育，大力弘扬伟大抗疫精神、劳模精神、工匠精神，传承好"蒙古马"精神、胡杨品质和"乌兰牧骑"红色基因，让扎根边关、永葆本色、无私奉献、守望相助、艰苦奋斗的奉献精神和奋斗理念深入人心。持续巩固精神文明创建成果，深入开展"新时代文明实践"活动。持续加大民生关怀保障力度，下大力气解决边关"五难"问题，注重人文关怀和心理疏导，不断增强干部职工的职业荣誉感归属感。用好"三个区分开来"，完善容错纠错机制和相关配套措施，认真落实党员权利保障条例，激励干部敢于担当、善于作为。

（五）突出政治属性，持续深化巡视巡察整改和成果运用。

一要持续聚焦政治巡察。聚焦"四个落实"，重点围绕贯彻落实习近平总书记重要指示批示精神和党中央、国务院重大决策部署开展政治监督，紧盯违反中央八项规定及其实施细则精神、形式主义官僚主义隐形变异等重点问题，把落实总署党委贯彻新发展理念、构建新发展格局、推动高质量发展各项措施、实施"十四五"海关发展规划、落实疫情防控、严禁洋垃圾入境、优化口岸营商环境等纳入巡察监督重点，稳步推进巡察任务落实。二要创新方式方法。继续完善职能、业务相近部门单位"一托多"巡察模式，综合运用常规巡察、专项巡察、机动巡察和巡察"回头看"，在巡察全覆盖基础上实行重点工作巡察再覆盖，不断增强监督效能。有针对性抽取有关部门、单位进行"点穴式"巡察监督，核实整改过程，验证整改成效，坚决防止和及时纠正反馈问题衍生复发。三要推动巡视巡察上下联动。保质保量完成总署党委巡视整改任务，健全巡视巡察整改长效机制，研究制定整改促进机制和评估办法，实行问题清单动态管理，对发现问题挂账清零，对整改效果分类排队并与年度考核挂钩，督促被巡察部门单位把整改融入日常工作、融入深化改革、融入全面从严治党、融入班子队伍建设，常态化巩固巡视巡察成果。

（六）增强底线思维，不断完善权力运行制约监督机制。

一要深入学习贯彻习近平法治思想。认真贯彻落实中央全面依法治国工作会议精神，持续推进法治海关建设，提高权力运行法治化水平。全面开展关区规范性文件"立、改、废"工作，用法治给权力定规矩、划界限。深入推进权责清单制度，有效规范行政行为。通过完善制度建设规范，海关行政执法行为，提升行政执法水平。两级党委要从严落实重要事项请示报告、"三重一大"集体决策、"一把手"末位表态等制度，完善党委集体领导下的班子成员分工负责制，自觉在严格监督下开展工作。加强对事业单位的管理，建立完善"三重一大"制度，促进其健康规范发展。二要切实树牢风险意识。深入分析把握职权变化、深化改革所伴生的各种风险，提高防控能力，保证依法履职、秉公用权。统筹做好内控、执法监督和执法评估，夯实基层自控、职能监控、专门监督三道防线。构建"分层管理、分级负责、责任到人"的防控监管责任体系，区分执法和非执法领域、不同业务类型岗位廉政风险，开展针对性研判，及时堵塞漏洞、完善制度、优化程序，推动自由裁量权细化量化。要将防腐措施与改革举措同谋划、同部署、同落实，在高质量推进"全国通关一体化"等改革中加强风险整体防控和精准防控。三要加强"制度＋科技"应用。继续深化"双随机、一公开"，进一步提高新海廉系统应用成效，提升使用科技手段发现问题解决问题能力，发挥好大数据在风险防控工作中的价值。加强网络安全能力建设，整合设备资源，提高信息系统安全监测预警能力、数据安全保护能力和智能化系统应用水平，加强关键核心人员管理监督，确保海关数据安全。四要提高风险防控协同性、有效性。发挥风险提前预防、过程嵌入工作机制优势，全面落实疫情风险防控工作要求，持续加大洋垃圾、象牙等濒危物种及其制品、冻品等走私风险防控力度，提升非执法领域风险防控水平，健全风险信息工作机制，建立"事前、事中、事后"更加密切的风险防控闭环，推进关区快件、邮递物品、跨境电商、旅检、边民互市贸易等非贸渠道一体化风险防控。针对基层一线"熟人社会"现象，把家庭助廉摆在更为重要的位置来抓，以亲情戒尺管束从政行为。

（七）强化压力传导，一贯到底落实管党治党责任。

一要严格责任落实。两级党委要抓住党风廉政建设责任制这个"牛鼻子"，带头模范执行全面从严治党各项规定，逐项落实好35项主体责任，定期研究全面从严治党工作，按季度召开廉政形势分析例会，经常会同纪检机构研究相关工作，发挥示范表率作用，督促关区各级领导干部在其位、尽其责、有担当、有作为。党委书记作为第一责任人，要加强对班子成员的监督，督促指导党委委员及各部门、单位主要负责人履行好主体责任。党委委员要在职责范围内履行好监督职责，加强班子内部同级监督和对分管部门单位领导班子的上级监督。监督部门要知责于心、担责于身、履责于行，各司其职、各负其责、密切配合；职能部门要在各自业务条线内，监督业务操作是否合法合规，对违规情事加强指导纠正，发现违纪违法问题线索要及时报告、移交。二要强化责任传导。建立健全落实全面从严治党主体责任考核制度，完善考核指标，抓实考核检查，强化结果运用。综合运用约谈提醒、述责述廉、考察考核、民主生活会监督等方式，推动责任落实。要不断加强上级党组织对下级党组织、派驻纪检组对隶属海关党委"一把手"和领导班子的监督。基层党组织纪检委员，要扎实履行好对党员干部遵纪守法、履行职责、廉洁自律等情况实时监督、检查的职责。要聚焦政治责任，盯住"关键少数"，突出重点领域，精准规范开展问责。

同志们，奋斗"十四五"，奋进新征程，时不我待，只争朝夕！让我们更加紧密地团结在以习近平同志为核心的党中央周围，永葆初心、牢记使命，"实"字为先、"干"字为要，不断开创全面从严治党、党风廉政建设和反腐败工作新局面，为建设社会主义现代化海关提供坚强保证，以优异成绩庆祝中国共产党成立100周年。

第二篇

专记

呼和浩特海关党史学习教育

呼和浩特海关机关党委

自2021年3月党史学习教育开展以来，呼和浩特海关按照党中央部署，全面落实海关总署党委工作要求，在海关总署党史学习教育第六巡回指导组的指导和帮助下，学习贯彻习近平总书记关于党史学习教育重要讲话和重要指示批示精神，坚持"学史明理、学史增信、学史崇德、学史力行"，以上率下扎实推进，统筹部署一体联动，守正创新丰富内容，以深学促实干，为群众办实事解难题，推动党史学习教育不断往深里走、往实里走。

一、总体情况

活动之初即成立呼和浩特海关和隶属海关两级党委书记为组长的党史学习教育领导小组，统筹安排党史学习教育5方面重点措施、19项工作任务。在党史学习教育开展过程中，贯穿"学党史、悟思想、办实事、开新局"总要求，围绕感悟思想伟力抓深度、凝聚奋进力量抓高度、厚植为民情怀提温度3个方面，引导呼和浩特海关机关和隶属海关单位所有党员干部群众传承红色基因、赓续红色血脉。

二、重点工作和具体举措

（一）感悟思想伟力抓深度。

1. 及时跟进学。搭建以党委会学习和党委理论学习中心组学习为示范引领、以机关党委发布的月度组织生活指引和党史学习教育统筹调度表为日常遵循、以所有党组织步调一致开展学习研讨为检验尺度的学习机制。呼和浩特海关党委在习近平总书记"七一"重要讲话当日和次日开展集中学习并交流体会，在海关总署党委党的十九届六中全会学习班结束次日举办关区专题学习班。呼和浩特海关各基层党组织利用"三会一课"、主题党日、青年理论学习小组、线上线下等多种形式，按照"预""备""讲""述""研""考""评"标准化学习法，确保学习时效和实效。两级党委班子开展275次理论学习中心组学习、58次集中研讨和25期专题读书班

(学习班)。各基层党组织聚焦《论中国共产党历史》《毛泽东 邓小平 江泽民 胡锦涛关于中国共产党历史论述摘编》《习近平新时代中国特色社会主义思想学习问答》《中国共产党简史》4本指定书籍开展专题学习750余次。

2. 集中研讨学。呼和浩特海关党委理论学习中心组围绕"学史明理、学史增信、学史崇德、学史力行""始终坚定信仰信念信心"等专题,组织研讨5次。党委委员结合个人思想和工作情况,充分交流、相互学习,推动学思用结合、知信行统一。在关区统一调度,按月发布集体学习、个人自学内容和研讨专题,分阶段及时提醒学习重点,做到"学什么、怎么学"整齐划一。

3. 以查促改学。抽调12名业务骨干组成3个巡回指导组,对呼和浩特海关所属各部门单位进行巡回指导86次,指导督促"规定动作"做到位、"自选动作"有特色。开展中期视频验证抽查1次,检查33个基层党组织的工作开展情况并通报,督导学习效果和进度。开展应知应会知识关区闭卷考试2次、网上测试1次,摸清学习成效和全面情况,推动党史学习教育入脑入心。

(二)凝聚奋进力量抓高度。

1. 聚焦"永远跟党走"。"七一"前后,开展庆祝建党100周年、"永远跟党走"系列活动,为23位"光荣在党50年"老党员颁发纪念章,组织策划百名书记讲党课、千名党员集体宣誓、走访慰问困难党员、红歌传唱和红色经典诵读、党史知识竞赛、主题摄影书画和征文比赛等活动,录制《我想对党说》《唱支山歌给党听》等微视频15个。组建"永远跟党走"合唱团参加内蒙古自治区党委宣传部组织的群众性主题宣传教育活动,在100多个参赛队伍中晋级5强,多次参加展演,展示新时代国门卫士风采。在人民日报客户端、新华社客户端、海关总署及内蒙古自治区各类内外宣载体上发表各类宣传稿件350余篇。

2. 开展分类宣讲。发挥"领导干部""先进典型""边关银发""乌兰牧骑轻骑兵"宣讲团优势,开展主题宣讲235次。党委书记带头在学习班、下基层、到企业宣讲党的十九届六中全会精神,基层党支部书记围绕习近平总书记"七一"重要讲话精神讲党课110次。创新开展"百名青年读党史"和"青年理论大讲堂"系列活动,设立"献礼建党百年,讲先进典型故事"专栏展示关区省部级以上先进典型事迹,其中全国先进基层党组织额济纳海关党总支书记黄卫东同志在海关总署读书班和内蒙古自治区先进事迹报告会上做学习"七一"重要讲话精神宣讲,自治区5.7万多名党员观看直播,各直播平台点击总量超过320万人次。

3. 打造特色课堂。部署开展呼和浩特海关史研究工作,用好"齐心协力建包钢""三千孤儿入内蒙"等红色资源开展"学史·铸魂"海关红色讲坛系列活动,呼和浩特海关各基层党组织紧贴驻地实际，赴乌兰夫纪念馆、包钢精神展厅、内蒙古博物馆、内蒙古展览馆、集宁战役纪念馆等红色教育基地开展主题党日210次。《属于他的边关岁月——记第一代二连海关关员孙世谦》《驿路上的一曲长歌》入选《追寻红色记忆 传承红色基因——海关档案故事100篇》，《乌兰牧骑理论宣讲轻骑兵——行走的党课》被中央党史学习教育简报刊发。

4. 创出荣誉成绩。呼和浩特海关隶属额济纳海关党总支被中共中央授予"全国先进基层党组织"称号，党总支书记黄卫东同志赴京参加全国"两优一先"表彰大会。呼和浩特海关以现场述评得分第一名的优异成绩在内蒙古自治区98个直属机关中荣获自治区首届"创建北疆模范机关先进单位"。王伊琴同志荣获"全国三八红旗手"称号。3月7日和10月10日，《人民日报》分别以《着力服务和融入新发展格局》和《携手向着中华民族伟大复兴的目标继续奋勇前进》为题，刊发呼和浩特海关学习习近平总书记重要讲话精神的体会发言。隶属额济纳海关监管一科党支部《学党史感悟思想伟力 践初心戍守北疆国门》短视频在中央和国家机关工委《旗帜》杂志社举办的第一届"新时代全国机关基层党建新成就"短视频作品征集中荣获"百优作品奖"。

（三）厚植为民情怀提温度。

1. 坚持"三个走进"。呼和浩特海关党委于5月份启动为期2周的党委委员"调研周"，走访盟市党委政府，走进41家进出口企业、7个基层支部联系点、1个定点帮扶村，"看"生产一线和作业现场，"听"意见需求和发展规划，"研"解决办法和提升措施，行程5,800余公里，召开15次关企座谈会，征集到改革措施解读、出口商品检验、拓展保税物流中心功能、降低税费四大类34项问题和建议，制定21条现场解决措施。深入推进"百人联千企 力行促外贸"优化口岸营商环境专项行动，明确153名海关联络员帮扶重点企业1,112家，解答各类咨询672件次，推送海关政策208次，解决具体问题93个。该项目入选内蒙古自治区2021年度全区十大法治事件，其中为重点企业包钢纾困解难的事例入选全国海关"'我为群众办实事'百佳项目"。各隶属海关单位分别在各自辖区请企业走进来、带关员走出去，畅通问题收集渠道，对企业"急难愁盼"的问题，有针对性地想法子、找路子、出点子，能立刻解决的迅速办理，不能立刻解决的追踪办理。

2. 突出"三个找准"。始终把进出口企业和干部群众的揪心事、烦心事、操心事放在心上，系统性研究、程序化推进。围绕"十四五"海关发展规划，以党委理论学习中心组（扩大）学习会为平台开展集体学习研究，同时要求隶属海关理论学习中心组同步学习研究，进一步贯彻海关总署要求、细化落实举措，推动落实新发展理念、构建新发展格局；对收集到的企业和地方政府提出的问题精准分析研判，拿出对策建议和解决办法。在北方重要的绿色畜产品输出基地锡林郭勒盟，针对企业如何扩大出口业务的困惑，提出精细化分割、提升产品附加值等有效建议，获得盟政府和畜产品加工企业高度认同。开展"一企一策"精准服务，为呼和浩特打造"世界乳都"品牌，组织业务骨干多渠道收集并向企业提供WTO/TBT-SPS措施在乳制品方面的信息，指导帮助企业积极应对国外技术性贸易措施；选派隶属东乌海关关员阿古都木作为驻村驻包联嘎查村第一书记兼工作队队长，推动巩固拓展脱贫攻坚成果同乡村振兴有效衔接；22个机关党支部和隶属海关党支部结为共建支部，发挥各自优势，组织开展基层党建、业务知识等工作互助研讨。

3. 实施"三项工程"。坚持人民至上、生命至上，全面落实"外防输入、内防反弹"总策略，举全关之力，创新方法手段，筑牢国门安全防线。"坚守北疆国门安全防线，拱卫首都'护城河'"项目入选全国海关"'我为群众办实事'百佳项目"。呼和浩特海关关区103个党支部到结对社区、全体党员到所在社区"双报到"，开展送法进社区、送健康进社区、送志愿活动进社区等公益活动。围绕干部职工关心关注的问题，改善职工餐厅就餐环境，解决关员制服清洗难题，建成青年关员单身宿舍，丰富业余文化生活，提供健康营养常识咨询等。探索党委监督、部门认领、对账销号、群众评估的闭环机制。党委会从7月起每月研究1次关区"我为群众办实事"重点项目成效和培育项目。召开1次专题研讨会，亮出所有部门"我为群众办实事"成绩单。每季度调度重点民生项目完成情况，每月评选2~3个关区"十佳项目"。制定电话回访评估措施，每月定期联系企业，调研咨询是否新增"急难愁盼"问题、回访"我为群众办实事"工作成效。两级党委动态调整列出的144项重点民生项目清单全部完成。

总结党史学习教育，有以下几点启示：持续深入学习习近平新时代中国特色社会主义思想，是有力践行"两个维护"的基石；敢于斗争、敢于胜利，是务实践行"人民海关为人民"初心使命的基础；坚持统筹兼顾、一体推进，是把初心使命转化为建设社会主义现代化北疆海关动力的重要抓手。

呼和浩特海关贯彻实施《"十四五"海关发展规划》

呼和浩特海关统计分析处

《呼和浩特海关贯彻〈"十四五"海关发展规划〉实施意见》(简称《实施意见》)经呼和浩特海关党委会审议通过,于2021年9月2日印发执行。

一、开启社会主义现代化海关建设新征程

(一)"十三五"呼和浩特海关发展取得成绩。

"十三五"时期,以习近平新时代中国特色社会主义思想为指导,扎实推进政治建关、改革强关、依法把关、科技兴关、从严治关"五关"建设,圆满完成机构改革任务,海关事业实现跨越式发展,各项工作取得长足进步。5年来,监管进出口货物2.7亿吨,较"十二五"时期增长(简称"增长")61%,进出口货值2,884亿元,增长23.30%,审核报关单75.30万份,增长18%;征收税款375.90亿元,增长27.20%;办结稽查作业366起,增长89.60%,查发有效企业146家,增长3.6倍;出入境人员卫生检疫和传染病监测共检出各类传染病病例1,423例,增长6.5倍,截获有害生物6.50万种次,增长452.80%;检验监管进出口工业产品69.50万批,货值318.50亿美元,其中检出不合格工业品5.10万批;退运销毁不合格进出口食品化妆品51批;风险管理全面嵌入海关所有业务领域,立案侦办刑事案件174起,增长1.30倍;行政审批项目由17项精简至11项,实现"一个窗口"受理、网上全程办理;企业注册登记"多证合一""证照分离"改革实现全覆盖,注册外贸企业达到8,152家,年均增长率近20%;国际贸易"单一窗口"主要业务应用率保持100%,"两步申报"率17.9%,通关作业全程无纸化申报率99.80%;2020年进口、出口整体通关时间较2017年分别压缩80.10%、83.80%,主要贸易伙伴由80个增至117个,5个公路口岸客运通道智能

卡口全部建成，37条货运通道实现无人值守自动验放，监管作业场所智能卡口接入率近90%；生物安全三级实验室投入运行；"合格支部"达标考核全覆盖，推动创建20个工作室、28个党建品牌、46个一线工作法，获得46项省部级以上荣誉表彰；坚决落实"打胜仗、零感染"要求，第一时间成立白塔机场分流国际航班临时党支部和"乌兰牧骑＋疫情防控"轻骑兵，组织捐款27.2万元，组建19支党员突击队奔赴抗疫一线，10名同志火线入党，300余名党员干部递交请战书。

（二）呼和浩特海关发展新方位。

"十四五"时期是我国全面建成小康社会、实现第一个百年奋斗目标之后，乘势而上开启全面建设社会主义现代化国家新征程、向第二个百年奋斗目标进军的第一个五年。呼和浩特海关要坚持系统观念，深刻认识新发展阶段的新特征新要求，完整、准确、全面贯彻新发展理念，从全局和战略高度准确把握海关工作面临的新形势新任务，主动服务构建以国内大循环为主体、国内国际双循环相互促进的新发展格局，积极构筑"两个屏障""两个基地"和"一个桥头堡"，推动形成内蒙古参与国际经济合作和竞争的新优势，在全面建设社会主义现代化国家新征程上书写呼和浩特海关发展新篇章。

（三）2035年呼和浩特海关发展远景目标。

展望2035年，社会主义现代化海关基本建成。党的政治建设统领作用全面发挥，垂直管理优势充分彰显，服务大局能力显著增强；改革的系统性、整体性、协同性全面提升，改革创新能力显著增强；法治海关建设全面推进，制度创新和治理能力建设现代化水平显著提高，开放监管能力显著增强；科技支撑能力全面提升，建成更高水平的智慧海关，科技应用能力显著增强；准军事化纪律部队建设全面加强，边关发展能力全面提升，干部队伍建设能力显著增强。

二、指导思想和主要目标

（四）指导思想。

高举中国特色社会主义伟大旗帜，深入贯彻党的十九大和十九届二中、三中、四中、五中全会精神，坚持以马克思列宁主义、毛泽东思想、邓小平理论、"三个代表"重要思想、科学发展观、习近平新时代中国特色社会主义思想为指导，全面贯彻党的基本理论、基本路线、基本方略，深入贯彻习近平总书记对海关和内蒙古工作的重要指示批示精神，统筹推进经济建设、政治建设、文化建设、社会建设、生态文明建设的总体布局，协调推进全面建设社会主义现代化国家、全面深化改革、全面依法治国、全面从严治党的战略布局，坚持稳中求进工作总基调，以推动高质量发展为主题，以深化供给侧结构性改革为主线，以改革创新为根本动力，以满足人民日益增长的美好生活需要为根本目的，遵循"五项原则"，坚持"三个争先"，统筹发展和安全，把握新发展阶段，贯彻新发展理念，构建新发展格局，聚焦服务高质量发展、推动高水平开放、保障高标准安全、提升高效能治理，强化监管，优化服务，马上就办、真抓实干，锲而不舍、一以贯之，凝心聚力推进"五关"建设新实践，开辟服务"两个屏障""两个基地"和"一个桥头堡"建设新路径，砥砺前行开启社会主义现代化北疆海关建设新征程。

（五）主要目标。

锚定2035年海关发展远景目标，持续深化"五关"建设，不断丰富"五关"建设新内涵，全面发挥海关在安全、贸易、税收等方面的职能作用，积极探索具有中国特色社会主义制度优势的新时代海关改革与发展之路，全面推进社会主义现代化海关建设，今后5年要努力实现以下主要目标。

1. 政治建关全面强化，政治建设水平大幅提升。持续强化政治机关意识，全面落实意识形态工作责任制，政治信仰更加坚定，政治领导坚强有力，政治判断力、政治领悟力、政治执行力显著提高，政治生态风清气正，维护国家安全和发展利益更加坚决有力，服务国家和内蒙古重大发展战略更加积极有为，永葆政治机关鲜明本色，坚定走好"两个维护"第一方阵。

2. 改革强关纵深推进，制度创新和治理能力大幅提升。坚持以改革促发展、以创新提效能，既紧盯海关总署业务改革统一部署，又立足区情关情补齐发展短板，确保改革创新更加系统集成、协同高效，更宽领域、更高水平的机构改革"化学反应"全面实现，国门安全防线更加牢固，口岸营商环境更加优化，海关监管体制机制更加完善。

3. 依法把关全面加强，法治建设水平大幅提升。培树法治理念，增强底线思维，坚持法定职责必须为、法无授权不可为，持续推进法治海关建设，不断完善权力运行制约监督机制，切实规范海关行政执法行为，提高权力运行法治化水平。

4. 科技兴关动力强劲，创新应用能力大幅提升。突出创新驱动导向作用，优化科技应用工作机制，夯实智慧海关建设基础，加快智能边境建设步伐，拓展智享联通合作领域，业务科技一体化有力推进，大数据、人工智能等新技术应用更加广泛深入，实验室规划布局更加合理、技术体系更加完善，检验检测能力明显提升。

5. 从严治关成效显著，干部队伍素质大幅提升。全面加强党的建设，清廉海关建设成效明显，上下贯通、执行有力的组织体系更加科学，与准军事化纪律部队要求相匹配的海关文化体系基本形成，德才兼备的高素质专业化"全科医师"式业务骨干全面培养，服务构建新发展格局的行家里手不断涌现，各级领导班子不断优化强化，队伍积极性、主动性和创造性充分激发，忠诚干净有担当的高素质专业化干部队伍面貌焕然一新。

三、坚决维护国家安全

全面落实总体国家安全观，坚持底线思维，构建以风险管理为主线的国门安全防控体系，全面履行监管职责，坚决维护国家安全和人民群众利益。

（六）加强进出境环节实货监管。

推进"智慧海关"建设，实现货运监管"三区联动"，全面加强货运渠道监管。改造升级口岸前置拦截作业区，优化整合运输工具登临、核生化处置、人工检查、检疫处理等区域设施设备，开展口岸事前监管作业改革，提升涉及疫情疫病、涉恐处突、禁限管控等安全准入监管效能。建设监管设施设备管理应用平台，提高监管设备的使用效能；建设智慧监管信息化平台，提高业务运行的规范化和智能化水平；建设物流监控全景展示平台，提高口岸业务运行的高效监控、准确预警和精准指挥能力。规范海关监管作业场所管理，以监管作业场所智能卡口联网监管为基础，实现对运输工具、货物进出监管作业场所的信息化管理，联动实现监管作业场所货物进、出、转、存的信息化监管，提高准许入市监管能力。将货运监管"三区联动"监管理念全面推行至进出境物品监管领域，推进"邮快跨一体化"建设，优化改造进出境邮件、快件、跨境电商监管作业场地，规范设置前置拦截区、口岸查验区和实货放行区，提升规范化、信息化监管能力。全面推行旅检智能化监管改革，完善旅检监管风险防控体系，拓展数据来源，建立旅检业务大数据池，综合运用高新技术装备，实现旅客监管信息全程可溯。优化旅检现场布局和岗位设置，统一设置卫生检疫、申报、识别拦截、查验和集中处置区域，打造"选得好、拦得住、查得清、处得快"的一体化旅检作业新模式。

（七）确保税收安全。

落实税收征管作业流程和作业模式，完善综合治税机制，加强跨部门、跨系统协同配合，坚持依法、科学征管，提升税收征管质量，努力做到应收尽收。推进税收风险信息的互通与共享，加强税收风险分析，积极搜集、报送税收风险建议，严格税收风险处置，防范税收风险，严厉打击价格低报瞒报等涉税违法行为，维护安全公平有序的贸易环境。对税收政策落实情况进行分析评估，关注企业合理需求，深入开展税政研究，搜集、报送税收政策调整建议。落实非贸渠道税收征管制度，加强涉税风险参数、指令的应用，着重防止行邮及跨境电商渠道税款的"跑冒滴漏"。依托大数据等新技术推进非贸征管智能化、作业信息化、缴税便利化。落实进口税收优惠政策，广泛开展政策宣传与推介，及时提供相关政策咨询与服务，引导企业用好用足减免税、优惠贸易协定等政策，着重支持补齐产业链供应链短板，保障和促进产业安全。

（八）维护口岸公共卫生安全。

完善口岸公共卫生防控体系，建立健全多渠道疫情监测和多点触发的预警机制，推动智慧口岸精准检疫模式应用，筑牢"境外、口岸、境内"三道检疫防线。建设国际卫生陆港，参与制定口岸核心能力建设强制性国家标准，完善口岸公共卫生治理体系和新冠肺炎疫情防控制度，加强口岸卫生检疫设施设备建设，全面提升传染病检测能力。建立健全应急处置指挥体系、工作机制和应对预案，实施应急队伍"在岗—预备—储备"3级管理模式，构建现代化口岸突发公共卫生事件应急处置指挥体系，强化应急处置支撑能力，提升应急处置救援水平。深化联防联控常态化运作机制，建立跨部门、跨区域、跨专业的公共卫生应急联动机制，推动实现联合调查、联合预警、联合管理、信息共享。实施智慧国际旅行健康服务工程，积极参与全球公共卫生治理。

（九）严格进出境动植物检疫监管和外来入侵物种口岸防控。

健全生物安全风险监测、评估、预警、应急处置和重大动植物疫情联防联控机制，完善对进出境重大和新发动植物疫情及不明原因生物安全事件的应急处置预案、调查溯源制度和风险监测预警制度。健全动植物检疫技术规范，实现口岸动植物检疫标准化全覆盖。持续优化动植物检疫作业监管模式，实施更加科学、安全和便捷的动植物检疫措施，积极应用大数据、人工智能、互联网等新技术提高口岸动植物检疫现代化水平。参与海关总署构建动植物疫情和外来入侵物种信息平台，推动内蒙古农畜产品生产基地建设，服务扩大农畜产品对外贸易。

（十）强化进出口食品安全监管。

认真落实习近平总书记关于食品安全"四个最严"要求，严格执行海关总署进出口食品源头治理、口岸监管和后续监管各项制度，规范进出口食品安全监管口岸作业流程，创新食品安全监管措施和方法。加强俄罗斯和蒙古国食品安全政策标准、管理体系研究，建立蒙古国食品安全法规标准数据库，主动承接海关总署对俄罗斯、蒙古国食品生产企业注册评估工作，严格落实进境动植物源性食品检疫审批管理。严格执行"两个一律不准进口"要求，认真落实进出口食品监督抽检和风险监测计划，加强食品风险管理，完善应急处置预案，严格执行不合格食品信息通报、召回制度，提高进出口食品安全突发事件应对能力。强化与内蒙古自治区市场监管等部门联防联控机制。落实海关总署风险分级分类管理制度，推行出口食品直通放行，支持内蒙古优质特色食品走出去。

（十一）保障进出口商品质量安全。

完善进出口商品质量安全风险预警和快速反应监管体系，依托海关主干系统、进出商品质量安全风险信息平台和进出口商品质量安全风险管理系统，加强中蒙联合监测，强化风险信息管理，扩大风险监测覆盖面，推动建立以大数据应用为基础的进出口商品质量安全风险监测模型。完善风险评估机制和应急处置预案，建立科学有效的评价体系，完善进出口商品质量安全风险联防联控机制。建立健全进出口商品质量安全监管规范，加强进口矿产品、再生资源等大宗商品以及重点敏感消费品、危险化学品及其包装等安全监管，改革创新查验手段和监管模式。统筹海关和社会检验检测资源，采取多样化、差异化的合格评定方式，有序推进检验结果采信工作。

（十二）强化风险整体管控。

组建关区风险管理委员会，完善风险研判专家组工作机制，实施业务风险综合治理，联合处置重大风险。建立事前、事中、事后风险防控联动机制，加强进出境人员、货物、物品、运输工具全领域、全渠道、全过程风险防控，实现业务领域风险防控一体化。紧扣国家扩大开放和区域发展战略，聚焦保障重要战略资源供应链安全，加强区内产业供应链风险整体评估、研判与处置，建立符合关区实际的风险监测预警体系、风险分析研判体系和风险处置体系。推动完善内蒙古口岸风险联合防控机制，加强信息共享，密切协同配合，开展跨部门风险联合研判和协同处置。落实安全生产责任制，持续推进重点领域安全生产专项整治。

（十三）严厉打击走私违法行为。

坚定维护国家政治安全，坚决防范和打击各种渗透颠覆破坏、暴力恐怖、民族分裂、极端宗教等活动，严防各类违禁品进境。围绕中央关注、社会关切、群众关心的突出走私问题，深入开展"国门利剑""蓝天"以及打击"水客"走私等专项行动，坚决打击洋垃圾和象牙等濒危动植物及其制品走私以及疫区冻品、涉枪、涉毒、涉税等走私行为。完善海关监管打私协同机制，发挥海关监管现场"主战场"作用，提升现场查获率、移交率。突出缉私专业能力建设，深入推进"智慧缉私"，建设指挥中心，强化反走私态势分析研判，提升全域动态感知能力。建设关区缉私大数据资源库，搭建高风险商品分析模型，实现智能精准研判、高效监测预警。完善信息制导办案体系、法制监督指导体系、案件质量预警监测体系，强化执法规范化建设。加强国际执法合作，深化案件协作、信息共享。提升缉私警务保障水平，推进执法办案场所规范化建设。深化反走私综合治理，加强组织协调、对口联络，推动地方政府落实打私综合治理主体责任。

四、服务国内国际双循环相互促进

立足国内大循环，充分发挥海关国内国际双循环相互促进重要交汇节点作用，推进内蒙古更大范围、更宽领域、更深层次对外开放，促进国内国际双循环顺畅联通。

（十四）服务"一带一路"高质量发展。

按照海关总署部署，配合推进"关铁

通"、海关信息交换共享平台、"安智贸"等项目落地,参与推动中蒙AEO互认实施,助力ASEM"互联互通—过境"和二连浩特、乌兰察布等物流枢纽节点项目建设,重点推动建设中欧班列集拼中心和乌兰察布多式联运监管中心,开展TIR中欧跨境线路出口试点,配合自治区口岸办推动与蒙古国实现"单一窗口"互联互通,畅通优质商品"引进来""走出去"便捷通道。持续完善边境口岸基础设施,推动甘其毛都等口岸开通农产品快速通关"绿色通道",扩大食品农产品快速通关"绿色通道"范围。强化俄罗斯、蒙古国等"一带一路"沿线国家和地区技术性贸易措施影响研究与应用,探索常态化开展中蒙俄货物贸易评估。全面落实优惠贸易协定,按照部署推动《区域全面经济伙伴关系协定》(RCEP)落地生效,着重做好蒙古国加入《亚太贸易协定》涉及的税收征管及原产地签证工作。推进原产地智能审签模式,促进跨境贸易便利化。

(十五)推动产业链供应链优化升级。

加强对海关特殊监管区内生产企业的信用培育力度,落实AEO企业外贸便利化措施,提升区内AEO认证企业数量,促进区内企业发展。对高端产业链加工贸易企业优化监管手段,简化监管流程,强化监管效果,增加"以企业为单元"的加工贸易企业数量,促进企业集团加工贸易监管改革落地。支持海关特殊监管区域内企业开展保税研发业务,协调解决涉检涉证保税研发原材料入区问题,实现首个保税研发项目落地。积极落实"四自一简",支持企业拓展国内国外两个市场,释放企业产能,促进企业内销和区内区外联动。支持产业链稳定和优化,全面推进呼和浩特市和鄂尔多斯市综保区企业"一般纳税人"改革,落实区内企业内销便利化措施。支持海关特殊监管区域内企业释放产能,优化监管措施,促进保税料件跨区域流转。继续开展知识产权保护行动,提升知识产权保护工作水平。

(十六)推动外贸创新发展。

落实海关总署、内蒙古自治区人民政府关于推动外贸创新发展的各项举措,动态调整促进外贸增长各项工作措施。落实海关总署关于进一步促进加工贸易便利化有关要求,优化监管流程、提升监管效能,支持自治区梯度转移重点承接地加工贸易发展。及时调整边境贸易便利化措施,支持边民互市贸易进口商品落地加工,扩大互市贸易进口商品和进口国别范围。支持市场采购政策在二连浩特口岸落地,推动市场采购贸易健康发展。落实海关总署关于支持中欧班列发展的措施,适时调整支持中欧班列发展的22条措施。推动跨境电商企业对企业(B2B)出口监管政策落地,支持建立跨境二级节点,支持蒙药产业、天赋河套品牌等出口企业建立海外仓,促进跨境电商业务快速增长。落实中西部地区国际展会展期内销售的进口展品税收优惠政策,做好国家重点展会、运动会的通关监管和服务保障工作，支持中蒙博览会、"丝绸之路"汽车拉力赛等特色活动。

（十七）促进内外贸一体化。

按照"两段准入""先放后检"等检验监管要求，优化能源资源性产品监管模式，积极构建进口能源资源性产品质量安全保障机制，支持国家战略性重点产品落地加工，指导加工企业积极应对国内外产业政策变化，推进产业上下游特色产品生产深加工，支持能源资源性产品和重点产业的原材料、生产设备、关键零部件进口，推动产业稳步健康发展。发挥区位优势，支持中蒙俄经济走廊建设，扩大国内紧缺和满足消费升级需求的重点优质农产品进口。建立国外技术性贸易措施信息收集、评估、预警和应对机制，加强技术性贸易措施影响评估、趋势预判、监测预警、交涉应对等基础研究，动态更新技术性贸易措施交涉应对重点企业库，增强企业运用规则维护自身合法权益的意识和能力，帮助企业有效识别、应对技术性贸易措施。

（十八）支持区域协调发展。

以推动高质量发展为主线，加强与自治区相关部门的工作对接，研究落实国家区域经济发展战略的具体举措。加强沿海地区口岸与关区沿边、内陆口岸通关制度衔接，以畅通西部陆海新通道为契机，推动二连浩特国家重点开发开放试验区建设，指导二连浩特—扎门乌德经济合作区建设，推广农产品、食品快速通关模式，贯彻落实西部大开发、东北全面振兴、黄河流域生态保护和高质量发展、支持沿海工业向西部梯度转移等重大决策部署。

（十九）促进跨境贸易便利化。

优化监管方式和作业流程，进一步精简进出口环节单证及证明材料，推动进出口环节监管证件和相关单据单证电子化无纸化率达标。应用监控评估系统做好监测，将整体通关时间压缩成效稳固在合理区间。落实多元化税收征管改革措施，推广关税保证保险、企业集团财务公司担保，降低企业税收担保成本，增加企业便利缴税渠道。持续扩大中蒙海关联合监管成效，按照海关总署部署，加强与境外口岸查验管理部门合作，探索推动联合实施对等通关便利化措施，建立健全合作机制。

（二十）加快口岸现代化建设。

以"三区域联动（前置拦截作业区、检查作业区、仓储作业区）、三平台驱动（监管设施设备管理应用平台、智慧监管信息化平台、业务运行全景展示平台）、两中心互动（二级、三级监控指挥中心）、一窗口服务（单一窗口）"建设为基本框架，通过对场地场所优化整合、设备集约管理、系统集成应用、监管流程优化、业务预警监控，打造策克口岸"智慧海关"建设样板，做好样板工程复制推广，推进现代化口岸建设。联合自治区口岸办，研究开发适合口岸业务的"单一窗口"特色功能，提升业务规范性和通关便利性。探索应用无人机、跨境空轨等新技术设备，创新口岸监管作业新模式，提升口岸信息化建设水平。

五、持续深化海关改革

以系统集成、协同高效为着力点，通过"巩固、完善、深化、提高"关联耦合、压茬推进海关各领域改革，建立完善改革评估反馈机制，推进海关监管体制机制现代化。

（二十一）深化"放管服"改革。

深入推进简政放权，分层级推进权责清单编制与公开工作。建立权责清单动态管理机制，对清单执行情况进行有效监督，根据法律依据变化及时调整清单内容，确保清单的长效作用。全面落实精简行政许可事项、"多证合一"、"双随机、一公开"等工作部署，推动涉企经营许可事项实现"证照分离"。探索创新"监管效能最大化、监管成本最优化、对市场主体干扰最小化"的监管模式，与市场监管部门开展跨部门联合检查，深化企业注销便利化改革，形成可复制推广的"放管服"改革经验。推进海关行政审批制度改革，落实"谁审批谁负责"工作机制，规范行政许可事项管理，提高行政审批效率。推行海关行政相对人统一管理平台，实现数据共用共享、一个平台统一办理。

（二十二）深化通关一体化改革。

围绕"拓围、提质、增效"目标，落实海关总署深化全国通关一体化改革各项要求。落实"中心—现场式"管理架构，加强查验监管现场与风险防控中心、税收作业现场与税收征管中心间的执行反馈，全面提升风险防控、税收征管的科学化、精准化、协同化水平。强化业务运行监控，加强报关单运行监控系统应用，推动实现实时监控和有效预警，统筹风险整体防控和业务运行管控。推进属地查检业务改革，优化属地查检作业流程，提升属地查检专业技术水平和业务能力。在推进"五项创新"改革基础上，积极争取深化全国通关一体化改革试点，加强各项改革举措关联耦合，实现改革系统集成。

（二十三）创新事中事后监管。

落实海关信用管理制度，创新稽核查工作模式，推广"互联网＋稽核查"作业模式。统筹开展涉税、涉检领域稽核查工作，加强对危包类、环保类、生物安全类检验检疫违法违规问题的稽核查，突出稽核查查发和打击作用。加强备案企业质量管理，持续清理"僵尸企业"，优化企业管理体系。坚持以查促管，构筑"制度＋科技"事中事后监管体系，提升检验检疫领域专项稽查占比率和查发率。优化海关核查流程，探索引入第三方中介机构协助核查工作。结合 AEO 认证企业便利化措施，探索在骨干外贸企业、高级认证企业中试行第三方检验结果采信和自查结果认可。推行主动披露制度，促进企业守法自律。落实海关总署跨境电商监管模式改革，规范外贸综合服务和市场采购监管，促进新业态健康有序发展。

（二十四）推动海关特殊监管区域和保税物流中心（B型）发展。

发挥海关特殊监管区域政策功能优势，支持自治区各级政府部门开展综合保税区申建、产业规划、招商引资、政策宣传等工作。协助地方政府对照《综合保税区发展绩效评估办法（试行）》考核指标，推进综合保税区政策落地见效。推动保税物流中心（B型）高水平运行，引导企业用足用好保税政策。做好复制推广自贸试验区等创新制度工作，支持和鼓励综合保税区拓展功能，打造加工制造、研发设计、物流分拨、检测维修、销售服务中心。支持自治区人民政府申建中国（内蒙古）自由贸易试验区。

（二十五）全面提升服务决策能力。

强化全局视野和系统观念，依托真实、客观、准确的数据，进一步加强调查分析研究，通过有立场、有方向、有质量的研究，为党中央、国务院以及海关总署党委、自治区党委政府提供高水平、高质量的决策建议。发挥海关数据优势，深化外部智库合作，持续扩大研究成果影响力和覆盖面，形成上下联动、内外协调、整体运行的政策研究合力。深入挖掘数据价值，深化贸易数据、业务数据和其他数据的综合分析研究。参与全球贸易监测分析工作，提升宏观经济分析研究、业务分析研究水平，提高统计新闻发布质量。坚持依法统计、科学统计，完善统计制度方法。参与统计现代化改革、统计指数体系构建、海关总署新业务统计系统建设，推进统计作业流程再造。提升统计调查能力，参与推动行政记录统计与抽样调查、重点调查的有效衔接，拓宽统计数据源。参与全国海关统计数据质量管控工作，落实数据安全分类分级要求，建立常态化管控机制，规范数据对外交换，确保数据安全可控。

（二十六）完善海关技术规范和业务规范体系。

结合总署业务指标目录发布进程，建立关区业务指标体系，优化统计口径，便利指标应用。参与海关总署数据规范体系建设，推进数据规范化、标准化。参与海关总署支撑性业务规范建设，统一各业务现场执法尺度、技术规范。遵循国家和国际有关标准规范，参与总署适用于全链条监管的技术规范构建工作，提升信息数据交换水平。加强国内外技术规范跟踪比对研究，完善关区海关技术规范体系。

（二十七）深化财务管理改革。

完善预算保障体系，建立执行和绩效并重的预算管理新格局，准确编制年度预算，科学制定中期规划，做到年度预算与中期规划有效衔接，提高财务保障能力。坚持"优先保民生、重点保运转、精准保发展"，持续调整优化支出结构，集约高效使用财务资源。根据海关总署制度制修订情况，开展制度"立改废释"工作，完善关区财务制度体系。推动事业单位不断提升财务管理的规范化、科学化水平，更好地为改革发展提供技术支撑和后勤服务。全面加强国有资产管理，推进资产整合利用。建立健全应急物资使用管理制度，加强应急物资采购、存储、使用、调配全过程管理，确保物资应急保障有力有效。落实总署支持艰苦地区边关22条措施，将财力资源向民生领域和基层一线倾斜，为基层民生项目提供有力资金保障，不断改善基层关警员的工作生活条件。跟进海关总署信息化建设进程，加强智慧财务系统使用培训，提高系统运用和管理水平。加大节能减排软硬件建设力度，采用节能新技术、新产品、新机制，合理降低关区水、电、油等能耗指标，推进节约型公共机构示范单位创建工作。

六、全面推进法治海关建设

学习贯彻习近平法治思想，弘扬法治精神，提升法治素养。加强规范性文件和业务制度管理，坚持依法行政，强化法治监督，营造更加规范有序、公平高效的执法环境，为社会主义现代化北疆海关建设提供有力法治保障。

（二十八）加强规范性文件和业务制度管理。

积极参与总署重大立法工作，争取承办、参与能够反映关区业务执法特点的海关立法项目，研究提出高质量的立法意见和建议，有序推进配套规范性文件、业务制度的"立改废释"工作，做到"上下衔接""新旧衔接"，持续推进执法统一性建设。严格按照海关立法机制和程序制定规范性文件，深入开展实施后评估。探索与法律院校、社会机构合作开展理论研究，提高法治理论研究质量和深度。

（二十九）严格规范公正文明执法。

落实行政执法公示、执法全过程记录、重大执法决定法制审核等制度，规范编报行政执法统计年报，组织开展专项督导，确保"三项制度"落实落细见效。落实海关行政执法裁量基准制度，强化对重大行政处罚案件、重大行政执法决定的集体审议把关，从源头上规范权力行使。发挥行政复议解决行政争议的主渠道作用，畅通行政复议渠道，主动纠正违法或不当执法行为。严格落实重大行政诉讼案件挂牌督办制度，集中优势力量研究办理重大疑难案件，提升行政复议能力和行政诉讼应诉水平。坚持和发展新时代"枫桥经验"，探索建立多元化纠纷解决机制和行政争议预防化解机制，力争将争议和纠纷化解在初始阶段。落实行政执法案例指导制度，开展"以案释法"，为执法活动提供参考。

（三十）强化法治保障作用。

运用法治思维和法治方式推进关区业务改革，做好相关改革方案的法律论证，确保重大改革于法有据，并及时将成熟的业务改革经验和举措固化为制度规范。完善对重大业务改革方案、配套制度文件的合法性审查机制，重点加强对涉及公民、法人和其他组织权利义务的规范性文件、业务管理制度的合法性审查，拟对相对人作出否定性决定、可能产生较大不利后果的行政执法行为纳入重大执法决定法制审核，对审查内容实行目录管理，完善跟踪反馈和评估制度。

（三十一）营造良好法治环境。

强化主要负责人履行推进法治建设第一责任人职责，健全并落实党委中心组集体学法和领导干部述职述法、任前考法、宪法宣誓等制度，推动领导干部带头尊法学法守法用法。科学布局法治人才梯队建设，将法治教育纳入干部教育培训总体规划。落实法律专家制度，建立法规专家人才库，壮大公职律师队伍，加大涉外法治人才培养力度，提升依法办事意识和法治素养。进一步加强法律顾问工作，从海关公职律师和其他具有法律职业资格并专门从事法律事务的公职人员中择优选任内部法律顾问，建立以内部法律顾问为主体、外聘法律顾问为补充的法律顾问队伍。全面落实"谁执法谁普法"普法责任制，大力实施"八五"普法规划，积极创建法治文化阵地，建成1个以上自治区级法治文化宣传教育基地。

七、全面提升科技创新应用水平

紧扣全面建成"智慧海关"，统筹运用数字化思维和数字化技术，强化科技支撑引领，加快数字化转型，提升整体智治水平。

（三十二）强化国门安全科技保障。

面向重点应用需求，加大技术与装备研发运用，攻克技术难题，建设国门安全现代化科技创新体系，提升国门安全整体科研能力水平。围绕国门生物安全，加强鼠疫等烈性传染病、新发传染病国境阻断技术研究与储备，完善早期预警、实时监测、远程鉴定、快速检测、应急处置技术应用。针对输入性重大动物疫病、植物疫情和外来入侵物种等，开展防控关键技术研究运用，开展进口食品安全风险研究。结合关区业务特点，加强稀土、铜精矿、煤炭等检测技术研究。加强科技合作，建立与自治区相关部门和科研院所、高等院校、技术机构的长期联系合作机制，充分调动各类资源，激发科研队伍活力，加强科技领军人才的培养，提升国门安全总体防控科研水平。开展技术平台构建、境外风险监测、口岸风险监测等领域关键技术研究。加大大数据、云计算、物联网、区块链、5G等先进技术在陆路口岸通关智能化建设中的运用，升级单兵查验系统和设备，实现海关监管更加智能、精准、高效。

（三十三）增强海关信息化支撑能力。

完善电子政务内网基础设施，全面推广应用H2018通关管理系统，加快各类信息系统整合优化，加强智能审图、智能卡口、区块链等技术应用，提升智能监管水平。及时更新广域网核心节点网络设备，开展重点监管设备入网升级改造。完善指挥中心功能，加强安全监控力度，提升动态感知和快速响应能力。完善海关安全技术体系，强化安全管理制度规范，以"零风险、零泄露"为目标，全面落实网络安全等级、海关大数据安全、关键信息基础设施安全等保护要求，建设网络安全态势感知、网络安全保护业务、数据安全保护等平台，提高海关网络安全感知、监测、防护、响应、恢复水平，保障海关业务运行安全。开展应急演练，提高科技人员网络攻防对抗能力，防止发生重大网络安全事件。加快国产软硬件推广应用，逐步完成具有自主知识产权软硬件产品的更新迭代，构建国产应用支撑生态，提升自主可控能力。加强信息系统准入准出管理，建立健全海关信息化质量安全保障与评价体系，推动实现海关数字化、智能化运维。加速基础设施云化进程，建设支撑新一代智慧海关的技术平台。

（三十四）深化海关大数据应用。

加强大数据应用基础建设，建立和完善数据中台建设、外部数据采买、专家梯队培养等大数据应用建设指引，建立与关区业务特点相匹配的数据池，推进部门间、关际间数据共享。探索新型风险水平测量，并以测量结果为基准，为差异化监管提供智能化方案。强化大数据应用资源属性，坚持以数据安全为前提，开展分类分级管理，建设大数据应用安全体系。以大数据应用驱动风险防控、通关监管、税收征管、检验检疫等海关主要业务运行，提升大数据辅助治理能力。

（三十五）加强海关实验室整体规划和协同建设。

优化实验室布局，推进生物安全三级实验室、固废鉴定常规实验室、医疗物资检测常规实验室能力建设，完善实验室技术体系。强化生物安全三级实验室与科研院所交流、培训、合作，参与实验室检测联盟各项活动。完善实验室仪器设备共享共用机制，提升相关实验室技术能力和仪器设备调用工作力度。落实法定检验送检相关管理规定，提高法定检验自检率，提升检验能力。推广海关实验室管理系统，提高海关实验室信息化管理水平。

（三十六）强化口岸监管装备研发与应用。

优化监管装备布局，争取新型监管装备应用，持续推进监管装备联网管理，实现口岸监管装备的联网集成、数据共享和综合应用，提升监管装备集约化管理水平。研究提高 H986 等非侵入式检查设备对煤炭、铁矿石等大宗矿能产品的穿透能力，提升重点、特色进出口商品的审像能力，研究推动智能审图在客运车辆、濒危动植物等监管领域的应用。

八、持续推进国际合作

加强"智慧海关、智能边境、智享联通"建设和国际合作，逐步构建外事工作新格局，切实提升边境海关合作效能，有效促进边境地区经济贸易发展和繁荣稳定。

（三十七）全力推进"智慧海关、智能边境、智享联通"合作。

进一步提升科技创新应用水平，依托

推进基础设施、海关管理、海关监管的智能化，深化"智慧海关"建设。参与国际贸易"单一窗口"建设，持续优化口岸营商环境。提升口岸监管、各边境部门协同和跨境合作的智能化水平，加快"智能边境"建设。重点推动与俄罗斯、蒙古国等"一带一路"沿线国家和地区的海关检验检疫合作，参与海关网络的智能互联、海关治理的智能对接、全球供应链的智能合作，深度融入"智享联通"建设。

（三十八）全面深化中蒙、中俄边境海关合作机制。

持续落实中蒙边境地海关联络官会晤、边境隶属海关业务会晤定期交流机制。深化与俄罗斯、蒙古国等"一带一路"沿线国家和地区合作，探索建立商品质量安全、疫情疫病防控、反恐怖工作等合作机制。按照海关总署部署，推动建立中蒙俄经济走廊商品检验结果采信制度，优化实施采信的进出口商品通关机制。

九、持续推进海关准军事化纪律部队建设

持续加强政治机关建设，坚定走好"两个维护"第一方阵，深化全面从严治党，推动"政治坚定、业务精通、令行禁止、担当奉献"的海关准军事化纪律部队建设取得更大成效。

（三十九）加强党的建设。

深入学习贯彻习近平新时代中国特色社会主义思想，切实在学懂弄通做实上下功夫，确保习近平总书记重要指示批示精神和党中央重大决策部署落实到位。健全党建工作机制，完善上下贯通、执行有力的组织体系。推进党建工作高质量发展，巩固拓展"强基提质工程"成果，持续开展"四强""最强"支部创建和党建品牌培树，做实做亮党建品牌，推动基层党组织全面进步、全面过硬。挖掘基层热源，打造示范样板，持续推进模范机关建设，创建基层党建实训点。完善基层党组织建设制度体系，不断优化《党支部标准化建设指引》。探索推行党建日常工作清单化管理，提升基层党组织执行力。深入挖掘和传承海关红色基因，建设红色海关课堂、教育基地，教育广大党员干部坚定理想信念，做对党绝对忠诚的国门卫士。持续加强工会、共青团、妇女组织建设及离退休干部服务管理工作。

（四十）加强领导班子建设。

加强政治思想建设，坚决落实讲政治要求，补足精神之"钙"、筑牢思想之"魂"，全面提高政治能力，加强各级领导班子成员政治能力训练和政治实践历练，使其政治能力与担任的领导职责相匹配。选优配强领导班子，形成年龄梯次配备、专业优势互补、来源渠道广泛的合理结构，增强班子整体功能。树立注重基层和实践的导向，用"成绩单"说话，大力选拔敢于负责、勇于担当、善于作为、实绩突出的干部进入各级领导班子任职。落实"信念坚定、为民服务、勤政务实、敢于

担当、清正廉洁"好干部标准，健全选育管用环环相扣又统筹推进的全链条机制，用好各年龄段干部，40周岁左右的处级领导干部、35周岁左右的正科级领导干部达到一定比例和数量，不断优化干部结构。强化思想淬炼、政治历练、实践锻炼、专业训练，大力培养选拔优秀年轻干部。注重加强企事业单位和隶属海关领导班子建设，统筹使用行政机关和企事业单位领导干部，在符合调任规定的前提下，畅通公务员与企事业单位人员交流渠道，加大机关和基层一线干部交流力度。充分发挥政绩考核指挥棒作用，科学制定政绩考核评价指标体系，实行分级分类考核。综合运用多种方式考准考实领导干部，强化考核评价结果运用。

（四十一）加强人才队伍建设。

大力实施人才强关措施，以优化人才结构为重点，以培养高端人才为关键，以创新人才发展机制为保障，推动人才工作高质量发展，培养造就一支数量充足、结构合理、素质优良、充满活力的人才队伍，整合人才资源库，全方位培养、引进、用好人才。着力培养引进高层次人才，落实海关总署海关专家制度，重点培育海关特色智库人才、创新型科技领军人才。大力开发急需紧缺人才，补充引进国门安全监管领域专业执法人才，扩大国际合作人才队伍储备，科学布局法治人才梯队。统筹培养重点领域人才，大力推进综合管理人才、行政执法人才和专业技术人才队伍建设。健全完善人才培养、使用、评价、流动、激励机制，强化人才在科技创新中的主体地位，持续优化人才发展环境和成长路径。

（四十二）加强干部教育培训。

把学习贯彻习近平新时代中国特色社会主义思想作为首课、主课，贯穿始终、覆盖全面。发挥干部教育培训在业务改革和队伍建设中的先导性、基础性、战略性作用，以素质培养为中心，完善全面系统的培训内容体系，建立分级分类的培训对象体系，构建务实高效的培训方式方法体系，健全科学规范的培训制度体系。依托驻地建设坚强有力的培训保障体系，着力构筑、完善、提升海关干部教育培训体系，提高干部教育培训的针对性、精准性、有效性。

（四十三）加强海关文化建设。

大力加强海关职业道德教育，发挥文化思想保证、精神激励、道德滋养的独特作用，增强海关干部职工自豪感、荣誉感、使命感，提升队伍凝聚力和战斗力。大力培育和践行社会主义核心价值观，加强党史、新中国史、改革开放史、社会主义发展史教育，把铸牢中华民族共同体意识教育纳入干部教育全过程，弘扬民族精神和时代精神。持续抓好精神文明建设，开展"乌兰牧骑+"综合志愿服务，打造具有行业特色的品牌项目。制定《边关文化建设指导意见》，推动形成适应新时代要求的行为规范。强化典型培树，发挥引领作用。顺应全媒体时代发展，创新内容、形式，实施媒体融合发展工程，构建网上网下一体、内宣外宣联动、全员参与的海关新闻舆论工作大格局，探索建立"新闻＋政务服务"的运营模式，发挥"呼声关语"等平台作用，提升新闻舆论工作的传播力、引导力、影响力、公信力。做好重大活动、重大事件和重大项目的专项档案工作。

（四十四）加强党风廉政建设。

坚持严的主基调，严格落实全面从严治党主体责任、监督责任，健全完善与主体责任清单配套的检查考核机制，突出政治监督、做深日常监督，加强对"一把手"和领导班子的监督，充分发挥全面从严治党引领保障作用。不断深化落实中央八项规定及其实施细则精神，建立完善"四风"问题常态化收集核查机制，科学统筹各类检查考核，减少基层报文报表，持续纠治形式主义、官僚主义，为基层减负。发挥特约监督员作用，充分运用政务服务"好差评"系统，持续改进政风行风。加强外出执法廉政监督，从严规范领导干部配偶、子女及其配偶从业行为，严厉查处"权力寻租""吃拿卡要"等侵害群众利益问题。深化以案促改，加强廉政警示教育和廉政文化创建，深入推进清廉海关建设。聚焦重大决策部署、重大改革举措落实情况等开展督察，以海关总署督察"四个清单"为核心，全面推进督察项目清单式管理。落实审计监督全覆盖要

求，坚持任中审计与离任审计相结合，有序推进领导干部经济责任审计，有重点地开展专项审计。全面推广内控节点岗位清单管理，完善具有特色的内控节点指标体系。持续推进内控评价，"以评促建"推动风险日常防控。健全内控前置审核机制，强化督审部门监督复核，提升内控前置审核规范性。运用新海廉平台、"云擎"系统等信息化科技手段，进一步优化执法评估"数据＋指标＋分析＋调研"工作模式，推进执法评估专题指标体系建设。完善工程建设项目结算审计制度，强化工程建设项目第三方审计监督。创新巡察工作方式方法，完善巡视巡察上下联动工作机制，深化成果转化运用，构建协同高效的监督机制，形成强大监督合力，实现巡察工作全覆盖。坚持无禁区、全覆盖、零容忍，坚持重遏制、强高压、长震慑，推动纪律监督、监察监督、派驻监督、巡察监督统筹衔接，一体推进不敢腐、不能腐、不想腐。

十、实施保障

在呼和浩特海关党委领导下，最大程度激发关区广大干部职工的积极性、主动性、创造性，明确目标，有序推进，形成强大合力，保障呼和浩特海关《"十四五"海关发展规划》贯彻落实措施有效实施。

（四十五）加强组织部署。

深入贯彻海关总署对"十四五"规划实施的统一部署和呼和浩特海关党委的有

关要求，关区各部门、单位要以社会主义现代化海关建设为引领，建立健全规划实施工作机制，按照各自职责，细化发展目标，落实工作任务，同时要采用灵活多样的形式和手段、鲜活生动的语言和事例，加大发展规划的专题宣传，营造规划实施的良好氛围。

（四十六）全面统筹推进。

关区各部门、单位要围绕确定的主要指标、任务部署，加强行政运转综合保障，推动内外协同，以规划统领全面深化改革、有效履行职责等各方面工作，实现"五个大幅提升"，同时要加强与地方政府、相关部门等的沟通协作，发挥社会组织作用，深化政务公开，畅通公众参与渠道，切实抓好各项措施的落实，共同推动规划组织实施。

（四十七）强化支持保障。

统计部门要细化任务分工，明确目标指标和任务举措，并分解到年度工作安排，确保有序推进、如期完成。财务部门要积极争取政策和资金支持，强化规划项目管理，科学编制预算，实现财务保障与规划实施的衔接，提高资金使用效益。人教部门要做好组织人事与规划实施的协调，做好人力调配和培训教育工作，确保"十四五"时期海关重点建设项目落地落实。

（四十八）狠抓督导落实。

呼和浩特海关督审部门、统计部门要按照任务分工、目标指标，夯实规划实施的主体责任，强化目标任务的刚性约束，把规划落实情况纳入考核体系，开展规划实施情况中期评估和总结评估，加强跟踪问效，推动规划全面落实。呼和浩特海关政工部门要紧紧围绕规划贯彻落实情况加强巡察，以强有力的政治监督保障"十四五"规划顺利实施。呼和浩特海关所属各部门、单位要加强对规划实施工作的督导，确保各项任务落地见效。

呼和浩特海关统筹口岸疫情防控和促进外贸稳增长

呼和浩特海关卫生检疫处、综合业务处

呼和浩特海关以习近平新时代中国特色社会主义思想为指导，认真贯彻中共十九大和十九届历次全会精神，坚持"外防输入、内防反弹"总策略，坚决贯彻党中央、国务院关于统筹推进疫情防控和经济社会发展决策部署，认真落实海关总署和内蒙古自治区党委、政府工作要求，扎实做好"六稳"工作、全面落实"六保"任务，保护和激发市场主体活力，确保宏观政策落地见效，统筹做好新冠肺炎疫情防控和促进外贸稳增长工作。

一、完善指挥体系建设，加强组织领导和部署

呼和浩特海关坚决落实党中央、国务院的决策部署，坚持"外防输入、内防反弹"总策略，始终将疫情防控工作作为首要政治任务，根据疫情形势变化，统筹谋划、统一安排，及时调整口岸疫情防控和促进外贸稳增长工作指挥部的职责与分工，于2021年1月13日细化内部防控组职责，8月17日再次调整指挥部领导成员及工作组职责，调整后的12个专项工作组分别为：综合组、疫情评估组、口岸防控组、科技支撑组、信息宣传组、外事工作组、人员保障组、后勤保障组、防疫物资通关组、促进外贸稳增长工作组、商品风险监测工作组和内部防控组。各个工作组主要职责为组织落实口岸疫情防控措施、指导隶属海关严格开展具体防控工作；开展风险研判和风险布控；落实口岸出入境检疫、监测、监督、处置等措施；提供实验室技术支撑和信息技术保障；开展疫情防控工作的政务信息报送、新闻宣传以及舆情收集；负责疫情相关的涉外事务；组织做好人力资源的保障工作；保障疫情防控经费的安排和防控物资的采购及配备；做好防疫物资通关监管工作；推进落实海关总署促进贸易安全便利和自治区复工复产工作机制、外贸外资协调机制各项部署；推进

落实海关总署商品风险监测各项工作部署，研究制定关区具体落实措施；制定关区内部防控制度、应急预案，统筹落实关区内部新冠肺炎疫情防控措施。

指挥部对呼和浩特海关关区口岸疫情防控和促进外贸稳增长工作进行统一部署、统一指挥，常态化组织学习习近平总书记重要指示批示精神和党中央、国务院关于疫情防控总策略及总方针，在"人民至上、生命至上"理念指引下，贯彻领会伟大抗疫精神，严格落实海关总署疫情防控各项要求。2021年全年累计召开55次指挥部会议，积极研判口岸疫情防控形势，部署防控工作任务，解决防控工作中的困难和问题，先后制定《呼和浩特海关新冠肺炎疫情口岸防控方案（第八版）》《呼和浩特海关新冠肺炎疫情口岸防控突发事件应急处置预案》和《呼和浩特海关新冠肺炎疫情口岸防控岗位职责》，进一步明确疫情防控规程、职责和应急机制，并督促各隶属海关落实做细。指挥部各工作组由各业务处室牵头，明确任务，分工负责，充分发挥职能优势，相互协调配合，及时监督跟进。各口岸隶属海关在指挥部统一领导下，圆满完成复工复产"绿色通道"人员出入境检疫、首都机场分流国际航班检疫保障、非接触式货物检疫模式应用、进口高风险非冷链集装箱货物口岸环节的检测和预防性消毒监督等工作。

二、严格落实疫情防控措施，坚决筑牢口岸检疫防线

（一）不断强化国内外联防联控，形成防控合力。

持续深化与蒙古国合作交流，建立并不断完善与蒙方海关和检疫部门24小时信息交流与沟通联络机制，就双方疫情形势变化和流行波动进行信息互通，全年累计通报疫情信息50余次；通过线上方式开展体温检测报警值设定、密切接触者判定、核酸检测、交通工具消毒等技术要点的培训，向蒙方介绍我方抗疫经验，并向其推广疫情防控"中国方案"；指导隶属包头海关与蒙古国东戈壁省边境技术监督局建立国际沟通联络机制。

为更好地发挥海关工作职能，积极参与属地疫情联防联控机制运行，派出3名骨干在自治区疫情指挥部长期工作，熟悉属地政策和管理要求，及时掌握最新疫情动态，组织协调，严密配合，与属地管理机制得到进一步融合；与自治区卫健委、内蒙古边检总站等部门加强沟通联系，不断建立并完善信息共享、处置联动、闭环衔接的联防联控机制，口岸疫情防控工作得到进一步优化；协调自治区卫健委医疗人力保障，支持保障首都机场分流国际航班卫生检疫工作，2021年共10批次240名自治区各级卫生系统医疗队员参与分流航班检疫保障任务，医疗专业力量得到进一步夯实。

（二）有效提升人员队伍建设，做好人力保障。

对呼和浩特海关干部职工的专业背景、年龄职务、家庭情况等信息进行摸底梳理，全面掌握人员情况，建立《呼和浩特海关疫情应急防控专业队伍人员名单》，实时更新一线、预备、应急三个梯队人员信息，全年合计编入614名干部职工，有效保障了关区内各条线所有岗位业务的正常运行。严格落实海关总署党委关于关心爱护疫情防控一线人员的16条措施，细化"清洁区设施配备"等7项工作措施。注重考察识别，让防疫"战场"变成干部"考场"，在领导干部选拔任用、职级晋升、奖励、优秀考核比例等方面向疫情防控一线人员适当倾斜，全年对疫情防控一线表现突出的18名人员提任处、科级领导干部，19人晋升职级，年度干部考核优秀比例最高达30%，及时足额发放临时性工作补助。

（三）统筹关区防控工作需要，做好防控物资保障。

严格按照中央财政管理制度及海关总署专项资金管理要求，规范使用专项资金，合法合规、专款专用，全年所有项目资金均依法履行政府采购程序。以《呼和浩特海关应急物资装备储备库管理办法》指导各隶属海关做好物资分类分批专库管理，同时争取自治区疫情防控指挥部物资支持，统筹调配防疫物资，按周统计关区疫情防控物资消耗情况，做到科学储备、动态管理。

（四）立足疫情防控工作实际，不断提升技术支撑能力。

保健中心、技术中心实验室承担出入境人员、进口冷链货物、非冷链集装箱货物包装、邮件快件的核酸检测工作，充分发挥专业技术优势，在口岸检疫和本土疫情防控流行病学调查、医学排查、采样操作、人员培训、实验室检测等方面提供有力支撑。同时在自治区本土疫情发生后，与所在地政府卫生部门共享实验室，协同开展核酸检测，为疫情防控关键环节加速提质，特别是在二连浩特市疫情期间，二连海关保健中心发挥专业作用，主动承担核酸检测任务，累计参与23轮近30余万人次全员检测，单日完成最大检测量3万人次。对关区4家实验室生物安全管理工作进行书面、实地、视频三项联合检查，在开展新冠病毒核酸检测的实验室内设立生物安全检查员，对样本灭活、应急处置预案演练等11个技术环节和工作要求进行每日专项巡查。有效推动对关区6个生物安全实验室完成改造升级，实验室技术支撑更加牢固。

（五）开展疫情监测和风险研判，为措施制定提供依据。

积极参与海关总署陆上邻国蒙古国专题风险研判工作，密切跟踪蒙古国和其他有关国家对应口岸的疫情走势，全年累计向海关总署报送日报告365期、专题研判18期；收集关区输入性确诊病例的境外密切接触者信息，及时报送海关总署风险防控局（上海），确保精准布控，有效开展进境高风险航空器终末消毒监督布控工作和冷链物资新冠肺炎疫情风险防控。

（六）全力以赴做好"外防输入"，严把国门安全关。

受全球疫情影响，与自治区毗邻的国家和地区疫情高位运行，呼和浩特海关坚决落实"外防输入、内防反弹"总策略，配合自治区疫情指挥部做好联合防控各项工作，将国务院联防联控机制和海关总署疫情防控各项要求作为工作指引，先后制订关区口岸防控技术方案、应急预案等制度规范129个，对口岸卫生检疫措施、流程、人员安全防护、督导检查、消毒监督等各项工作的职责分工、开展时间、具体要求作出详细说明，确保切实将各项措施落实落地。各陆路口岸整体情况为"客停货通"，按照"一口岸一方案"工作原则，有针对性地制订口岸疫情防控工作方案和突发事件应急处置预案，并根据疫情变化形式和上级工作要求，及时更新完善；按照"人货分离、分段运输"原则，大力协助各级政府口岸管理部门推广应用"甩挂、接驳、吊装"等非接触式入境货物交接模式；入出境货运司乘人员完成健康申报核验、体温监测和医学巡查等检疫流程后，无缝对接属地联防联控机制，实施全程闭环管理，其中二连铁路口岸国际货运列车司乘人员不下车，通过远程方式开展检疫，2021年5个陆路口岸货运通道全部应用非接触式货运交接模式。白塔机场航空口岸分流航班入境人员和二连公路口岸"绿色通道"出入境人员，严格落实"7个100%""三查三排一转运"检疫措施；由于白俄罗斯为疫情高风险国家，所有入境航班均采取指定机位登临检疫，在中蒙公路口岸"客停货通"情况下，按照布控指令对命中的货车实施登临检疫。全年陆路口岸检疫入出境人员36.75万人次、入出境车辆36.33万辆（节）次，配合各口岸政府有关部门对拟入境货运司机前置核酸检测；通过"绿色通道"检疫入出境人员1,605人次，其中入境587人次、出境1,018人次。航空口岸全年检疫入境分流航班32架次、入境人员6,330人次。

（七）严格落实布控指令，做到"人、物同防"。

根据海关总署对进口高风险非冷链集装箱货物口岸环节新冠病毒监测检测和预防性消毒监督工作的各项制度规范，严格落实布控指令要求，贯彻执行监测检测及预防性消毒监督，做到应检必检、应消尽消。梳理优化进口高风险非冷链集装箱货物检出新冠病毒核酸阳性处置工作流程，主动对接属地联防联控机制，共同做好后续处置相关工作。全年进口高风险非冷链集装箱货物作业指令287票。其中由于商品无外包装或包装易渗透不适合消毒的213票，完成采样作业51票，检测结果均为阴性；开展进口高风险非冷链集装箱货物预防性消毒74票，其中51票为采样后消毒、23票为单独消毒。

（八）创新非接触式检疫模式，保障口岸通关业务。

航空口岸为保障北京首都机场分流国际航班，与开发系统工程师对接说明口岸检疫流程和优化流程的创新点，将"疫情防控全程信息化系统"功能整合、操作简化，将健康申报核验、流行病学调查、医学排查、移交转运、数据统计等7个功能模块69个功能项整合，实现人员入境检疫"三查三排一转运"、人员入境检疫时全流程信息化闭环管理。旅客人均健康申明卡核验和流调时间由8.4分钟缩短至6分钟，效率提高28.60%，现场人员由20人降至4人，减少80%。

陆路口岸现场设置物理隔离，优化作业区域布局，通过高清音视频方式、应用中/蒙文版自助健康申报移动终端和智能闸机，进行人脸识别、身份验证、核酸检测结果验核、远程流行病学调查，实现电子化无接触式检疫通关，辖区内智能卫生检疫闸机设备运行数量38台。按照"人货分离、分段运输""散装货物集装运输"等工作要求，积极配合所在地政府口岸管理部门实行甩挂、接驳、吊装等非接触式货物交接模式。特别是2021年"十一"期间，锡林郭勒盟二连浩特市、阿拉善盟额济纳旗发生本土疫情后，传统货物运输通关交接模式传播疫情风险较大，而非接触式货物交接模式优势明显，乌拉特、包头、二连等海关先后实施非接触式货物交接模式。同时针对入出境人员样本采集环节"面对面"操作存在感染风险以及采样间固定不可移动的问题，设计研发可拼接、可移动、无接触式"生物安全型可移动式洁净屏障"，以保健中心为试点在全国范围内首推应用。

（九）开展"三级"督导检查，确保安全防护落实落细。

建立完善"培训考核、监督管理、自查督查"三位一体安全防护体系，规范"岗前检查、工作巡查、全程督查"和"双人作业、互相监督"的安全防护监督制度并督促各关按要求修订完善。成立"关领导每日带班督导检查""分片包干督导，疫情不结束，督导不脱钩"等7个疫情防控督导组进行常态化督导检查，利用疫情防控"挑毛病"专家组进行定期检查，对关区各业务现场一线出入境人员检疫、冷链食品和高风险非冷链集装箱货物口岸检测消毒、工作人员安全防护、终末消毒监督4类重点工作开展监督检查，对督导检查情况形成清单日志，责任到人、整改到位，全年开展视频督导检查200余次，发现部分工作人员安全防护知识掌握不全面、防护用品穿脱不熟练等问题立行立改，该项工作得到海关总署领导肯定。

（十）严格落实封闭管理措施，加强关心关爱。

进一步落实海关总署关于一线卫生检疫和冷链食品工作人员封闭管理要求，制订《入境人员卫生检疫岗位工作人员封闭管理工作方案》，对纳入封闭管理的一线人员实施"14+7+7"模式管理，并于在岗、离岗封闭管理期间实施每日核酸检测，落实封闭管理"四必须""五件套""六个不"等工作要求。落实《海关总署关于建立保护关心爱护疫情防控一线人员长效机制的工作措施》中保护关心爱护疫情防控一线人员长效机制的16项工作措施，优化完善防护设施装备和监管检疫作业流程，降低疫情防控一线人员感染风险，统筹安排疫情防控一线人员封闭管理周期，加强培训和安全防护，做好服务保障，有效解决疫情防控一线人员后顾之忧，加强正向激励和表彰奖励，提振疫情防控一线人员精神士气。以12名具有心理咨询师及相关资质人员构成的心理健康服务专业队伍为依托，聘请内蒙古自治区心理健康专家，为一线高风险岗位集中封闭管理人员提供心理疏导服务。

（十一）常抓不懈，做好内部疫情防控工作。

对照"五有"要求，呼和浩特海关制订《内部新冠肺炎疫情防控工作实施方案》《内部工作人员感染新冠肺炎事件应急处置预案》等20余部内部防控制度，明确职责分工，建立"日监测、日报告"台账管理、会议场所管理、出差出行管理、"绿码"上岗制、风险接触信息报告、暴露感染应急处置等一系列制度；设立内部疫情防控专岗，严密日常疫情监测和风险排查，24小时专人应急值守，构建关区疫情内部防控快速响应机制。加强防疫物资管理，专人负责出入库及发放记录，定期将出入库记录与防疫物资实际库存进行核查，对物资数量、质量实施动态管理和科学存储，确保满足2~3个月供应。自主开发呼和浩特海关疫情内部防控管理系统，整合日报告"1总+7分"8本台账和封闭管理人员台账，形成集数据录入、档案管理、疫情监测、内部疫情防控数据汇总等功能为一体的电子系统。

三、大力优化口岸营商环境，积极促进自治区外贸稳增长

（一）口岸营商环境进一步优化。

1. 全面推进海关改革创新。推广应用"两步申报"通关模式，应用率达11.07%。进口原油采用"提前申报+两步申报"模式，压缩通道整体验放时间30分钟；进口煤炭采用"集报清单提前申报"模式，为全国海关首创，申报时间由平均10分钟缩短至1分钟。

2. 持续深化"放管服"改革。深化"证照分离"改革，通关作业无纸化率99.80%，进出口环节需验核监管证件除3种特殊情况外，其他38种全部可通过"单一窗口"一口受理，国际贸易"单一窗口"主要业务应用率保持100%。持续推进物流监管作业无纸化。

3. 巩固压缩进出口货物整体通关时间成效显著。2021年12月，关区进出口整体通关时间分别为16.61小时、0.11小时，

较2017年分别压缩88.82%和95.17%，整体通关时间及压缩比均高于全国平均水平，取得历史最好成绩。

4.有效降低企业通关成本。持续优化税收征管和服务举措，大力压缩制度性交易成本，引导辖区进出口企业享受税收政策红利。大力实施以企业为单元的税款担保改革，全年担保额度3.78亿元，节约企业通关成本300余万元。签发各类原产地证书1.23万份、签证金额15.59亿美元，为企业减免进口方关税4,091万美元。

（二）支持对外开放新高地高质量发展。

1.助力中欧班列"中通道"持续保持快速增长。全年经二连铁路口岸进出境中欧班列2,666列，搭载标箱27.67万个，货运量234.21万吨，货值374.97亿元，同比分别增长11.83%、14.67%、4.37%和39.36%，运行线路新增11条，达到54条。办理TIR运输业务8,115.70吨，货值1.27亿元。

2.综合保税区步入快速发展轨道。积极落实国务院促进综合保税区发展"21条措施"，全面复制推广自由贸易试验区改革试点经验，开展"一般纳税人"资格试点、AEO企业差别化管理、"四自一简"监管创新等工作，推动高质量发展，助力高水平对外开放。呼和浩特综合保税区全年进出口总值34.96亿元，同比增长2.75倍；鄂尔多斯综合保税区进出口总值25.35亿元，同比增长5.13倍。

3.口岸开放层次全面提升。二连浩特赛乌素航空口岸获批常年开放，乌力吉口岸获准临时开放。支持呼和浩特市、二连浩特市、乌兰察布市等地申报进境水果、冰鲜水产品、食用水生动物、粮食、原木、肉类等高风险动植物指定监管场地；协调推进鄂尔多斯航空口岸进境水果、冰鲜水产品、食用水生动物指定监管场地初验工作。积极支持所在地政府口岸管理部门从疫情防控角度出发，探索采用集装箱吊装模式开展进出口货物非接触式交接。

（三）立足区域特点，精准对接发展需求。

1.持续壮大绿色农畜产品出口规模。积极支持所在地政府口岸管理部门开展接驳换驶、吊装运输、煤炭运输"散改集"，优化铁矿、铜矿等能源资源性产品监管模式，畅通中蒙陆路口岸货运通道。螺旋藻、籽仁类、乳制品等自治区特色农产品远销90多个国家和地区，鲜乳饼干、葡萄叶罐头、烤奶皮等食品实现首次出口。

2.大力支持跨境电商发展。优化跨境电子商务网购保税进口商品退货监管，积极推动跨境电商保税进口退货中心仓建设，协调推动实现跨境电商商品搭载中欧班列出境，畅通跨境电商出口物流渠道。

3.大力推进"百人联千企 力行促外贸"专项行动。287名海关联络员帮扶重点企业1,114家，解答各类咨询760余次，推送海关政策539次，解决具体问题378个，挖掘典型案例50个，为企业缓解了约4亿元的资金压力。

（四）坚持监管服务相统一，有力提升监管效能。

1.筑牢国门生物安全防线。深入开展口岸病媒生物监测，全面应用智能监测信息系统，中蒙口岸病媒生物联合监测实现自动采集、精确定位。加强重大动植物疫情疫病防控，严防非洲猪瘟、高致病性禽流感、沙漠蝗等重大动植物疫情疫病传入。

2.持续强化正面监管。坚持依法征管、科学征管，全年入库税收71.99亿元，同比增长14.87%。严格落实食品"两个一律不准进口"要求，全面做好进出口食品安全监督抽检及风险监测。保持高压打私态势，立案侦办走私犯罪案件19起，查办行政案件91起。

优化口岸营商环境　促进跨境贸易便利化

呼和浩特海关综合业务处

提升跨境贸易便利化水平、优化口岸营商环境，事关我国营商环境总体水平和对外开放水平，意义重大。2021年，呼和浩特海关深入贯彻党中央、国务院重大决策部署，全面落实海关总署部署，认真落实内蒙古自治区党委、人民政府有关工作要求，积极优化监管通关链条，精准释放政策红利，持续优化口岸营商环境，促进自治区开放型经济高质量发展。

一、多维发力，制定举措有深度

呼和浩特海关将优化口岸营商环境、促进跨境贸易便利化作为重要政治任务，坚持问题导向、目标导向、结果导向，紧密结合业务实际，制定多项切实有效的贯彻落实举措。

（一）细化落实措施。

年初，印发《优化口岸营商环境促进跨境贸易便利化具体措施分工方案》，提出切实提高政治站位、切实加强政治指导、切实强化推动落实3项要求，针对进一步压缩进出口环节单证合规时间、进一步巩固压缩进出口环节边境合规时间成效、进一步降低进出口环节合规成本、进一步提升行政管理效能4个方面制订促进跨境贸易便利化具体措施分工方案39项，落实行政审批制度改革，推进各项业务改革实施；印发《呼和浩特海关 内蒙古自治区口岸办 民航内蒙古安全监督管理局 航空口岸通关便利化合作协调机制》，从共同建设航空物流公共信息平台、完善机场群通关服务、普适国际通程航班政策、协同促进航空口岸发展、加强口岸公共卫生核心能力建设、加强航空口岸信息共商共享、加强海关与民航公安打击反恐怖合作、加强日常联系配合8个方面制定13条举措，推进航空口岸通关便利化，助推民航强国战略实施；印发《进一步深化跨境贸易便利化改革优化口岸营商环境任务分解和细化落实措施表》，从进一步优化通关全链条全流程、进一步降低进出口环节费用、进一步提升口岸综合服务能力、进一步改善跨境贸易整体服务环境、进一步加强跨境通关合作交流5个方面提出52条细化落实措施，进一步推进深化跨境贸易便利化改革。

（二）开展专项行动。

4月27日，为推动促进外贸稳增长系列措施落地落实，打通惠企政策落实"最后一公里"，印发《"我为群众办实事——百人联千企 力行促外贸"服务外贸企业、优化口岸营商环境专项活动方案》，从组织领导、工作机制和任务分工、实施步骤、工作要求4个方面作出安排，选取隶属赛罕海关、包头海关作为第一批试点单位，致力于为外贸企业解决最急最忧最盼问题。适时对专项活动试点情况进行总结评估，发布隶属包头海关释放保税红利，助力某钢铁企业降库存促出口、隶属赛罕海关及时指导某蜂产品出口企业应对国外政策变动等6个专项活动案例。经评估，自6月1日起在呼和浩特海关关区全面复制推广，加强涉企政策宣传，加大纾困解难力度，多种形式了解企业合理诉求，有针对性地提供帮扶工作。针对企业遇到的各类突发问题、复杂难题，海关联络员一口接受各种疑难咨询，确保企业困难反馈便捷及时、解决顺畅高效。通过深入推动落实，充分发挥海关职能，解决外贸企业实际困难，助推多项产品在关区范围内首次进出口，树立"进包钢、学包钢、促包钢"典型帮扶案例，真正做到上百名关员联系帮助上千家企业，持续优化口岸营商环境。

（三）做好建言献策。

为更好服务自治区高水平开放和高质量发展，结合"一带一路"沿线国家和地区GDP，和自治区与沿线国家和地区贸易值情况，就学习贯彻习近平总书记考察内蒙古重要讲话精神，用好用、实用、管用的政策研究成果支持汇聚自治区打造我国向北开放重要桥头堡新优势。制订《呼和浩特海关关于支持新时期深化内蒙古自治区建设国家向北开放重要桥头堡研究的方案》，开展关于自治区建设国家向北开放重要桥头堡以及针对俄罗斯、蒙古国、白俄罗斯、波兰、德国、西班牙、法国、英国、匈牙利等国家经贸高质量发展的深入研究，形成专题报告呈报自治区党委、政府，作为决策借鉴和参考。

二、齐抓共管，推进落实显力度

坚持做好上下联动和多方协调，以"钉钉子"精神，抓好各项政策措施落实，全力打造公平、透明、稳定、可预期的口岸营商环境，不断提升进出口企业和人民群众获得感、满意度。

（一）优流程，进一步压缩进出口环节单证合规时间。

1.深化行政审批制度改革。及时公布并动态调整行政许可事项清单，逐项完善清单要素，不断推进规范化、标准化管理，进一步提高行政审批效率。对14项海关涉企经营许可事项落实直接取消审批、审批改为备案、实行告知承诺、优化审批服务等措施，及时更新门户网站行政审批事项公开目录和行政审批事项办事指南。

2.实现"证照分离"改革全覆盖。取消"出口食品生产企业备案核准""从事进出境检疫处理业务的人员资格许可"2项许可，"出口食品生产企业备案"由审批改为备案，压缩企业备案办理时限，符合条件全部当日办结。全部行政审批事项实现"一个窗口"统一受理、网上全流程办理，审批服务连年"零差评""零超时"。

3.进一步精简进出口环节监管证件。进出口需验核监管证件精简至41种，除3种特殊情况外，其余38种实现网上申请办理，全过程通关作业无纸化率99.75%。进一步提升《入境货物检验检疫证明》、原产地证书等通过"单一窗口"网上受理、电子签发、查询追溯和企业自助打印的比例，推动国际贸易"单一窗口"主要业务应用率保持100%。

4.持续推进物流监管作业无纸化。舱单业务采用无纸化办理，转关过境启用自动审核、核销功能，无特殊情况无须人工审核转关单。实现转关无纸化、舱单及相关电子数据变更作业无纸化、进出境运输工具备案及进出境监管作业无纸化、出口交接作业电子化，出口交接速度提升20%左右，业务单证缩减20%左右。

（二）压时间，进一步巩固压缩进出口环节边境合规时间成效。

1.助力各项业务改革纵深推进。推广"两步申报"通关模式，扩大应用商品范围。进口原油采用"提前申报+两步申报"模式，压缩通道整体验放时间30分钟。4个公路口岸实现进口煤炭"集报清单提前申报"，为全国海关首创，申报时间由平均10分钟缩短至1分钟；采取提前申报、远程审核等措施，全程对接企业物流信息，进口铁矿石口岸整体通关时长缩短至少60%；推动原油采用"提前申报+两步申报"模式，压缩通道整体验放时间30分钟。构建科学随机抽查与精准布控协同分工、优势互补的风险统一防控机制，"两轮驱动"实现业务现场全覆盖；以进口矿产品为切入点，推动"两段准入"改革落实落地。

2.提高非侵入式检查比例，扩大"智能审图"覆盖范围。成立呼和浩特海关"CT/H986智能审图"专项工作组，对邮件、快件、旅检监管现场CT设备进行系统升级，更新5类智能审图算法，新增10项报警功能，有效拦截商品增加到32种；根据监管重点以及现场查发情况不断优化、改进算法，将关区重点查缉的货物、物品查获案例图像纳入智能审图基础数据库；优化快件分拣线配置和运单信息传输方式，实现快件智能同屏比对。

3.加强通关业务运行监控。建立业务现场"日监控、周分析、月报告"、职能部门"月监测、季通报"工作机制，下发进一步加强工作通知，开展3次专题研究通报，针对通关流程环节不畅和改革新问题，积极研提解决措施；持续巩固压缩整体通关时间成效显著，12月关区进出口整体通关时间分别为16.61小时、0.11小时，分别压缩88.82%和95.17%。

4. 强化精准布控能力。借鉴全国先进海关经验，灵活应用"预定式布控＋舱单布控＋紧急布控"等手段，提升分析科学性和布控精准性。通过自主分析布控，在贸易渠道查发各类安全准入风险情事554起。

5. 推进核查领域"双随机、一公开"实施分类核查。推进"双随机"抽查与信用监管相结合，充分运用大数据等技术，针对不同风险和信用等级检查对象，采取差异化信用监管措施。持续加大对出口食品生产企业核查，首次和市场监管部门开展联合抽查，确保中后期监管环节"管得住"，对325家企业进行核查，查发有效率50.46%。

6. 进一步提升智能卡口覆盖率和应用水平。初步建成涵盖进出口货物、进出境运输工具智能验放体系，在运行货运通道智能卡口37条，31家监管作业场所智能卡口系统与海关总署联网运行。5个公路口岸、2个空港口岸的8个现场上线运行智能闸机设备38台，开发中/蒙文版自助健康申报终端，健康申明卡100%电子申报并实现远端核验，最大限度减少现场人员与工作对象接触，有效降低职业暴露风险。

（三）降成本，进一步降低进出口环节合规成本。

1. 持续强化海关收费管理。严格落实海关总署口岸收费目录清单制度，并强化动态调整更新。进一步规范所属企事业单位进出口环节收费，对照清单开展自查，确保现行各项收费合法合规。畅通收费管理信息收集与反馈渠道，通过张贴公告栏等方式宣讲政策，对于企业提供的涉及查验无异常吊装移位仓储相关费用减免的申请，由专人专岗负责审核签章，并限定2日内办结。

2. 认真落实减税降费措施。推进减税降费、税收优惠政策及税收征管方式改革实施，通过发布业务指南、召开业务宣讲会、"一对一"政策指导等方式，广泛开展税收政策的宣传与推介。指导企业申请税款滞纳金减免业务，办理滞纳金减免手续10份，为企业减免滞纳金1.5万元，指导企业办理减免税业务，预计可为企业实现税款减免1.1亿元。

3. 助力中欧班列提量增效。以新舱单系统上线运行为契机，优化作业、完善服务、强化合作，保证班列通关"随到、随查、随放"。建立疫情期间服务保障专班，加强与铁路部门沟通，实时掌握班列运行态势和站区调运计划，对于进口班列"预先请车、提前换装、货到即换"，出口班列"优先编组、优先发运"，开辟集装箱集中查验场地，优先开展集装箱货物封志验核和查验施检。经二连铁路口岸进出境中欧班列稳定畅通，持续保持高位运行，2021年，监管进出境中欧班列2,739列，同比增长54%，运行线路新增11条，达到54条。

4. 用好"班列+保税"政策。将中欧班列业务与保税政策有机结合，设立"绿色通道"，强化关企联系，采用预约报关、预约查验等措施，落实"免到场查验"、转关无纸化等便利化举措，做到随到随查、快速验放。开设"中欧班列—保税物流中心"货物转运通道，实行货物先进入保税物流中心后出口模式，缩短企业出口退税办理周期。2021年，七苏木保税物流中心通过"B保+中欧班列"出口特色农产品、电视机配件等，货值7,475万元，实现跨越式增长。

（四）提效率，进一步提升行政管理效能。

1. 加强外贸企业信用培育。完善企业信用管理制度改革，进一步优化进出口企业信用等级，增加高级认证企业便利化管理措施，对原一般认证企业和一般信用企业实行普惠制管理，科学评定失信企业，明确对严重失信主体实施联合惩戒。对10家企业实行"一对一"帮扶30余次，指导企业通过AEO认证完善内部规范，关区高级认证企业达到10家。深化AEO互认合作，大力推进企业差别化管理，制定关区33项《AEO企业差别化管理措施目录》。

2. 促进边民互市贸易健康有序发展。协调二连浩特市边民互市贸易区对接边民互市贸易监管统一版系统，持续优化完善互市贸易区卡口，提高管理规范性及信息化水平。对《内蒙古自治区边民互市贸易进口商品落地加工试点方案》提出合理化建议。成立边民互市贸易进口商品落地加工工作推进小组并多次召开会议，大力支持落地加工工作。

3. 深化海关知识产权保护。深入"龙腾"企业调研和宣讲，量身定制"一企一策"培塑方案，新增备案企业5家。克服疫情影响陆路口岸旅客正常通关暂停、货运渠道受限等困难，启动知识产权海关保护措施15次，扣留侵权货物4,798件，同比增长267.80%，办理侵权案件12起，没收侵权货物1,167件，案值1.81万元，共销毁侵权货物11批次1,250件。关区两起知识产权保护案例入选自治区2021年"双打"工作10大典型案例。

4. 落实企业反映问题收集、反馈机制。发挥"中国海关信用管理"微信平台、关企协调员、海关12360服务热线等作用，广泛收集需求和困难，及时为企业纾困解难。加强知识库建设，共运行署级知识库6,000余条、关级知识库200余条。

三、深耕细作，取得成效见高度

持续聚焦市场主体关切，加大政策宣传力度，引导企业用好用足各项利企便民政策措施的同时，对企业反映的问题及时回应，积极推动研究解决，确保各项工作取得实效，推动更高水平对外开放，促进外贸高质量发展。

（一）竞争力排名提前。

2021年11月，中国社会科学研究院发布《中国城市竞争力第19次报告》，对中国291个城市的营商软环境竞争力进行评价，呼和浩特市、鄂尔多斯市、包头市分列46、67、73位，排名大幅提升。

（二）政策研究有成果。

优化营商环境整体工作成效显著。《新时期支持内蒙古建设国家向北开放桥头堡研究（蒙古国）》《新时期支持内蒙古建设国家向北开放桥头堡研究（俄罗斯）》《我区对英国、法国、西班牙经贸高质量发展研究报告的报告》《我区对波兰、匈牙利经贸高质量发展研究报告的报告》等研究成果均呈报至自治区党委、自治区人民政府。

（三）专项行动成效明显。

2021年梳理有实际进出口业务企业5,994家，选择重点企业1,114家，确定服务外贸企业及联络人员名单，287名海关联络员结对帮扶，解答各类咨询760余次，推送海关政策539次，解决具体问题378个，挖掘典型案例50个，为企业缓解资金约4亿元。"纾困解难 再续'齐心协力建包钢'佳话"案例入选全国海关"'我为群众办实事'百佳项目"，入选内蒙古自治区2021年度十大法治事件。收到包头钢铁集团有限责任公司等企业赠送锦旗30面、感谢信10封。

（四）企业获得感提升。

分别于3月4日、12月3日在自治区新闻办召开新闻发布会，宣传促进跨境贸易便利化系列措施以及服务外贸企业、深化改革创新、完善通关流程、优化口岸营商环境等方面取得的成效，帮助企业用足用好便利措施，充分释放改革红利。有针对性地对进出口企业开展优化营商环境政策宣传培训11次，培训对象903人次，参加企业300余家，解答企业问题33个。呼和浩特海关所属各职能部门和关区各业务现场深入落实通关便利、减税降费各项措施，高效研究答复现场、企业各类业务咨询500余条次，促进企业获得感显著提升。收到企业赠送锦旗45面、感谢信23封。

（五）得到媒体广泛关注。

新闻媒体大量宣传报道呼和浩特海关优化跨境贸易营商环境工作成果，其中17家国家级媒体报道115篇，主要是中央电视台《新闻联播》《朝闻天下》《中国新闻》《新闻30分》等栏目，以及《人民日报》、《经济日报》、人民网、新华网、新华社客户端、"学习强国"、光明网、中国新闻网和《中国国门时报》等媒体；海关总署各类载体20篇，主要是"海关发布"微信公众号、总署网站"今日海关"专栏、海关微博及总署各司局网站等；省级媒体5家51篇，主要是《内蒙古日报》、《内蒙古新闻联播》、内蒙古广播电视台《腾格里新闻》和《内蒙古法制报》等。

附件1：优化口岸营商环境创新案例

呼和浩特优化营商环境创新举措

——煤炭集报清单申报成效

中蒙陆路口岸是我国煤炭、铁矿石等大宗商品最重要进口通道，也是中蒙俄经济走廊重要支点。呼和浩特海关贯彻落实海关总署促进跨境贸易便利化专项行动部署会议和自治区全区优化营商环境大会精神，聚焦企业主体关切，结合口岸疫情防控实际制定稳外贸促增长、提升公路口岸货运量工作措施，促进矿能产品进口迅速提速增量。

一、创新模式简介

呼和浩特海关推行集报清单的提前申报作业模式，采用集报清单申报的主要货物为褐煤、铁矿石。企业在海关办理集报清单企业备案和商品备案，根据监管方式按规定向海关提交担保。在进境前通过系统申报舱单数据和集报清单数据，海关系统自动对电子数据进行审核。清单数据通过审核后，运输车辆通过智能卡口进境，智能卡口对核验正常的车辆自动抬杆放行，并将货物入境状态自动反写作业系统，自动触发清单结关放行。进境车辆可驶入海关监管场所等待办理后续提离等手续。企业根据规定按月将集报清单数据汇总生成报关单进行申报。海关根据企业申报的报关单对货物进行许可证验核、开征税款等操作。

二、创新模式成效

进口煤炭实行集中申报模式是根据关区口岸实际对外贸易情况实施的针对性政策，在适应公路煤炭类散装货物进口、配合智能卡口联动管理、简化报关手续、提高涉检货物检测速度等方面具有独特的优势。在全国陆路口岸率先实现以智能卡口系统应用为基础的集报清单提前申报作业模式，目前呼和浩特海关关区4个主要公路口岸全部推行煤炭集报清单申报。在保证正常通关的前提下，尝试采用集报清单提前申报作业模式，以舱单和报关单提前申报为前提、以智能卡口系统应用为基础的公路口岸监管作业新模式，在全国陆路口岸率先实现集报清单的提前申报作业模式，实现从人工值守、纸质单证作业到无纸化读秒时代的跨越，彻底破解过去人员少、工作量大、环境恶劣、监管模式单一、进口货运量与日俱增的难题。

进口煤炭实行集报清单申报模式后，进一步优化口岸营商环境，提高贸易便利化水平，提升口岸整体竞争力，海关监管作业流程得到进一步优化，通关效率得到进一步提升，实现从人工值守、纸质单证作业到无纸化读秒时代的跨越。在申报环节，变货到申报为提前申报，前置风险分析；在单证审核环节，通过审结集报清单实现卡口验放触发单证结关；在验放环节，变人工验放为智能验放，可实现在口岸通道办结通关手续并满负荷、全天候自动放行；在检查、查验环节，最大限度压减监管作业链条，缩短货物在港时间，使企业车辆滞留成本不断降低；非法检商品在口岸通道即可完成放行，免去后续仓储、装卸流程。车辆实现过卡秒放，进出境载货车辆平均通关时间由30多小时缩短至10分钟。

关区主要煤炭进口口岸是满都拉口岸、策克口岸、甘其毛都口岸。2021年，隶属包头海关完成报关单7,361票，实现关税和进口环节税净入库14.13亿元，比2020年增长65.85%，满都拉口岸进出口货运量160.18万吨，增长123.3%；隶属额济纳海关完成2,274票进口报关单、285票出口报关单的审核，策克口岸进出口货物419.4万吨，实现关税和进口环节税净入库3.17亿元；隶属乌拉特海关完成2.02万票进口报关单、4,771票出口报关单的审核，涉及进出口货物806.91万吨，实现关税和进口环节税净入库24.42亿元。2021年，呼和浩特关区进出口整体通关时间分别为16.61小时、0.11小时。

附件2：全国海关"'我为群众办实事'百佳项目"

呼和浩特海关弘扬"齐心协力建包钢"精神 助力"包钢制造"走出国门

受疫情影响，2021年港口作业效率下降，导致包钢集团出口钢材积压约30万吨，在如期履行合同、回流资金方面遇到瓶颈，企业面临钢材出口受阻、出口退税周期延长等问题。

呼和浩特海关坚持问题导向，迅速组建调研组赴包钢集团专题调研，第一时间研究制定纾困惠企措施，安排包头海关成立工作专班，研究发挥保税物流中心（B型）政策优势，量身定制"出厂入区+入区即退+出区登船"组合通关监管方案。落实高级认证企业便利措施，缩短企业提出预约通关申请时间，由24小时缩短至8小时，实行"7×24"小时通关保障和卡口验放，货物信息提前申报，实现出口钢材"出厂即入区"。建立海关、保税物流中心管委会、包钢集团、区内企业协作机制，确保出口钢材如期快速入区。畅通"保税+口岸"，及时了解企业出港船务信息，帮助企业预判抵港时间，有效降低滞港成本，为"包钢制造"走向世界铺轨提速。

包钢集团通过保税物流中心（B型）出口钢材突破10万吨，享受"入区即退"政策，关企共同续写出"齐心协力建包钢"新时代篇章。

附件 3：呼和浩特海关"'我为群众办实事'十佳项目"

呼和浩特海关"我为群众办实事——百人联千企力行促外贸"服务外贸企业优化口岸营商环境专项活动

呼和浩特海关充分发挥海关职能，解决外贸企业实际困难，持续优化口岸营商环境，助力自治区开放型经济高质量发展。

创新形式　念好"三字经"

在联上"实"字为要。对有实际进出口业务 5,994 家企业进行全面梳理，通过关企座谈会、关企微信群、一对一电话沟通、实地调研、关企党建共建等多种形式，摸清企业需求，强化问题导向。

在帮上"干"字当头。根据收集到的企业问题及困难，"一企一策"建立台账，量身定制精准化、个性化服务措施，解决"急难愁盼"问题。

在促上"效"字着力。切实发挥各级党组织的战斗堡垒作用和党员干部的先锋模范作用，将"问题清单"变成"销号清单"，做到"条条有记录""项项有落实""件件有反馈"。

聚焦重点　开门搞"三问"

问政：开展党委委员"调研周"活动，分别带队走访 8 个盟市党委政府，走进 41 家进出口企业，征集到 34 项问题和建议，制定 21 条现场解决措施。

问需：208 名海关联络员帮扶重点企业 1,114 家，解答各类咨询 672 件次，推送海关政策 208 次，解决具体问题 121 个，挖掘典型案例 32 个借鉴推广。

问效：建立党委定期调度、关企双向通报、定期专报评估、开展新闻发布 4 项机制，动态管理、闭环运行，促进实事落地落实。

深抓落实　成效显著

提供工作日延时、周末全天预约加班服务，助力包钢集团降库存促出口，企业通过保税物流中心（B 型）出口钢材 5.4 万吨；指导运用"双保函"模式，累计为企业缓解资金3亿余元；优化调整作业流程，将稀土检验周期由18个工作日压缩至10个工作日；持续关注英国"脱欧"等国际政策变化，支持企业顺利出口英国101.5吨蜂蜜、首次出口蒙古国4,100株云杉种苗，出口韩国、越南6万株蝴蝶兰。7月23日内蒙古自治区召开新闻发布会，呼和浩特海关介绍该项活动情况；在中央电视台《新闻联播》、《人民日报》、新华社客户端、《内蒙古新闻联播》、《内蒙古日报》、《中国国门时报》、"学习强国"、"金钥匙杂志"微信公众号等各级媒体报道相关新闻稿件50余篇（次）。

呼和浩特海关"三智"建设与国际合作

呼和浩特海关办公室

习近平主席关于"深化海关贸易安全和通关便利化合作,开展'智慧海关、智能边境、智享联通'合作试点"的重大倡议为新时代海关践行"三智"合作理念、助力高质量发展高水平开放提供了根本遵循。2021年,呼和浩特海关全面贯彻落实习近平主席在中国—中东欧国家领导人峰会上重要讲话精神,深刻理解、准确把握"三智"理念的重大意义和丰富内涵,全面落实海关总署党委工作部署,因地制宜探索边境海关"三智"建设与合作新路子,各项工作取得扎实成效。

一、坚持统筹联动,"三智"组织领导坚强有力

(一)坚持"第一议题"制度。

呼和浩特海关全力践行和落实习近平主席关于"三智"合作重要指示批示精神,将推进"三智"建设与合作工作纳入党委会、党委理论学习中心组学习、形势分析及工作督查例会"第一议题",确保"第一时间"传达学习、"第一议题"研究部署、"第一责任"推进落实,真正将开展好"三智"建设与合作作为坚决做到"两个维护"重要体现。

(二)持续强化顶层设计。

结合呼和浩特海关工作实际,从顶层设计层面对落实"三智"理念作出整体布局,形成贯彻落实习近平主席在中国—中东欧国家领导人峰会上重要指示批示精神工作方案,从系统观念出发,细化8项贯彻落实措施,努力实现"三智"建设与关区业务改革、深化关检业务全面融合等工作同步谋划、同步推进、同步见效。

(三)完善组织推动机制。

成立"智慧海关"建设专项领导小组,组建"三智"工作专班,打造"领导小组顶层设计+工作专班集中攻关"推进模式,同步将"三智"建设与合作列入呼和浩特海关年度全局性、持续性重点工作一体推

进，实现任务清单、工作要求、责任单位、责任人、完成时限"五明确"，上下"一盘棋"推动"三智"建设与合作。

二、坚持业务引领，"三智"具体实践广泛深耕

聚焦贸易安全与便利，积极探索"三智"理念与呼和浩特海关业务改革的结合点，以科技创新推动安全与效能兼备的智慧口岸建设。航空口岸，在全国海关系统率先开发使用远程流行病学调查系统、基于条形码的检疫检测信息系统，依托与海关总署健康申明卡数据查询接口、体检系统、新一代风险作业子系统"三对接"，实现健康申报、体温监测、流行病学调查等全过程信息化管理，在辅助开展入境分流航班监管检疫工作中发挥重要作用。截至2021年底，该系统累计正式运行608天，共承担112个航班的电子流调工作，累计形成电子流调档案21,524份。旅客人均流调时间由8.4分钟缩短至6分钟，效率提高28.6%，现场流调工作关员由20人减少至4人，减少80%。公路口岸，在辖区5个中蒙公路口岸货运现场建成智能闸机通道，通过智能闸机、红外体温监测仪等智能科技设备及核酸检测信息验核系统等辅助设备赋能提质，一体化运行进出境人员健康申明无纸化申报、人脸识别抓拍、红外自动测温、闸机自动验放等步骤，实现公路口岸货运现场跨境司乘人员卫生检疫的智能化监管；铁路口岸，上线运行铁路舱单和运输工具系统，中欧班列转关货物实现自动审核、自动核销，压缩转关业务人工作业时间70%以上，缩减出口交接业务单证约20%；推行24小时电讯检疫智慧卫生检疫模式，入境货运列车司乘人员远程"指尖申报健康信息+视频录证体温数据"，海关工作人员后台"核验信息+快速放行"，确保零接触、高效率。此外，持续深化政务综合领域"三智"应用，打造"全要素"内部防控智能化管理模式，自主开发"呼和浩特海关疫情内部防控管理系统"，整合日报告"1总+7分"8本台账和封闭管理人员台账，形成集数据录入、档案管理、疫情监测等功能一体的"自动统计、一键提取"式内部疫情防控智能化台账，实现一本台账全覆盖、全掌控。

与此同时，呼和浩特海关对标"智享联通"的高标准，围绕进一步凸显数字边境信息互联项目推动海关协同治理的作用，持续深化与蒙古国海关、技术监督部门的智能化协同协作。持续稳定运行中蒙海关联合监管载货清单电子数据传输，双方海关间数据传输更加便捷安全，货物通关顺畅高效，2021年全年呼和浩特海关发送接收载货清单电子数据17.73万条，其中中国发蒙古国载货清单4.13万条，蒙古国发中国载货清单13.60万条。大力推进边境口岸鼠疫防控设施智能化改造，按部署在中蒙2个边境口岸继续试点运行病媒生物智能监测信息系统，融合智能鼠类监测仪开展鼠疫监测，已部署智能鼠类监测仪7,200余笼次，捕获鼠类动物320余只，检出巴尔通体等多种病原体，持续做好中蒙口岸病媒生物跨境联合监测工作。

三、坚持创新创效，"三智"项目培育迈上新台阶

积极参与"三智"先行先试，以项目带动"三智"建设走深走实，逐步形成以1个"早期收获项目"为引领，3个"先行先试项目"为带动，多业务领域"三智"建设百花齐放的"1+3+N"工作格局。其中，"早期收获项目""公路口岸监管作业模式改革"项目已入选全国海关首批"三智"示范展示项目，项目宣介视频在全国海关"三智"国际合作工作会议和海关总署驻华海关专员联络机制2022年度会议暨"国际海关日"活动上展播。该项目在全国海关做到"三个第一"。

（一）第一个在陆路国境口岸应用报关单提前审结模式的海关。

呼和浩特海关监管作业模式改革将报关单"提前审结"模式适用于公路国境口岸，是全国第一个在公路国境口岸推行此类通关申报模式的海关，为呼和浩特海关首创。该模式实现报关单（集报清单）前置风险分析和审核，使口岸作业由"串联"变"并联"，依托建设涵盖数据采集、消毒、驾驶员测温、辐射探测于一体的智能化验放通道，并通过对接金关二期智能卡口系统、新旅通系统及指尖小程序等系统，实现口岸现场"无接触通关""无感通关"，构建集人员、车辆、货物为一体的智能化验放体系，将其探索性打造成公路国境口岸智慧监管样板，具有可复制、可推广、可借鉴意义。

（二）第一个通过省级公共服务平台推进实施卡口一站式核放的海关。

依托内蒙古自治区口岸办、内蒙古地方电子口岸开发建设的内蒙古自治区单一窗口云卡口系统，对公路口岸智能卡口通道各前端物联网设备采集的通道号、RFID号（射频识别）、车牌号、地磅重量、抓拍照片等信息进行统一归集管理和跨部门共享共用，为逐步推进卡口一站式核放奠定前提基础；同时，通过呼和浩特海关监管作业模式改革辅助系统，实现海关通关放行信息向内蒙古自治区单一窗口云卡口系统的无纸化自动推送发布。

（三）第一个在口岸通道前置拦截区创新入境人员落地智能检疫模式的海关。

结合北方地区室内外温差大的特点，为避免户外天气影响入境人员体温检测，采用前置拦截区建设专用卫检作业用房并配置人员通道智能闸机的方式，开展入境人员落地智能检疫模式。目前，已在现场部署安装32台智能闸机设备，智能闸机通道实现人员健康申明无纸化申报和一码通关、自动对接旅客通关系统、人脸识别抓拍、红外自动测温、闸机验放等功能，结合远程流调系统的应用，初步实现入境人员卫生检疫智能化监管，单人通关时间

缩短至 10 秒以内。

四、坚持内外联通，"三智"研究宣介多点开花

及时提炼总结"三智"建设经验，广泛开展内外部宣传，传播呼和浩特海关"三智"好声音。

（一）积极加强理论研究。

分批分层次召开改革创新研讨，引导广大干部职工自觉将"三智"和"海关贸易安全"理念融入关区业务改革和发展中，并在制定呼和浩特海关《贯彻"十四五"海关发展规划实施意见》时予以体现，注重"三智"理念融合。积极开展"三智"理念研究，掀起研讨落实"三智"理念高潮，推动形成"实践出理论、理论促实践"良好工作局面。呼和浩特海关党委书记、关长李建伟在《坚持统筹发展和安全 推动内蒙古自治区深度融入"一带一路"建设》理论文章中，专门就"三智"合作和建设进行研究阐述，该文章先后被《海关政研》《内蒙古工作》采编。

（二）积极加强对外宣传。

2021年全年，4篇次"三智"宣传材料被海关总署相关信息栏目采用，《"三智"引领：打造智慧卫生检疫体系，坚守祖国北疆国门关口》《呼和浩特海关深化"智慧海关"建设 科学战疫情、稳外贸、促发展》30余篇等稿件被《科技日报》《中国国门时报》等省部级以上载体采编，参与的《"智慧海关、智能边境、智享联通"实践项目》被"海关发布"微信公众号、《中国国门时报》、《金钥匙》、《中国口岸科学技术》采用，群策群力营造呼和浩特海关全面推进"三智"建设与合作良好氛围，为项目成功入选、走出国门广泛宣传奠定坚实基础。

（三）积极加强国际宣介。

依托中蒙边境地海关联络官会晤平台，宣传智慧海关、智能边境、智享联通"三智"合作倡议，并就深化中蒙边境地海关"三智"合作事宜，从建立完善合作机制、拓展"三智"合作领域、开展联合项目研究、深化各领域智能化合作等方面提出建议。同时，明确将宣传"三智"合作理念作为边境地海关工作会晤"必选项"，不断扩大"三智"合作理念知悉覆盖面。按照总署统一安排，高质量推进ASEM海关"互联互通—过境"项目，回收整理19个国家调查问卷反馈答案，根据不同国家在海关过境业务中体现出的特点和观念，研究分析并形成ASEM海关"互联互通—过境"项目调查问卷分析报告，总结提炼包括中国海关在内的亚欧会议成员国海关"三智"最佳实践。

呼和浩特海关打击走私重点专项工作

呼和浩特海关缉私局、口岸监管处、风险防控分局

2021年呼和浩特海关坚持以习近平新时代中国特色社会主义思想为指引，坚决贯彻落实习近平总书记关于打私工作重要指示批示精神和党中央重大决策部署，坚持习近平法治思想，落实总体国家安全观，按照《海关总署关于开展打击走私"国门利剑2021"行动的通知》总体安排，深入开展打击走私"国门利剑2021"行动，重点围绕"中央关注、社会关切、群众关心"突出走私问题，始终保持严监管、强打私、重预防的高压打击态势，在新冠肺炎疫情防控常态化条件下，打击走私取得显著成效，为筑牢祖国北疆"两个屏障"作出重要贡献。

一、加强组织领导，深入推进"国门利剑2021"行动

（一）明确层级领导责任。

打击走私是海关法定职责和固有职能。呼和浩特海关党委高度重视打私工作，持续压实直属海关关长、隶属海关关长"打私第一责任人"责任，成立由党委书记、关长任组长的打击走私"国门利剑2021"行动领导小组，全面负责专项行动的组织推动实施。行动领导小组办公室设在呼和浩特海关缉私局，发挥缉私部门打击走私主力军作用，履行刑事、行政执法职能，具体开展专项行动的组织、协调、推动工作；口岸监管处、风险防控分局等机关业务部门、隶属海关作为成员单位，充分发挥业务职能作用和专业优势，凝聚全员打私合力，深入推进"国门利剑2021"行动向纵深发展。

（二）建立常态分析研判机制。

在打击走私工作中，呼和浩特海关党委紧紧围绕打击走私业务绩效考评这一"指挥棒"，坚持问题导向，加强打击走私业务指标常态化分析与调度，每月召开形势分析暨工作督查例会，听取打击走私业务绩效阶段性工作汇报。此外，呼和浩特

海关党委分别在5月25日、7月12日、8月23日主持召开打击走私业务绩效推进会，11月24日再次牵头召开"国门利剑2021"行动专项考核工作汇报会，实时掌控打击走私业务进度，不断解决和打通业务难点、堵点，推动打击走私业务绩效取得新提升。

（三）强化机制建设与保障。

全员打私工作机制是海关总署明确要求深入推进"国门利剑2021"行动的重要举措。为进一步完善全员打私工作机制，2021年7月12日，呼和浩特海关党委研究成立打击走私业务专班，主要负责研究解决查发走私过程中面临的法律疑难问题、案件线索移交问题以及其他涉及缉私部门与海关业务部门需要协调解决的问题；10月26日，专门成立呼和浩特海关"国门利剑2021"行动打私工作绩效专班，负责统筹推进关区打私业务绩效，同步制定和落实《呼和浩特海关"国门利剑2021"行动专项考核工作责任清单及任务分解表》，在保持高压打击态势的基础上，全力提升打击走私质量和效能。

二、保持高压严打，以实际行动筑牢北疆"两个屏障"

在呼和浩特海关党委对打私业务直接领导下，统筹推进"国门利剑2021""蓝天2021""护卫2021"以及打击冻品走私（"猎鼠"）等专项行动取得显著成效。2021年，呼和浩特海关缉私局共立案侦办刑事案件19起，案值6,523.61万元，同比增长4.5倍；关区海关现场和缉私部门共查办行政案件91起，案值1.02亿元，打击走私主要业务指标提升幅度明显。

（一）保持打击洋垃圾走私高压态势。

坚决贯彻习近平总书记重要指示批示精神，坚持习近平生态文明思想，在中蒙陆路边境口岸辖区破获一起走私固体废物案件，查获来自蒙古国走私进境废旧车体8.50吨，打响禁止洋垃圾入境"蓝天2021"专项行动保卫战。

（二）打击"水客"走私实现"零"的突破。

坚决贯彻习近平总书记重要指示批示精神，按照总署关于打击治理"水客"走私专项行动部署要求，成立呼和浩特海关打击治理"水客"走私专项行动领导小组，加强组织领导、统筹推进，在全国缉私部门统一收网行动中，呼和浩特海关关区首次破获"水客"走私奢侈品案件2起，案值862.51万元。

（三）"护卫2021"行动查获野生动物制品。

积极履行CITES，严密一线监管，重点加强寄递渠道、分流航班、"绿色通道"等走私濒危动植物及其制品打击力度，查获疑似濒危动植物及其制品12批次10.14千克，其中办理红珊瑚违规邮寄案件3起，查获国家一级保护水生野生动物红珊瑚683克。

（四）打击涉税商品走私取得新战果。

呼和浩特海关缉私、风险防控、企业管理和稽查等部门高度关注国内外矿能产品供需矛盾，持续加大对矿能产品监控力度，通过稽查手段破获一起走私铁矿石案，案值600万元。在打击农产品走私涉税领域，连续破获走私油菜籽案件2起，案值5,038.80万元。

（五）始终对冻品走私保持滚动打击态势。

打击冻品走私，特别是将"猎鼠"专项行动贯穿全年，集中打击和预防来自疫区的肉类、皮张、动物尸体等冻品通过货运渠道夹藏夹带走私进境。2021年破获一起走私畜产品进境案，查获未经加工的牲畜及动物皮张99.28吨；在口岸地区查办走私冻品行政案件4起，查获来自疫区的羊肠衣、马肠衣、牛百叶1.64吨。

（六）打击毒品等非涉税走私战果丰硕。

主动应对安保维稳新使命、新任务，重点查缉各类涉毒、涉恐、涉爆等走私违法活动和反动宣传品，海关业务现场查获管制刀具11把、违禁印刷品296份、纳粹标志徽章5个；通过寄递渠道破获走私毒品案件11起，查获大麻615.15克、国家精神管制类药品等1,225粒（支）、新型毒品LSD 30张。

（七）防范外来入侵物种进境。

深入贯彻落实习近平总书记关于筑牢口岸检疫防线等重要指示批示精神，防范防疫物资、疫苗非法出境，全力以赴开展外来入侵物种口岸防控工作。呼和浩特海关所属卫生检疫、动植物检疫、商品检验等现场监管部门在"国门绿盾2021"和"清邮"行动中，截获外来物种21种69批次。

三、运用"智慧缉私"战术战法，彰显专业打击战斗力

（一）大数据分析应用发挥效能。

呼和浩特海关缉私局积极建设重点人员数据库，陆续增建萤石、快件、跨境电商等数据分析模型，依托海关数据、公安数据，发挥大数据分析应用精准制导作用，自主查发案件线索7条。大数据分析应用为业务形势分析提供精准导向，缉私局聚焦重点商品、重点渠道、重点领域，与海关业务部门联合开展风险分析研判15次，形成打私态势及风险分析报告5篇；依托海关、公安、互联网"三网"信息数据，为监管打私领域进一步掌控形势、科学决策提供第一手资料。

（二）合成化联合打击取得成效。

1. 坚持集中优势力量办大案。面对关区点多线长面广和警力不足实际，呼和浩特海关缉私局不断探索"警力跟着警情走"办案机制，科学合理调配机关与4个隶属分局警力资源，采取以案代训、跟班作业、联合攻坚等方式，组建大数据分析应用专班，集中优势警力深挖案源、查办大案，2021年呼和浩特海关缉私局机关与

隶属分局之间、各隶属分局之间共调配、抽调警力144人次，实现警力互补、集中攻坚办案大格局。

2. 借助多警种优势资源办好案。呼和浩特海关缉私局高度重视与自治区各级公安机关联系配合，主动联系签订业务合作备忘录，争取各地区公安机关最大支持，积极利用各地公安警力资源以及业务部门技术资源，开展涉毒涉枪涉案信息重点排查、重点突破、合力攻坚，确保反走私全链条打深打透。2021年联合自治区各级公安部门侦办走私毒品案件3起，在自治区公安部门协助下，排查走私关联案件信息百余条。

3. 深化跨关区联动打击多办案。呼和浩特海关缉私局始终坚持"全国打私一盘棋"理念，加大协查办案力度，2021年共出动警力235人次，协助其他直属局协查案件47起，派员参加海关总署缉私局专案收网行动，受到海关总署缉私局通报表扬。

四、加强正面监管，提升业务现场查发能力

海关查发绩效是打击走私业务绩效的重要指标之一。为进一步提升海关查发能力和水平，呼和浩特海关缉私局牵头制订《关于进一步提升打击走私海关查发绩效的实施方案》，明确指导思想、总体目标，部署风险分析研判、重点渠道查缉、现场查发查办等14项重点任务；联合修订《缉私局与呼和浩特白塔机场海关、赛罕海关、集宁海关案件线索移交联系配合办法》，为进一步加强缉私部门和海关业务部门联合打击能力，提供制度机制保障。呼和浩特海关机关业务职能部门、隶属海关各业务部门运用现场审图、风险布控、人工作业等智能手段，不断提升现场查发效能，2021年隶属海关履行行政执法职能，查发查办"两简"案件39起，增长39%。

（一）打造"智慧监管"体系，提高一线监管效能。

2021年，呼和浩特海关口岸监管部门以风险分析为导向，以科技设备为依托，大力推动"智慧监管"信息化建设，持续将"智慧监管"效能转化为一线打私战斗力。

（二）发挥"智能审图"功效，提升现场查发率。

按照海关总署全面推广机检设备智能审图工作部署要求，呼和浩特海关成立关区"CT/H986智能审图"专项工作组，突出旅检、寄递、货运等领域查缉重点，强化CT/H986等智能监管设备、监管犬的使用效能，规范人员申报信息，提高精准识别拦截高风险出入境人员和冻品等夹藏夹带物品能力。在智能审图应用中，口岸监管部门联合同方威视对邮件、快件、旅检监管现场CT设备进行系统升级，更新5类智能审图算法，新增10项报警功能，有效拦截商品增加到32种。

（三）深化"扫黄打非"，守好意识形态北大门。

立足关区实际，在陆路边境口岸"货开客停"模式下，呼和浩特海关口岸监管部门将机场分流航班、"绿色通道"、邮快件现场作为开展"扫黄打非"工作主战场，始终保持强烈的责任感和敏感性，寻找关区"扫黄打非"工作突破点，及时捕捉苗头性风险并调整监管重点，对美国、加拿大、蒙古国等国家和地区的进出境行李物品、邮件、快件实施重点查验；严格落实100%过机要求，依托二级监控指挥中心不定期开展视频监督检查及实地检查；加强CT机等智能监管设备应用，进行智能审图算法更新升级并组织培训，提高审像人员对出版物的判图敏感性，发现机检图像异常的一律开箱（包）检查；加强与所在地政府口岸管理等部门沟通联系，配合国家扫黄打非办开展实地检查，借鉴经验，举一反三，全力筑牢祖国北疆安全稳定屏障。

五、依托风险管理理念，实施精准防控打击

按照"全面嵌入、集约高效、精准靶向、纵深联动"风险管理工作理念，呼和浩特海关风险防控分局认真执行《呼和浩特海关风险防控分局与缉私局联系配合机制》，重点聚焦进境骨废料、废纱线、矿渣类大宗散货等固体废物伪瞒报风险及濒危物种夹藏夹带风险，坚持以点带面、精准研判、高效防控，坚决筑牢风险防控、一体打防屏障。

（一）强化风险布控，注重成果应用。

1. 开展洋垃圾、濒危物种走私风险分析和风险布控。建立专岗，搜集全国固体废物、濒危物种风险态势分析报告和风险信息百余条，据此转化布控规则。充实和完善风险信息库，完善固废、濒危影子商品库。

2. 加强防疫物资风险布控。严厉打击防疫物资、疫苗非法出境，充分发挥大数据"云擎"平台优势，构建关区出口新冠疫苗监测模型，加大对医疗器械出口高风险企业、中欧班列、疫情严重的出口目的国等风险管控，重点防范通过伪瞒报、夹藏夹带等方式非法出境新冠疫苗风险，布控查获违规出口防疫物资2批（次）。

3. 加强涉税商品风险布控。呼和浩特海关密切关注关区重点涉税企业及商品进出口动态，围绕重点涉税商品开展涉税风险要素梳理，建立风险防控清单，及时优化调整，防范税收风险。

（二）强化联合研判，实现纵深联动。

针对洋垃圾走私、劣质煤炭进口、精神类管制药品武器弹药、爆炸物走私入境等风险，呼和浩特海关组织开展专项联合研判8次，有效发挥风险防控分局风险布控验证手段、数据信息优势、案件审理信息优势，形成风险防控和打私合力；结合关区邮递渠道风险态势和监管特点，呼和浩特海关风险防控分局联合动植物检疫处、口岸监管处、缉私局等部门赴关区邮递现场开展"清邮"专项查缉行动。走访自治区濒危办、公安厅、农牧业厅就辖区内濒危野生动物走私风险、涉毒涉枪风险、粮食类商品病虫害转基因风险等方面了解市场情况，借助联合防控成员单位信息和职能管理优势，反向分析进出口商品风险要素。

（三）强化精准分析，推进靶向防控。

在固体废物防控方面，呼和浩特海关重点开展废矿渣、废塑料、脱脂骨粒风险分析防控，对重点国别、重点商品、重点企业进行综合研判，进一步强化限转禁固体废物商品精准分析，提升布控精准度。在濒危物种防控方面，呼和浩特海关风险防控分局建立濒危动植物走私案件查发数据监控模板，实时掌握走私动态，开展历史查发情事全面梳理。此外，风险防控分局强化要素化采集，收集重点国别、重点地区、重点商品、重点企业和重点人员等信息，加强风险特征和走私手法总结提炼，密切与业务现场的联系配合和信息交流；建立开源信息工作机制，发挥外语人才优势，拓展外部数据获取渠道，强化业务现场、职能部门等内部信息报送共享。

呼和浩特海关开展国门生物安全与食品安全行动

呼和浩特海关动植物检疫处、进出口食品安全处

2021年，呼和浩特海关以习近平新时代中国特色社会主义思想为指导，坚决贯彻习近平总书记重要指示批示精神，认真落实海关总署相关部署要求，严防重大动植物疫情疫病跨境传播和外来物种入侵，持续开展口岸环节进口冷链食品新冠病毒核酸监测检测和预防性消毒监督工作，深入落实人员安全防护和封闭管理要求，严格防范境外新冠肺炎疫情输入风险，切实筑牢祖国北方重要生态安全屏障和安全稳定屏障。

一、严密筑牢国门生物安全防线

（一）重大动植物疫情防线更加巩固。

呼和浩特海关注重借鉴新冠肺炎疫情防控措施，实时转化运用防控举措，持续优化动植物检疫工作，严防疫情叠加。加强境外动植物疫情信息收集，建立疫情信息收集工作组，在关区选定28人作为疫情信息监测工作联络员，重点关注俄罗斯、蒙古国等毗邻国家境外动植物疫情信息动态，251条信息被海关总署相关专栏采编，为防止疫情叠加提供决策参考。强化保障体系、风险评估、检疫监管、检疫处理4方面防控举措，严防境外非洲猪瘟、高致病性禽流感、沙漠蝗、红火蚁等重大动植物疫情疫病传入。针对蒙古国首次发生牛结节性皮肤病疫情，密切跟踪疫情动态，第一时间印发指导文件并开展防控督导，严防疫情传入。指导业务一线加强分工协作，持续推动口岸检疫监管、国门生物安全监测等工作落实落细。强化高风险动植物产品检疫监管和内部人员防控，进一步压紧压实主体责任，制定了针对进出境货物、现场工作环节、工作岗位制定、动植物检疫条线新冠肺炎疫情防控4个方面的应急措施和16条个人安全防护措施。

（二）外来入侵物种口岸防控更加有力。

呼和浩特海关成立外来入侵物种口岸

防控技术专家组和工作专班，制订《防控工作方案》《专班实施方案》《打击非法引进外来物种和种子苗木"国门绿盾2021"行动实施方案》等4个方案及相关规范性文件，进一步明确加强监测预警、严格审批管理等8项工作要求，全面加强进境货物、运输工具和集装箱的检疫查验，切实做好红火蚁等重要外来入侵物种防控。关区各隶属海关认真学习海关总署和呼和浩特海关实施方案，梳理研判辖区非法携带、寄递、夹带外来物种和种子苗木进境态势，结合国门生物安全监测计划和各岗位、各辖区工作特点分别制订行动方案。为进一步形成打击合力，呼和浩特海关与内蒙古自治区人民政府相关部门共同组建自治区外来入侵物种防控部门协调机制和专家委员会，印发《关于建立内蒙古自治区外来入侵物种防控部门协调机制和专家委员会的通知》《内蒙古自治区进一步加强外来物种入侵防控工作实施方案》，多举措开展好"国门绿盾2021"行动。全年开展快件集中查验8次、"清邮"行动12次，截获外来物种79批次。

（三）国门生物安全宣传成效更加明显。

呼和浩特海关依托全民国家安全教育日等重要时间节点，以《中华人民共和国生物安全法》正式实施为契机，制订详细宣传方案，开展系列宣传活动。2021年4月15日，在呼和浩特白塔机场国际邮件交换中心举办"4·15"全民国家安全教育日《中华人民共和国生物安全法》普法宣传暨"国门绿盾2021"行动启动仪式。呼和浩特海关党委书记、关长李建伟参与启动，并向邮政及商业快件企业进行现场宣讲，与中国邮政集团内蒙古自治区分公司就加强国际邮件寄递业务、发展跨境电商等进行交流，并在进出境邮递物品监管现场跟班作业，对现场前期查获的违禁物品进行集体研判。李建伟关长提出要坚决扛起筑牢北疆"两个屏障"的政治责任，持续保持高度警惕，加强对象牙等濒危物种及其制品、外来物种等的查缉力度，严查种子种苗等繁殖材料类物品，推进"国门绿盾2021"专项行动。制作发布微信公众号宣传稿件《"国门绿盾2021"邀您共同行动》等10余篇，在呼和浩特海关关区各办公区、各业务现场的LED宣传屏投放维护国门生物安全、保护生物多样性系列公益宣传短片；在微信群推送短视频及国门生物安全相关文章20次、推送"12360服务"公众号以及"海关发布"公众号文章、典型案例20次；在多档新闻节目中用蒙汉双语多次播放宣传教育活动，提升宣传力度，进校园、进社区、进企业、进口岸、进商业街、进车厢等开展国门生物安全宣传，发放宣传手册1,000余份，张贴海报条幅30张，并积极参加自治区党委主办、安全厅承办的国家安全宣传活动。特别是加大力度开展《中华人民共和国禁止携带、寄递进境的动植物及其产品和其他检疫物名录》普法宣传，以案释法，严防出现非法引种、伪瞒报等行为，引导公众自觉维护国门生物安全。

（四）国门生物安全监测和安全风险监控更加有效。

结合关区实际，呼和浩特海关制定"2个方案+14项指引"的国门生物安全监测系列指导文件；建立疫情信息监测上报工作机制，选定28人作为疫情信息监测工作联络员；派出专家组赴各相关口岸开展专题培训和业务检查，专项督导各隶属海关国门生物安全监测工作。全年监测动物疫病25种，检测样品1,809个、13,565项次；监测到检疫性有害生物10种、外来物种21种，在进境植物产品中截获有害生物近200种1万余次，其中检疫性有害生物15种近200次，全国首次截获非检疫性有害生物4种，自治区口岸首次截获检疫性有害生物1种。持续加强安全风险监控工作，印发《呼和浩特海关2021年进出口食用农产品和饲料安全风险监控计划实施方案》，成立安全风险监控专家组及工作组，并对各隶属海关安全风险监控工作开展情况进行专项监督检查，完成项目检测1,265个。退运不合格动物油脂3批次75吨，货值16万元，扑杀并销毁阳性动物16头，对2020年查获的转基因油菜籽全部进行了退运。

二、持续规范和强化检疫处理工作

呼和浩特海关印发规范和加强检疫处理监管工作文件通知等10余份，制定10个作业表单，涵盖进出境动植物检疫处理资质核准、检疫处理过程监督、现场监督检查、年度监督检查、专项督查等内容。加强检疫处理单位资质管理，对拟申请出入境检疫处理资质企业的申报进行指导，严格落实检疫处理单位动态管理机制，注销3家检疫处理单位资质，结果面向社会进行公示。辖区全部检疫处理从业单位签订承诺书，进一步压实企业质量安全主体责任。重新制发从业单位核准证书，明确核准范围。针对隶属海关监管人员和检疫处理单位从业人员组织检疫处理技术培训3次，参加培训达403人次。督促辖区内检疫处理单位对出入境检疫处理质量安全内控能力进行检查和对安全生产开展自查，并要求企业针对自查发现的问题进行整改。按照总署文件要求，组织各隶属海关对辖区检疫处理从业单位口岸环节熏蒸、消毒工作开展"双随机、一公开"监管。对关区全部检疫处理单位开展2次专项检查和1次年度审查，对隶属海关检疫处理监督情况开展1次专项检查，进一步规范关区检疫处理监管工作。

三、有效提升治理能力和多元共治水平

（一）支撑保障水平更高。

夯实制度基础，呼和浩特海关先后制定《呼和浩特海关进境活动物检疫监管作业指引》《呼和浩特海关进境动物遗传物质检疫监管作业指引》《进境动物隔离检疫

场审核验收作业指引》《呼和浩特海关进出境动植物检疫处理工作指引（第一版）》4项作业指引，参加海关总署相关法律修订及专业技术规范审定工作，完成检疫性有害生物风险分析报告39篇。加强实验室技术专家与现场执法人员互动，协助开展技术鉴定、野外监测等工作，提高检疫监管技术含量。组织做好"动植物保护能力提升工程"及"十四五"期间能力建设规划，进一步提高动植检专项设备利用率，加强智慧动植检信息化建设，推荐关区33人参与海关总署智慧动植检信息化建设工作，在生态安全应用管理系统录入呼和浩特海关关区注册企业信息69条、基础设施信息177条。

（二）多元共治效果更好。

呼和浩特海关举办中蒙边境地海关联络官会晤，就进口蒙古国动植物产品检疫证书在线核查等议题进行深入研讨。牵头与农牧厅拟定动植物疫情疫病联防联控机制，在疫情防控和监测、联合执法和监管、应急处置等6方面加强合作。牵头与林草局、农牧厅、生态环境厅等部门共同印发《内蒙古自治区外来入侵物种普查总体方案》，协同开展疫情疫病监测、外来入侵物种防控等工作，并拟定共同开展2022—2023年自治区外来入侵物种普查。牵头联合粮食和物资储备局、农牧厅、满洲里海关共同发布《关于加强进口粮食安全及疫情风险防控工作的通知》，加强信息互通共享，建立和完善进口粮食调运管理、安全风险防控和监测及全流程溯源管理等粮食安全防控制度体系。加强国门生物安全宣传，利用"4·15"全民国家安全教育日等各种契机，送生物安全知识进口岸、进社区、进校园，联合企业开展普法宣传，通过宣传册发放、张贴海报条幅、LED屏幕投放、现场宣讲、微信公众号推送、新闻媒体蒙汉双语播放、设立宣传点答疑解惑、内部组织学习测试等方式扩大宣传覆盖范围。在呼和浩特海关相关部门共同努力和支持配合下，"学习强国"、《金钥匙》杂志、《中国国门时报》等主流媒体先后报道相关工作开展情况，共计20余条，营造了良好的社会共治氛围。

（三）人才队伍建设更强。

呼和浩特海关开展基层动植检岗位人员状况摸底调查与分析，建立岗位资质人员数据库，全面了解一线岗位人员匹配状况和业务层面存在的问题与不足；开展岗位资质人员的培训和推荐，落实岗位资质动态管理和监督机制。组织参加海关总署"植物及植物产品现场查验技术""国门生物安全监测"等线上培训4期。举办重大动植物疫情防控及岗位资质培训班、检疫处理监管培训班3期，142名学员参加培训并通过考试，督促符合高级动植检签证官资质人员完成线上培训内容，切实提升了业务线条人员执法能力和业务水平。通过参加海关总署风险评估、技术规范集中审查、远程督导等工作，专业人才队伍得到了锻炼，提升了整体业务水平。

四、加强进口冷链食品新冠肺炎疫情防控

2021年,呼和浩特海关进口冷链食品均为经二连浩特公路口岸入境的蒙古国冷冻马肉,共监测检测进口冷链食品核酸样本36个,实施口岸环节预防性消毒监督16.43万件、3,898.08吨。6月10日,在进口蒙古国冷冻马肉托盘中检出新冠病毒核酸阳性货物,为全国陆路口岸进口畜肉中首次检出。相关货物按照国务院联防联控机制综合组《关于印发新冠肺炎疫情防控冷链食品分级分类处置技术指南的通知》要求处置,同时海关总署对该蒙古国企业采取暂停进口申报1周的紧急预防性措施。

(一)健全工作机制,形成工作合力。

呼和浩特海关坚持政治统领,实行"一把手"负责制,统筹口岸疫情防控和促进外贸稳增长工作指挥部下设立进口商品风险监测组,制订《进口商品风险监测工作实施方案》《进口冷链食品口岸环节预防性消毒实施方案》等系列文件,按照"一口岸一方案"要求制订《二连海关公路口岸新冠肺炎疫情防控工作方案》《二连海关新型冠状病毒肺炎口岸防控应急预案》,明确工作任务、职责分工、配合机制及工作流程,全面指导关区进口冷链食品疫情防控各项工作。参与自治区进口冷链食品工作专班,根据职责积极建言献策,发挥成员单位作用。

(二)强化规范操作,确保万无一失。

严格按照海关总署布控指令、最新版作业指导书和操作指引,实施进口冷链食品新冠病毒核酸监测检测、口岸环节预防性消毒监督工作,确保所有检测结果准确可信、证据链清晰可靠。2021年,呼和浩特海关编印《进口冷链食品新冠肺炎疫情防控工作手册》并组织关区一线人员开展线上线下作业培训13次,开展进口冷链食品抽采样和人员安全防护资质考核2次。编制《进口冷链食品新冠肺炎疫情防控应急演练脚本》,指导口岸一线高标准开展应急演练,组织关区尤其是6个陆路口岸,通过"桌面推演+重点环节演示+模拟实操"形式对进口冷链食品单证审核、防护装备穿脱、样本采集、样品传递、检出阳性货物应急处置等全流程开展演练,切实增强进口冷链食品疫情防控实战处突能力。签订《二连海关 二连浩特市市场监督管理局 汇通国际物流有限责任公司进口冷链食品预防性消毒合作备忘录》,确保进口冷链食品预防性消毒全面落实到位。制定《进口冷链食品风险监测数据报送规范》,严格执行数据报送"双人校对、三级审批"制度,监督隶属海关建立数据台账,确保进口冷链食品疫情防控数据报送"零差错",截至目前未发生漏报、错报、晚报、瞒报等情况。

(三)加强指导监督,巩固工作成效。

实施常态化培训机制,通过线上业务培训、线下跟班作业等多种形式不断实施

工作指导，根据关区业务特点，呼和浩特海关先后编印《进口冷链食品新冠肺炎疫情防控工作手册》《严防新型冠状病毒污染进口冷链食品输入应急处置预案（暂行）》《关于做好进口冷链食品检出新冠病毒核酸阳性处置工作的通知》等，指导口岸一线规范实施进口冷链食品疫情防控工作。制定印发《进出口食品安全业务条线个人安全防护规范》，细化进口冷链食品抽采样人员和口岸环节预防性消毒监督人员安全防护措施，建立安全防护监督员队伍，作业期间通过指挥中心全程监督指导作业人员安全防护工作，监督各项人员安全防护要求执行到位。建立领导带班日常检查、督导组监督、"挑毛病"专家组检查三级监督检查制度，通过"远程视频检查＋现场实地督导"，保障进口冷链食品疫情防控各项工作落实落细，进一步巩固工作实效。

第三篇

党的建设

党建工作

【概况】2021年，呼和浩特海关党委坚定捍卫"两个确立"，坚决做到"两个维护"，深入学习贯彻习近平新时代中国特色社会主义思想，高质量推进党史学习教育，以新时代党的建设总要求为基本遵循，以政治建设为统领，以提升基层党组织政治功能和组织力为重点，以"最强党支部"、"四强"支部、"模范机关"创建为抓手，持续深化"强基提质工程"，坚定不移全面从严治党，政治机关建设再创佳绩。呼和浩特海关在内蒙古自治区98个直属机关现场述评中得分第一名，获评自治区首届"创建北疆模范机关先进单位"；呼和浩特海关隶属额济纳海关党总支获评"全国先进基层党组织"。

宣传思想文化

【党委理论学习中心组学习】2021年，呼和浩特海关党委理论学习中心组把学习领会、贯彻落实习近平总书记重要讲话重要指示批示精神作为组织开展学习活动"第一议题"，其中：4月组织党委理论学习中心组党史学习教育专题读书班，安排集中学习、参观乌兰夫纪念馆、诵读历史篇目等内容，同时，邀请自治区党委党校教授李香兰做"深入学习贯彻党的十九届五中全会精神，着力建设更高水平开放型经济新体制"专题讲座，邀请内蒙古大学马克思主义学院二级教授张志忠做"改革开放以来党对社会主义现代化建设的道路探索与展望"专题讲座。5月，启动为期2周的党委委员调研周，走访盟市党委政府，走进某物流园区、某生物科技有限公司等41家进出口企业，赴额济纳海关综合业务科党支部等7个基层支部联系点、内蒙古乌兰察布市卓资县梨花镇榆树营定点帮扶村，"看"生产一线和作业现场，"听"意见需求和发展规划，"研"解决办法和提升措施，征集到改革措施解读、出口商品检验、保税物流中心功能3大类34项问题和建议。8月，组织学习贯彻习近平总书记"七一"重要讲话精神读书班，安排知识测试、宣讲交流会、专题讲座、集中研讨交流等学习内容；在集中研讨环节，围绕"如何深入学习把握习近平总书记'七一'重要讲话重大意义、丰富内涵、核心要义和实践要求，自觉用新时代党的创新理论武装头脑、指导实践、推动工作，推动党史学习教育往深里走、往实里走"等题目，开展集中研讨；在宣讲交流环节，由全国先进基层党组织代表额济纳海关党总支书记黄卫东同志、全国先进工作者二连海关杨作军同志、"光荣在党50年"老党员王文京同志、自治区疫情防控先进个人呼和浩特白塔机场海关高晨菲同志依次做宣讲报告。12月，组织呼和浩特海关党委理论学习中心组（扩大）学习暨党的十九届六中全会精神专题学习班，开展党的十九届六中全会精神宣讲，党委理论学习中心组成员作交流研讨，自治区直属机关工委二级巡视员王忠安巡听交流会，认为"呼和浩特海关部署行动迅速、学习方式丰富，集中学习研讨全程组织严密规范，参加同志会前学习思考充分、研讨紧密结合实际，起到一定示范作用"。

▲6月8日，呼和浩特海关举行"光荣在党50年"纪念章颁发仪式

【意识形态管理】2021年，呼和浩特海关及隶属海关两级党委推动常态化落实，专题研究意识形态工作2次，上下半年安排意识形态工作专题学习各1次。11月24日，呼和浩特海关直属机关党委规定基层意识形态网格长承担舆论宣传引导、思想动态研判分析等11条任务，网格员承担主办宣传思想文化阵地、落实干部职工思想动态分析等9条任务，要求各基层党组织抓好落实。根据年度呼和浩特海关干部职工思想动态调研分析统计：调研对象普遍认可海关先进典型正向激励作用；普遍认为本支部"非常重视"或"比较重视"意识形态工作。

【入选"'我为群众办实事'百佳项目"】2021年，为把党史学习教育同推动海关工作紧密结合起来，进一步服务外贸企业、优化口岸营商环境，呼和浩特海关开展"我为群众办实事——百人联千企 力行促外贸"服务外贸企业、优化口岸营商环境专项活动。7月，按照国门安全工程、便民利企工程和暖心聚力工程3个项目类别，组织项目收集整理等工作。呼和浩特海关"坚守北疆国门安全防线 拱卫首都'护城河'"和"纾困解难 再续'齐心协力建包钢佳话'"2个项目案例分别入选全国海关党史学习教育第2批和第3批"'我为群众办实事'百佳项目"名单。

【举办建党100周年摄影书画作品展】2021年4月19日，为庆祝中国共产党成立100周年，追寻百年奋斗足迹，讲述党的建设取得伟大成就，书写海关事业发展生动实践，呼和浩特海关党委以"坚持正确的政治导向，弘扬主旋律，传递正能量"为主题，组织征集摄影、书法、绘画、篆刻等艺术作品，"鼓励独特视角，形式创新，追求思想性和艺术性的统一"。7月2日，举办庆祝中国共产党成立100周年摄影书画作品展（线上），评选并展出11位干部职工创作的《贺建党百年》《寻真》《"关"爱草原》《老百姓是共产党永远的挂念》《小豪恭录毛主席诗词》等18幅书法作品；2位干部职工创作的《责任》《额吉》《信仰》《报春》《今朝花更好》等6幅绘画作品；2位干部职工创作的《神圣国门》《丝绸小镇》《边关新貌》《百年相伴》《社会主义美丽乡村"美容师"》5幅摄影作品。

基层组织建设

【最强党支部建设】 2021年，呼和浩特海关党委将总署"四强"支部建设和自治区"最强党支部"建设统筹起来一体化推进，突出政治功能强、队伍建设强、组织生活强、发挥作用强、群众工作强，推进"最强党支部"建设工作。3月23—24日，呼和浩特海关直属机关党委组织"最强党支部"参评单位开展现场述评。

4月23日，中共呼和浩特海关委员会印发决定，新增16个党支部为呼和浩特海关2020年度"最强党支部"，具体名单：动植物检疫处党支部、督察内审处党支部、离退休干部办公室党支部、呼和浩特白塔机场海关办公室和综合业务科联合党支部、赛罕海关集中审像科党支部、二连海关综合业务科党支部、二连海关公路监管一科党支部、包头海关综合业务科党支部、包头海关监管二科党支部、额济纳海关办公室党支部、乌拉特海关人事政工科党支部、乌拉特海关监管四科党支部、鄂尔多斯海关综合业务科党支部、鄂尔多斯海关监管一科党支部、风险防控分局党支部、保健中心党支部。

【基层党建品牌创建】 2021年4月27日，呼和浩特海关新增呼和浩特海关党建示范品牌6个，具体名单：综合业务处党支部"五员+先锋队"、财务处党支部"红基石"、赛罕海关集中审像科党支部"e线智慧眼"、包头海关机关党委"包关微党建"、额济纳海关综合业务科党支部"综核名实"、东乌海关监管一科党支部"智慧监管，用心服务"；新增呼和浩特海关党建培育品牌10个，具体名单：卫生检疫处党支部"守望轻骑兵"、统计分析处党支部"数据+"、人事教育处党支部"红马镫"、呼和浩特白塔机场海关旅检科党

▲3月19日，呼和浩特海关办公室党支部赴企业调研党支部共建

支部"空港+优—旅创"、赛罕海关稽查科党支部"汇稽星"、二连海关综合业务科党支部"北疆雄关1号岗"、包头海关监管二科党支部"旭日红心"、东乌海关综合业务科党支部"担当有为 改革先锋"、乌拉特海关办公室党支部"笔•心"、鄂尔多斯海关综合业务科党支部"综合零距离"。7月8日，呼和浩特海关隶属额济纳海关监管一科党支部"胡杨堡垒"、二连海关铁路监管三科党支部"关爱60秒"复核通过全国海关党建示范品牌；赛罕海关党总支"智现场e党建"、二连海关铁路监管一科党支部"北疆动车365"复核通过全国海关党建培育品牌；呼和浩特白塔机场海关党总支"空港+优"被授予2021年度新增全国海关党建示范品牌。至此，呼和浩特海关拥有署级党建示范品牌3个、培育品牌2个。

【**获评全国先进基层党组织**】2021年6月28日，呼和浩特海关隶属额济纳海关党总支被中共中央授予全国先进基层党组织，该党总支是全国海关系统3个获评党组织之一，也是自治区10个获评党组织之一。6月30日，额济纳海关党总支书记黄卫东代表自治区10个全国先进基层党组织赴京参加庆祝建党百年有关活动。7月5日，自治区直属机关举行学习贯彻习近平总书记"七一"重要讲话精神主题党日活动，额济纳海关党总支书记黄卫东作为全国先进基层党组织代表作先进事迹报告，自治区5.7万名党员干部观看直播，人民网、新华网和新浪网各平台点击率超过320万人次。9月1日，总署召开学习贯彻习近平总书记"七一"重要讲话精神读书班暨宣讲交流会，额济纳海关党总支书记黄卫东作为全国先进基层党组织代表作宣讲交流，全国海关1.60万名党员参加。

【**成立党员突击队和创新专班**】2021年8月27日，为进一步深化"强基提质工程"，充分发挥党支部战斗堡垒作用和党员先锋模范作用，以高质量党建引领各项事业高质量发展，呼和浩特海关直属机关党委从创新理念、创新机制、创新方法、创新载体等方面提出推进党建与业务深度融合实现路径和重点任务。各基层党组织立足于推动党的组织从"有形覆盖"到"有效覆盖"转变，聚焦疫情防控、国门安全、深化改革、服务经济、促进发展等重难点工作，按照"党员+群众"模式，至9月15日，以党支部为单位，单独组建或联合组建并报备党员突击队、创新专班和研究小组68个（具体见表3-1）。

▲9月1日，东乌海关成立党员先锋突击队对进境原油车辆开展查验

表 3-1　呼和浩特海关基层党支部党建与业务深度融合创新形式一览表

序号	支部名称	创新形式及名称
1	办公室党支部、口岸监管处党支部	"三智"建设党员突击队（联合组建）
2	法规处党支部	全面理清权责清单党员研究小组
3	综合业务处党支部	"百人联千企"党员突击队
4	关税处党支部	税收征管研究小组
5	卫生检疫处党支部	"疫情防控+应急处置"党员突击队
6	动植物检疫处党支部	党员研究小组
7	进出口食品安全处党支部	食品安全政策研究宣讲小组
8	商品检验处党支部	执法评估工作专班
9	统计分析处党支部	服务"桥头堡"建设分析研究小组
10	企业管理和稽查处党支部	"稽先锋"党员突击队
11	财务处党支部	"预算管理提质增效"党员突击队
12	科技处党支部	科技助力疫情防控党员突击队
13	督察内审处党支部	执法评估工作专班
14	人教处党支部	人事教育工作党员研究小组
15	政工办党支部	党群宣传"轻骑兵"
16	监察室党支部	货运车辆出口专题研究小组
17	离退休干部办公室党支部	"新思维、新理念、新征程"党员创新小组
18	离退办党委第一党支部	老党员先锋队
19	离退办党委第二党支部	"云支部+"志愿服务队
20	离退办党委第三党支部	"银色年华"党员突击队
21	白塔机场海关办公室与综合业务科联合党支部	综合业务专题研究小组
22	呼和浩特白塔机场海关监管一科党支部	疑难业务研究小组
23	呼和浩特白塔机场海关监管二科党支部	空港快件党员突击队
24	呼和浩特白塔机场海关监管三科党支部	"细化监管 优化服务"党员突击队
25	呼和浩特白塔机场海关旅检科党支部	疫情防控党员突击队
26	赛罕海关办公室党支部	节能减排专班
27	赛罕海关综合业务科党支部、监管二科党支部	综保区政策研究小组（联合组建）
28	赛罕海关稽查科党支部	稽查攻坚突击队
29	赛罕海关集中审像科党支部、监管一科党支部	"王政工作室"党员突击队（联合组建）
30	二连海关办公室党支部	"外事"党员突击队
31	二连海关人事政工科党支部	"心连心"党员突击队
32	二连海关综合保障科党支部、后勤管理中心党支部	节能先锋突击队（联合组建）
33	二连海关技术信息科党支部、监控科党支部	智慧监控研究小组（联合组建）
34	二连海关综合业务科党支部	通关突击队
35	二连海关机场监管科党支部	国门"疫"线党员突击队

表 3-1 续

序号	支部名称	创新形式及名称
36	二连海关公路监管一科党支部	"守国门、畅驿路"党员突击队
37	二连海关公路监管二科党支部	跨境电商政策研究专班
38	二连海关公路监管三科党支部	"丝路使者"党员突击队
39	二连海关公路监管四科党支部	边民互市贸易创新政策研究室
40	二连海关铁路监管一科党支部	"北疆动车365"党员突击队
41	二连海关铁路监管二科党支部	"驿路雄关"党员突击队
42	二连海关铁路监管三科党支部	国门攻坚创新专班
43	二连海关技术中心党支部	快马加鞭通关小队
44	二连海关保健中心党支部	"国门卫生安全红丝带"党员突击队
45	包头海关办公室党支部	信息宣传党员创新专班
46	包头海关人事政工科党支部	深化改革党员突击队
47	包头海关综合保障科党支部	节能管理党员突击队
48	包头海关综合业务科党支部	服务经济、深化改革、政策研究党员突击队
49	包头海关风险防控与技术科党支部	技术保障、督查审计党员突击队
50	包头海关监管一科党支部	服务经济党员突击队
51	包头海关监管二科党支部	疫情防控党员突击队
52	包头海关监管三科党支部	促进发展党员突击队
53	包头海关综合技术服务中心党支部	促进发展党员研究小组
54	额济纳海关办公室党支部、综合业务科党支部、监管四科党支部	"促外贸 办实事"党员研究小组（联合组建）
55	额济纳海关监管一科党支部、监管二科党支部、监管三科党支部	"攻坚克难 抗疫有我"党员突击队（联合组建）
56	东乌海关办公室党支部、综合业务科党支部、监管一科党支部、监管二科党支部、监管三科党支部、监管四科党支部	政策研究工作小组（联合组建）
57	乌拉特海关党总支	"促进巴彦淖尔市经济高质量发展政策研究工作专班"（党总支下设的9个党支部联合组建）
58	乌拉特海关党总支	"疫情防控党员突击队"（党总支下设的9个党支部联合组建）
59	鄂尔多斯海关办公室党支部、监管四科党支部	"乌兰牧骑+"宣传贯彻小分队（联合组建）
60	鄂尔多斯海关综合业务科党支部	"综合零距离"研究小组
61	鄂尔多斯海关监管一科党支部、监管二科党支部、监管三科党支部	国门安全攻坚突击专班（联合组建）
62	集宁海关党支部	党员创新专班
63	乌海海关党支部	乌海海关党员先锋突击队
64	阿拉善海关党支部	乌力吉口岸临开党员突击队
65	风险防控分局党支部	大数据模型应用攻关党员突击队
66	后勤管理中心党支部	"疫情防控+安全生产"党员突击队
67	技术中心党支部	检验检测技术攻关党员突击队
68	保健中心党支部	生物安全研究小组

【北疆模范机关创建】2021年，呼和浩特海关成立"创建北疆模范机关先进单位工作专班"，制订创建"让党中央放心、让人民群众满意的模范机关"实施方案，围绕指导思想、创建目标、创建要求、安排部署等15项具体任务，配套印发模范机关先进单位和标兵单位评选表彰办法、负面清单和评分细则等。6月23日，在自治区直属机关"创建北疆模范机关先进单位"评定工作现场述评会上，呼和浩特海关做《忠诚担当 争创北疆模范机关》现场述评，在自治区98个直属机关中得分第一。自治区党委组织部、自治区党委直属机关工委授予12个机关单位"创建北疆模范机关先进单位"称号，呼和浩特海关获评自治区首届"创建北疆模范机关先进单位"称号。

党风廉政建设

【"三重一大"事项决策制度修订】2021年9月27日，为进一步规范重大决策、重要干部任免、重大项目安排和大额度资金使用事项（简称"'三重一大'事项"）决策程序，呼和浩特海关党委对《呼和浩特海关贯彻落实"三重一大"决策制度实施办法》进行修订，主要调整决策事项范围，修订后决策事项范围、决策程序、决策执行和监督检查主要为：凡属"三重一大"事项，主办部门均应严格按照规定程序提请召开有关会议进行决策；提请会议审议"三重一大"事项，须经深入调查研究、分析论证；重要干部任免事项和大额度资金使用事项决策程序必须符合相关法律法规规定等。

【"一把手"和领导班子监督】2021年7月31日，为落实对"一把手"和领导班子监督工作，呼和浩特海关党委将《海关总署委员会关于加强对"一把手"和领导班子监督的实施意见》规定内容分解落实到各职能处室。8月27日，制定《加强对呼和浩特海关各级"一把手"和领导班子监督的若干措施》《加强对呼和浩特海关各级"一把手"监督的责任清单、负面清单和问责清单》。12月30日，呼和浩特海关党委召开2021年度基层党组织书记述责述廉述党建会议，组织13名党委（党支部）书记现场述责述廉述党建。

【警示教育活动】2021年6月11日，为推动全面从严治党向纵深推进、向基层延伸，进一步严明干部队伍纪律作风，呼和浩特海关决定从6—8月上旬开展"以案释法明纪 严明纪律作风"为主题的警示教育活动。活动期间，组织"以案释法明纪，严明纪律作风"全员研讨，呼和浩特海关关区94个党支部组织集体学习381次、研讨371次；针对酒驾醉驾开展"一对一"谈话755人次，以禁绝酒驾醉驾为主题，干部职工全员撰写心得体会；通过在线调查、问卷调查和谈心谈话等方式，筛查重点人员158名，并建立台账；结合"现场监管与外勤执法权力寻租"专项整治，分层级梳理完善《业务条线廉政风险清单》并制定防控措施707条；按照业务条线开展网络安全、消防安全、公务用车管理等领域大排查，制定整改措施135条。

【警示教育月活动】2021年8月5日，呼和浩特海关政治部提出全面自查评估、坚持统筹兼顾、推动成果转化等要求，对警示教育活动进行部署。活动期间，开展"法纪宣讲'面对面'"活动，机关党委、办公室、监察室等部门从落实中央八项规定及其实施细则精神、纪律规矩等进行宣讲，举办法纪宣讲55场，覆盖962人；结合党史学习教育，开展诵读"红色家书"、制作形式多样"清风常伴 廉洁齐家"寄语，传承红色家风等活动；围绕违规吃喝、违规收受礼品礼金、违规使用公车公房等突出问题，列出"不能做清单"，梳理9项监督检查重点，通过巡察监督、专项检查、节前检查等形式开展重点监督；以组织观看某领域违规违法专项整治警示录、召开警示教育典型案例通报会、传达总署通报案例等形式，集体学习109次、集中研讨84次；举办"责任讲堂"，以"基层书记组长谈责任"为主题，组织4名隶属海关党委书记、2名派驻纪检组组长分别录制访谈视频6期。

【治理违反中央八项规定精神突出问题】2021年7月31日，呼和浩特海关党委印发通知，强调各级党委履行本单位落实中央八项规定及其实施细则精神主体责任。呼和浩特海关直属机关党委采取查阅会议记录、智慧党建系统以及视频验证方式，对33个基层党组织全面从严治党等工作进行督查，认为：呼和浩特海关机关和关区业务窗口干部职工考勤、着装以及办公场所内务等总体良好，要求严格执行考勤制度和内务规范要求，加强对协勤人员管理，将好的工作状态和作风保持下去。此外，全年各部门单位按时间节点公示公务用车、公有住房、办公用房使用情况，开展领导干部公有住房、办公用房使用情况监督检查，未发现存在"四风"问题。

【为基层减负】2021年，呼和浩特海关党委将落实中央八项规定及其实施细则精神，力戒形式主义、官僚主义作为重要内容，加强改进述学、评学、考学，及时发现并纠正理论学习中形式主义问题；对要求报送的海关业务类数据、表格、材料进行精简合并；优化督办检查调研方式等。6月，对需要基层报送业务材料进行大幅精简合并，按照数据类、文件类两种类型进行核减、压缩，同时优化报送周

▲8月"警示教育月"期间，呼和浩特海关党委组织开展隶属海关党委书记与纪检组组长"责任讲堂"活动

期、精确报送范围，形成需基层报送常规性业务材料正面清单，各相关部门按照清单事项要求基层报送材料，并实施动态调整。

群团组织

【群团组织建设】2021年，呼和浩特海关团委以打造"学习型"团组织为目标，以"青年大学习""青年理论学习小组""青年论坛"为依托，建立学习研讨制度。4月12日，开展"青年理论学习小组"学习会，邀请"边关银发宣讲团"退休干部崔志坚与青年代表分享入党初心故事，交流党史学习心得感悟，青年团员代表诵读革命前辈"红色家书"，共同学习感悟老一辈无产阶级革命家的高尚情操和使命担当，内蒙古电视台和"金钥匙杂志"微信公众号刊发活动开展情况。5月18日，呼和浩特海关直属机关党委印发《2021年基层党建和群团组织工作要点及量化分解表》。呼和浩特海关团委把"青年理论学习小组"作为落实习近平总书记关于青年工作重要思想载体，推进党史学习教育，开展"百名青年读党史"系列活动，组织100名青年干部朗读《中国共产党简史》章节并录制有声读物在"呼声关语"微信公众号刊发，人民日报客户端和《内蒙古日报》先后报道该活动情况。

【工会陪你E起就地过年】2021年，呼和浩特海关政治部发挥群团组织功能，广泛开展群众性文体活动，用心用情做好关爱干部职工就地过年工作。工会、团委、妇委会发挥各自职能优势，决定在关区范围内开展"三书三赛"活动，即"荐好书""读好书""修家书"和"诗词对联创作比赛""线上K歌比赛""灯谜竞猜比赛"。关区940名干部职工参加活动，共同推荐《习近平谈治国理政》第一卷、第二卷、第三卷等10本好书，199名干部职工在比赛中获奖；与此同时，呼和浩特海关各级工会按照呼和浩特海关党委关于干部职工就地过年安排部署，向就地过年职工发送慰问信，并发放若干春节慰问品。

【参加"永远跟党走"合唱比赛】2021年，为庆祝中国共产党成立100周年，自治区党委宣传部和党委直属机关工委决定在4—6月联合举办"永远跟党走"群众性大合唱和职工大合唱活动。呼和浩特海关从机关抽调83名关员组成合唱队，选定《前进吧，中国共产党》作为参赛曲目。6月24日合唱队在78支参赛队中晋级16

▲6月24日，呼和浩特海关合唱队参加自治区直属机关"永远跟党走"职工大合唱比赛

强；6月26日在内蒙古自治区人民会堂参加比赛暨精品节目会演，在100支参赛队中晋级5强；6月30日受邀在自治区党委举办集中展演中压轴表演；7月16日作为呼和浩特市唯一一支群众性合唱队代表，受邀参加自治区专业合唱、集中合唱展演。10月18日，呼和浩特海关党委签署命令，分别给予"永远跟党走"合唱队和全体合唱队员集体嘉奖奖励。

（撰稿人：庄旭策　郝雅丽　韩康杰
　　　　　袁　欣　石　鑫　纪　斌）

巡视巡察

【概况】 2021年，呼和浩特海关党委坚持巡察政治属性，深化政治监督，全年对28个部门单位开展常规巡察，实现5年全覆盖率82.35%，其中内设部门15个、隶属海关10个、直属事业单位3个；对14个部门、单位开展"危化品进出口监管工作""贯彻落实'稳增长、促外贸'"等专项巡察，坚持问题导向和结果运用，对34个部门、单位进行巡视巡察整改落实情况监督检查和"回头看"工作。

巡视整改

【巡视长期整改】 2021年，为贯彻落实党中央关于巡视整改"四个融入"（融入日常工作、融入深化改革、融入全面从严治党、融入班子队伍建设）新要求，压实巡视整改主体责任，呼和浩特海关党委对2019年以来巡视巡察反馈问题整改落实情况进行全面自查。3月15日，呼和浩特海关党委巡察工作领导小组组建7个督查组，通过实地检查、审阅材料、视频连线和随机抽查等方式，对各部门单位整改落实情况进行为期1个月验证式检查，对34个部门单位整改情况进行评估定级。

【巡视监督重点自查梳理和整改】 2021年8月11日，呼和浩特海关党委以总署党委巡视直属海关党委"四个落实"（落实党的路线方针政策和中央重大决策部署以及总署党委工作要求情况、落实全面从严治党战略部署情况、落实新时代党的组织路线情况、落实巡视和主题教育整改情况）监督要点为基础，将17个方面监督重点细化成303条以"是否"开头具体业务工作检视要点，开展为期4个月自查梳理及整改工作，并适时对整改完成情况开展抽查，或结合其他专项工作同步检查，确保巡视反馈问题"清仓见底"，让"再监督"成为常态。呼和浩特海关党委紧盯巡视整改长期整改项目，销号一项、报送一项。

巡察

【巡察组织建设】 2021年5月31日，按照总署党委"配齐配强巡察专职干部，具备条件的巡察办要成立党的基层组织"要求，呼和浩特海关党委决定从基层选派

2名干部到巡察办工作，至此巡察办有4名正式党员。11月29日，根据《中国共产党章程》中"凡是有正式党员三人以上的，都应当成立党的基层组织"之规定，巡察办向呼和浩特海关直属机关党委申请设立党支部，经11月30日直属机关党委会研究，批复同意其设立党支部。

【常规巡察】2021年，呼和浩特海关党委按照《巡察工作规划》，推进巡察5年全覆盖工作，即2018—2022年实现对所属18个内设机构、12个隶属海关单位和4个直属事业单位巡察全覆盖。

▲6月3日，呼和浩特海关党委巡察工作领导小组召开2021年第一轮常规巡察动员部署会

全年呼和浩特海关党委通过2个轮次，组建6个巡察组分别对办公室、法规处等13个部门单位开展常规巡察，第1轮巡察组于6月7日进驻，实地巡察25天；第2轮于8月30日进驻，实地巡察46天。2轮常规巡察均把"三个聚焦"（聚焦党中央重大决策部署、海关总署和呼和浩特海关两级党委工作要求在基层贯彻落实情况，聚焦群众身边腐败问题和不正之风以及群众反映强烈问题，聚焦海关基层党组织领导班子和队伍建设情况）作为重点。巡察结束后，呼和浩特海关巡察5年全覆盖率达到82.35%。

【巡审联动】2021年，呼和浩特海关党委在研究制订年度巡察和审计工作计划时，提出"巡审联动"模式，即巡察办和督察内审处提前对巡察和审计任务对象、进驻时间进行整体谋划，对年度既要接受巡察又要接受审计单位实行巡察组和审计组同步进驻，优化巡察组和审计组人员专业结构，整合资源，形成专业领域互补，避免人力资源重复，为基层减轻负担。11月，呼和浩特海关党委一体推进巡察、审计和选人用人专项检查同步进驻、同时开展，形成信息共用、成果共享工作模式。全年，呼和浩特海关对隶属赛罕海关、集宁海关常规巡察中均采用巡察组和审计组同步进驻"巡审联动"模式，进驻前根据各自工作重点、职能优势和专业特长，研究制订联动工作方案、明确任务分工；进驻后建立巡审联席会议制度，定期对各自发现突出问题及苗头性、倾向性问题相互通报并分析研判，实现人员共用、信息共商、成果共享。

【巡察干部管理】2021年11月30日，呼和浩特海关党委决定建立呼和浩特海关巡察干部库，下设巡察组组长库和干部队伍库，明确入库资格，择优选拔政治坚定、坚持原则、敢于担当、公道正派、表现优秀且具有较强业务能力干部入库；规范巡察组组建程序和选派流程，由巡察办根据巡察任务研究巡察组组建计划，按照人员数量、岗位、专业等要求，从组长库、干部队伍库中选取符合条件干部；对巡察干部库实行"准入准出、选优配强"动态管理。12月中旬，第一批入库人员到位。

【巡察整改监督】2021年，呼和浩特海关成立7个督查组，在3月15日至4月9日期间，进驻隶属额济纳海关等部门单位对巡视巡察整改落实情况进行监督检查。11月30日，为进一步强化巡察整改监督和成果转化运用，呼和浩特海关党委完善巡察整改挂账销号机制，通过《巡察整改重点任务分工及统筹月调度表》《巡察反馈问题整改办结认定书》等掌握整改推进情况，办结一项销号一项，保证巡察整改全流程监督，建立整改效果量化评估机制。

【巡察学习与研究】2021年3月5日，为全面提升巡视巡察干部政治理论水平和业务工作能力，呼和浩特海关党委决定在巡视巡察干部范围内组织开展专题学习，参加人员范围为党委巡察工作领导小组成员、党委巡察办全体人员及纳入总署巡视干部队伍库和呼和浩特海关巡察干部队伍库全体人员；至4月30日先后组织2次专题学习研讨；党委巡察办牵头组建课题组，以"如何提高巡察发现问题能力"为研究方向，开展课题研究。6月28日，所报《提高巡察发现问题能力的研究报告》获评总署巡视办"提高巡察发现问题能力"课题研究报告优秀奖。

（撰稿人：杨　洋）

纪检监察

【概况】2021年，呼和浩特海关党委牢牢把握"国之大者"，推动建立传达学习和研究贯彻习近平总书记对海关工作重要指示批示精神"第一议题"制度并跟踪问效。坚持统一思想，提高认识，将纪检工作置于呼和浩特海关统筹"两个大局"、统筹疫情防控和促进外贸稳增长、促进国内国际双循环、筑牢国门安全屏障等全局工作中谋划部署。

监督检查

【"四风"监督】2021年初、4月30日、9月17日，呼和浩特海关党委纪检组分别向派驻纪检组制发工作交办单，布置各派驻纪检组对驻在单位2021年元旦和春节期间、"五一"和端午期间、中秋和国庆期间落实中央八项规定精神、紧盯"四风"问题开展专项监督。各派驻纪检组采取"四不两直"形式，紧盯酒店饭店会所、内部接待场所、旅游景点、窗口单位4类重点场所，通过明察暗访、实地检查等多种方式，围绕通过物流快递等方式违规收送礼品、违规收送电子红包等方面开展监督，未发现违反中央八项规定精神、违反"四风"问题。

【新冠肺炎疫情防控监督】2021年9月7日，按照全国海关纪检机构毫不松懈抓好新冠肺炎疫情防控监督工作视频会议精神，呼和浩特海关党委纪检组制订防控监督工作方案，聚焦新冠肺炎疫情防控工作，从海关纪检监察职能入手，通过精准监督执纪，查找疫情防控制度风险和管理漏洞。呼和浩特海关监察室及各派驻纪检组，主动走访业务一线部门，了解、学习最新业务规范；实行疫情防控监督工作周报制度，发挥派驻优势和"探头"作用，常态化摸排问题风险；定期组织开展"再梳理、再整改"，区别立行立改和长期整改问题并采取不同方式开展监督。

【派驻监督】2021年，呼和浩特海关党委派驻纪检组按照中共呼和浩特海关委员会《党委派驻纪检组管理办法》规定开展监督工作，监督内容包括：驻在单位党委班子及成员遵守党章党规党纪和宪法法律法规，坚定理想信念，增强"四个意识"、坚定"四个自信"、做到"两个维

第三篇 党的建设

▲9月24日，呼和浩特海关第六派驻纪检组在乌拉特海关辖区农产品出口企业调研

护"，贯彻执行党和国家路线方针政策以及重大决策部署等情况。全年，呼和浩特海关各派驻纪检组分别向隶属白塔机场海关、赛罕海关、二连海关等15个隶属海关、单位制发了监督建议书。

【"一把手"和领导班子纪检监督】2021年10月29日，为切实发挥纪检专责监督职能，呼和浩特海关党委纪检组制订监督工作方案，全面检视存在问题和弱项，有针对性地补短板、强推进、促落实，真正把加强对"一把手"和领导班子监督各项要求融入日常、抓在经常，构建"两个责任"同向发力，协同管住管好"关键少数"工作格局。全年，呼和浩特海关党委纪检组组长围绕疫情防控工作中存在问题，对2个隶属海关单位党委书记进行约谈。

【酒驾醉驾治理监督】2021年初，呼和浩特海关在对"常态化开展严禁酒驾醉驾学习教育"安排布置的同时，多手段开展酒驾醉驾监督检查。4月14日，呼和浩特海关政治部、党委纪检组负责同志听取各职能部门、各直属事业单位、各隶属海关主要负责人酒驾醉驾治理工作开展情况汇报，重点听取2019年《呼和浩特海关党组关于深入开展酒驾醉驾专项治理工作的通知》印发以来，各部门单位在酒驾醉驾治理方面开展的主要工作、存在的问题及下一步治理思路和具体举措。呼和浩特海关所属办公室等18个职能部门、技术中心等4个直属事业单位、二连海关等10个隶属海关依次进行汇报。

【廉政意见回复】2021年，呼和浩特海关党委纪检组按照《呼和浩特海关党风廉政意见回复工作实施细则（试行）》，开展廉政意见回复工作。全年回复党风廉政意见57批次。

执纪问责

【纪律审查】2021年，呼和浩特海关党委纪检组按照《呼和浩特海关纪律处分执行监督协作配合办法》开展纪律审查工作，纪律处分决定执行工作在呼和浩特海关党委统一领导下开展。全年查办违纪案件后，根据干部管理权限向干部所在党委提出党纪政务处分建议及诫勉谈话、提醒谈话建议。

【打私反腐"一案双查"】2021年4月2日，呼和浩特海关成立打私反腐"一案双查"工作领导小组，党委书记、关长任组长，履行第一责任人职责，党委纪检组组长、缉私局局长任副组长。

▲6月25日，呼和浩特海关党委纪检组与缉私局召开"一案双查"联席会

呼和浩特海关缉私局在查办走私案件，呼和浩特海关职能部门、隶属海关在办理"两简"案件、"涉检案件"过程中，涉及行业性走私等重大刑事、行政案件时，开展打私反腐"一案双查"工作。全年打私反腐"一案双查"取得突破。

【执纪审查协作办案】2021年，呼和浩特海关党委纪检组按照《呼和浩特海关执纪审查协作办案管理办法》开展执纪审查协作办案，统筹使用呼和浩特海关各派驻监督力量，提高执纪审查工作质量和效率。设立2个执纪审查协作办案区域，每个协作区域设立1个协作办案单位牵头，牵头单位根据党委纪检组要求，负责组织、协调、推进协作办案相关工作，向呼和浩特海关党委纪检组负责并请示报告工作。全年两个协作区30余人次参与呼和浩特海关执纪办案工作。

【问责】2021年，呼和浩特海关党委纪检组按照《呼和浩特海关党委贯彻执行〈中国共产党问责条例〉实施办法》开展问责工作。全年，开展2次问责工作。

【"现场监管与外勤执法权力寻租"专项整治】2021年3月10日，根据中央纪委国家监委驻海关总署纪检监察组工作要求，中共呼和浩特海关委员会印发专项整治工作实施方案，成立专项整治工作领导小组，围绕组织部署、全面自查、评估检查3个阶段开展专项整治工作。通过开展"现场监管与外勤执法权力寻租"专项整治工作，对问题线索"大起底"，依规依纪处置外勤执法、现场监管等领域新问题线索。

▲10月13日，呼和浩特海关"现场监管与外勤执法权力寻租"专项整治工作领导小组办公室工作人员整理档案

示警促改

【以案示警】2021年4月30日，为推动全面从严治党向纵深发展，呼和浩特海关通报2012年以来现场监管与外勤执法领域等典型违纪违法案例，要求所属各职能处室、隶属海关及事业单位组织本部门（单位）人员开展案例学习，督促认真汲取

违纪违法案件深刻教训，用身边人身边事教育广大关员，以案为鉴、以案为戒，切实担负起全面从严治党主体责任。6月11日，制订活动方案，坚持以案释纪和以案促改相互贯通，进一步查找制度机制漏洞和风险隐患。8月18日，组织所属各单位部门再次学习研讨典型案例通报，教育党员干部认清违纪违法危害，树牢风险意识和底线思维。

【以案促改】2021年下半年，呼和浩特海关党委纪检组对出口危险化学品及其包装检验监管等相关问题开展核查，发现职能部门工作力度与业务要求存在差距、有关隶属海关制度建设尚不平衡等问题。12月20日，呼和浩特海关党委纪检组向某职能部门提出"提高认识，改进作风""统筹制度建设，统一工作做法""密切关企亲、清关系，加强信息沟通交流"等建议，监督该职能部门指导完善本业务条线制度建设。

（撰稿人：郭宇坤）

队伍管理

【概况】 2021年，呼和浩特海关党委坚持以习近平新时代中国特色社会主义思想为指导，深入学习贯彻党的十九大和十九届历次全会精神，全面贯彻新时代党的建设总要求和新时代党的组织路线，服务大局，突出重点，统筹推进疫情防控人力资源保障和日常工作扎实开展，晋升职级67人；授予个人奖励372人次，其中三等功33人次、嘉奖339人次，为26个集体授予奖励；2.44万人次参加各类培训，学时学分达标率100%。围绕新冠肺炎疫情防控常态化情况下人力资源保障要求，统筹调配人员保障重点口岸，将614人纳入一线、预备、应急三级梯队管理；为疫情防控工作实绩突出的36名干部晋升职务职级，4名个人、1个集体受到内蒙古自治区人民政府表彰。

机构编制管理

【编制核查】 2021年9月30日，呼和浩特海关制订机构编制核查方案，核实机构编制基础数据真实性、准确性、完整性、规范性，按照单位自查、群众监督、数据比对、实地核实、数据更新5个环节推进。11月15日，制定《〈中国共产党机构编制工作条例〉及配套法规制度落实情况专项督查表》。9—12月，呼和浩特海关把《中国共产党机构编制工作条例》及配套法规制度纳入党委理论学习中心组、干部教育培训、党总支和党支部日常学习计划；自查机构编制相关事项党委会议记录、机构编制审批文件、干部人事档案和工资发放人员名册等资料，形成13篇自查报告。

【内设机构调整】 2021年，呼和浩特海关整合机构编制资源，调整办公室、综合业务处、卫生检疫处、离退休干部办公室4个职能处室及隶属赛罕海关、鄂尔多斯海关、集宁海关3个隶属海关、呼和浩特国际旅行卫生保健中心（呼和浩特海关口岸门诊部）1个直属事业单位内设机构。

干部人事管理

【干部选拔任用】 2021年，呼和浩特海关党委提出"信心培树争先、思想解放争先、能力提升争先"队伍建设理念，按照《党政领导干部选拔任用工作条例》等有关规定，综合分析所属各部门单位处、科级领导班子及干部队伍情况，突出重实干重实绩导向，根据干部管理权限，经呼和浩特海关及隶属海关党委研究，开展领导干部选拔任用工作。全年晋升职级67人，25名45岁以下优秀年轻干部在关区处级机构间交流任职。

【新冠肺炎疫情防控人力保障】2021年初，呼和浩特海关根据关员学历背景及工作经历，确定新冠肺炎疫情应急防控专业队伍人员名单，建立疫情防控应急预备队工作机制，随时支援一线工作。1月5日，为支援赴蒙复工复产人员经"绿色通道"回国疫情防控专项工作，决定抽调包头海关等6个隶属海关或部门9人支援二连海关工作；29日，根据口岸疫情防控常态化工作要求，决定抽调赛罕海关、二连海关等6个隶属海关或部门9人支援白塔机场海关工作。之后，抽调人员支援白塔机场海关保障分流国际航班监管工作成为常态。8月，呼和浩特海关重新修订一线业务临时交接工作方案，明确方案启动、终止条件，以及交接工作原则、对口交接单位和交接流程等。全年，呼和浩特海关实时更新一线、预备、应急三级梯队人员名单并将关区范围内614人纳入三级梯队管理；抽调5批、23人次支援呼和浩特白塔机场、二连等隶属海关一线，保障重点口岸人员调配；提升医学背景专业公务员招录比例，2021年新招录公务员中医学背景专业人员12名，占比50%，2022年计划招录公务员中医学背景专业人员7名，占比30%；开展疫情防控人员应急演练57次，829人次参加，举办培训197次，6,067人次参加。

【执法一线科长队伍建设】2021年，呼和浩特海关党委从年龄梯次和知识结构方面优化领导干部队伍，调整执法一线科长队伍结构，全年选任30岁以下执法一线科长2名，优秀执法一线科长担任隶属海关党委委员5名。6月，选派4名执法一线科长赴深圳海关交流锻炼6个月。12月，呼和浩特白塔机场海关陶增波、二连

▲5月8日，呼和浩特海关组织队列训练

▲6月1日，呼和浩特海关召开执法一线科长互派锻炼行前动员会

海关邱云生、额济纳海关仲崇恩3人获评总署百名优秀执法一线科长。

【选人用人检查自查】2021年9—10月，呼和浩特海关党委派出专项检查小组赴呼和浩特白塔机场海关、集宁海关开展常规巡察选人用人专项检查。通过听取工作汇报、开展个别谈话、民主评议、查阅资料等方式，从干部选拔任用纪实材料、日常管理等方面，对选人用人、干部管理工作开展检查。根据检查结果，建立"全面检查+问题整改+总结提升"系统化自查工作机制，细化4个方面重点任务，建立25项任务清单。

【竞争性选调】2021年6月9日，为进一步优化整合人力资源，呼和浩特海关制订选调工作方案。选调岗位包括8个职能部门14个岗位，均为一级主任科员（一级主办、一级主管）及以下职级岗位。82名干部参加笔试。7月，面试通过"分散考场、视频面试"形式开展，39名干部参加。经过单位量化评分、基础能力评价、笔试、面试各环节得分汇总，确定13人为选调试用人员，试用考察期限6个月。

【专业技术类公务员分类管理】2021年初，呼和浩特海关成立专业技术类公务员分类管理和职务与职级并行制度实施工作领导小组，开展公务员分类管理工作。纳入专业技术类职位实施范围包括海关关税技术系列（4个专业方向）、海关监管技术系列（3个专业方向）、海关科技系列（2个专业方向）。2月23日，根据任职资格评定情况，对纳入专业技术类公务员分类管理实施范围65人完成职级套转。全年，呼和浩特海关完成79人次专业技术类公务员专业技术资格评定工作，其中采取分级管理模式评定中级任职资格9人次、初级任职资格7人次；上报总署评定正高级任职资格10人次、副高级任职资格53人次；根据工作需要开展职级晋升工作，对符合条件14名专业技术类公务员晋升职级。

【事业单位岗位设置管理】2021年，呼和浩特海关推动各事业单位人事管理科学化、规范化、制度化。呼和浩特海关负责各事业单位岗位设置工作指导、组织实施和监督管理；各事业单位是岗位设置实施主体，根据岗位设置政策规定，按照核准岗位总量、结构比例和最高等级，制订本单位岗位实施方案，自主设置本单位的具体工作岗位并开展人员聘用工作；岗位类别分为管理岗位、专业技术岗位、工勤技能岗位。全年，通过制订实施方案、编

▲7月7—9日，呼和浩特海关开展竞争性选调面试

写岗位说明、实施岗位聘用等程序，涉及8个事业单位完成人员聘用工作。

【干部人事档案专项审核】 2021年5月28日，为进一步巩固扩展档案专项审核工作成果，呼和浩特海关制订审核工作方案，成立呼和浩特海关干部人事档案专项审核工作专班。6—12月，呼和浩特海关抽调二连海关等10个隶属海关、3个直属事业单位人员跟班作业。全年完成事业单位及2016年后新入关人员"三龄两历一身份"认定工作，及已认定人员档案审核排查和整理工作；对涉及学历学位、工作经历、奖惩等材料不齐全，材料盖章、签字等制作不规范等情况，通过补填材料、复制原件、本人提供材料、出具备考说明等方式补充和规范，归档干部任免审批表、年度考核登记表、奖励审批表等各类材料4,500余份；按照档案整理相关规定，对档案材料分类、排序、页角码编制、目录逐卷核查，更新或重新制作档案目录805份。

【个人有关事项报告查核处理】 2021年，为贯彻落实《领导干部报告个人有关事项规定》《领导干部个人有关事项报告查核结果处理办法》，呼和浩特海关召开2021年领导干部报告个人有关事项工作部署会，结合近年来领导干部个人有关事项查核发现问题及典型案例，开展政策集中宣讲和一对一辅导。全年随机抽查、重点查核14批次、64名领导干部。

人才队伍建设

【公务员招录】 2021年2月，呼和浩特海关制订面试、体检及考察工作方案和应急工作预案，按照新冠肺炎疫情防控要求，开展摸底调研及疫情风险评估。3月20—21日，呼和浩特海关组织开展2021年度考试录用公务员面试工作，69名考生参加；面试中首次采用结构化小组面试形式，首次使用中央机关及其直属机构考试录用公务员结构化小组面试管理信息系统。经过笔试、面试、体检、考察等环节，最终招录公务员29人。

【职称评审】 2021年3月11日，呼和浩特海关组织开展2020年度副高级职称评审推荐和中级职称评审工作，明确：申报评审的资格条件和业绩成果截至2020年12月31日；报送材料为：单位推荐函、个人业务工作总结、单位推荐报告等。经评审，副高级职称，呼和浩特海关职称评审委员会审议并推荐7人参评，总署高级职称评审委员会评审通过4人；中级职称，呼和浩特海关职称评审委员会考核认定2人。

【人才培养建设】 2021年12月下旬，为高质量推进人才队伍建设，发挥人才引领支撑作用和智力支持，呼和浩特海关草拟《呼和浩特海关贯彻〈"十四五"海关人才发展规划〉实施意见》，提出培养造就高层次专业人才、大力开发急需紧缺人才、统筹培养重点领域人才主要任务，实施党政领导人才培养工程、海关专家人才培养工程、科技领军人才提升工程等重点工程，创新工作机制，加强工作保障。全年，呼和浩特海关在人才引进方面，29名新录用公务员中卫生检疫、动植物检疫、食品安全等专业背景人才79.30%；在人才库建设方面，人才推荐分类入库，自建人才库8个，入库人才512人；在岗位资质人才培养方面，围绕"卫植动食商"等条线一线岗位资质人才培养需求，构建人教部门和业务处室专业人才培养协同机制，111人获检验检疫专业能力岗位资质，1人进入商检领域"万人争先"线上练兵百强。

【队伍建设平台推广应用】2021年4月16日，呼和浩特海关布置各部门单位队伍建设综合平台管理员做好日常维护工作。11月26日，呼和浩特海关举办队伍建设综合管理平台推广应用视频培训，明确岗位权责，各职能部门、隶属各单位系统管理员30多人参加。全年，呼和浩特海关修订110条、新增64条二级岗位数据，更新完成930余人次岗位定制和权重设置，新增、修订行为规范88条，在平台应用中实现考勤打卡、任务单评价等功能日常管理。

【边关工作荣誉表彰】2021年11月5日，呼和浩特海关组织开展边关关警员荣誉激励工作，经过部门单位推荐、初审、研究，10名扎根艰苦地区边关工作累计时间满30年同志获海关扎根艰苦地区边关工作金质荣誉章，7名扎根艰苦地区边关工作累计时间满20年同志获海关扎根艰苦地区边关工作银质荣誉章，16名扎根艰苦地区边关工作累计时间满10年同志获海关扎根艰苦地区边关工作铜质荣誉章。

【扶贫驻村干部选派】2021年9月8日，根据内蒙古自治区党委组织部等部门单位《关于在乡村振兴中向重点乡村持续选派驻嘎查村第一书记和工作队的通知》要求，呼和浩特海关党委选派东乌海关关员阿古都木赴呼和浩特海关结对包联锡林郭勒盟正镶白旗乌兰察布苏木敖伦淖嘎查，担任驻嘎查第一书记和工作队队长。

教育培训

【习近平新时代中国特色社会主义思想教育培训】2021年，呼和浩特海关政治部把学习贯彻习近平新时代中国特色社会主义思想作为干部培训首要任务，系统深入开展党的十九届五中全会精神学习培训。4月6—19日，根据呼和浩特海关培

▲4月21日，呼和浩特海关党委理论学习中心组开展"铸牢中华民族共同体意识 保持模范自治区崇高荣誉"专题学习

训计划，组织183名处级干部参加学习贯彻党的十九届五中全会精神暨党史学习教育专题培训班。全年组织全员参加学习贯彻党的十九届五中全会精神、党史学习教育、习近平法治思想网上专题班，3,166人次完成课程及考试，开展习近平新时代中国特色社会主义思想相关培训135次，参与4,829人次。

【公务员初任培训】2021年7—9月，呼和浩特海关采用集中调训与线上培训相结合方式，组织2021年新录用公务员开展初任培训。向总署推荐初任培训课程，组织隶属呼和浩特白塔机场海关、二连海关、额济纳海关为全国海关近1,500名初任培训学员讲述机场海关凝心聚力抗击疫情、二连海关第一代关员孙世谦及额济纳海关荣获全国先进基层党组织等光辉事迹。

【培训对象分级分类】2021年，针对领导班子成员和领导干部、公务员、事业单位工作人员、专业技术人才、中青年干部、艰苦边关和基层干部6类培训对象，呼和浩特海关对领导班子和领导干部，先后组织110人参加正处级领导干部培训暨处级领导干部能力提升班，25人参加新任科级领导干部培训班；对公务员，组织48人参加新录用公务员初任培训、拟晋升关务督办和关务督察衔级人员培训。全年分类开展综合管理类、专业技术类、行政执法类公务员及事业单位管理人员、专业技术人员、工勤技能人员业务培训1,698次，参训24,051人次。

【培训方式形式多样化】2021年，呼和浩特海关制定《〈"十四五"海关干部教育培训规划〉落实措施》，对实施集中调训、发展网络培训、开展岗位实训、拓展其他培训等进行安排。全年，呼和浩特海关利用直播平台、腾讯会议、钉钉线上课、网上专题班等形式开展直播、录播课程学习；自主制作课程开展网上培训班3期、上线课程4门；通过现场演练、场景考核、VR数字化虚拟实训等形式开展各类疫情防控实操演练64次、916人次，开展培训197次、6,067人次。隶属额济纳海关创新党建教育培训方式，建设完成"大漠雄关"党建实训点。

【师资建设】2021年11月17—18日，为提高兼职教师教学质量，呼和浩特海关举办兼职教师能力提升班，培训对象为2021年新聘任兼职教师，培训采用视频直播、课前自学、课后测试等方式。全年6名党委委员开展"领导干部上讲台"工作，为培训计划内班次授课12次；将政治素质过硬、实践经验丰富、理论水平较高的专家人才充实到兼职教师队伍，更新兼职教师库24人；开展兼职教师能力提升班邀请专业讲师授课，1人获2021年海关初任培训A班优秀教师。

【培训机制建设】2021年5月31日，呼和浩特海关制订干部培训工作方案及培训计划，方案主要规定：突出政治素质提升，深入开展党史学习教育，持续加强党的理论和路线方针政策、党中央重大决策部署和理想信念教育；突出专业能力和专业精神培养，围绕统筹推进新冠肺炎疫情防控和促进外贸稳增长等中心工作加强形势任务教育，开展知识体系培训、廉政警示教育和海关准军事化纪律部队作风教育；突出执法能力培训，根据岗位职责和工作要求有针对性开展法律法规知识培训和执法技能实训（具体培训计划见表3-2）。呼和浩特海关定期通报学时学分和网上专题班完成情况。全年981人参加学时学分考核并全部达标。

表3-2 呼和浩特海关2021年自办培训计划一览表

序号	培训名称	培训对象	培训内容	培训天数
1	信息培训班	各部门单位信息员	信息写作	3天
2	政务公开业务	政务公开管理员	政务公开、网站管理	1天
3	值班应急工作/督查基础知识	综合人员及隶属海关办公室工作人员	值班应急管理系统应用	1天
4	蒙语翻译	蒙语翻译人员	1.文字翻译；2.语言翻译。	1天
5	法治业务	法治联络员、法治岗位人员、公职律师	法治业务	1天
6	税收征管业务能力提高班	隶属海关综合业务科科长及业务骨干	1.日常性税收征管工作（验估、审价、规范申报）；2.业务指标监控。	3天
7	原产地业务培训班	各单位原产地业务办理人员	RCEP原产地规则、关税减让政策，RCEP原产地管理信息化应用操作等。	2天
8	口岸检疫查验	一线关员	检疫查验业务	3天
9	卫生监督员	一线关员	卫生监督业务	3天
10	重大动植物疫情防控及岗位资质培训班	动植检业务有工作需要分管关领导、从事动植物检疫人员、拟获得动植物检疫查验岗位资质人员	1.国门生物安全监测方案；2.检疫处理；3.木材粮食检疫监管；4.进境活动物检疫隔离建设、验收标准；5.查验岗位资质；6.动物防疫法、生物安全法、野生动物保护法。	5天
11	进出口食品安全监管能力提升	分管领导和业务骨干、一线监管人员	进出口食品安全监管相关内容	3天
12	进出口危险化学品及其包装检验培训	从事危险化学品及包装检验监管人员	进出口危险化学品及其包装检验	2天
13	口岸监管现场危急事件和重大敏感情事"第一时间"报告制度培训班	各隶属海关现场人员	《口岸监管现场危急事件和重大敏感情事"第一时间"报告制度实施细则》解读	1天
14	统计业务视频培训	各部门单位专兼职政策研究及统计工作人员	1.数据审核核查；2.业务统计数据审核报送；3.大数据模型；4.数据分析；5.统计调查。	1天
15	企管业务培训班	关区从事企管业务人员	稽核查、企业管理、加贸保税业务	3天
16	艰苦地区边关生活保障设施专项及三年支出规划编制专题培训	各隶属关、直属事业单位分管财务副关长（副主任）、财务部门负责人、相关岗位财务人员	1.艰苦地区边关生活保障设施专项编制 2.2022—2024年项目支出规划编制	1天
17	节能减排、基建管理绩效评价和政府采购	各部门、各单位分管领导和相关岗位工作人员	1.节能减排与基建管理；2.政府采购流程介绍及审计发现问题剖析	1天

表 3-2 续

序号	培训名称	培训对象	培训内容	培训天数
18	预算管理专题培训	各部门、各单位分管领导和相关岗位工作人员	1. 支付动态监控注意事项和典型案例;2. 解读《国务院关于进一步深化预算管理制度改革的意见》文件精神	1 天
19	实验室资质认定与认可工作培训	各单位实验室管理人员	1. 检验检测机构监督管理办法、检验检测机构资质认定管理办法;2. CNAS CL01 检测和校准实验室能力认可准则;3. RB/T 214 检验检测机构通用要求;4. RB/T215 检验检测机构资质认定能力评价、食品检验机构要求等。	2 天
20	信息技术培训班	各隶属单位专兼职科技人员	科技综合管理、信息化设备管理、网络与安全知识、系统与应用方法教学	2 天
21	呼和浩特海关新海廉平台与内控管理系统应用培训班	隶属海关分管关领导、各科室科长、内控岗位人员	绩效考核指标解读,新海廉平台应用技能、风险分析方法、内控节点应用和发现问题录入、内控信息报送要点等	1 天
22	呼和浩特海关内控系统技能提升培训班	各部门内控管理人员	绩效考核指标解读,内控前置审核管理、应用内控节点发现问题方法和录入系统注意事项、内控信息报送要点等	0.5 天
23	处级干部学习贯彻党的十九届五中全会精神暨党史学习教育培训班	处级干部	党的十九届五中全会精神解读、党史学习教育、民族团结共同体意识学习教育	6 天
24	正处级领导干部培训班	正处级领导干部	党的基本理论和党性教育、领导能力、业务能力	5 天
25	人事教育业务培训班	各部门单位人事教育业务骨干	干部人事、干部奖惩、干部监督工资津补贴政策解读,海关教育培训管理、队伍建设综合管理平台、干部人事信息系统功能介绍与操作方法	2 天
26	拟晋升关务督察衔级人员培训班	符合晋升关务督察条件的关员	理想信念与职业道德、海关工作形势与任务、内务规范与准军事化建设	9 天
27	拟晋升关务督办衔级人员培训班	符合晋升关务督办条件的关员	理想信念与职业道德、海关工作形势与任务、内务规范与准军事化建设	5 天
28	支部书记、委员党建实务培训班	新任党支部书记及支部委员	党务工作规范	3 天
29	监督执纪工作实务	党委纪检组	1. 如何精准开展监督;2. 执纪审查工作技巧。	1 天
30	离退休干部落实两项待遇政策培训班	离退休管理岗位人员	落实两项待遇(政治待遇、生活待遇)相关政策	2 天
31	风险防控业务培训	各单位相关人员	风险信息收集与应用,贸易和非贸渠道风险分析等	1 天

(撰稿人:李晓璐 艾文举 朱 卉)

第四篇

业务建设

口岸开放与运行管理

【概况】2021年,呼和浩特海关按照党中央、国务院决策部署,全面落实总署工作部署,认真落实自治区党委、自治区人民政府工作要求,严格依法把关,统筹监管与服务,优化监管通关链条,精准释放政策红利,服务自治区开放型经济高质量发展。二连浩特赛乌素航空口岸获批常年开放,乌力吉口岸获准临时开放,隶属阿拉善海关正式开办业务。全年,确定帮扶重点企业1,114家,为企业推送政策539次,配备服务外贸企业联络员287名,解答各类咨询760个,解决具体问题378个,挖掘典型案例50个,为企业缓解资金约4亿元。进出口整体通关时间较2017年分别压缩88.82%、95.17%。国际贸易"单一窗口"主要业务应用率继续保持100%。

口岸开放与发展

【口岸开放】2021年,呼和浩特海关助力乌力吉口岸获准临时开放。中蒙乌力吉—查干德勒乌拉口岸自2021年年初至10月31日临时开放,每月两次:1—5日、20—25日(遇有节假日顺延),每日工作时间为:9—12时和15—18时,允许援助蒙方一侧口岸基础设施建设相关人员、运输工具、物资设备等通关。2020年12月30日,呼和浩特海关隶属阿拉善海关正式开办业务,负责乌力吉口岸海关业务。助力二连浩特赛乌素航空口岸获批于2021年9月22日常年开放,由隶属二连海关负责监管。

【口岸发展】支持拓展冰鲜产品进口,指导鄂尔多斯航空口岸进境水果、冰鲜水产品、食用水生动物指定监管场地建设,开展初验准备工作;落实国务院促进综合保税区高水平开放高质量发展21项任务措施,呼和浩特综保区、鄂尔多斯综保区进出口值分别为34.96亿元、25.35亿元,同比分别增长2.8倍、5.1倍。

优化口岸营商环境

【优化营商环境新闻发布会】2021年3月4日、12月3日,为帮助企业用足用好便利措施,充分释放改革红利,不断提升企业获得感,呼和浩特海关先后2次在自治区新闻办召开新闻发布会，宣传在促进跨境贸易便利化系列措施以及服务外贸企业、深化改革创新、完善通关流程、优化口岸营商环境等方面取得的成效。

【压缩整体通关时间培训交流】2021年8月18日，呼和浩特海关举办压缩整体通关时间相关知识培训，对查验后续处置相关业务及优化原木熏蒸处置作业等影响通关时效问题开展研讨交流，有关职能部门和隶属海关23人参加。9月13日，召开优化口岸营商环境工作座谈会，围绕"单一窗口"安全管理、业务创新、客户服务、培训宣传等开展研讨，有关职能部门和隶属海关25人参加。

【成立压缩整体通关时间工作专班】2021年，呼和浩特海关成立持续压缩整体通关时间工作专班，承担报关单运行监控、制约通关时间原因分析、异常情况处理解决、研提工作意见建议等任务，先后采取申报前时间压缩、优化作业流程、强化结关作业、全通模式报关单协调办理、通关便利化措施宣传等措施。

【优化营商环境措施及任务分工】2021年3月8日，呼和浩特海关从"优流程，进一步压缩进出口环节单证合规时间""压时间，进一步巩固压缩进出口环节边境合规时间成效"等4个方面，提出促进跨境贸易便利化具体落实措施。11月8日，再次从"深化改革创新，进一步优化通关全链条全流程"等方面安排落实。全年，呼和浩特海关进出口需验核监管证件

▲7月16日，呼和浩特海关开展关区压缩通关时间业务培训

精简至41种，除3种因特殊情况外，其余38种实现网上申请办理，全过程通关作业无纸化率99.75%，全部行政审批事项实现"一个窗口"统一受理、网上全流程办理；实现转关无纸化，舱单及相关电子数据变更作业无纸化、进出境运输工具备案及进出境监管作业无纸化、出口交接作业电子化，出口交接速度提升20%，业务单证缩减20%；持续巩固压缩整体通关时间成效，12月进出口整体通关时间分别为16.61小时、0.11小时，较2017年分别压缩88.82%和95.17%。

【"百人联千企 力行促外贸"专项活动】2021年4月27日，为推动促进外贸稳增长系列措施落地落实，打通惠企政策落实"最后一公里"，呼和浩特海关拟订专项活动方案，从组织领导、工作机制、任务分工、实施步骤、工作要求等方面作出安排，选取隶属赛罕海关、包头海关作为第一批试点单位，以解决企业通关困难为导向，建立"一名关员帮扶一家企业"

工作模式。活动期间，呼和浩特海关党委开展"调研周"活动，党委委员分别带队走访辖区内呼和浩特市、包头市、鄂尔多斯市等8个盟市党委政府，走进41家进出口企业，征集到业务改革、通关流程等34项问题和建议，制定加强政策宣讲等21条现场解决措施。6月17日，总结评估专项活动试点情况经验、做法、服务企业案例等，在关区全面复制推广。7月23日，呼和浩特海关召开新闻发布会，介绍专项活动成效，先后在中央电视台《新闻联播》、《人民日报》、新华社客户端、《内蒙古新闻联播》、《内蒙古日报》、《中国国门时报》、"学习强国"、"金钥匙杂志"微信公众号等各级媒体报道50余次。全年呼和浩特海关梳理2021年有实际进出口业务企业5,994家，选择重点企业1,114家，确定服务外贸企业及联络人员名单，287名海关联络员结对帮扶，解答各类咨询760余次，推送海关政策539次，解决具体问题378个，挖掘典型案例50个，为企业缓解资金约4亿元。"筑实北疆'桥头堡' 拱卫首都'护城河'""纾困解难再续'齐心协力建包钢'佳话"2个案例入选全国海关"'我为群众办实事'百佳项目"。呼和浩特海关收到企业赠送锦旗30面、感谢信10封。

国际贸易"单一窗口"建设

【"单一窗口"推广培训】2021年11月11日和18日，为深入推进国际贸易"单一窗口"应用，进一步加强"单一窗口"培训宣传，提升企业从业人员"单一窗口"实际操作能力，呼和浩特海关先后2次组织开展优化口岸营商环境暨国际贸易"单一窗口"使用线上培训，邀请中国电子口岸数据中心资深客服技术支持工程师、管理部高级热线专员，分别讲授《"单一窗口"标准版货物申报——两步申报、两段准入与进口报关单原产地申报》《"单一窗口"标准版海关原产地申请、原产地证书自助打印》等业务课程，呼和浩特海关相关业务工作人员及辖区主要进出口企业从业人员459人参加培训。

【"单一窗口"推广应用】2021年，呼和浩特海关配合自治区有关主管部门承接推广"单一窗口"应用工作，推动进出口环节涉及进出口许可证、两用物项和技术许可证、药品准许证等38种监管证件全部通过"单一窗口"一口受理，协助推进"单一窗口"基本功能由货物申报、原产地证办理、税费支付等18大类729项，

▲4月22日，呼和浩特白塔机场海关开展"我为群众办实事"活动，为办事群众解答难题

扩大到海关查验信息推送、进出口环节监管证件一口受理、危险货物申报等19大类781项,"单一窗口"主要业务应用率100%,服务覆盖所有口岸和各类特殊区域,满足企业"一站式"业务办理需求,核心系统可用性99.9%。呼和浩特海关"单一窗口"推广应用工作成效,在《经济日报》、中国经济网、中国商务新闻网、法制网、"学习强国"等省部级以上媒体报道7次,在《包头日报》《锡林郭勒日报》等市级媒体报道2次。

【"单一窗口"业务创新】2021年,呼和浩特海关通过召开座谈会、赴企业调研、发放调查问卷等形式向辖区进出口企业征集"单一窗口"优化建议,指定专人开展问题困难整理汇总和讨论研究,形成优化完善"单一窗口"创新意见建议清单。其中,呼和浩特海关分别于10月14日、11月4日向国家口岸管理办公室提出的2条建议被采纳。

▲5月6日,二连海关克服强沙尘暴天气进行监管作业

(撰稿人:王 涛 赵梓楠 于淑静)

法治建设

【概况】2021年，呼和浩特海关坚持党对法治工作领导，深入学习贯彻习近平法治思想，认真落实海关法治建设规划部署，制定《呼和浩特海关贯彻落实〈"十四五"海关法治建设规划〉实施意见》，持续推进法治海关建设，为各项事业稳步发展提供坚实法治保障。全年受理行政许可申请112项，作出行政处罚决定96件，涉案金额1.05亿元；实施行政强制42件、行政检查6.87万次，行政征收71.99亿元。1名同志获评2020年度全国海关优秀公职律师，"开展'百人联千企 力行促外贸'专项活动 营造法治化营商环境"入选内蒙古自治区2021年度"十大法治事件"。

法规管理

【学习宣传习近平法治思想】2021年，呼和浩特海关把习近平法治思想作为党委理论学习中心组学习、干部培训、党员学习重要内容，组织开展系列学习宣传贯彻活动。3月9日，呼和浩特海关直属机关党委发布3月份组织生活内容指引，指导各基层党支部学习习近平总书记在2021年第5期《求是》杂志发表的署名文章《坚定不移走中国特色社会主义法治道路 为全面建设社会主义现代化国家提供有力法治保障》。5月27日，呼和浩特海关党委理论学习中心组开展"深入学习贯彻习近平法治思想"专题学习，邀请内蒙古党校法学部教授作现场专题授课，机关副处级以上领导干部、隶属海关党委委员和党员群众代表参加。8月2—13日，开展"深入学习宣传贯彻习近平法治思想，奋力谱写海关法治建设新篇章"主题海关法治宣传日活动，重点学习宣传习近平法治思想、习近平总书记在庆祝中国共产党成立100周年大会上的重要讲话精神和与海关执法相关新法新规。9月1日至10月31日，组织997名在职在编公务员及事业编人员参加钉钉平台海关系统学习宣传贯彻习近平法治思想网上专题培训班，全部顺利结业。11月29日至12月5日，开展"以习近平法治思想为指引，坚定不移走中国特色社会主义法治道路"主题宪法宣传周活动，重点宣传习近平法治思想和宪法知识、宪法精神。12月17日，呼和浩特海关党委理论学习中心组开展党史学习教育、习近平法治思想和安全生产专题学习，围绕运用习近平法治思想提升海关依法治理能力做交流发言。

【法治建设规划实施意见制定】2021年11月3日，为学习宣传贯彻习近平法治思想，落实中央全面依法治国工作会议精神和党中央、国务院关于法治建设决策部署，呼和浩特海关印发《贯彻〈"十四五"海关法治建设规划〉实施意见》，明确"十四五"期间法治建设工作发展目标为："到2025年规范性文件和业务制度体系更加科学完备，法治实施体系更加全面高效，法治监督制约更加严密有效，普法宣传教育更加多维精准，法治实施保障更加协同有力，依法行政能力水平稳步提升，执法公信力显著增强，执法环境规范有序，法治建设取得重大进展。"拟定5个方面28项重点工作任务。

▲12月1日，赛罕海关开展"世界艾滋病日"主题宣传

【"放管服"改革落实措施与成效】2021年，呼和浩特海关制定12项贯彻落实"放管服"改革工作任务和落实措施。11月22日，向内蒙古自治区推进政府职能转变和"放管服"改革协调小组办公室报送《2021年深化"放管服"改革工作总结》，总结深化行政审批制度改革、优化进出口营商环境两个方面重点工作推进情况和取得成效，主要是：深化"证照分离"改革已落地实施，加强取消和下放行政许可事项事中事后监管，与内蒙古自治区市场监督管理局开展部门间联合抽查作业；推广应用海关行政审批网上办理平台，总体好评率100%；提升企业注销便利度，压缩企业注销手续办理时间；开展对内业务培训和对外政策宣传，做好RCEP协定实施准备工作；推广应用国际贸易"单一窗口"标准版，主要业务应用率达到100%；开展"百人联千企 力行促外贸"服务外贸企业优化口岸营商环境专项活动，为企业量身定制精准化、个性化服务措施；对32家企业开展网上稽核查及远程稽核查；向加工贸易企业宣传"企业集团加工贸易监管模式"政策，对符合资质重点企业开展"一对一"单独宣讲帮扶；严格执行出入境检疫处理收费管理政策，无违规"乱收费"情况。

【"证照分离"改革实施方案制订与落实】2021年7月，呼和浩特海关部署对海关涉企经营许可事项推行"证照分离"改革全覆盖工作，落实取消"进出口商品检验鉴定业务的检验许可"等14项海关涉企经营许可事项审批制度改革。呼和浩特海关所属各部门和单位通过在门户网站公开信息、更新政务服务事项办事指南、线上线下宣讲等形式，向企业宣传海关深化"证照分离"改革措施，指导企业通过"互联网＋海关"服务平台提出海关行政许可申请。

【法治培训】2021年8月12日，呼和浩特海关举办法治工作专题培训，组织学习《"十四五"海关法治建设规划》，解读新修订《中华人民共和国行政处罚法》《中华人民共和国海关办理行政处罚案件程序规定》《中华人民共和国海关行政许可管理办法》和海关深化"证照分离"改革新政，并组织线上培训测试。呼和浩特海关所属各职能部门、各隶属单位法治联络员、公职律师、行政许可和行政处罚岗位工作人员及法规处全体人员近200人参加培训。

【法治人才队伍建设】2021年，呼和浩特海关组织开展2020年度公职律师考核工作，考核9名海关公职律师，推荐1名公职律师被评为2020年全国海关优秀公职律师。新申请注册海关公职律师6人，至年末公职律师队伍增加到15人，赛罕海关等4个隶属海关设立海关公职律师，覆盖呼和浩特海关隶属海关近1/3。9月，组织推荐普法讲师团讲师候选人，根据各部门单位推荐情况择优确定27名普法讲师，组织普法讲师参与各类法治宣传教育活动。

【立法建议被总署吸纳】2021年，呼和浩特海关组织所属部门、隶属海关结合业务实际，就总署政策法规司对《中华人民共和国海关进出口货物商品归类管理规定》等7部海关规章送审稿征求意见，研提修改建议25条，其中4条建议被立法吸纳。根据总署开展2021年度海关立法后评估工作要求，呼和浩特海关组织所属部门、隶属海关，对24部海关规章及行政解释研提评估意见19条。

【行政规范性文件清理建议被自治区采纳】2021年7月28日，呼和浩特海关组织清理以自治区人民政府、政府办公厅名义制发规范性文件，梳理出1份文件，经研究，向自治区人民政府办公厅反馈清理意见，建议该文件继续有效。12月31日，自治区人民政府办公厅公布继续有效、废止和宣布失效规范性文件目录，该文件继续有效，呼和浩特海关所提建议被采纳。

复议应诉

【行政复议、诉讼信息维护与机制建设】2021年，呼和浩特海关完成全国行政复议行政应诉工作平台复议机关、复议人员维护工作，对复议人员信息实施动态管理。11月3日，呼和浩特海关印发《贯彻〈"十四五"海关法治建设规划〉实施意见》，要求强化法治监督机制，加强源头预防、前端化解行政复议、诉讼风险。全年未发生行政复议、行政诉讼案件。

【行政执法"三项制度"落实】 2021年，呼和浩特海关继续贯彻落实《国务院办公厅关于全面推行行政执法公示制度执法全过程记录制度重大执法决定法制审核制度的指导意见》。1月，呼和浩特海关汇总本级及各隶属海关行政执法数据，编写《2020年度呼和浩特海关行政执法统计年报》，在呼和浩特海关门户网站"行政执法公示"栏目公开，年报涉及行政处罚等5个事项35项数据。7月5日，为完善行政执法信息公示平台和内容，改版呼和浩特海关门户网站行政执法公示栏目，改版后"行政执法公示"栏目下设事前公开、事后公开两个版块，更新行政执法人员、救济渠道等信息500余条。1月、8月，先后两次印制海关执法证79个，7月印制海关行政执法资格证书33个。全年在《法治日报》《内蒙古日报》《内蒙古法制报》等媒体宣传报道11篇次。

【案件审理委员会会议】 2021年2月26日，呼和浩特海关案件审理委员会按照规定程序召开审委会会议，集体审议缉私局对某公司进口银矿石申报不实案处理意见。与会委员从案件事实、证据、法律适用等方面发表意见，讨论形成会议决议。

【权责清单编制参与和修改建议】 2021年2月25日，呼和浩特海关派员参加总署政策法规司海关权责清单编制线上法治工作专班，参与总署权责清单编制完善工作。12月27日，呼和浩特海关组织开展海关系统权责清单意见征集工作，按照"谁执法、谁认领"原则，所属各业务部门、隶属海关结合法律法规修订、职能调整及执法实际，研究《海关系统权责清单（征求意见稿）》中所列398个权责事项的权责类型、设定依据、履职方式等内容，向总署政策法规司提出"行政强制设定依据删除规章"等20条修改建议。

【法律顾问聘用与民事合同审查】 2021年3月23日，呼和浩特海关通过市场询价比价方式聘用2021年度常年法律顾问单位，全年法律顾问单位参与研究论证呼和浩特海关重要行政处罚决定、信访答复意见、民事纠纷等法律事务，审查修改呼和浩特海关民事合同等法律文书159份，审查招标文件8份，参与呼和浩特海关"我为群众办实事——送法进机关进乡村"等活动2次。12月15日，呼和浩特海关在管理网网站发布通知，规范民事合同合法性审查。

法治协调和法治宣传

【法治宣传教育规划实施意见制定】 2021年11月26日，呼和浩特海关印发《做好第八个五年（2021—2025年）时期法治宣传教育工作的实施意见》，要求以习近平法治思想引领法治宣传教育工作，力争到2025年，海关工作人员牢固树立法治观念，运用法治思维和法治方式的能力持续提升，明确习近平法治思想、宪法、民法典、与海关工作相关的法律法规规章和党内法规5个方面重点学习内容。

【普法责任清单与计划制订】2021年3月19日，呼和浩特海关制定普法责任清单，列明26项重点普法宣传内容及其普法对象、工作举措等事项；6月8日，制订普法计划，确定年度法治宣传教育工作指导思想、组织领导，要求为全面推进法治海关建设奠定坚实基础和营造良好法治环境，以优异成绩庆祝建党100周年，制定6方面重点普法任务，主要是：学习宣传贯彻习近平法治思想；科学编制关区"八五"普法规划；组织开展主题普法活动；调整优化关级普法讲师团，培树讲师、课程"双精品"；推动落实"谁执法谁普法"普法责任制；加强法治文化建设。

【全民国家安全教育日宣传活动】2021年4月15日是第六个全民国家安全教育日，呼和浩特海关以"践行总体国家安全观，统筹发展和安全，统筹传统安全和非传统安全，营造庆祝建党100周年良好氛围"为主题，组织开展全民国家安全教育日法治宣传教育活动。重点宣传习近平总书记关于总体国家安全观和国家安全工作重要论述及《中华人民共和国国境卫生检疫法》等法律法规。呼和浩特海关关长李建伟在呼和浩特白塔机场海关进出境邮递物品监管现场参加主题宣传活动，向邮政及商业快件企业现场宣讲《中华人民共和国生物安全法》。为营造全社会共同关注和参与国门生物安全工作法治氛围，呼和浩特海关所属各部门单位在办公场所张贴宣传挂图、播放宣传视频，组织关警员参

▲4月15日，包头海关开展"宪法宣传周"活动，赴进出口企业宣传宪法等法律法规

加在线学习和答题、参观主题展览，通过新媒体平台推送《〈中华人民共和国生物安全法〉4月15日起正式实施》《防范外来生物入侵 建设美丽生态家园》等法治宣传资料，走进学校向小学生宣传国门生物安全知识。

【法治调研与合作】2021年6月18日，呼和浩特海关赴内蒙古自治区司法厅开展调研走访，参观自治区法治宣传中心，与司法厅相关负责同志座谈，沟通交流创建海关法治宣传教育基地、"七五"普法评优选优和联合普法等事宜，商定在联合普法、法治宣传教育基地建设等方面开展长期、全方位合作。呼和浩特海关副关长王静及法规处有关人员参加调研。

【"美好生活·民法典相伴"普法宣传】2021年5月28日是《中华人民共和国民法典》颁布一周年。呼和浩特海关组织开展"美好生活·民法典相伴"主题宣传活动，重点学习宣传习近平法治思想、习近平总书记关于民法典重要指示批示精神等；具

体活动布置按照送法进机关、送法进基层、送法进企业、送法进社区、送法进乡村5个方面开展。送法进机关，主管关领导参加总署"美好生活·民法典相伴"线上主题宣讲活动；送法进基层，选编并在微信群推送民法典宣讲视频，以民法典典型案例为内容编发首期《法治参考》，制作专题宣传文章、"普法小剧场"视频案例；送法进企业，向口岸出入境货运司机、进出口企业人员及社会群众发放民法典宣传资料，走访辖区企业宣讲民法典；送法进社区，赴结对社区发放民法典法律读本、宣传资料，举办主题讲座，宣讲民法典中关于物权、婚姻家庭、继承等内容；送法进乡村，向对口帮扶的梨花镇榆树营村村委会赠送宪法、民法典法律书籍和国门安全教育视频资料，组织海关公职律师和法律顾问单位律师向村民现场宣讲民法典和生活中常用的法律知识，提供法律咨询服务。

【海关法治宣传日活动】2021年8月8日是第十九个海关法治宣传日。8月2—13日，呼和浩特海关以"深入学习宣传贯彻习近平法治思想，奋力谱写海关法治建设新篇章"为主题组织开展普法宣传活动，重点学习宣传习近平法治思想和习近平总书记在庆祝中国共产党成立100周年大会上的重要讲话精神，学习与海关执法密切相关的新法新规。举办线上法律知识专题测试和法治专题培训，编发3期《法治参考》，宣传"八五"普法规划、行政处罚法修订背景和重要变化等，呼和浩特海关所属各部门单位开展习近平法治思想原文"诵读·交流"接力活动、"弘扬伟大建党精神，深化海关法治教育"专题研讨等活动，组织海关工作人员在线观看庭审视频，线上线下方式结合向进出口企业、社会公众开展针对性普法宣传。

【"宪法宣传周"活动】2021年12月4日是第八个国家宪法日，11月29日至12月5日是第四个"宪法宣传周"。呼和浩特海关以"以习近平法治思想为指引 坚定不移走中国特色社会主义法治道路"为主题开展宪法宣传周活动，组织101名新提任的处科级领导干部以视频连线方式在各会场同步开展宪法宣誓活动。举办"宪法伴我成长"干部职工子女书画作品评选展示活动，征集到书画作品60余幅，通过"呼声关语"微信公众号进行展示和评选，点击量达到8,700。为营造尊法学法、守法用法的氛围，呼和浩特海关及各隶属海关在办公场所、办事大厅等区域播放宪法宣传片、摆放主题展架，开展送法进企业、进社区、进校园等活动，制作推送"宪法知识快问快答"微视频、微信图文等普法作品。

【入选十大法治事件】2021年10月25日，内蒙古自治区政法委、全面依法治区办、广播电视台联合开展2021年度全区十大法治事件暨十佳法治人物推荐评选工作。呼和浩特海关自4月起开展"百人联千企 力行促外贸"专项活动，走进辖区重点企业，推送海关法规政策。呼和浩特海关总结该活动在营造尊法学法、守法用法浓厚氛围和法治化营商环境方面的情况和成效，推荐为2021年度自治区全区十大法治事件。12月4日，呼和浩特海关参加2021年度内蒙古自治区十大法治事件暨十佳法治人物揭晓仪式，"呼和浩特海关开展'百人联千企 力行促外贸'专项活动营造法治化营商环境"入选2021年度全区十大法治事件。

▲12月4日，"呼和浩特海关开展'百人联千企 力行促外贸'专项活动营造法治化营商环境"入选内蒙古自治区2021年度全区十大法治事件

【法治宣传教育基地培育】2021年，呼和浩特海关推进法治宣传教育基地培育工作。6月18日，呼和浩特海关走访内蒙古自治区司法厅，沟通了解自治区法治宣传教育基地建设情况和创建标准。7月12—20日，呼和浩特海关组织开展法治宣传教育基地创建书面调研，摸底各隶属海关创建法治宣传教育基地的基础条件和创建意向，同步向法治宣传教育基地创建工作较好的南京、青岛海关学习创建经验。经调研，计划以二连海关动植物检验检疫标本室、病媒生物标本室为基础开展呼和浩特海关法治宣传教育基地建设工作，制订《呼和浩特海关法治宣传教育基地建设工作方案（征求意见稿）》，将2022年底前创建关区第一个法治宣传教育基地作为工作目标。

【《法治参考》专栏设立】2021年5月28日，为从法治视角分析海关执法热点、难点问题，展示法治文化建设成果，开展以案释法等法治宣传教育，呼和浩特海关在政务办公系统设立《法治参考》电子专栏，该载体不定期编发，向所属各部门单位普发。内容涉及《中华人民共和国民法典》等法律法规及"八五"普法规划等新点、热点、要点解读，形式主要为解读新制定、修订法律、行政法规、海关规章和以案普法。全年编发5期。

（撰稿人：郭　萍　战智慧）

业务改革与发展

【概况】2021年，呼和浩特海关按照党中央、国务院决策部署，全面落实总署工作部署，认真落实自治区党委、政府工作要求，积极优化监管通关链条，精准释放政策红利，持续优化口岸营商环境，服务自治区开放型经济高质量发展。全年，"两步申报"（第一步提货申报、第二步完整申报）应用率比2020年增长（简称"增长"）8.81个百分点；启动知识产权海关保护措施17次，办理侵权案件14起，没收侵权货物总数1,497个（件），案值1.81万元，组织开展知识产权侵权货物处置工作3次，销毁侵权货物11批次1,250件。

业务改革协调

【"两步申报"业务改革培训】2021年8月25日，为进一步推广"两步申报"业务改革，提高"两步申报"整体应用率，引导更多企业享受多元化申报改革红利，呼和浩特海关组织开展"两步申报"改革培训，讲授"两步申报"改革背景意义、系统操作等知识，围绕企业税收担保、一次申报分布处置等7个方面开展业务研讨，各隶属海关综合业务条线分管关领导、科长和业务人员50人参加。

【"两步申报"业务改革推广】2021年，呼和浩特海关成立提升"两步申报"应用率工作专班，采取分散工作、集体研讨、定期会商等方式，推广"两步申报"改革，提升应用率。全年，呼和浩特海关在做好疫情防控工作前提下，针对部分企业应用"两步申报"疑难问题，通过召开政策宣讲会、赴企业座谈研讨等方式，为辖区主要进出口企业进行专题培训16次，300余家企业、959人次参加培训；呼和浩特海关"两步申报"应用率为11.07%，增长

▲11月16日，呼和浩特海关接受企业赠送锦旗

8.81%；原油采用"提前申报+两步申报"模式，压缩通道整体验放时间30分钟。

【落实"问题清零"机制】2021年，呼和浩特海关结合"问题清零"工作需要，为形成基层联系点和企业联系点，创建海关总署—直属海关—隶属海关（企业）3层联系机制，选取隶属赛罕海关等有代表性海关建立一线执法科室和企业联系点试点。全年在隶属赛罕海关、二连海关、鄂尔多斯海关建立3个一线执法科室基层联系点，并在呼和浩特市、锡林郭勒盟、鄂尔多斯市选取6家具有代表性进出口企业作为企业联系点；287名海关联络员帮扶矿能产品类、农畜产品类、光伏类等重点企业1,114家，解答货物申报、企业资质、税费管理、出口退税联网核查、原产地证等咨询760件次，推送"两步申报"、"两段准入"（准许入境、合格入市）、"证照分离"、RCEP等政策539次，根据收集企业问题及困难，通过"改革问题信息化"系统收集报送，即时给予答复解决。

通关运行管理

【通关专题研究分析】2021年，呼和浩特海关针对压缩整体通关时间工作，提出提高思想认识、优化作业流程、积极协调配合、加强跟踪监控等5个方面工作要求；围绕提高通关效率，先后撰写《关于2020年压缩整体通关时间工作分析情况的报告》《关于上半年压缩整体通关时间情况的报告》《关于前三季度压缩整体通关时间情况的分析报告》；围绕加强进出口贸易形势以及重点商品研究，先后撰写《2021年前三季度呼和浩特市外贸专题分析情况的报告》《2021年1—11月进口煤炭量减价增情况的报告》。12月呼和浩特海关进出口整体通关时间分别为16.61小时和0.11小时，比2017年分别压缩88.82%和95.17%。

【通关运行监测分析】2021年，针对压缩整体通关时间工作，呼和浩特海关建立业务现场"日监控、周分析、月报告"、职能部门"月监测、季通报"工作机制，全年提供百余张表格、3,000余条报关单数据供现场使用，第一时间研究解决通关异常问题。利用通关管理系统（H2010、H2018）、风险预警处置和审计监督子系统（HLS2017）开展日常关联性监测和分析，关注超长报关单和异常情况，采取针对性措施并注重经验总结；为加强报关单结关作业监控和督导工作，研究在综合业务管理平台设置"超3个月结关报关单查询""超75天未结关预警"模块，用于日常监控；为给予长期未结关报关单监控分析和及时处置提供高效途径，提出确保报关单及时结关、定期开展监控作业、及时做好后续处置3项工作要求。

贸易管制与技术规范

【禁限管控】2021年9月13日，为规范企业申报行为，防范执法廉政风险，呼和浩特海关向总署报送完善进出口许可证联网核查建议；报送濒危物种禁限管理相关工作情况，配合总署接受国家审计反馈相关材料。年内，推荐11人参加集中工作，按时完成相关业务培训和考试；指派2人次参与年底通关系统参数库集中维护。

【海关技术规范制修订】2021年，呼和浩特海关在关区内征集2021年海关技术规范制修订项目。9月7日，呼和浩特海关报送《马红球菌病检疫技术规范》通过审核，纳入《2021年海关技术规范制修订计划》，项目完成时间为2022年12月31日。8月20日，内蒙古自治区市场监督管理局发布《内蒙古自治区地方标准公告》，其中，呼和浩特海关立项《黄羊源性成分检测方法 实时荧光PCR方法》《国境口岸核生化监测与应急处置能力建设》《动物垫料中β-溶血性链球菌检测》等6项地方标准公布实施。全年，呼和浩特海关《新型冠状病毒肺炎疫情防控期间国境口岸医学排查工作规程》《边境口岸鼠疫检测实验室建设规范》《内蒙古口岸地区新冠肺炎疫情防控技术规范》等8项地方标准草案通过审定。

【技术性贸易措施调查及案例】2021年5月10日，为全面掌握国外技术性贸易措施对我国企业影响，做好出口企业技术性贸易措施咨询服务工作，呼和浩特海关组织开展技术性贸易措施影响调查工作。5月11日，呼和浩特海关在关区范围内抽样调查2020年国外技术性贸易措施对中国出口影响情况，针对呼和浩特、包头、鄂尔多斯、乌海、集宁等地74家出口样本企业开展技术性贸易措施影响调查，其中涉及常规调查企业72家、专项调查企业2家，所属行业涉及农食产品、机电仪器、化矿金属等7种。5月31日，根据调查工作统计分析，分别形成常规、专项2篇技术性贸易措施影响调查报告。向总署综合业务司报送"向服务输某国种子企业技术性贸易措施案例"，被综合业务司技术性贸易措施专栏采编。

▲10月21日，呼和浩特海关开展国外技术性贸易措施影响调查研讨

知识产权海关保护

【知识产权海关保护专项行动】2021年2月2日，呼和浩特海关部署自2月1日—12月31日，开展海关知识产权保护专项行动（代号"龙腾2021"）。2月9日，呼和浩特海关制订行动方案。全年，呼和浩特海关启动知识产权海关保护措施17次，办理出口侵犯"DAEWOO"商标权商品案、跨境直购侵犯香奈儿股份有限公司商标权等侵权案件14起，没收侵权服装、鞋包、消费电子产品、家用电器等货物物

品1,497个（件），案值1.81万元，开展知识产权侵权货物处置工作3次，销毁侵权货物11批次1,250件。

▲8月23日，二连海关查获侵权女式背包

【寄递渠道知识产权海关保护专项行动】2021年3月31日，为有效打击寄递渠道进出口侵权违法行为、促进跨境电子商务业态健康发展，呼和浩特海关制订专项执法行动（代号"蓝网行动2021"）实施方案，自4月1日至12月31日开展寄递渠道知识产权保护专项执法行动。12月6日，"二连海关查获的出口电饭煲侵权案""白塔机场海关查获的首起奥林匹克标志专有权侵权案"2起知识产权保护案例入选"内蒙古自治区2021年打击侵权假冒工作十大典型案例"。

【成立知识产权海关保护工作专班】2021年10月22日，呼和浩特海关成立知识产权海关保护工作专班，分设侵权案件查发、重点知识产权企业服务调研、侵权风险布控、知识产权培训宣传4个专项小组，明确其职责主要是推动呼和浩特海关自主知识产权企业实施重点服务、专项行动期间侵权货物查获、创新方式推进知识产权保护等工作。

（撰稿人：于淑静　安晓婷　王　涛
　　　　　陈改霞　邢邦彦　肖　琛）

特殊监管区域管理

【概况】2021年，呼和浩特海关精准施策，助力综合保税区企业高质量发展。推动建成综合保税区辅助系统，区内企业一般纳税人、分状态监管等优惠政策实现真正落地；全面实施"四自一简"，账册备案时间由5个工作日压缩为即时办理；开展上门服务，向特殊监管区域内企业宣讲跨境电子商务网购保税商品退货中心仓政策；实现关区首家保税研发企业入驻综合保税区、首个区内企业向海关进行主动披露等新突破。全年，呼和浩特综合保税区、鄂尔多斯综合保税区进出口值分别为34.96亿元、25.35亿元，比2020年分别增长2.8倍、5.1倍，增幅在全国145个综合保税区中分列体第3、第4位。

制度创新

【落实"四自一简"政策】2021年，为落实特殊监管区域内企业可实施自主备案、自定核销周期、自主核报、自主补缴税款等"四自一简"改革措施，进一步简政放权，优化监管作业流程，呼和浩特海关把年内开展"四自一简"措施全面落地工作作为综合保税区制度创新的重要抓手，在呼和浩特和鄂尔多斯2个综保区内入区企业全部落实"四自一简"优惠政策。通过推动落实，区内企业可在信息化系统中建立电子底账，自主备案货物信息；根据实际运营情况，自主确定核销周期；对短少、灭失等需要补税保税货物主动办理补税的，无须提交内销补税联系单，可自报自缴；区内保税企业账册备案时间由5个工作日压缩为即时办理，关区首家保税研发企业入驻鄂尔多斯综合保税区。

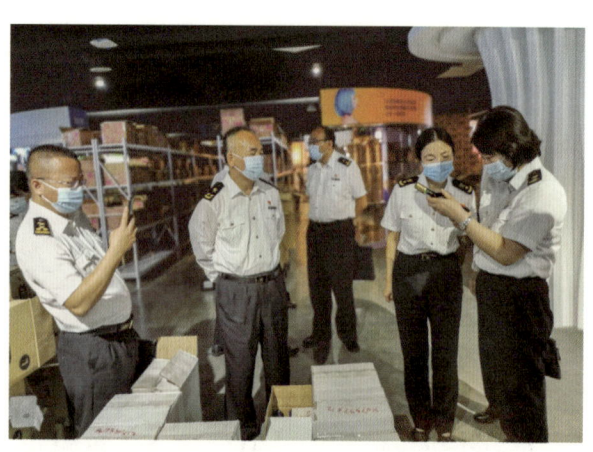

▲9月28日，呼和浩特海关赴综合保税区指导工作

【以企业为单元税款担保改革】2021年11月24日，总署发布《关于深化海关

税款担保改革的公告》，要求自12月1日起，在全国范围内施行以企业为单元的税款担保改革，实现1份担保可同时在全国海关用于多项税款担保业务。呼和浩特海关筛选出符合政策要求企业，协同商业银行、保险公司，就税款担保改革政策内容、海关税款担保业务办理流程等内容进行宣讲，开展"一对一"帮扶。12月，为满足需要，1家企业办理汇总征税担保业务，担保额度1,000万元。据企业负责人介绍，该进出口企业享受到税收改革带来的政策红利，在降低企业运营成本、稳定企业生产、盘活企业资金等方面给企业带来获得感。

【**辅助系统建设**】2021年7月8日，为支持呼和浩特综保区发展建设，服务区内企业，依靠系统管理综合保税区内非保税货物，为海关实施区内货物分状态监管、一般纳税人业务提供技术保障，呼和浩特海关与呼和浩特综保区管委会就推进呼和浩特综合保税区辅助系统建设问题召开座谈会，随后综保区管委会、主管隶属海关、呼和浩特海关技术部门共同开展辅助系统建设论证、方案确定、项目运行等工作，至12月，系统建成并投入使用，呼和浩特综保区内企业一般纳税人、分状态监管等项目正式落地实施。据区内企业反映，此举可实现国内增值税"免抵退"，有利于企业降低税负成本，开拓国内市场。

【**研提促发展建议**】2021年9月8日，总署就2020年度综合保税区发展绩效评估结果向各省、市、自治区公告。9月22日，呼和浩特海关结合2020年度绩效评估结果，向内蒙古自治区人民政府报送《关于促进自治区综合保税区高质量发展建议的报告》，对照《综合保税区发展绩效评估办法（试行）》考核指标，结合呼和浩特综合保税区、鄂尔多斯综合保税区发展现状及运行情况，提出7条意见建议。自治区人民政府办公厅将相关建议转呼和浩特市、鄂尔多斯市人民政府及自治区商务厅研究落实。12月13日，呼和浩特海关与自治区商务厅开展调研座谈，就总署开展综合保税区调研工作进行现场对接，针对呼和浩特、鄂尔多斯2家综合保税区运行中存在的关于基础设施建设、招商引资及区内企业运行情况等进行通报，并对如何进一步完善基础设施建设、扩大招商引资及如何引导区内企业适用自贸试验区复制推广政策进行研讨。全年，呼和浩特综保区、鄂尔多斯综保区进出口值分别为34.96亿元、25.35亿元，比2020年分别增长2.8倍、5.1倍。

【**跨境电商保税进口操作指南制定**】2021年10月15日，为进一步优化营商环境、促进贸易便利化，帮助企业应对新冠肺炎疫情影响，优化跨境电子商务网购保税进口商品退货监管，推动跨境电子商务健康快速发展，根据《海关总署关于跨境电子商务零售进口商品退货有关监管事宜的公告》，呼和浩特海关制定退货操作指南，明确退货方式、退货时限、退货监管流程（具体见表4-1）。同月，为解决海关特殊监管区域及保税物流中心与国内区域外二线进出货通关耗时长等问题，减少企业申报手续，提升特殊监管区域内企业货物通关效率，压缩通关时间，呼和浩特海关采用"二线货物取消人工填制运抵报告环节"新通关模式，实现卡口货物提前申报、提前审结。全年，综合保税区内9家跨境电商企业入驻，跨境电商业务模式进出口总值是2020年的11.12倍。

表4-1 呼和浩特海关跨境电子商务零售进口商品退货监管流程

序号	主要监管流程	主要监管内容
1	退货申报	对于符合退货标准商品，退货企业可通过国际贸易"单一窗口"申请退货，申报路径为：单一窗口—退换管理—退货单管理模块勾选需退货电商清单，申报退货电商清单。
2	退货商品运抵	退货企业在《申报清单》放行之日起45日内将退货商品运抵原海关特殊监管区域或保税物流中心（B型）。
3	置运抵标志	退货商品入区后，海关人员通过系统进行管理。
4	审核及验核	海关人员对退货清单进行审核，综合研判是否开展退货查验及验核。
5	申报核注清单	退货企业在退货单放行后即时向海关汇总申报进口保税核注清单。退货商品对应的进口核注清单审核放行后，对应特殊区域、保税物流中心的原跨境电商网购保税账册相应核增。
6	税款及个人额度处置	相应税款不予征收，并调整消费者个人年度交易累计金额。

特殊监管区域管理

【特殊区域内跨境电商验核与稽查】2021年6月24日，为规范相关业务发展，呼和浩特海关制订打击跨境电商进口走私"断链刨根"专项整治行动方案。全年，呼和浩特海关对已备案跨境电商相关企业开展专项梳理，关注重点业务平台及企业；梳理检查跨境电商网购保税进口（1210）监管作业场所（综保区）封闭及卡口设置、场地设置、信息化管理系统、视频监控系统等合规情况，以及海关风险布控实施环节、与场所作业信息化系统对接情况、指令安全保护状况，验核进出监管作业场所车辆备案管理，对高风险企业组织开展专项稽查。

▲12月10日，呼和浩特海关开展综保区视频检查

【保税监管安全生产与案例】2021年，呼和浩特海关组织对2个综合保税区、3个保税物流中心、6个保税仓库、10家区外加贸企业开展安全生产检查，重点对海

关特殊监管区域和保税监管场所设置、日常巡查记录、经营企业安全生产制度落实及区外加工贸易企业保税料件、生产成品、边角料存储是否存在安全隐患等情况进行实地排查，对个别企业日常巡查不到位、消防设施缺失等情况要求立即整改。8月，呼和浩特海关报送《把握监管与服务平衡点——公路口岸保税进口铜精矿黄金伴生矿监管案例》，入选全国海关2020年度企业管理和稽查业务工作典型案例，这是保税监管场所业务仅有的3篇入选案例之一。

▲1月30日，呼和浩特海关开展跨境电商保税进口业务视频检查

【特殊区域管理子系统上线】2021年，为如期实现自贸区和海关特殊监管区域发展管理子系统上线运行，按照相关保密管理规定加强业务数据安全管理，呼和浩特海关指定专人专岗负责该系统运维及管理；同时，安排专人指导赛罕海关、鄂尔多斯海关等相关业务现场学习《自贸区和海关特殊监管区域发展管理子系统操作手册》《关级应用管理员H4A操作手册》；按照自贸区域系统使用管理要求，开展界址点坐标等基础数据录入工作。7月29日，呼和浩特海关完成呼和浩特综合保税区、鄂尔多斯综合保税区、包头保税物流中心（B型）、巴彦淖尔市保税物流中心（B型）、七苏木保税物流中心（B型）界址点坐标、范围示意图、设立时间、规划面积、影像数据等录入工作；30日，呼和浩特海关实现自贸区和海关特殊监管区域发展管理子系统正式上线运行，2家综合保税区和3家保税物流中心（B型）相关数据实现可视化。

【协助综保区面积调整】2021年11月18日，内蒙古自治区人民政府办公厅将鄂尔多斯人民政府《关于缩减鄂尔多斯综合保税区规划面积的请示》转办呼和浩特海关。根据国务院2017年2月14日印发《关于同意设立鄂尔多斯综合保税区的批复》，鄂尔多斯综合保税区规划设立面积为1.21平方公里，分2期建设。按照设立要求，鄂尔多斯综合保税区二期项目应在

▲12月20日，呼和浩特海关检查异常处置功能上线运行业务问题

2022年2月14日前建成并通过验收。至2021年年初，一期已验收范围能够满足未来一定时期产业发展需求，二期尚未建设和验收。为避免造成土地闲置、资金浪费，鄂尔多斯市人民政府希望将鄂尔多斯综合保税区批准规划建设面积调减。呼和浩特海关在征求自治区商务厅（口岸办）、自然资源厅对核减鄂尔多斯综合保税区意见后，草拟《内蒙古自治区人民政府申请核减鄂尔多斯综合保税区规划面积的请示（代拟稿）》。由自治区人民政府向国务院申请将鄂尔多斯综合保税区批准规划建设面积调减。

（撰稿人：祁雪峰　王　涛　彭　飞）

风险管理

【概况】2021年，呼和浩特海关以提升监管效能为目标，坚持风险整体防控与精准防控有机结合，全面推进业务风险防控一体化建设。全年发布全国性预警建议2条；撰写发布业务运行评估及风险态势报告19篇。查发各类安全准入情事978起。利用大数据平台（云擎）数据资源建模271个，发布"云擎"平台级模型应用11个。

风险信息监测预警

【风险信息管理】2021年，呼和浩特海关风险信息采集、发布、应用转化、绩效评估通过综合业务管理平台（HZ2011）或海关风险管理子系统（HZ2020）进行管理，由呼和浩特海关风险防控分局负责组织、指导、协调、推动关区风险信息工作开展；各业务职能部门、隶属海关发挥各自专业优势，以业务风险防控需求为导向，根据风险信息内容和题材进行报送。全年，呼和浩特海关各业务部门、隶属海关各业务现场通过综合业务管理平台和海关风险管理子系统向呼和浩特海关报送各类风险信息324条。

【信息收集转化】2021年，呼和浩特海关各业务现场查发重大查发类情事和安全准入（出）案件时，须在24小时内报送至风险防控分局，并确保信息客观全面、及时准确；风险防控分局信息管理员搜集全国范围内与呼和浩特海关业务相关的风险信息，为各业务部门（业务现场）组织风险防控提供信息支持，并在呼和浩特海关关区范围内搜集风险信息，报送至总署风险管理司。全年，呼和浩特海关将各业务部门、业务现场报送风险信息中转化67条，转化率24.01%。

【风险预警机制建设】2021年，呼和浩特海关作出风险预警工作安排，主要是：按照总署工作机制要求，对风险信息进行分析研判，根据分析研判结论，发布提示告知类预警和风险排查类预警；通过监控贸易、非贸渠道进出口业务动态，发现异动情况后组织分析研判，排查可能存在的趋势性、突增风险，予以预警提示；关注国家政策调整、进出口行业动态带来进出口风险转移情况，借助"互联网开源信息＋大数据模型"开展关联对比分析，提出全国性预警建议；通过互联网公开信息等渠道，不定期开展境外信息收集、分析、总结提炼工作，将外部信息转化为预警提示。

【业务运行风险监控】2021年，呼和浩特海关建立"日监测、周通报、月评估"监控评估机制，每日开展布控查验业务运行监测，每周通报业务考核指标完成情况，每月开展业务运行评估。7月20日，呼和浩特海关组织召开大数据开发应用小组会，总结前期开发经验并研讨，确定开发目标，进行集中攻关。12月27日，呼和浩特海关依托大数据平台，开发报送"中欧班列中通道—口岸海关""中欧班列中通道—出发地海关"2个预警监测指标被收录在《全国海关风险业务监测指标（云擎）目录》中，供全国海关风险领域专业人员进行日常业务监测应用，实现呼和浩特海关预警监测领域该项指标被全国海关采纳"零的突破"。全年，根据监控评估情况，呼和浩特海关撰写业务运行评估报告和专项风险分析报告13篇。

【署级风险预警课题】2021年5月14—21日，呼和浩特海关派员参与总署风险管理司组织"海关风险管理差异化绩效评估方法研究"课题研究集中工作。课题研究通过学习和了解现代管理中比较成熟的绩效评估原理和方法，按照定性和定量相结合原则，综合考虑海关风险管理实践应用可行性和必要性等因素，总结梳理结果导向型等2大类8小类开展海关风险管理绩效考核评估借鉴方法。通过建立多角度多层次的立体式绩效考核评估指标体系、搭建差异化绩效考核评估数据中台、细化评估各类风险防控成效颗粒度等建议，通过差异化绩效考核方法来促进海关风险管理高质量发展。

风险分析处置

【风险管理高质量发展规划与实施方案制订】2021年7月23日，呼和浩特海关确定，到2025年全面形成统顾全局、精准靶向、智能高效、协同共治风险管理体系，大数据应用能力达到全国海关先进水平，应用领域覆盖率85%以上。9月18日，呼和浩特海关制订推进风险管理高质量发展实施方案，主要任务是构建以供应链为单元风险防控机制、构建风险防控区域协作机制、落实更为有效风险管控措施等21项内容。

【"猎鼠"专项行动】2021年，结合口岸冻品进口实际情况，呼和浩特海关分析人员调取近年来查发的冻品走私案件，开展数据分析研判，梳理冻品走私特点、作案手法等，总结冻品走私案件查发经验，建立冻品走私商品种类、企业等黑样本影子库。同时，应用大数据"云擎"平台，建立关区进口冻品监控模型3个，实时动态监控，发现异常及时加载预定式布控指令。在此基础上，开展内外部进出口数据对碰，深挖信息。与一线执法部门、缉私部门开展联系配合，集中风险研判3次。专项行动以来，布控查发冻品夹藏等情事23起。

【"国门利剑2021"风险防控】2021年，按照总署"国门利剑2021"专项行动部署，呼和浩特海关开展洋垃圾、濒危物种及其制品、防疫物资、涉税商品等风险防控。分类建立专岗，搜集相关态势分析报告、风险信息以及全国查发典型案例，总结提炼风险特征和走私手法，充实完善影子商品库。发挥风控部门风险布控验证手段、数据信息优势、案件审理信息优势，形成打私合力。同时，发挥自治区口岸安全风险联合防控机制作用，走访濒危办、公安机关、农牧业厅就辖区内濒危野生动物走私风险、涉毒涉枪风险、粮食类商品病虫害转基因风险等方面了解市场情况，借助联合防控成员单位的信息和职能管理优势，反向分析进出口商品风险要素。全年，呼和浩特海关通过人工分析布控查获移交缉私立案57起。

【邮递物品风险防控】呼和浩特海关作为新一代风险作业子系统非贸模块邮递应用试点单位，于2021年2月3日在邮递现场试运行。1月6日，呼和浩特海关制订工作方案，成立新一代风险作业子系统非贸模块邮递应用试运行工作组，负责统筹推进试运行工作。试运行首月，查获国家管制二类精神药品、涉税风险名牌包、表、手机、雪茄、服装等情事百余起。全年，在邮递渠道布控查发各类安全准入风险情事257起。

【跨境客车渠道风险防控】2021年3月15日，为进一步规范跨境客车风险防控，提升跨境客车风险防控整体效能，构建上下联动、左右协同、内外配合风险防控机制，呼和浩特海关印发《跨境客车风险防控业务操作规程》《跨境客车风险防控业务联系配合办法》。5月，呼和浩特海关监管作业模式改革辅助系统（二期）进行测试，含"客运车辆风险分析"模块。10月12日，该辅助系统完成项目测试及试运行功能性验收，投入使用。

▲7月28日，乌海海关开展安全生产检查和危化品监管

【涉检风险研判】2021年，呼和浩特海关组建风险分析研判专家组。3月18日，一季度联合研判会议召开，技术中心专家组成员就关区重点商品历史查发情况、风险特征及后续管理需求等议题开展风险研判，梳理业务风险防控重点，提出布控规则加载建议。全年，呼和浩特海关召开涉检风险联合研判6次。

▲3月18日,呼和浩特海关组织开展联合研判

【"清邮"行动】2021年6月11日,结合邮递渠道风险态势和监管特点,呼和浩特海关制订"清邮"行动方案,自6月11日至7月31日,组织开展为期2个月的邮递渠道安全行动,成立专项行动领导小组,明确职责分工,确定行动目标、任务,突出打击重点。行动期间,在邮递渠道原有常规查验力量基础上,组建专项查缉队伍,先后4次开展专项联合研判,先后4次赴邮递监管现场开展切片式查验;查验邮包657个,查获安全准入风险情事13起。

▲6月30日,呼和浩特白塔机场海关开展"清邮"行动现场

大数据应用

【大数据应用队伍建设】2021年,为吸收积累大数据模型研发经验,呼和浩特海关派员参与总署大数据海关应用"百日攻关",自2019年起历时482天。1月,呼和浩特海关为提升大数据应用能力,组建"大数据模型应用攻关党员突击队"。海关风险管理子系统于7月1日起正式启用。呼和浩特海关拥有HF2020系统数据应用授权用户9人。

【大数据应用效果】2021年,呼和浩特海关梳理风险防控重点、绩效考核重点,确定搭建"出口科学随机规则绩效评估"模型为集中攻关目标。3月,"出口科学随机规则绩效评估"模型经总署认证,成为"云擎"系统全国平台级应用,实现呼和浩特海关平台级应用在全国海关大数据应用"零的突破"。全年,呼和浩特海关发布"云擎"平台级模型应用11个,位居全国海关前列。

(撰稿人:何江平　江建东　吴海燕
　　　　刘晓平　王鑫远　张　晶
　　　　张　旭　依仁且　李志花)

税收征管

【概况】 2021年，呼和浩特海关以综合治税为抓手，统筹税收征管与促进外贸发展，全面推进高质量税收工作。全年征收关税和进口环节税净入库71.99亿元，和2020年相比增长14.87%，其中：关税6.38亿元，比2020年减少12.11%；进口环节税65.61亿元，增长18.40%。制发归类预裁定决定书6份；电子支付率保持在99%以上；汇总征税方式申报报关单1.16万票，比例提高至17.14%；为企业办理滞纳金减免手续10份，减免滞纳金1.5万元。签发各类出口原产地证书1.23万份，增长9.56%；签证金额15.59亿美元，增长56.52%，为企业出口产品减免进口方关税约4,091万美元。通过"呼和浩特海关12360服务热线"微信公众号发布政策解读39篇，在各类新闻媒体发布税政宣传稿件57篇。

税政调研与估价管理

【税政调研】 2021年，呼和浩特海关按照总署关税司"加强税政研究，积极参与税收政策制定"要求，根据国家宏观经济发展形势，结合政策实施效果评估、产业发展现状、企业行业发展合理诉求，以历年由海关提出并被税委会采纳实施建议为重点，搜集行业、企业税收政策调整需求，对100余项主要进出口商品进行分析，特别是针对国家支持的"三农"、脱贫攻坚等重点企业、重点商品量身定制税则调研课题。至4月底，提出6条税政调研建议，全部通过全国海关税政调研福州片区初审。7月，呼和浩特海关撰写完成

▲12月5日，呼和浩特海关接受企业赠送锦旗

税政调研报告，其中4篇税政调研报告通过总署税收征管局（上海）、关税司审核后报送国务院关税税则委员会，被其采纳并在2022年进出口关税子目中体现。这是呼和浩特海关提出税政调研建议首次被国务院关税税则委员会采纳。被采纳建议内容具体为：新增"沙棘汁"本国子目建议；将税号3104.2020纯氯化钾和税号3104.2090其他氯化钾按暂定税率1%实施建议；新增高速轴联轴器（风力发电机组用）进口暂定税率建议；取消"骨炭"《禁止进口商品监管证件》建议。

【估价管理】2021年，呼和浩特海关根据估价征补税主要特点、存在问题及解决办法，建立"价格风险防控—现场估价作业—价格审查—价格合规管理"估价工作机制。9月1—2日，为提高估价工作业务水平，呼和浩特海关组织各隶属海关估价条线业务人员，全员参加总署关税司举办的海关估价业务网上培训班，学习新出台估价管理规定及估价指引、价格风险防控策略等。全年呼和浩特海关重点对铜精矿、铁矿石、锌精矿、银精矿、原油5种主要税源商品开展估价征补税作业。

征收管理

【综合治税】2021年，呼和浩特海关发挥综合治税领导小组作用，解决综合治税工作中职能交叉等问题；开展欠税风险分析监控，实时掌握辖区主要税源商品、主要涉税进口企业生产经营运行情况。11月12日，呼和浩特海关召开综合治税工作会议，研判分析税收形势，布置综合治税工作，强调要切实发挥好呼和浩特海关和隶属海关二级综合治税领导小组组织、指导、协调作用，抓好分工落实，统筹通关便利与依法科学征管。全年呼和浩特海关征收关税和进口环节税净入库71.99亿元，同比增长14.87%。

【税收分析】2021年，为更好地发挥税收分析对外贸和税收形势研判以及辅助决策作用，呼和浩特海关每月开展税收分析，全年向总署关税司报送税收分析报告12期。结合关区进出口特色或重点商品，对羊绒、铁矿石等开展专项分析，形成《关于关区进口蒙古国羊绒价格情况的风险分析报告》《关于关区进口铁矿砂价格情况的风险分析报告》。

【属地纳税人管理】2021年，呼和浩特海关继续推进属地纳税人管理，制定乳品、原油、铜精矿重点进口企业管理和服务措施，建立起50家属地纳税企业台账，与其中13家企业签订《合作备忘录》，并配备关税协调员。4月27日，赴某乳品企业对其拟进出口6项商品进行归类预裁定申请指导。10月21日，举办属地纳税人管理业务视频培训，传达"全国海关属地纳税人管理业务培训"精神，解读《全国海关推进落实属地纳税人管理工作方案》，介绍属地纳税企业底账和"双特"台账登记管理及纳税遵从度评估工作。10月31

日，制定台账模板，细化差别化合规管理措施，明确服务事项内容，建立涵盖企业进出口情况、企业行业发展情况等84项企业底账，完成企业底账填制和纳税遵从度评估工作任务。11—12月，完成纳税总额前30位报关企业底账填制和纳税遵从度评估。全年，呼和浩特海关将纳税排名前30家重点税源企业纳入属地纳税人管理，管理企业税收覆盖度80%。

【企业集团财务公司税款担保】2021年，呼和浩特海关推进企业集团财务公司担保工作。年初，某企业向呼和浩特海关提出，开展为其企业集团成员单位在呼和浩特海关办理进出口业务，提供税收担保申请；呼和浩特海关经过初审并报总署批准，同意其开展财务公司参与税收担保改革试点。至此，呼和浩特海关关区4家企业集团财务公司获得总署关税司批准，为其成员单位进出口业务提供海关税收担保。

【税款担保改革】2021年11月末至12月初，根据《海关总署关于深化海关税款担保改革的公告》，呼和浩特海关开展从12月1日起以企业为单元、一份担保可以同时在全国海关用于多项税款担保业务税款担保改革，在12360微信公众号向企业推送《海关税款担保新模式，你需要了解的都在这里！》政策解读文章，设立专人专岗，收集、解决新上线税款担保模块使用中问题。12月9日，呼和浩特海关受理第1票"一保多用"税款保函。全年企业集团财务公司开立保函5份，担保额度3.78亿元，为企业节约通关成本300余万元。

【组建税收征管人才库】2021年，呼和浩特海关在关区范围内开展税收征管人才选拔，组建税收征管业务人才库工作；明确纳入税收征管人才库关员将参与承担相关政策研究、业务培训、业务核查等专项工作；规定入库人员需具备3个资格条件：具有较强的研究分析和处置税收征管复杂疑难问题能力，从事税收征管工作3年以上，具有归类等海关关税征管业务领域专长。呼和浩特海关税收征管业务人才库确定归类、估价、原产地等7个专业方向，67名税收征管业务人员入选。

【涉税化验调研】2021年，呼和浩特海关成立课题组，组织开展涉税化验调研，并形成《涉税化验调研报告》。该报告按照"涉税化验调研提纲"要求，从基本情况、存在问题、意见建议3方面入手，通过对呼和浩特海关涉税化验业务进行系统梳理，对工作中存在不足进行分析，特别是针对呼和浩特海关主要涉税送检业务与涉税承检实验室可自主检测业务匹配情况、2020年度涉税化验总体情况及机构改革前后业务变化情况、2020年度涉税化验数量与绩效同比变化情况等开展重点分析研究，提出统筹全国海关涉税实验室资源、优化涉税实验室布局等4方面优化建议。

【携手助企专项活动】2021年6月11日，为深入开展党史学习教育，帮助企业解决实际问题，呼和浩特海关关税处、统计分析处党支部赴企业开展"我为群众办实事 携手助企业促发展"主题党日活动。活动期间，关税处、统计分析处党支部参观企业党建活动室、了解企业建设情况，与企业交流党史学习教育及党建工作经验，向企业宣讲海关政策，针对企业提出问题现场为企业提供咨询、给予解答。12月，河北省某公司、内蒙古某公司为感谢呼和浩特海关在办理减免税业务过程中给予企业政策指引与服务，先后赠送题为"鼎力相助 情系企业 廉明高效 热情服务""热情贴心为企业 高效规范办实事"锦旗。

▲6月11日，呼和浩特海关关税处、统计分析处党支部赴企业开展"我为群众办实事 携手助企业促发展"主题党日活动

【行邮税征管应用系统试点】2021年，总署关税司决定增加呼和浩特海关为开展行邮税征管应用系统试点单位。11月23日，为确保完成征管应用试点工作，呼和浩特海关制订工作方案，11—12月期间在白塔机场海关邮递、B类快件、旅客通关渠道及二连海关旅客通关渠道开展行邮税征管应用系统试点；成立呼和浩特海关行邮税征管应用系统试点工作领导小组。11月19日，完成对现场海关人员授权；11月23日，完成征管应用相关业务参数配置；11月25日，完成业务流程及系统切换准备；11月30日，启动试点，梳理试点情况，登记问题台账；12月12日，梳理旅检、邮递、B类快件渠道试点情况，提出应对方案建议，提出业务流程及模式完善意见；12月15日，完成试点工作。

【进境物品税收征管督导核查】2021年3月5—10日，为防范进境物品税收风险，呼和浩特海关赴隶属白塔机场海关邮局和快件通关监管现场实地跟班，了解行邮物品现场审价、归类、征税等作业流程及系统使用情况。5月19日，再次赴白塔机场海关邮递业务现场调研督导。全年对重点行邮现场进行实时督导7次，开展行邮物品监控分析，发布行邮风险预警信息建议37篇，提炼风险参数29条；组织开展专项核查10次。

税收风险防控

【协同防控】2021年，呼和浩特海关按照总署"建立风险警示信息的共享机制"要求，搜集、报送税收风险建议，各部门单位协同开展并整合税收风险参数建议和预警信息的收集、报送，在税收征管等工作中将发现涉税风险信息，分析提炼风险特征。全年报送多条税收风险建议，并被总署采纳；处置验估指令及时率

100%；事中、事后验估指令反馈及时率100%，有效率92.92%。

【征管规范】2021年，呼和浩特海关建立征管规范抓手清单，包括属地规范申报、欠税追缴及时性等8个方面。6月和9月，先后2次组织隶属海关业务人员进行线上培训，对开展征管作业中易出现问题进行梳理归纳，提炼总结20余条可能存在的风险点，并逐一进行讲解，统一规范操作。7—10月，组织各隶属海关先后自查报关单700余份，梳理作业流程，形成核查意见。8月27日，要求各隶属海关明确作业规范，做好政策宣传。12月，将整理汇总42个问题风险点印发各隶属海关，组织开展自查整改。全年开展进口煤炭、木浆等大宗商品规范申报检查，纠正申报不规范情事；开展大宗商品归类和出口商品归类专项复审，发现并纠正相关报关单归类差错。

原产地管理

【《亚太贸易协定》项下货物享惠】自2021年1月1日起，原产于蒙古国部分进口商品适用《亚太贸易协定》税率，遵循《亚太贸易协定》原产地规则。1月，为帮助企业熟悉了解此项税收政策和相关业务操作，呼和浩特海关通过12360微信公众号发布解读文章《蒙古国加入亚太贸易协定，中蒙已于1月1日起相互实施关税减让》，向企业推送宣传。1月6日，呼和浩特海关在关区范围开展摸底调研。2月5日，呼和浩特海关办理全国首票蒙古国进口货物通关享惠。当年，呼和浩特海关自蒙古国享惠进口《亚太贸易协定》项下货物179票，税款减让约259万元。

【RCEP实施准备】2021年3月11日，为推进RCEP实施，呼和浩特海关制订RCEP关税实施准备宣传培训方案，分3个阶段推动实施，主要是：第一阶段：将开展RCEP关税实施准备宣传培训工作作为年度关区关税重点工作之一，列入2021年关税工作要点；在"呼和浩特海关12360服务热线"微信公众号发布宣传解读文章，向广大进出口企业宣传RCEP；通过线上培训方式组织对关税职能部门和隶属海关业务培训。第二阶段：依托总署"海关e课堂"、钉钉平台，组织开展线上学习，并通过课后考核，检验学习效果；隶属海关通过关企微信群、现场公告栏、电子显示屏对外推送RCEP原产地规则和关税减让政策、原产地管理办法等相关内容，积极向企业进行宣传讲解；根据疫情防控要求，采取召开政策宣讲会或送政策上门等方式，主动宣传讲解RCEP，为RCEP实施创造良好的舆论环境。第三阶段：隶属海关采取对相关企业的培训、在媒体刊发解读、撰写分析材料等方式，进一步组织开展宣传培训。4月22—23日，呼和浩特海关和内蒙古自治区商务厅、中国银行内蒙古分行、中国出口信用保险公司内蒙古专项办共同举办自治区RCEP协定解读及2021年外贸形势分析培训班，274家企业及相关单位609人（含关员23人）参加。5月6日、7月23日、10月14日，为配合总署上线RCEP原产地管理信息化应用项目，呼和浩特海关先后3次布置该系统及2.0、3.0版关区上线运行准备工作，成立应急专家小组，发布操作手册，进行系统授权，自5月10日开始分三批切换上线系统，10月16日该系统全部项目上线完毕、运行正常。12月，呼和浩特海关发动关区关税条线力量在"呼和浩特海关12360服务热线"微信公众号发布RCEP解读文章《RCEP原产地证书填制攻略》《一文读懂RCEP证书申报，快速办理So Easy!》，在各级新闻媒体刊发《2021年上半年呼和浩特海关签发出口至RCEP成员方货物原产地证书2452份》《呼和浩特海关助力企业抢抓RCEP红利》等RCEP宣传稿件11篇。

（撰稿人：靳　谦　王伟杰　支文华　王　鹏）

卫生检疫

【概况】 2021年，呼和浩特海关统筹疫情防控和促进外贸稳增长，全年检疫查验出入境交通工具36.33万辆（节、架）次，检疫出入境人员37.81万人次。出入境检疫发现有症状者220例；出入境确诊传染病89例；监测体检3,033人次，同比增长16.39%，检出传染病11例；口岸卫生监督许可管理对象187家，同比增长11.31%；日常卫生监督266次，同比增长19.82%；口岸及边境病媒生物监测捕获病媒生物771只（匹），检出病原体104例；监督实施卫生处理32次。呼和浩特海关卫生检疫处党支部被评为内蒙古自治区直属机关先进基层党组织。

检疫管理

【口岸新冠肺炎疫情防控机制建设与运行】 2021年1月4日，呼和浩特海关召开年内第一次统筹口岸疫情防控和促进外贸稳增长专题会议，听取二连海关公路口岸"绿色通道"归国人员入境卫生检疫监管准备情况汇报，研究部署流行病学调查、样本采集、实验室检测等工作，重点强调：呼和浩特海关及其隶属海关两级党委要高度重视口岸疫情防控工作，认真落实各项检疫措施，切实加强工作人员安全防护。此后，根据疫情形势变化和政策调整，呼和浩特海关定期召开专题会议，贯彻落实党中央、国务院决策部署及海关总署、内蒙古自治区疫情防控指挥部工作要求，研判疫情形势，部署呼和浩特海关防控工作，全年召开疫情防控和促进外贸稳增长指挥部会议55次。7月19日，为明确细化疫情防控工作各岗位职责，确保责任到人、措施到位，依据《中华人民共和国国境卫生检疫法》等法律法规及相关规定，呼和浩特海关制定新冠肺炎疫情口岸防控岗位职责，结合疫情形势变化和工作岗位需求对值班领导、现场带班科长、登临检疫岗、健康申明卡核验岗、医学巡查岗、体温监测岗等17个岗位承担工作内容和工作职责作出规定。8月17日，对呼和浩特海关统筹口岸疫情防控和促进外贸稳增长工作指挥部组成人员及工作职责进行修订，调整后12个专项工作组为：综合组、疫情评估组、口岸防控组、科技支撑组、信息宣传组、外事工作组、人员保障组、后勤保障组、防疫物资通关组、促进外贸稳增长工作组、商品风险监测工作组、内部防控组。全年检疫出入境交通工具36.33万辆（节、架）次，其中承担呼和浩特白塔国际机场承担分流北京首都机场国际航班和北京冬（残）奥会备降航班保障任务，检疫入境分流航班32架次、入境人员6,330人次。

【口岸常态化新冠肺炎疫情防控技术方案修订】2021年7月19日，为更加科学有效开展口岸疫情防控工作，呼和浩特海关在2020年10月23日制订的《新型冠状病毒肺炎口岸防控技术方案（第七版）》基础上，修订印发《呼和浩特海关新型冠状病毒肺炎口岸防控技术方案（第八版）》，调整后方案内容主要包括风险预警、入境交通工具检疫、入境人员卫生检疫、个人防护等内容。该方案适用于呼和浩特海关各隶属海关口岸新冠肺炎疫情防控工作。

【陆路口岸检疫查验】2021年，针对陆路口岸"客停货通"实际情况，呼和浩特海关各隶属海关按照总署"一口岸一方案"原则，结合口岸实际，综合考虑入出境人员构成及海关健康申明卡核验等各项能力建设情况，对照、梳理、排查各项工作；对入出境人员实施"三查三排一转运"管理措施，并落实"7个100%"要求；二连浩特公路口岸开通"绿色通道"，保障外交、复工复产、治疗疾病等人员出入境，铁路口岸国际货运列车采用远程方式开展检疫检查。全年检疫入出境人员37.17万人次、入出境车辆36.33万辆（节）次，配合地方对拟入境货运司机前置核酸检测；通过"绿色通道"检疫出入境人员1,605人次，其中入境587人次、出境1,018人次。

▲2月27日，二连海关克服风雪低温天气核验跨境司机健康申报信息

【新冠肺炎季节性疫情防控方案制订】2021年1月20日，在自治区口岸办召开"全区口岸区域冬春季疫情防控工作"视频会议上，呼和浩特海关就口岸区域冬春季疫情防控工作进行部署，隶属各口岸海关全部参加。随后，为做好2021年冬春季新冠肺炎疫情防控工作，呼和浩特海关制订冬春季新冠肺炎疫情防控方案，对防范境外疫情输入、加强出境卫生检疫及对

▲3月9日，乌拉特海关防疫一线关员在甘其毛都口岸验放入境货运车辆

所在地疫情跟踪了解、内部防控3项工作进行安排。10月25日，呼和浩特海关制订秋冬季口岸疫情防控工作实施方案，强调落实疫情防控岗位责任制，主要负责同志靠前指挥；落实落细各项疫情防控措施等。全年季节性疫情防控中未发生突发事件。

【新冠肺炎疫情防控安全防护管理】2021年1月13日，为做好新冠肺炎疫情防控一线工作人员安全防护，预防和控制职业暴露感染，呼和浩特海关制定工作人员安全防护管理规定，成立呼和浩特海关安全防护领导小组和呼和浩特海关安全防护专家组，专家组协助指导安全防护工作。8月13日，为预防和控制职业暴露感染，保障工作人员健康安全，呼和浩特海关提出"安全第一、预防为主""分级负责、条线管理""加强管理、常抓不懈"3项基本原则，重新修订《呼和浩特海关新冠肺炎防控卫生检疫条线个人安全防护规范》《呼和浩特海关新冠肺炎疫情防控动植检业务条线个人安全防护规范》《呼和浩特海关新冠肺炎疫情防控进出口食品条线个人安全防护规范》《呼和浩特海关新冠肺炎疫情防控进出口商品检验条线个人安全防护规范》4个工作规范，就各业务条线岗位人员防护用品种类、不同岗位防护要求、防护用品穿脱程序、职业暴露应急处置等内容进行规定。全年疫情防控中未发生因职业暴露导致感染等情事。

【新冠肺炎疫情防控安全防护培训计划与实施】2021年，针对呼和浩特海关各口岸业务特点和人员岗位资质需求，呼和浩特海关制订卫生检疫条线个人安全防护培训计划，培训内容主要是：个人防护用品知识，卫生检疫不同岗位防护要求，手卫生知识，个人防护用品穿脱程序及安全防护监督员要求。全年组织开展16次培训，其中承办总署级培训9次、自主培训7次。

【新冠肺炎疫情防控安全防护监督】2021年，为做好疫情防控安全防护监督工作，呼和浩特海关制订防护监督工作方案，对安全防护监督工作内容、职责等予以明确，其中监督内容主要是：安全防护监督员在口岸出入境人员卫生检疫作业中，指导现场工作人员岗位防护、防护穿卸、污染分区、人员流向、消毒除污、感染或污染应急处置等工作。12月16日，为确保有效监督、科学监督、精准监督，呼和浩特海关按照"安全第一、预防为主""分级负责、条线管理""加强管理、常抓不懈"工作原则，建立呼和浩特海关、隶属海关、作业班组三级安全防护监督员队伍。指导监督口岸一线工作人员作业操作符合防护标准、规定程序等。

【新冠肺炎疫情防控专项督导】2021年，为做好疫情防控督导工作，呼和浩特海关组建6个新冠肺炎疫情防控督导组，分别对呼和浩特海关各职能部门、各隶属单位疫情防控安全防护制度是否完善并及时更新、工作人员操作是否规范、防护用品穿脱是否熟练等情况，通过视频连线、实地检查、跟班作业等方式进行督导检查；同时，建立关领导每日带班全面督导、督导组定向督导和疫情防控"挑毛病"专家组专项督导三级督导检查机制，对呼和浩特海关各业务现场一线出入境人员检疫、冷链食品和高风险非冷链集装箱货物口岸检测消毒、工作人员安全防护、终末消毒监督4类重点工作开展监督检查。8月11日，布置各隶属单位对照"口岸新冠肺炎疫情防控专项督查工作表"开展疫情防控全面自查。8月26日，成立3个专项督导组，分别对东乌、二连等6个隶属海关新冠病毒消毒处理工作进行专项督导检查。12月13日，布置隶属呼和浩特白塔机场海关对入境客运航空器终末消毒监督工作开展自查。全年开展视频等各种形式督导检查200余次。

▲8月20日，呼和浩特海关开展秋冬季疫情防控督导

【新冠肺炎疫情防控应急处置及演练】2021年，呼和浩特海关制订突发事件应急处置预案，对口岸发生闯关、冲关事件，工作人员职业暴露等6类应急事件具体情形、处置流程及规范等予以明确。6月28日，呼和浩特海关开展口岸新冠肺炎疫情防控突发事件应急处置演练，由隶属二连、包头等海关在辖区口岸分别实战演练口岸工作人员职业暴露、危急重症人员紧急通关事件等场景及处置过程，其他隶属海关通过视频系统观摩；10月25日，隶属东乌海关模拟口岸工作人员职业暴露突发事件进行应急处置演练，通过"腾讯会议"App平台直播讲解，各隶属海关分管疫情防控工作领导及部门、一线工作人员在线上观摩。全年开展职业暴露、冲关闯关、个人防护等疫情防控突发事件应急处置演练21次。

【一线工作人员集中封闭管理】2021年6月25日，呼和浩特海关制订入境人员卫生检疫岗位工作人员封闭管理工作方案，成立呼和浩特海关入境人员卫生检疫岗位工作人员封闭管理工作专班，对卫生检疫岗位一线工作人员实施"14+7+7"封闭管理；对干部职工身体状况等情况进行摸排梳理，建立台账，每周更新汇总。至6月底，各口岸海关一线工作人员封闭管理要求落实到位。

【健康教育】2021年，为进一步巩固抗疫成果，维护社会稳定和国家公共卫生安全，深入贯彻落实《"健康中国2030"规划纲要》《健康中国行动（2019—2030年）》，呼和浩特海关开展出入境健康教育和国境卫生检疫工作宣传，引导出入境人员配合和接受海关国境卫生检疫，利用报刊、广播、电视等传统媒体和微博、微信等新媒体宣传渠道，拓展宣传范围，用通俗易懂、喜闻乐见的方式开展健康教育。全年，开展各种形式健康教育活动10余次。

生物安全

【口岸生物安全宣传教育】 2021年4月15日，《中华人民共和国生物安全法》正式实施。呼和浩特海关赴南门外小学万达分校举办"全民国家安全教育日"国门生物安全知识讲座，围绕全民国家安全教育日来源、意义、国家安全与海关工作联系等内容进行讲解，并设置答疑环节，现场回答学生提问；通过官方公众号、期刊及新闻媒体等开展口岸生物安全宣传。"国门生物安全进校园"宣传活动被《内蒙古日报》先后报道2次。

【"全国疟疾日""世界艾滋病日"主题宣传】 2021年4月，按照总署卫生检疫司开展2021年全国疟疾日宣传活动要求，呼和浩特海关就疟疾临床症状、预防急救、流行特点、出入境申报等内容提前印刷疟疾防控宣传图册，准备开展第16个"全国疟疾日"主题宣传活动；4月26日，呼和浩特海关在口岸现场、业务办公楼等区域张贴预防疟疾宣传海报，向进出境人员发放宣传图册。12月1日，呼和浩特海关各隶属海关单位开展第34个"世界艾滋病日"主题宣传活动，在活动当天拍摄视频资料、开展线上科普有奖问答、发放宣传品等。

【口岸生物安全风险防控研究】 2021年，呼和浩特海关为落实习近平总书记重要讲话精神，践行建设我国北方重要生态安全屏障、祖国北疆安全稳定屏障使命，对海关在总体国家安全观中历史使命与责任担当进行探索，决定开展口岸生物安全风险防控研究，重点围绕"境外、口岸、境内"三道生物安全防线，分析研判陆地边境口岸国门生物安全形势和风险，探讨构建边境口岸国门生物安全体系。呼和浩特海关7名专业技术人员组成课题组，确定研究课题为"边境海关在口岸国门生物安全中的使命和担当"。课题研究结论主要是构建起强大的口岸公共卫生体系、科学的进出境动植物疫情防控体系、先进的进出口食品安全监管体系、有效的防范口岸生物恐怖与生物武器威胁体系等。该课题获得呼和浩特海关优秀政务课题奖。

疾病监测

【传染病监测能力提升】 2021年，呼和浩特海关建成5个生物安全二级实验室，完成二连海关生物安全三级实验室硬件建设。呼和浩特海关国际旅行卫生保健中心启用新建的P2+实验室，新冠病毒核酸检测能力由100人次/天提升至1,500人次/天。全年呼和浩特海关完成入出境人员健康监测体检3,033人次，其中艾滋病监测3,010人次，检出新冠肺炎以外传染病17例，其中乙肝10例、丙肝1例、梅毒6例；进行预防接种3,988人次；发放《国际旅行健康证书》1,174份、《国际预防接种证书》835份、《艾滋病毒检验报告单》854份、《依赖性药品检测证明》21份、《国际预防接种禁忌证明书》1份、《体格检查验证证明书》6份。

【多病共防】2021年3月4日，根据总署防止疟疾输入再传播工作部署，呼和浩特海关制订防止疟疾输入再传播工作方案，确定"政府主导、部门合作、快速精准、联防联控"工作原则，对疟疾疫情监测和风险评估研判、口岸检疫查验等工作进行责任分工和任务细化。之后，呼和浩特海关在多项疫情防控通知和方案中，反复强调坚持多病共防，加强鼠疫、流感及其他重大传染病口岸防控力度，加强传染病监测。呼和浩特海关各口岸现场通过医学巡查、体温监测、健康申报等环节发现有症状者及其他检疫异常者，并在其知情同意前提下采集相关样本，由实验室开展鼠疫、艾滋病、流感等多项口岸重点防控传染病病原体检测。

卫生监督

【口岸公共卫生监督】2021年3月29日，呼和浩特海关制订口岸卫生监督工作方案，明确"强化口岸公共卫生安全第一责任人监管理念""强化口岸公共卫生风险评估意识""规范开展监督工作，严格数据报送"等工作原则，对食品生产经营单位、餐饮服务食品生产单位、食品销售单位、出入境交通工具食品供应单位、二次供水单位、公共场所、出入境交通工具、固液体废弃物等开展监督。全年，呼和浩特海关开展口岸食品及饮用水卫生监督215次、公共场所卫生监督46次、储存场地卫生监督52次，发现问题165个，办理《国境口岸卫生许可证》61份。

▲4月14日，二连海关在公路口岸监督入境货运车辆开展卫生处理效果评价

【预防性消毒处理监督指导】2021年1月8日，为切实加强口岸疫情防控工作，呼和浩特海关印发通知，要求"积极督促口岸运营单位、监管作业场所经营人和运输工具负责人履行主体责任，做好预防性消毒工作""进一步加强口岸现场卫生检疫工作场所的预防性消毒工作""加强对口岸消毒处理工作监督指导，开展消毒效果评价，确保预防性消毒工作有效性"等。全年，呼和浩特海关组织开展消毒处理监督业务培训2次，参训范围为各口岸海关全体工作人员；组织开展2轮次口岸消毒处理单位自查督查；对进口高风险非冷链集装箱货物实施布控作业指令235票，不适合消毒167票（商品无外包装或包装易渗透），实际开展预防性消毒68票。

【口岸食品安全抽检】2021年3月1日，呼和浩特海关制订口岸食品安全抽检工作方案，抽检数量维持在2020年水平不变。9月23日，呼和浩特海关印发通知，强调国庆期间做好年度监督抽检计划同时，加强对月饼、酒类、粮油等节日消费量大的食品及餐饮、食品销售重点场所监督检查，防范口岸发生重特大食品安全事故。全年，呼和浩特海关食品安全监督抽检实验室检测覆盖交通工具和餐饮2个食品大类、14个食品细类，样本数量170件次；监督抽检现场快速检测覆盖12个快速检测项目，样本数量234件次。其中，白塔机场海关食品抽样实验室检测检出不合格项10件次，均为餐具阴离子洗涤剂残留超标，向被抽检企业下达整改通知书，要求其采取严格控制餐具洗涤剂浓度、加大餐具冲洗频次、提高餐具冲洗水温等措施，同时对餐具进行2次抽样复检。

▲5月10日，呼和浩特白塔机场海关在国际机场航站楼食品经营单位开展卫生监督

【口岸常规病媒生物监测】2021年4月19日，呼和浩特海关制订口岸病媒生物监测技术方案，按照"四定原则"开展监测工作，即定时间、定地点、定方法、定人员。随后，各口岸隶属海关均按照方案规定开展鼠类及其寄生虫、蚊类等病媒生物监测。8月26日，呼和浩特海关修订印发《国境口岸病媒生物及鼠疫监测方案》《口岸鼠疫卫生检疫操作指南》等7个口岸鼠疫防控工作制度，对各口岸海关鼠疫疫情防控、病媒监测、应急处置、信息上报等工作作出补充规定。全年捕获鼠类296只，梳检蚤类54匹、螨类14只；捕获游离蜱和梳检寄生蜱89只；捕获蚊类296只。对捕获鼠及其寄生蚤、螨进行鼠疫细菌学、血清学检测，同时采用荧光定量PCR法进行鼠类耶尔森氏菌、钩端螺旋体、伯氏疏螺旋体、巴尔通体等病原学检测，检出巴尔通体阳性127例；对捕获蚊类开展携带病原体检测，首次检出库蚊黄病毒1例；对捕获游离蜱开展贝氏柯克斯体、伯氏疏螺旋体、嗜吞噬细胞无形体、斑点热群立克次体、粒细胞埃立克次

▲8月3日，包头海关在满都拉口岸开展病媒生物监测

体、森林脑病毒及新布尼亚病毒等病原体检测，检出嗜吞噬细胞无形体1例。在入境交通工具上截获2只野兔尸体，经鼠疫细菌学检测，结果为阴性。

【"一带一路"重点口岸病媒生物专项监测】2021年9月3日，呼和浩特海关选取二连浩特、甘其毛都等3个口岸，在常规口岸病媒生物监测基础上，重点开展"一带一路"重点口岸病媒生物专项监测工作，组织采集鼠形动物、蜱类、蚊类等病媒生物，并对其携带病原体情况实施检测。专项监测中布置鼠类监测样方45个，放置有效器械数（包括弓形夹、板夹、鼠笼、智能捕鼠器）5,410夹（笼）次，其中在二连浩特、珠恩嘎达布其口岸开展新型智能捕鼠器在病媒生物监测中应用试点，选择12个监测点，布放智能捕鼠器7,100笼次，对多项技术指标进行测试；捕获鼠类9种235只，采集鼠体寄生蚤8种79匹、寄生螨14只；蜱类监测捕获蜱类89只，其中游离蜱78只、鼠体寄生蜱11只；蚊类监测捕获蚊类79只；蠓类监测无捕获；对专项监测中捕获235只鼠类采集肝、肺等脏器，进行鼠疫耶尔森菌、巴尔通体、钩端螺旋体、立克次体、伯氏疏螺旋体、无形体、汉坦病毒、拉沙热病毒、新型布尼亚病毒、新型冠状病毒10种病原体检测，检出巴尔通体阳性样本201份。

（撰稿人：王东胜　刘丽峰　秦中来
　　　　许　多　胡　磊　高晨菲
　　　　王玉娟　许士勇　李　彬
　　　　娜日斯　斯　琴）

动植物检疫

【概况】2021年，呼和浩特海关深入践行总体国家安全观，在筑牢口岸检疫防线、服务内蒙古自治区农畜产品生产基地建设方面持续发力，成效明显。全年监测动物疫病20余种，检测样品1,800余个、1.30万余项次。在进境植物产品中截获有害生物近200种1万余次，其中检疫性有害生物10余种近200种次；检出不合格油菜籽10余批次。对不合格动物油脂进行退运，对阳性动物进行扑杀并销毁。全年检疫监管进口种羊1,209头、进口种鸡14万羽、进口种马30匹、进口冷冻牛精液77.24万支。推荐7家企业通过TRACES系统向欧盟注册备案。指导1家细胞转移因子生产企业获得欧盟准入资质，实现呼和浩特海关生物材料出口新突破。

进出境动物检疫

【检疫监管制度制定与运行】2021年3月11日，为防止动物疫病传入，保障优质种畜禽安全引进，规范口岸进境陆生动物、动物遗传物质检疫和监督管理工作，呼和浩特海关印发《进境活动物检疫监管作业指引》《进境动物遗传物质检疫监管作业指引》。前者明确检疫审批、预申报、入境前工作准备、口岸现场检疫、接卸监管、运输监管、隔离检疫等11项内容；后者明确遗传物质使用单位备案、进境检疫、监督管理等内容。

【进境动物隔离场验收制度制定与运行】2021年3月10日，为进一步规范进境动物隔离检疫场审核验收工作，加强现有进境动物隔离检疫场日常管理，指导企业做好新建进境动物隔离检疫场建设，呼和浩特海关印发《进境动物隔离检疫场审

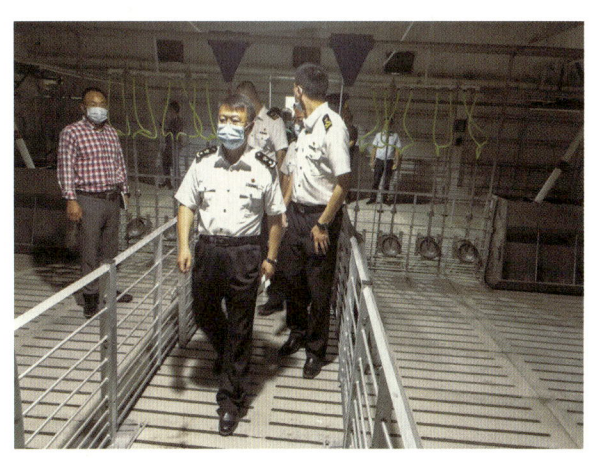

▲7月8日，呼和浩特海关对进境种猪隔离场资质开展验核

核验收作业指引》，明确适用范围、组织领导、职责分工、隔离场分类管理、组织开展场地验收等内容，进境种用和屠宰用大中动物（牛、羊、猪）等隔离场预验收后，由总署验收，其余由呼和浩特海关验收。企业根据《进境动物隔离检疫场审核验收记录表》向呼和浩特海关提交纸质申请材料，书面资料审核通过的，呼和浩特海关组织专项工作组进行实地验核。全年呼和浩特海关审核验收种猪隔离检疫场3个。

【国门生物（动物检疫）安全监测】2021年3月29日，呼和浩特海关制订监测计划实施方案（动物检疫部分），随附1项监测指南和进境种猪、种禽、种马、种羊及非食用动物产品5项监测计划指引。指南明确监测疫病分为重点监测疫病、一般监测疫病等4种。5项监测计划指引对各自适用范围、监测的疫病及抽批（样）比例、采送样要求、阳性结果上报及处置等内容进行明确。全年监测动物疫病20余种，检测样品1,800余个、1.3万余项次；在出口赛马和进口种羊中有阳性检出；对不合格动物油脂进行退运；对检测结果呈阳性进境动物进行扑杀并销毁；对出境检测不合格赛马禁止出境，按照《中华人民共和国动物防疫法》要求，通报自治区农牧部门组织防治。

【来自动物疫区运输工具检疫】2021年12月17日，为落实总署动植物检疫司对来自动物疫区运输工具登临检疫实施风险分级分类管理相关要求，呼和浩特海关制订对来自动物疫区陆路运输工具登临检疫工作方案，明确在常态、特殊状态下登临检疫情形、检疫除害处理监督要求，对来自3种疫病疫区陆路运输工具申报有相关易感活动物时，实施登临检疫；运输工具负责人承担生物安全主体责任，开展环境消毒，对卸离运输工具动植物性废弃物、泔水实施动植物检疫除害处理，海关对检疫除害处理实施监督。全年检疫监管入境车辆30余万辆次。

【绒毛出口企业推荐至欧盟】2021年3月2日，呼和浩特海关对辖区出境非食用动物产品生产、加工、存放单位进行梳理，新增注册登记1家羊绒制品出口企业；完成3家企业换证，上述企业全部推荐至欧盟。

【供港澳活牛育肥厂注册】呼和浩特海关辖区内3家公司分别于2021年7月27日、8月20日、9月16日向呼和浩特海关提交供港澳活牛育肥场注册登记申请，按照有关规定，呼和浩特海关分别派出评审组进行现场考核评审，认为上述3家公司在选址、功能区设置、配套设备、防疫消毒等方面符合供港澳活牛育肥场动物卫生防疫要求，同意注册登记。9月23日，呼和浩特海关提请总署在总署网站予以维护和更新。这是呼和浩特海关关区首次开展供港澳活牛育肥厂注册登记。

【禽流感疫情防控】2021年，为进一步筑牢口岸检疫防线，严防疫情传入和叠加,呼和浩特海关就进一步加强禽流感疫情防控工作作出安排。隶属东乌海关、乌海海关落实进境种鸡国内运输防疫和隔离检疫各项检疫监管措施,按照要求进行抽样送检,采血过程双人视频监督并全程录像,确保进境检疫安全。全年未检出高致病性禽流感阳性。

【进口种羊检疫监管】2021年6月7日,根据自治区疫情防控指挥部及港澳台工作组召开某国种羊包机入境相关工作会议要求,呼和浩特海关对接自治区新冠肺炎疫情防控指挥部,参加入境种羊协调会;是月8—12日,制订进境种羊工作方案和应急预案;13日,与进口企业、检疫处理单位、自治区农牧部门召开专项业务会,对现场监管、检疫处理等相关人员开展防疫消毒、隔离检疫、无害化处理等业务培训。15日,1,209只种羊通过包机抵达呼和浩特白塔国际机场,呼和浩特海关及隶属呼和浩特白塔机场海关、包头海关各司其职,开展人员防护、现场检疫、运输检疫等相关工作,在包头某指定隔离场开展为期45天隔离检疫;隔离期间建立"日报告"制度,监督企业对检出阳性羊只作扑杀和销毁处理。

【牛结节性疫病防控】2021年7月23日,呼和浩特海关举办牛结节性皮肤病防控及动物疫病检测视频培训,重点讲解牛结节性皮肤病防控及动物疫病检测规定,各隶属海关从事动物检疫工作23名一线关员参加。10月13日,针对进入秋冬季节,周边国家牛结节性皮肤病、口蹄疫等动物疫情仍呈扩散趋势,口岸重大动物疫病防控形势严峻等实际,为做好口岸牛结节性皮肤病等重大动物疫病防控工作,呼和浩特海关提出进一步强化口岸疫情防控意识、持续强化口岸牛结节性皮肤病防控、加强与邻国联防联控、切实加强生物安全管理和个人防护等要求。全年,无牛结节性皮肤病、口蹄疫等重大动物疫病阳性检出。

【进口种猪检疫】2021年11月5日,针对鄂尔多斯市某养殖企业拟进口某国种猪事宜,围绕做好接机转运及隔离检疫监管工作、严防动物疫情传入和疫情叠加、保障进境种猪安全3项内容,呼和浩特海关要求隶属呼和浩特白塔机场海关、鄂尔

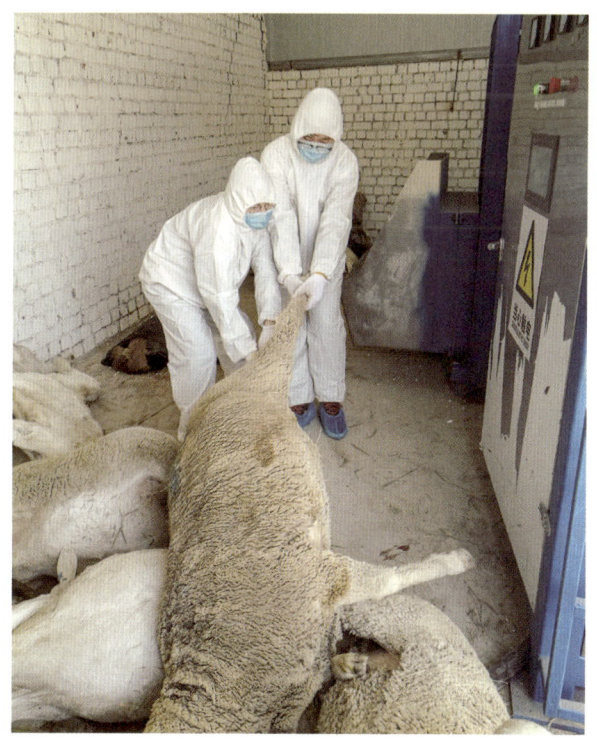

▲7月8日,包头海关监督企业对进境阳性动物进行扑杀和无害化处理

多斯海关针对进口企业提交该企业隔离场引进种猪运输保障方案，根据职责分工，制订各自检疫监管方案、应急预案。12月15日，呼和浩特海关组织隶属呼和浩特白塔机场海关、鄂尔多斯海关及拟进口企业，对《进境动物检疫监管人员新冠肺炎疫情防护和作业指南》开展解读和培训，按照检疫工作总体方案，围绕引种安全，对做好防疫消毒、现场检疫、隔离检疫、检疫处理等全流程工作进行安排布置。到2021年年底，后续工作仍在跟进落实中。

【进境种猪隔离场审验】2021年，呼和浩特海关审核验收种猪隔离检疫场3个。鄂尔多斯市某进口种猪企业，计划在3月底从某国进口1,900余头曾祖代种猪。在接到企业预验收申请和提交材料后，呼和浩特海关一面向企业解读检疫监管和各功能区建设要求，一面指派专人审核材料，指导企业健全场区兽医卫生防疫体系。2月8—9日，专家组对该公司拟申报进口种猪隔离检疫场就设施设备、隔离条件、防疫消毒及管理制度等情况开展预验收。3月1日，提请总署动植司对该隔离场进行审验。4月9日，该隔离检疫场通过总署审核验收，可一次性隔离种猪2,000余头。同年，内蒙古某公司于7月进口1,000余头曾祖代种猪，鄂尔多斯市某公司于11月进口种猪1,400头，其隔离场相继通过总署动植司审核验收。

【进口牛精液检疫监管】2021年1月，为助推自治区乡村振兴及"稳羊增牛"战略实施，呼和浩特海关制订进口冷冻牛精液检疫监管作业指引，对防疫消毒、包装储存、取样送检等关键环节作出规定。5月20—30日，为进一步提升动物检疫业务标准化作业水平，组织业务人员录制《进境动物冷冻精液监管要点》《动物疫病ELISA诊断方法实验室实操要点》等教学视频，提交总署动植司审核后在钉钉平台发布，供全国海关业务人员学习使用。全年检疫进口冷冻牛精液30余批70余万支。

进出境植物检疫

【外来入侵物种防控】2021年，为做好外来入侵物种口岸防控工作，筑牢北疆生态安全屏障，呼和浩特海关制订防控工作方案，拟定加强监测预警、严格审批管理和后续监管、加强口岸防控等措施。3月22日起，每月通报外来入侵物种截获指标完成情况。8月4日，为进一步做好外来入侵物种口岸防控工作，呼和浩特海关成立防控领导小组和工作专班，提出强化信息收集评估、提高防控效能等措施。

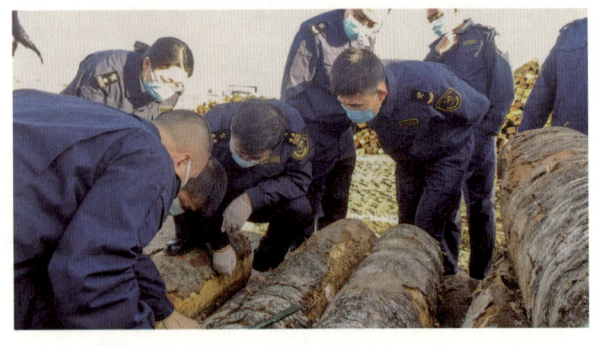

▲10月25日，呼和浩特海关在二连口岸开展林木害虫现场查验实操实练

9月28日和11月11日，呼和浩特海关先后2次对外来入侵物种口岸防控等重大决策部署落实情况、国门生物安全监测方案（植物检疫部分）落实情况等5方面内容开展检查。全年呼和浩特海关在进境植物产品中截获有害生物近200种1万余次，其中检疫性有害生物10余种近200种次；检出不合格油菜籽10余批次。

【国门生物（植物检疫）安全监测】2021年4月12日，为进一步健全海关植物疫情风险监测预警体系，保护我国农林业生产和生态安全，呼和浩特海关制订国门生物安全监测方案（植物检疫部分）。8月3—11日，抽调7名业务骨干组成专家组，采用专家组授课和现场实践教学方式，对植物疫情风险监测开展专题培训；结合外来入侵物种普查总体方案，以二连口岸为试点，开展入境口岸外来入侵物种普查及外来有害生物监测。培训海关监测业务人员18名、企业疫情防控人员25名。

【进出口农产品和饲料安全风险监控】2021年4月29日，呼和浩特海关印发通知，提出高度重视监控工作、成立安全风险监控专家组及工作组、结合实际开展监控3项要求，明确抽样比例、监控物质、检测能力等监控内容。9月28日、11月11日，分别对各隶属海关安全风险监控工作开展专项检查。

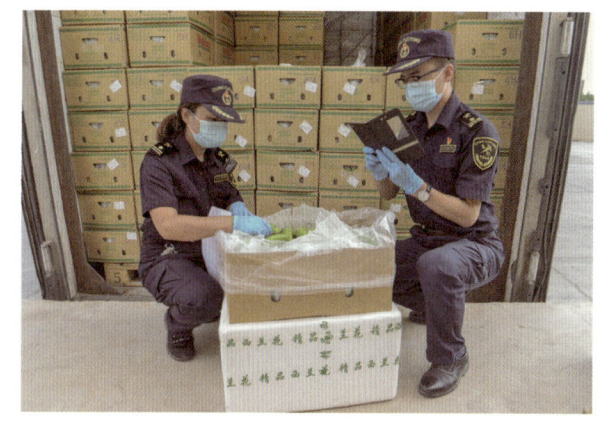

▲7月22日，二连海关对出口果蔬进行查验

【"国门绿盾"行动】2021年4月6日，呼和浩特海关制订打击非法引进外来物种和种子苗木"国门绿盾2021"行动实施方案，明确打击非法引进外来物种、打击非

▲6月17日，呼和浩特海关组织开展植物疫情和病虫害监测

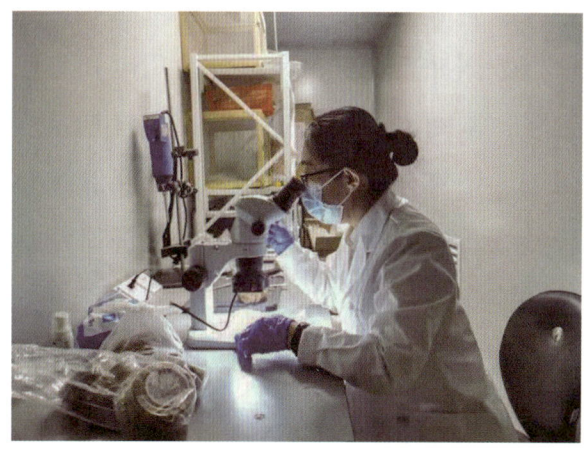

▲6月12日，呼和浩特白塔机场海关初筛实验室对截获动植物产品、外来物种开展初筛

法寄递及携带种子苗木行为、加强非法引进外来物种检疫鉴定等4项工作重点，加大寄递、旅客携带等各渠道检查力度，严厉打击不法个人、单位非法引进、携带、寄递、走私外来物种；重点关注农作物和蔬菜种子、观赏植物等，有针对性地采取风险防控措施，严厉打击非法携带种子苗木等违法行为。全年，呼和浩特海关在关区各现场开展外来物种集中查验8次，邮件查验现场开展"清邮"行动12次。

【进口粮食加工管理】2021年，呼和浩特海关各类进境粮食加工企业资质申请均由企业所在地隶属海关负责受理和初审，初审完成后向呼和浩特海关提交初审报告及申报材料，由呼和浩特海关组织现场考核和审批上报。10月5—20日，呼和浩特海关组织对关区13家进口粮食加工企业开展检查，对照各类进口粮食检验检疫考核条件，重点检查进口粮食接卸、运输、加工及下脚料处理等环节防疫制度落实情况。12月13日，呼和浩特海关要求相关隶属海关通过对信息化系统企业自主填报数据抽查比对，调取企业用电和生产台账，调阅出入厂区视频监控，检查企业采购、销售合同发票等方式，开展后续监管核查。检查结果反馈，未发现进口粮食违法违规情事。

【进出口粮食等企业资质审核】2021年，呼和浩特海关为4家企业开展资质审核，其中：为尽可能减少属地新冠肺炎疫情影响，支持企业发展，组织专家组对呼和浩特市1家进口玉米加工企业资质进行线上审核；联合隶属乌拉特海关组成考核组，对2家申请进口粮食加工资质企业、1家申请出口饲料和饲料添加剂注册登记资质企业进行现场考核；为克服二连浩特市本土新冠肺炎疫情影响，以线上视频方式，对新申请检疫处理资质某企业开展考核。至2021年年末，该项工作仍在推进中。

进出境动植物检疫管理

【"十四五"动植检实施方案制订】2021年11月9日，根据总署《2020—2025年海关动植物检疫发展规划》，呼和浩特海关制订落实"十四五"海关动植物检疫工作指导意见实施方案，提出贯彻总体国家安全观，坚持系统观念、风险意识和底线思维；坚持安全为本，将严防重大动植物疫情疫病传入传出和外来物种入侵作为海关动植物检疫工作的首要职责；坚持依法履职，牢固树立法治意识等总体要求。明确加强动植物检疫法律法规和技术标准体系建设、加强全球动植物疫情和外来入侵物种口岸监测与早期预警体系建设、加强动植物检疫风险评估体系建设等7项具体任务。

【进出境动植物检疫处理监督管理】2021年，呼和浩特海关重点关注落实出入境检疫处理单位质量控制、效果评价、安全保障以及突发事件应急等体系建立和运行情况。9月15日，呼和浩特海关印发《进出境动植物检疫处理工作指引（第一版）》，明确适用范围、资质核准、检疫处理过程、现场监督检查等9项内容，并随附出入境检疫处理单位质量安全承诺书、危险化学品安全使用声明、出入境检疫处理单位核准现场评审记录等规范性表格、记录21个。9月29日，呼和浩特海关开展检疫处理业务视频培训，一线监管人员和检疫处理从业单位有关人员26人参加。11月29日，呼和浩特海关参加总署组织的第二批出入境检疫处理单位监管工作远程视频督查，随机抽取2家检疫处理从业单位，重点检查制度建设、设施设备配备、药剂管理、规范操作等。全年呼和浩特海关检疫处理入境货车7万余列次、入境航班30余架次、入境车辆17万余辆次。

【进出境动植物检疫处理工作质量检查】2021年6月30日，为进一步做好检疫处理及安全风险隐患排查工作，呼和浩特海关通过腾讯视频会议方式组织开展"检疫处理技术及安全风险排查"网上培训，各隶属海关和相关企业119人参加。10月21—26日，呼和浩特海关通过腾讯视频会议方式，对7个隶属海关和4家检疫处理从业单位组织开展检疫处理检查。

【建立进出境动植物检疫审核验收专家库】2021年5月20日，为发挥业务专家作用，呼和浩特海关整合关区动植物检疫人才资源，建立动植物检疫条线审核验收工作人员专家库，覆盖进境动物隔离检疫场，检疫处理及进出境动植物及其产品生产、加工、存放单位资质考核业务，49名工作人员中，动物检疫人员27名、植物检疫人员22名。

【进出境动植物检疫岗位资质培训】2021年10月12—15日，呼和浩特海关围绕重大动物疫情口岸防控技术、进境活动物隔离场建设要求及验收评估监管要点、国门生物安全监测、岗位基础知识、现场实操等7个方面内容，在二连浩特市举办关区重大动植物疫情防控及岗位资质培训。由于培训期间二连浩特市发生本土新冠肺炎疫情，呼和浩特海关将线下培训调整为线上，经考试合格，30人获得植物检疫现场查验岗资质、4人获得植物检疫签证岗资质、31人获得动物检疫现场查验岗资质、2人获得动物检疫签证岗资质。

【助企动植物检疫专项活动】2021年，按照党史学习教育"我为群众办实事——百人联千企 力行外贸促"统一部署，呼和浩特海关组织开展多项助力企业活动。3月28日，为支持二连口岸开放，促进扩大农产品对外贸易，针对二连口岸互市贸易商品将于4月开展进口压力测试实际，组织业务人员对涉及进口某国产油菜籽和洗净羊绒检疫监管瓶颈开展专题研讨，就检疫审批、查验、取样、落地加工等环节拟定简化办理流程等具体支持措施。5月20—31日，为落实"我为群众办实事——党委调研周"，解决企业"急难愁盼"问题，围绕多伦县4,100株云杉按期出口某国，开启两级海关联动"紧急注册登记绿色通道"，将资料初审、现场考核等串联业务流程改为并联操作，3个工作日完成证书发放，该县某公司实现全年销售种苗10多万株。8月27日—9月3日，为推动扩大种苗出口业务，与隶属二连海关组成考核组，对某家申请出口种苗生产加工注册登记企业开展现场考核；为推动活羊出口贸易落地，会同隶属赛罕海关赴武川县某供港澳活羊中转场开展现场考核和指导等。活动期间，收到企业赠送锦旗2面、感谢信2封。

（撰稿人：张锦华）

进出口食品安全监督

【概况】2021年,呼和浩特海关检验监管进出口食品76.22万吨,货值71.09亿元,其中检验监管进口食品9.77万吨,货值6.43亿元;检验监管出口食品66.45万吨,货值64.66亿元,同比增长8.53%。葵花籽、番茄酱罐头、南瓜子分列出口食品前三位。

检验管理

【《中华人民共和国进出口食品安全管理办法》宣传贯彻】2021年4月12日,海关总署《关于公布〈中华人民共和国进出口食品安全管理办法〉的令》《关于公布〈中华人民共和国进口食品境外生产企业注册管理规定〉的令》发布。随后,呼和浩特海关制订宣传贯彻方案,组织实施研讨活动、宣传贯彻培训、建立咨询热线、张贴宣传海报、发布规章解读等。12月2—3日,呼和浩特海关举办进出口食品安全监管能力提升暨加工食品签证官培训班,对《进出口食品安全管理办法》和《进口食品境外生产企业注册管理规定》实施解读,开展工作研讨,针对《进出口食品安全管理办法》中规定境外生产企业注册、检疫审批、进出口商备案、出口原料种养殖基地备案、出口食品生产企业备案、出口食品现场检查、进出口监督抽检等管理措施研提落实方案和任务分工。呼和浩特海关食品管理条线43名关员参加。

【遴选进口食品境外生产企业注册评审员】2021年,呼和浩特海关从食品管理业务条线遴选14名业务干部,作为呼和浩特海关进口食品境外生产企业注册评审员,参加总署进口食品境外生产企业注册评审工作,完成351家进口食品境外生产企业注册审核工作。

【食品安全宣传】2021年6月18日,呼和浩特海关成立"食品安全宣传周"活动领导小组,组织开展宣传活动。活动期间,开展食品安全"进企业""进乡村""进机关"活动,赴乌兰察布市卓资县榆树营村"送健康"下乡,联合当地市场监管部门与村"两委"及村民代表座谈,了解乡村饮食结构及营养健康情况,建立长期法律咨询服务合作,现场解答村民食品安全、健康饮食及食品相关法律咨询210余

▲6月17日，呼和浩特海关开展食品安全宣传进乡村活动

次，为村民发放食品安全宣传手册、医用口罩及书籍等；赴出口食品生产企业"送政策"，解读新版《进出口食品安全管理办法》，推送进口国最新食品安全要求40余条，解答企业咨询20余次；张贴宣传海报、设置咨询台，答复进出口食品企业和自然人咨询60余次；通过呼和浩特海关微信公众号等新媒体"送知识"，发布"食品小课堂之酱油""如何选购乳及乳制品"等科普知识。

【进出口食品安全监督抽检】2021年，呼和浩特海关对监督抽检工作流程和规范进行修订，明确按照布控指令和相关业务规定实施监督抽检计划，12月底前完成风险监测计划、出口动物源计划全部抽样和检测任务。6月29日，呼和浩特海关拟订进出口食品安全监督抽检补充计划和出口动物源性食品安全风险监测实施方案，要求严格执行各项抽检及监测计划、有效实施补充计划等。呼和浩特海关于4月20日、7月20日、10月20日、12月31日，先后4次对进出口食品安全监督抽检工作执行和数据录入情况进行检查，未发现问题。截至12月31日，呼和浩特海关完成年度进出口食品化妆品安全监督抽检计划，其中葵花籽、亚麻籽等11种进口食品由隶属二连海关等具体承担；蔬菜、熟制坚果和籽类、葵花籽等9种出口食品由隶属赛罕海关等具体承担。全年未检出不合格进出口食品。

【进出口食品安全监督专题培训】2021年12月2日，呼和浩特海关举办进出口食品安全监督抽检及风险监测专题培训，培训内容包括抽检工作规范实施和检测数据规范录入等。呼和浩特海关进出口食品安全处、各隶属海关相关岗位工作人员82人参加。

【进出口食品民生项目】2021年，呼和浩特海关拟定民生项目清单及措施，设立扩大肉类进口工作专班和扩大乳品进口工作专班，实行"专人、专岗、专窗"和"政策优先宣讲、单证优先审核、查验优先机检、班列优先验放、问题优先解决"为主要内容的"三专五优"工作法；协同"7×24"小时快速通关机制，做到进口食品随到随查随放；依托食品安全风险信息搜集团队，搜集"一带一路"沿线国家和地区食品安全标准，引导企业用足用好"中欧班列+保税物流中心"叠加政策。全年，呼和浩特海关备案14家定点粮食加工企业，搜集有关国家食品安全标准900余条，粮食调运效率提升20%，进口食品货值突破 16 亿元，其中葵花籽、荞麦进口量同比分别增长 28.94%、94.27%，进口食品合格率 100%。

【进出口食品安全风险监测】 2021 年，呼和浩特海关将跨境电商零售进口食品化妆品风险监测、出口动物源性食品安全风险监测计划中蜂蜜监测任务交由隶属赛罕海关承担，羊肝、羊肉和羊肾监测任务交由隶属东乌海关和乌拉特海关承担，要求 11 月底前完成监测任务。10 月 23 日，隶属东乌海关、乌拉特海关完成出口动物源性食品羊肝、羊肉和羊肾监测任务，所有监测项目均合格。10 月 31 日，隶属赛罕海关完成全年跨境电商零售进口口红、面膜、干制水果、全脂奶粉风险监测任务，监测结果全部合格。这是呼和浩特海关首次承担全国跨境电商零售进口食品化妆品风险监测任务。

【进出口食品安全信息编报】 2021 年，呼和浩特海关从强化信息队伍建设、建立信息报送制度、强化信息采编工作指导、强化风险信息运用 4 个方面综合发力，组建食品条线 72 名业务人员信息员队伍，开展进出口食品安全信息编报工作。全年，呼和浩特海关各隶属海关报送食品工作信息被采用 31 篇。呼和浩特海关食品安全风险信息收集工作被总署食品局予以通报表扬。

【蒙古国食品安全管理体系研究】 2021 年，呼和浩特海关继续开展蒙古国食品安全体系及准入法规研究工作。研究项目自 2019 年启动后，呼和浩特海关成立课题组，多次与蒙古国相关政府部门及国内高校沟通联络，至 2021 年 8 月完成 34 万余字蒙古国食品法律法规及标准收集、翻译、校准工作。其间，2019 年 11 月 12—15 日，联合蒙古国技术监督局完成《食品安全法》等 4 部食品相关法律法规翻译稿校对工作；2020 年 8 月，完成《蒙古国国家标准 黑麦粉》等 36 项食品安全国家标准翻译稿校对工作；2020 年 9 月 26—30 日，联合国内高校完成《食品中兽药最大残留限量》等 5 项食品安全国家标准翻译稿校对工作；2021 年 8 月，完成上述法律法规及标准 2 次校对，并编印出版 2 册《蒙古国食品法律法规及标准》。9 月 10 日，呼和浩特海关系统分析中蒙两国食品安全标准中 9 种重金属、267 种兽药、1,472 个限量指标差异，撰写《中蒙进出口食品安全管理体系比较研究报告》作为阶段性研究成果。9 月 23 日，总署食品局印发通知，认为"呼和浩特海关提交《中蒙进出口食品安全管理体系比较研究报告》，详细介绍蒙古国食品产业发展和监管现状，分析该国食品安全监管特点以及中蒙食品安全标准差异，提出中蒙食品贸易中海关监管的重点目标、关键环节等工作建议，具有较强学习和借鉴意义，印供各单位参考"。中蒙食品安全体系研究成果（具体见表 4-2）发表于呼和浩特海关"'三个争先'十四五专栏"第 1 期、"分析与研究"专栏第 9 期。

表 4–2　呼和浩特海关关于蒙古国食品安全法规标准研究成果一览表

序号	名称	编号
1	中蒙进出口食品安全管理体系比较研究报告	—
2	食品安全法	—
3	食品法	—
4	有机食品法	—
5	强化食品法	—
6	国际操作规程推荐食品卫生通则	MNS CAC/RCP 1:2003
7	食品安全管理体系食品链中各类组织的要求	MNS ISO 22000:2019
8	食品中兽药最大残留限量	MNS CAC MRL 2:2017
9	食品中重金属的最大残留限量	MNS 4504:2008
10	食品添加剂	MNS CAC 192:2015
11	蒙古国 2019 年可用农业化肥清单和使用量	—
12	蒙古国 2019 年农作物保护农药清单及使用剂量	—
13	蒙古国国家标准 大葱	MNS 0259:1982
14	蒙古国国家标准 粉条	MNS 0362:1982
15	蒙古国国家标准 水果、果类产品、蘑菇罐头	MNS CAC 55:991
16	蒙古国国家标准 食用小麦	MNS 0097:2010
17	蒙古国国家标准 大豆蛋白制品	MNS CAC 175:2000
18	蒙古国国家标准 豆腐	MNS 5607:2006
19	蒙古国国家标准 黑麦粉	MNS 3869:2003
20	蒙古国国家标准 葡萄干	MNS 3869:2003
21	蒙古国国家标准 小麦谷物及制品	MNS 4145:2003
22	蒙古国国家标准 面片	MNS 5760:2007
23	蒙古国国家标准 松子	MNS 5786:2007
24	蒙古国国家标准 松子油	MNS 5787:2007
25	蒙古国国家标准 洋葱	MNS 0260:1982
26	蒙古国国家标准 菠菜	MNS 0274:1982
27	蒙古国国家标准 挂面	MNS 0142:85
28	蒙古国国家标准 莳萝（土茴香）	MNS 0273:1982
29	蒙古国国家标准 泡菜	MNS6421:2013
30	蒙古国国家标准 西红柿	MNS 0264:2009
31	蒙古国国家标准 蒜	MNS 0267:1973
32	蒙古国国家标准 马铃薯	MNS 258:2006
33	蒙古国国家标准 圆白菜	MNS38:2001
34	蒙古国国家标准 水萝卜	MNS 0271:1982
35	蒙古国国家标准 红蔓菁	MNS 0269:73
36	蒙古国国家标准 小麦农药限量	—

表4-2 续

序号	名称	编号
37	蒙古国国家标准 菜花	MNS 0257:1966
38	蒙古国国家标准 青椒	MNS 0279:1982
39	蒙古国国家标准 胡萝卜	MNS 0270:1982
40	蒙古国国家标准 黄蔓菁	MNS 0268:1973
41	蒙古国国家标准 小麦粉	MNS 0244:2009
42	蒙古国国家标准 大米	MNS ISO 7301:2000
43	蒙古国国家标准 方便面	MNS CAC 249:2014
44	蒙古国国家标准 饮品	MNS0687:2003
45	蒙古国国家标准 煮、熏肉类产品技术要求	MNS 2060:2007
46	蒙古国国家标准 肉类半制品技术要求	MNS 1804:2018

【食品营养健康宣传】2021年4月2日，根据内蒙古自治区卫生健康委《关于开展营养健康食堂营养健康餐厅创建工作的通知》，呼和浩特海关决定开展营养健康食堂、营养健康餐厅创建试点工作，按照准备阶段（3月11日—5月10日）、试点阶段（5月20日—11月30日）、总结阶段（12月1—20日）3个阶段安排。其间，4月26日—5月23日，呼和浩特海关以倡导合理膳食、杜绝浪费为主题，组织开展"我为群众办实事——乐享营养 健康生活"主题系列宣传活动；活动期间，发布"食'讯'"专栏1期，微信"营养小课堂"3期，线上答题1次，发放宣传资料及张贴海报等200余份；邀请内蒙古自治区人民医院临床营养中心主任郭瑞芳在呼和浩特海关机关开展"乐享营养 健康生活"主题讲座。

【进出口食品安全合作】2021年3月30日，呼和浩特海关细化制订并组织实施进出口食品化妆品安全监督抽检和风险监测计划、做好境内外食品安全信息与进口食品化妆品不合格信息跟踪收集、系统梳理传统贸易进口蔬菜等食品安全风险、强化对重点国家敏感产品检验监管等14项落实措施，随同《2021年呼和浩特海关进出口食品安全工作要点》印发，确定专人推进部门间信息互通、资源互换、信息共享和执法互助工作。5月26日，与内蒙古自治区质量和标准化研究院就"一带一路"

▲5月8日，呼和浩特海关举办营养健康讲座

沿线国家和地区国家食品安全标准体系研究和"蒙"字标体系建设进行交流合作。8月5日，呼和浩特海关参加自治区食品安全形势分析暨风险预警研判会商会议，交流进出口食品安全工作经验。10月29日，内蒙古自治区食品药品安全委员会将进出口食品安全纳入自治区食品安全治理体系，呼和浩特海关进口冷链食品检疫和预防性消毒工作、重大进出口食品、食品添加剂和食品相关产品质量安全事件调查处理、进出口食品安全和国境食品安全风险监测计划、进出口食品食品添加剂和食品相关产品监督管理情况等列入考核内容。

进口检验检疫

【进口冷链食品疫情防控】2021年，呼和浩特海关业务一线按照总署风险布控指令、作业指导书及操作指引等要求，开展进口冷链食品核酸监测检测及口岸环节预防性消毒监督，进口冷链食品检出新冠病毒核酸阳性按应急预案启动程序、开展

▲5月27日，呼和浩特海关视频检查二连海关进口冷链食品预防性消毒监督工作

分级分类处置措施及信息报送等工作。6月10日，呼和浩特海关隶属二连海关在进口蒙古国冷冻马肉托盘样本中检出新冠病毒核酸阳性。呼和浩特海关一方面按照国务院联防联控机制综合组《关于印发新冠肺炎疫情防控冷链食品分级分类处置技术指南的通知》要求实施处置，于当日上报总署，并实施对该企业采取暂停进口申报1周紧急预防性措施。此为全国陆路口岸进口畜肉托盘中首次检出新冠病毒核酸阳性。12月8—18日，国务院疫情防控督察组对呼和浩特海关进口冷链食品疫情防控工作开展督查，在督查反馈会上，肯定呼和浩特海关进口冷链食品疫情防控工作。

【进口冷链食品疫情防控人员安全防护】2021年8月3日，呼和浩特海关制定进口冷链食品各工作环节和工作岗位安全防护措施，落实进口冷链食品安全监管工作人员封闭管理及定期开展人员核酸监测等要求，落实"培训考核、监督管理、自查督查"三位一体安全防护体系和"岗前检查、工作巡查、全程督查""双人作业、互相监督"安全防护监督制度。9月16日，为实现一线工作人员进口冷链食品疫情防控工作随学随查、随用随查，做到应知应会，呼和浩特海关印制《进口冷链食品新冠肺炎疫情防控工作手册》，内容涵盖单证审核、抽采样、口岸环节预防性消毒监督、人员安全防护、阳性处置、数据报送6个环节18项工作要点。

【进口冷链食品疫情防控应急演练】2021年11月2日，呼和浩特海关拟定"进口冷链食品新冠肺炎疫情防控应急演练脚本"，从演练内容和解说旁白2个方面进行准备，涵盖冷链工作穿戴防护装备、现场采样作业、脱摘防护装备、启动应急预案4个场景，组织隶属二连海关等6个陆路口岸隶属海关演练18次，演练时电子屏同步显示，其他隶属海关全程观摩。

【"国门守护"进口食品安全行动】2021年，呼和浩特海关按照《呼和浩特海关进口食品"国门守护"行动方案（2020—2025年）》，推进工作落实。主要措施：修订完善呼和浩特海关进出口食品安全管理规范性管理制度；收集翻译、研究分析蒙古国食品安全法律法规和标准；开展形式多样的食品安全法律法规宣传活动和专题培训；落实境外输华食品安全管理体系审查评估及境外食品生产企业注册规定；督促企业落实主体责任；提升与蒙古国、俄罗斯等"一带一路"沿线国家和地区食品安全合作深度与广度，探索建立中蒙俄经济走廊进出口食品信息通报合作机制等。2021年完成22批入境动植物源性食品检疫审批，配合缉私局开展"国门利剑"行动，查处来自疫区国家冻品走私案5起、26.60吨；全年未发生不合格进口食品输入情事。

出口检验检疫

【出口食品企业培育】2021年，呼和浩特海关成立扩大支持地方特色食品、农产品出口工作专班，着眼于强化监管、优化服务两个方面，采取"一企一策"针对性措施，从种养殖基地源头、生产加工、出口贸易3个方面实施监管和指导。7月9日，呼和浩特海关要求各隶属海关梳理辖区内企业"走出去"相关情况，收集整理企业产品进口诉求，了解"走出去"企业食品进口工作中存在问题和意见建议，组织填报《"走出去"企业食品进口及监管情况调查问卷（海关）》。根据调研统计，呼和浩特海关隶属乌拉特海关辖区巴彦淖尔市某商贸公司在两个国家投资有农业"走出去"项目，种养殖规模达4万吨。企业反映问题主要是：进口A国产品随附植物检疫证书可通过A国兽医与植物卫生监督局官方网站核查证书真伪，但B国进口产品随附官方证书缺乏线上权威核验途径等。经过针对性措施培育，年末备案出口食品企业387家、原料种植基地53家；形成呼和浩特乳制品、蜂产品、饮料产品、巴彦淖尔籽仁类、番茄酱产品、鄂尔

▲3月17日，集宁海关查验出口布控葵花籽

多斯螺旋藻产品等出口食品生产基地，产品远销90多个国家和地区；烤奶皮首次出口加拿大，烤馍锅巴首次出口美国，鲜乳饼干首次出口韩国，葡萄叶罐头首次出口沙特；全年蜂产品、葵花籽、螺旋藻出口货值同比分别增长62.01%、11.55%和49.44%。

【应对境外技术性贸易措施】 2021年10月20日，呼和浩特海关收到隶属乌拉特海关辖区某企业反映其出口某国南瓜籽，在入境某国时因新实施检验检疫措施导致货物滞留口岸情况。经调查，原因为某国实施针对我国植物源性食品斑皮蠹属有害生物紧急措施。呼和浩特海关从全国层面对干坚果类食品出口影响、我国相关产品风险状况和企业诉求等方面进行分析，在向总署食品局报告的同时，向自治区农业部门和相关企业进行通报。该企业反映问题得到解决。

（撰稿人：董国社　陈晓玲　牛晓影
　　　　　张　静）

商品检验

【概况】2021年，呼和浩特海关按照总署部署要求，充分发挥进出口商品质量安全风险预警和快速反应监管体系作用，聚焦安全卫生健康环保，坚持底线思维，防范和化解重大质量安全风险，提升进出口商品质量安全风险治理能力和治理水平。强化对重点敏感进出口商品监管和进出口危化品风险预警与防控能力，指导并监督各隶属海关进出口商品检验工作。全年检验监管进出口工业品2.18万批、42.23亿美元，货值同比增长3.78%，其中检验进口工业品1.44万批、35.79亿美元，主要商品为煤炭、铜精矿、铁矿和原油等资源性产品。检出进口煤炭不合格431批、123.87万吨、1.39亿美元，环保不合格40批、3.55万吨、73.77万美元。检验出口工业品7,481批、6.45亿美元，同比分别增长11.27%、71.09%，主要出口商品为危化品、稀土。检验监管进出口危险品8,815批、47.8万吨、3.63亿美元，其中入境危险品4,621批、16.06万吨、6,107万美元；出境危险品4,194批、31.74万吨、3.02亿美元。

危险品检验监管

【进出口危险品及其包装检验监管】2021年2月，呼和浩特海关组成联合专项检查工作小组，通过深入监管作业场所、查看单证、前往企业、召开座谈会、查询HLS2017系统，对隶属海关进出口危险化学品和危险货物检验监管情况进行检查，对查发检验监管问题责成整改；排查危险品及其包装生产企业情况，对全部94家企业按照企业资质、危险品生产灌装、运输路径、安全数据单等风险点和企业能严格执行危险品生产各项要求，建立危险品安全风险分布档案。3月5日，为加强对出口危险品

▲3月18日，乌拉特海关查验出口危化品

及其包装的有效监管，经对进出口危险化学品种类、危险特性、包装类别、进出口频次等风险信息进行梳理，对2020年进出口危险品及其包装不合格情况进行质量安全风险预警分析，呼和浩特海关印发不合格案例警示通报，检验进出口危险化学品批次不合格率0.51%，发送风险预警信息并被转化为布控规则。5月，对重点进出口危险品企业和监管作业场所，围绕管理制度落实、监管区域管理和企业管理等，开展安全隐患排查和实地检查。全年检验监管进出口危险品8,815批、47.8万吨、3.63亿美元；其中入境危险品4,621批、16.06万吨、6,107万美元；出境危险品4,194批、31.74万吨、3.02亿美元；危险货物包装性能检验444批，危险货物包装使用鉴定3,560批，使用鉴定不合格7批，检出率0.7%。

【进出口危险品属地查验】2021年，呼和浩特海关制订工作方案，推进属地查检业务改革。该方案根据总署对口司局明确需在属地实施检验检疫进出口货物清单，本领域检验检疫要求、合格评定或综合评定技术要求，以及本领域内检验、检疫证书文本内容和填制规范，明确实施有关事项等，并据此推进。

【进出口危险品业务培训和岗位练兵】2021年3月和7月，为提升执法关员执法能力和安全意识，呼和浩特海关先后2次举办出口危险品包装检验实际操作视频培训，有关职能部门和隶属海关100多名关员参加；组建呼和浩特海关危险品检验监管专家组，从二连海关等4个隶属海关选取8位长期从事危险品检验监管业务干部，定期开展危险品检验监管安全培训工作；开展进出口危险品及其包装资质培训需求调研，分别于5月、7月、11月组织3次资质培训考试，115人参加，67人合格。以线上实训等形式，对已取得岗位资质人员、新从事涉危岗位人员开展常态化、实效性学习培训，将危化品及其包装岗位练兵比武参考率、模拟测试成绩等与绩效考核挂钩；选用危化品及其包装监管业务能手加入工作专班，突出学练结合，收集整理40余部法律法规标准，分析近百个知识点。全年呼和浩特海关商品检验条线人员开展专题训练4期，试题App录入试题1,500题，组织模拟测试3次，参与1,000余人次，人均学习时长80余学时，及格率91%，其中80分以上占比62%；隶属赛罕海关张泽宇在全国1.35万名干部职工参加"万人争先"线上练兵活动中，以优异成绩入选全国"百强选手"。

【固体废物属性鉴别】2021年，呼和浩特海关紧盯废矿渣、废五金、废汽车压件、冶炼渣、工业来源废塑料等走私新特点，将废塑料、废电瓶、废旧汽车等固体废物拒于国门之外。3月15日起，各隶属海关分别开展固体废物属性鉴别，对可能存在安全风险进口铜精矿和铁矿石完成1~2次固废属性鉴定；对关区缉私部门开展固体废物属性鉴别工作培训讲座等。9月，呼和浩特海关将落实《固体废物染污环境防治法》、禁止洋垃圾入境工作情况报送内蒙古自治区人民代表大会人大执法检查组。全年开展固体废物属性鉴别6批次，未发现涉及洋垃圾进境货物。

【进出口防疫物资质量安全监管】2021年，呼和浩特海关对进口医疗器械检验监管和进口医疗器械注册证书开展验证管理工作。4月16日，制订出口医疗物资法定检验工作分工方案，明确工作流程、落实措施和主办部门（具体见表4-3）。全年，呼和浩特海关进出口防疫物资234批，价值5,096万美元，无检验不合格情况。

表4-3 呼和浩特海关出口医疗物资法定检验工作分工方案

流程环节	落实措施	主办部门
报关申报	组织指导现场海关明确出口医疗物资申报工作。	综合业务处
风险甄别（单证审核环节）	单证审核等环节布控。	风险防控分局
风险甄别（口岸查验环节）	口岸查验等环节布控。	风险防控分局
单证审核、现场查验	制定出口医疗物资法定检验作业要求。	商品检验处
单证审核	组织出口防疫物资等单证审核。	综合业务处
检查（含出口申报前检验、抽样送检等）	指导隶属海关做好合格评定工作。	商品检验处
现场查验	指导隶属海关现场查验。	口岸监管处
现场查验	指导隶属海关根据商品本身特征确定是否为医疗物资。	口岸监管处
现场查验	汇总出口防疫物资现场查验发现异常数据。	口岸监管处
现场查验	提供我国和国外部分国家（地区）相关医疗物资质量安全标准。	商品检验处
实验室检测	统筹安排实验室检测工作，对送检样品及时开展检测。	科技处、技术中心
后续处置	对于"三无"产品、侵权产品等，联系有关单位、部门进行相应处置。	综合业务处
后续处置	组织指导隶属海关做好涉检案件处置工作。	法规处
后续处置	指导关区缉私部门做好管辖案件办理和相关案件汇总及通报工作。	缉私局
后续监管	做好对相关企业信用管理工作。	企业管理和稽查处
统计	负责统计出口医疗物资数量等信息。	统计分析处

大宗资源商品检验监管

【进口煤炭质量安全风险管理试点】2021年1月，鉴于呼和浩特海关进口煤炭主要来自蒙古国，为压缩煤炭检验时间、提升企业获得感，经总署授权，呼和浩特海关在隶属包头、额济纳海关开展风险管理试点；按照"即到即检，快验快放"作业要求，在甘其毛都和二连浩特口岸开展进口煤炭质量安全风险管理试点。试点通

▲4月8日，乌拉特海关在甘其毛都口岸对进口煤炭进行取样

过优化检验监管模式等措施，进口煤炭整体通关时间压缩1.5天。

【进口煤炭检验监管】2021年2月，呼和浩特海关发布进口不合格煤炭警示通报，2020年检出进口煤炭不合格876批（不合格检出率9.07%）；环保项目不合格40批，对环保项目不合格16批做退运处理；督促进口煤炭企业履行主体责任，在煤炭进口前开展自检自控。7—12月，经对2021年上半年进口煤炭质量安全情况进行风险预警分析，对进口煤炭重点检验监管煤种和品质不合格项目进行技术解析，按照2021年进口煤炭质量安全情况，发布风险警示信息4篇，全部采用并转化为风险布控规则。全年呼和浩特海关检验监管进口煤炭1.05万批次、重1,503万吨、货值19.10亿美元，同比分别增长7.71%、下降45.93%、下降2.20%；其中环保项目不符合国家要求43批次，主要品种为褐煤，部分不合格批次为动力煤；不合格项目涉及氟、灰分，以氟为主。

【进口铜精矿检验监管】2021年，根据《中华人民共和国进出口商品检验法》及其实施条例要求，呼和浩特海关铜精矿全部检验项目均在入境口岸完成。呼和浩特海关落实企业质量安全主体责任，督促铜精矿生产经营者严格履行主体责任，建立健全落实商品质量验收、检验检测、安全认证、缺陷召回和售后服务等责任制度。呼和浩特海关通过安装门式放射性监测设备，报警值设置为本底3倍，进口铜精矿未发生放射性超标情形。全年，进口铜精矿1,337批，重124.9万吨，货值29.61亿美元，无检验不合格情况；受新冠肺炎疫情在蒙古国矿区传播影响，进口量同比下降4.61%，但因大宗资源性商品价格反弹，铜精矿货值同比增长52.48%。

▲5月9日，乌拉特海关克服沙尘天气对进口铜精矿进行取样查验

【进口原油质量检验监管】2021年，呼和浩特海关对进口原油检验监管方式，按2020年10月1日调整后的"先放后验"模式执行；自2021年1月10日开始，进口原油实施口岸"批批验核＋抽批检测"检验监管模式。采取此项措施，呼和浩特海关单证审核环节时间从原来20分钟减少到"一秒审核、一键放行"，口岸通关环节无须等待质量安全检测结果，企业直接提离、运抵卸货，进口原油放行效率提高80%。依照原油检验标准（GB 36170-2018）进口原油质量要求，对进口原油进行API重度分类等综合各项指标进行质量评价。全年，呼和浩特海关进口原油4,666批、17.72万吨，进口原油品质检测数据

稳定，无超标检出。

【出口化肥检验监管】2021年，按照《海关总署关于调整必须实施检验的进出口商品目录的公告》要求，呼和浩特海关指导各隶属海关业务现场按照总署和e-CIQ（中国电子检验检疫主干系统）系统指令要求，对新调入法检目录29个出口化肥实施检验，提醒重点关注涉嫌伪报品名、未经检验擅自出口逃避海关检验监管等业务风险。各隶属海关通过现场设置咨询台和"化肥通关绿色窗口"等，推出"全天预约""优先放行"等便利措施。全年，呼和浩特海关出口尿素4批，无不合格项检出。

检验预警与监督

【进出口商品质量安全预警监管】2021年4月2日，根据《呼和浩特海关〈2020—2025年进出口商品质量安全监管发展规划实施方案〉》，经对出口危险货物包装、进口铁矿石和原油质量安全情况开展抽查检验，呼和浩特海关发布2020年度进出口商品质量安全抽查检验情况通报，出口危险货物包装质量安全抽查检验以出口危险货物包装性能检验为主，对隶属赛罕、包头等海关13家企业17种包装25批样品205件检测样品开展8种项目检测工作，无不合格样品检出；按照进口大宗商品检验监管要求，对21批铁矿石进行有毒有害元素和环保项目全面抽查检验，检测结果良好，各项环保指标均在稳定指标区间内；进口原油抽查检验4批次，以环保和品质指标为主要检测指标，检测结果符合总署关于进口原油质量安全和环保监管要求，无不合格样品检出。全年，对重点进出口商品开展质量安全分析及风险信息收集评估工作，组织隶属各海关收集整理近3年商检领域进出口不合格情况信息799条，全部录入总署"进出口商品质量安全风险管理系统"。

▲7月5日，乌海海关检出一批出口危险化学品数量不合格事事

【防止商品假冒伪劣"清风行动"】2021年，呼和浩特海关开展"清风行动"，针对关区易发虎豹熊狼、羚羊角、旱獭、麝鼠等走私行为，发挥信息先导作用，做好境内外阵地控制。3月23—30日，呼和浩特海关与自治区有关部门对有关单位"清风行动"开展情况进行联合监督检查和指导。呼和浩特海关把打击重点确定为进出口防疫物资及电池、灯具、服装箱包、儿童玩具、体育用品等商品假冒伪劣和贸易欺诈行为。全年，呼和浩特海关查办打击假冒伪劣案例14起，其中涉及一般贸易方式货运渠道发现4起、快件邮寄渠道

10起。

【进出口商品质量监督检查】2021年3月5日，呼和浩特海关发布通报，为加强进出口危险化学品及其包装质量安全监管，通过隶属海关自查和HLS2017系统、e-CIQ、新一代查验管理系统检查，各隶属海关能有效执行进出口危险化学品及其包装检验监管。4月2日，通过HLS2017系统对隶属海关商品检验工作进行监督检查，每月开展出口危险货物检查结果书面排查，呼和浩特海关发布《关于2020年度进出口商品质量安全抽查检验工作情况的通报》，将检验结果特征和质量安全评价指标相结合，为口岸精准布控积累经验。

（撰稿人：满都呼）

口岸监管

【概况】2021年，呼和浩特海关以严密监管高效服务为抓手，统筹口岸监管与促进外贸发展，全面推进高质量口岸监管工作。全年监管进出境货物3,858万吨，开展进出口货物口岸检查4.82万票；监管运输工具112.1万辆（节、架）次，其中监管进出境中欧班列2,666列、入境国际分流航班32架次、返岗复工企业出境包机3架次以及"第比利斯—呼和浩特—阿拉木图"全货运包机10架次。监管邮快件146.5万件（票），其中监管快件58.5万票报关单（全部为进境B类快件），截获检疫截留物315批次、371.64千克；截获涉枪涉爆（含管制刀具）10件。监管入境国际分流航班入境人员6,000余人次，发现有症状人员211人次。开展冷链采样、预防性消毒作业121次。

运输工具监管

【公路进出境运输工具备案管理】2021年，呼和浩特海关核对备案车辆数据，实现公路口岸货运通道与监管作业场所卡口有效联动，8月20日起启用监管作业场所智能卡口地磅重量校验功能。12月6日起，呼和浩特海关对2019年以来进出境边民自驾车、客车、公务车等非货运车辆进出境情况进行核查，排查是否存在超期滞留车辆，联合缉私、公安、交管等部门对辖区社会车辆进行摸排。对发现存在超期滞留、违法违规等情况车辆按规定予以处置。全年，呼和浩特海关办理货运车辆备案1.38万辆、客运车辆备案2,047辆。

【进出境航空器监管】2021年，呼和浩特海关对入境分流航班终末消毒开展监督工作。9月16日、12月3日，呼和浩特海关先后2次分别组织负责入境客运航空器终末消毒监督作业人员，进行入境客运航空器终末消毒监督作业知识培训，从事相关业务工作50余人次参训，主要培训内容包括：入境客运航空器终末消毒监督重点环节作业，研讨布控指令下达、现场执行反馈效率及指导航空公司方案制订；聚焦作业要求及现场实操环节，对终末消毒方案审核、现场终末消毒监督实施到后续监督资料建档进行逐项检查；密切关注重点国家和地区、敏感航线运行计划，提前制订"一机一方案",遵守防疫消毒工作规范要求。12月28日,呼和浩特海关组织由隶属呼和浩特白塔机场海关开展入境客运国际航空器终末消毒及效果评价实战演练。全年,呼和浩特海关监管入境国际分流航班32架次、返岗复工企业出境包机3架次,以及"第比利斯—呼和浩特—阿拉木图"全货运包机10架次;监督入境客运航空器终末消毒32架次。

【分流入境航班监管接受督导】2021年,为做好分流航班保障工作,呼和浩特海关先后召开航班风险研判分析和指挥部会议40余次,监管入境国际分流航班32架次、入境人员6,000余人次,发现有症状人员211人次。5月21日,国家卫健委督导组在呼和浩特白塔机场海关实地调研督导,督导组组长、国家疾控中心传染病防控专家对呼和浩特海关结合实际开展的一些创新做法给予肯定,主要是:流行病学调查区"屏对屏"开展远程流调,减少一线工作人员数量,减少与旅客交叉感染风险,采样区采取单向送风和高效过滤排风系统及转运区实验室空气净化系统等。

货物监管

【中欧班列监管】2021年,呼和浩特海关按照《呼和浩特海关支持中欧班列发展22条举措》开展中欧班列监管工作。该举措包括优化通关监管作业模式等9个方面(具体见表4-4)。5月,为进一步巩固支持中欧班列发展22条举措落实成果,呼和浩特海关组成调研组,赴二连浩特铁路口岸进行班列专题调研,根据调研情况,二连浩特铁路口岸进出境中欧班列实行24小时不间断通关,推行"三专五优"("专人、专岗、专窗"及"政策优先宣讲、单证优先审核、查验优先机检、班列优先验放、问题优先解决")工作法,优化办事流程,将中欧班列运输工具申报、单证验核、实货放行等业务整合至"单一窗口"办理和"7×24"小时不间断值守,班列通关"随到、随查、随放"。全年,经二连铁路口岸开行中欧班列线路54条,进境班列不涉及查验的从申报到放行大约需要7.6小时,涉及查验的查验作业时间大约为8.66小时;出境班列不涉及查验的从申报到放行大约需要0.64小时,涉及查验的查验作业时间大约为2.45小时。全年,呼和浩特海关监管进出境中欧班列2,666列、集装箱27.67万标箱、货重234.21万吨、货值374.97亿元,同比分别增长11.83%、14.67%、4.37%和39.36%,其中进境班列1,162列、集装箱12.70万标箱、

▲5月1日,二连海关在二连铁路口岸集装箱作业区对中欧班列搭载进口板材进行查验

货重151.84万吨、货值52.56亿元，同比分别减少5.91%、5.15%、10.43%和增长30.98%；出境班列1,504列、集装箱15万标箱、货重82.37万吨、货值322.41亿元，同比分别增长30.90%、39.34%、50.09%和40.82%。

表4-4 呼和浩特海关支持中欧班列发展22条举措一览表

序号	业务类型	措施
1	优化通关监管作业模式	启用中欧班列直通监管模式。
2		允许进行舱单归并。
3	全力保障通关时效	开通班列手续办理绿色通道。
4		提高查验效率。
5		中欧班列涉检货物优先验放。
6	支持中欧班列监管基础设施建设	支持二连铁路口岸建设进口肉类指定监管场地。
7		支持乌兰察布市七苏木中欧班列枢纽站点建设。
8		支持乌兰察布市七苏木铁路站点申建对外开放铁路口岸。
9		为二连铁路口岸申请设备支持。
10	支持中欧班列多式联运业务开展	支持乌兰察布多式联运监管中心建设。
11		运用TIR运输方式缓解中欧班列在进出境口岸拥堵问题。
12	积极参与国际海关交流合作	积极参与和落实署级国际合作项目。
13		深化边境地海关国际合作。
14		加大与"一带一路"沿线国家和地区AEO互认合作力度。
15	支持中欧班列拓展业务范围	支持中欧班列运输跨境电商、快件、邮件业务。
16		推进国内急需食品农产品准入，丰富回程班列贸易品种。
17	加大对参与"一带一路"贸易企业支持力度	优化企业监管与服务。
18		加强相关企业信用培育。
19	充分发挥保税监管场所及保税政策对中欧班列的促进作用	支持中欧班列枢纽节点地区的保税监管场所建设。
20		运用保税政策助推中欧班列业务发展。
21	加强信息共享和互联互通	推进无纸化服务应用。
22		拓展数据共享互换新途径。

【"呼和浩特—莫斯科"中欧班列首发监管】2021年9月26日，呼和浩特海关与中国铁路呼和浩特集团有限公司召开座谈会，对拟从中铁呼和浩特局沙良物流园区发往莫斯科中欧班列海关保障事宜达成共识。12月29日，在呼和浩特海关监管下，首列"青城号"中欧班列呼和浩特—莫斯科从中铁呼和浩特局沙良物流园区驶出，开往莫斯科，满载51个集装箱，主要装运空调、家具等货物820吨，货值近

4,000万元。

【公路运输进出境货物监管】2021年1月4日，呼和浩特海关召开进口煤炭检验监管工作会议，决定中蒙边境5个公路口岸进口煤炭全部通过集中申报方式通关，实行"365×7×24"小时预约通关机制，延长每日口岸开关时间，保证进口煤炭随到随查，将运输工具申报、单证验核、实货放行等业务整合至"同一窗口"办理。至4月28日，上述工作得到落实。11月19日，为进一步加强公路口岸监管，打击通过跨境运输工具夹藏夹带货物、物品进出境行为，呼和浩特海关制订查缉工作方案，拟定7方面措施。全年，呼和浩特海关查发并向缉私部门移交案件线索增长40%，其中办理刑事案件10起。

▲12月17日，乌拉特海关克服大风天气登临查验进口铜精矿

【集装箱进口高风险非冷链预防性消毒方案制修订】2021年，为扎实推进口岸环节非冷链集装箱货物新冠病毒核酸检测和预防性消毒监督工作，呼和浩特海关优化现场检查模式，调整现场检查、核酸检测和预防性消毒确认指令，将预防性消毒监督作业嵌入现场检查过程。2月19日，呼和浩特海关修订印发进口高风险非冷链集装箱货物口岸环节新冠病毒检测和预防性消毒实施方案，明确基本流程主要包括进口申报、风险监控、核酸检测、消毒处理指导等内容；进口企业等相关单位自行组织或委托有资质的消毒单位对进口高风险集装箱及装载货物实施预防性消毒，并承担预防性消毒及其相关费用。全年，呼和浩特海关对进口集装箱及装载货物开展采样、预防性消毒监督作业68次。

【进口冷链货物预防性消毒监督】2021年，呼和浩特海关按照业务规范开展新冠病毒检测采样和预防性消毒监督工作。9月30日，为进一步做好进口冷链商品、进口高风险非冷链集装箱及其承载货物核酸检测和预防性消毒工作，呼和浩特海关口岸监管处党支部、卫生检疫处党支部、进出口食品安全处党支部联合开展"我为群众办实事"联合主题党日活动，通过钉

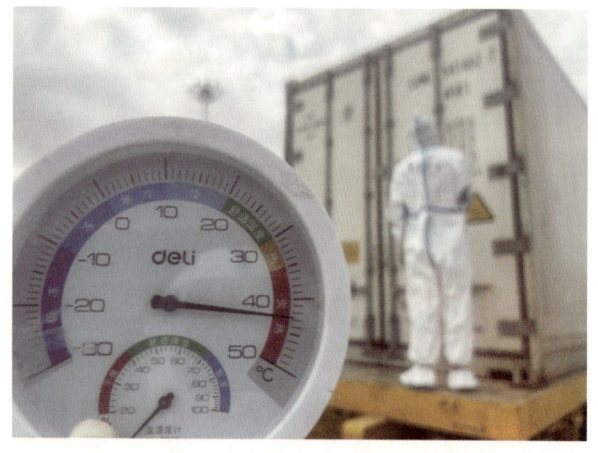

▲6月17日，额济纳海关克服高温天气，保障策克口岸首票过境冷链水果通关

钉培训系统对呼和浩特海关关区各业务现场采样操作、预防性消毒及查验规范作业等内容开展培训，解读总署印发的作业指导书、操作指引等规范性文件，各隶属海关涉及进口冷链商品、进口高风险非冷链集装箱及其承载货物核酸检测和预防性消毒作业人员参训，其中联合进出口食品安全处开展培训4次，参训人员超300人次。全年，呼和浩特海关开展冷链采样、预防性消毒监督作业121次。

快件邮件监管

【快件监管】2021年，为强化快件业务综合监管，落实"由企及物"管理理念，加大对快件运营企业管理力度，呼和浩特海关将是否存在走私违规情事、重大税收和安全准入风险、在稽查过程中是否发现重大问题列为快件企业年审必审条件。于2月26日、3月4日先后审核2家国际货物运输代理公司进出境快件运营人代理报关登记申请并上报总署。全年审核通过快件企业5家。11月24日，为贯彻落实总署新冠肺炎疫情防控工作总体部署安排，呼和浩特海关印发《快件渠道进口物品外包装新冠病毒检测采样实施方案（试行）》，为隶属海关提供人员防护、采样数量、采样方法、样品传递、阳性处置、数据报送等作业依据。11月26日—12月31日，在呼和浩特白塔国际机场快件监管场所，对进口快件开展新冠病毒核酸采样检测，采样26批次375票（件），实验室检测结果全部为阴性。全年，呼和浩特海关监管B类进境快件（关区仅有B类进境快件业务）57.97万份、1,531吨，总值1.4亿元，实征行邮税537.14万元，报关单数、总值及税款同比分别增长6.76%、10.51%、26.51%，物品总重同比减少3.65%。进境快件以奶粉和其他食品为主，其中奶粉27.58万份，其他食品10.51万份，占全部报关单65.69%；衣着类、运动鞋等分列其后。快件来源国以澳大利亚、加拿大和美国为主，占全部报关单量的99.98%。

【邮递物品监管】2021年，呼和浩特海关监管进出境邮件、邮政快件21.80万件，查获疑似红珊瑚等濒危物种及其制品10.60千克；大麻等毒品7批次，994克；盐酸曲马多等管制类精神药品固体约10,531克，液体1,170毫升；疫苗、肉毒素等特殊物品7批次、146克、408毫升；

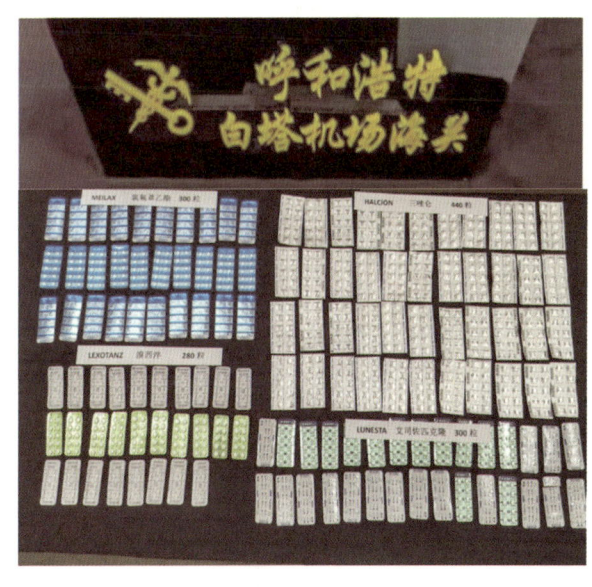

▲6月，呼和浩特白塔机场海关在国际邮递物品监管现场连续查获多种邮寄精神药品

仿真枪配件1箱、12件；管制刀具10把；境外POS机1台。向总署报送并被采用典型案例8篇。

跨境电商

【简化申报与随机巡查】2021年，呼和浩特海关对不涉及出口征税、出口退税、许可证件管理，且单票价值在5,000元以内的跨境电子商务B2C出口商品，办理跨境电商复制推广"简化申报"。8月8日，呼和浩特海关成立"跨境电商B2B出口监管推广工作专班"，将海关在跨境电商B2C监管创新经验推广到B2B领域。全年办理跨境电商"简化申报"企业16家。7月12日，呼和浩特海关要求各隶属海关建立执法人员名录库，执行查验任务时，随机派员开展查验。据巡查反馈，相关要求均得到落实。

【首单"班列+电商"业务监管】2021年2月3日，呼和浩特海关参加呼和浩特白塔机场跨境电商9610出口首单业务暨中国（呼和浩特）跨境电子商务综合试验区机场监管场所9610首单业务（出口）开通仪式，并实施监管。该单货物以生活日用品为主，5,197件、3,573公斤，将通过呼和浩特机场跨境电商直购快件监管库转关至乌兰察布市七苏木保税物流中心，然后转装至中欧班列，途径二连浩特口岸最终运抵莫斯科。这是内蒙古某电子商务有限公司在呼和浩特机场航空口岸开展跨境电商进出口业务首次"试航"。

【"断链刨根"专项整治】2021年6月1日，呼和浩特海关召开打击跨境电商进口走私"断链刨根"专项整治工作座谈会，随后制订行动方案，成立"呼和浩特海关打击跨境电商进口走私'断链刨根'专项整治行动领导小组"，聚焦订单、支付单、物流单造假，对跨境电商进口走私组织开展专项打击。8月20日，决定将整治行动从3个月延长至6个月。专项整治行动期间，呼和浩特海关对3家企业促销报备6批次，涉及80项商品进行验核巡查；赴跨境电商业务现场，对业务情况和监管情况开展实地检查15次；制定远程监控检查机制，组建远程监控检查小组，通过二级监控指挥中心开展跨境电商业务现场视频检查14次，均未发现问题。全年呼和浩特海跨境电商零售进口（1210监管模式）清单9,000余份，验核跨境电商备案企业数量55家，经验核需重点关注企业数量19家，对注册信息核对过程中发现不符合相关资质要求企业指导办理变更手续，移交风险部门问题企业1家；监管跨境电商清单250万票，其中约99%为出口清单。

行李物品监管

【旅客行李物品监管首次采用"一次过检"模式】2021年4月1日，呼和浩特白塔机场海关在新建过渡期国际候机楼首次采用"一次过检"模式，完成出境旅客托运行李物品监管查验。"一次过检"模式下，海关通过与机场安检共用作业现场，共享查验机检设备系统和数据资源，将海关对出境旅客托运行李物品查验和安检对旅客托运行李物品安全检查整合为1次检查。全年，呼和浩特海关监管进出境行李物品0.8万件，截获检疫截留物315批次、371.64千克，截获涉枪涉爆（含管制刀具）10件。

【复工复产"绿色通道"入境监管】2021年1月3日，为做好赴蒙复工复产人员经"绿色通道"回国有关事宜，呼和浩特海关参加内蒙古自治区疫情防控指挥部会议，并议定具体操作流程，做好协调配合和支持指导工作。1月4日，呼和浩特海关召开疫情防控工作会议，听取隶属二连海关关于"绿色通道"归国人员疫情防控工作汇报。同日制订实施方案。1月7日，呼和浩特海关指导隶属二连海关开展赴蒙复工复产人员归国验放演练，察看各环节作业流程，检查设备运转情况，明晰健康申明卡验核、流调排查、采样、转运等工作。1月8日，呼和浩特海关在监控指挥中心远程调度指挥二连公路口岸"绿色通道"归国人员检疫监管工作，重点对行李消毒、流行病学调查、采样、人员交接等环节开展视频检查，对卫生检疫各主要环节耗时进行统计分析。是日，呼和浩特海关监管243名中国籍赴蒙古国复工复产人员经二连浩特公路口岸顺利入境。全年，呼和浩特海关检疫监管通过"绿色通道"入关1,605人次。

【出入境旅客健康申报电子化】2021年，根据《出入境健康申明卡》各旅检现场使用情况，呼和浩特海关各隶属海关在前期工作基础上，继续开展进境人员电子化健康申报推广工作。各隶属海关于6月底前完成全部已进境人员电子化健康申报补录工作。7月，进境人员健康申报电子化率达到100%。

场所场地监管

【监管场所验核与存储危险品排查】2021年1月7日，按照呼和浩特海关新冠肺炎疫情内部防控要求，结合口岸监管实际，呼和浩特海关委托东乌等隶属海关对内蒙古吉呼楞资源有限责任公司海关监管场所等5家海关监管作业场所进行实地验核，验核结果均符合标准。2月25日，为准确掌握监管作业场所（场地）存储危险品货物情况，呼和浩特海关印发通知，组织各隶属海关对监管作业场所（场地）存储危险品货物情况开展摸底排查。经排查，呼和浩特海关关区未发现海关监管作业场所（场地）存储危险品货物超过30天情况。全年，呼和浩特海关每月组织排查，均未发现异常。

【监管场所巡查】2021年7月12日，呼和浩特海关制订监管作业场所（场地）巡查"双随机、一公开"实施方案，开展场所巡查，具备随机抽查信息化系统条件隶属海关通过信息化系统开展，场所巡查工作结束且结果确定后在呼和浩特海关门

▲3月23日，额济纳海关开展监管场所巡查工作

户网站"政府信息公开""双随机、一公开"专栏按要求公布，受社会监督。12月28日，根据"海关监管作业场所（场地）管理系统"场所（场地）巡查模块运行要求，呼和浩特海关组织各隶属海关开展系统应用工作，翌年1月1日系统正式上线。全年，呼和浩特海关辖区有海关监管作业场所48家（具体见表4-5），指定监管场地4家（具体见表4-6）。

表4-5　2021年呼和浩特海关辖区监管作业场所清单

序号	作业场所名称	主管海关	一级类别
1	白塔机场货运国际贸易监管场所	呼和浩特白塔机场海关	航空运输类海关监管作业场所
2	鄂尔多斯机场货运海关监管场所	鄂尔多斯海关	航空运输类海关监管作业场所
3	国家能源集团煤焦化有限责任公司驰恒监管区封闭储煤场	乌拉特海关	公路运输类海关监管作业场所
4	内蒙古伊西煤炭运销有限公司监管场所	额济纳海关	公路运输类海关监管作业场所
5	呼和浩特白塔国际机场货运快件监管场所	呼和浩特白塔机场海关	邮递类海关监管作业场所
6	策克口岸庆华马克公司海关监管作业场所	额济纳海关	公路运输类海关监管作业场所
7	额济纳旗如意永晖能源有限公司海关监管作业场所	额济纳海关	公路运输类海关监管作业场所
8	额济纳鑫贸出境货物海关监管作业场所	额济纳海关	公路运输类海关监管作业场所
9	内蒙古博源实地能源有限公司海关监管作业场所	额济纳海关	公路运输类海关监管作业场所
10	内蒙古亚欧国际海关监管作业场所	集宁海关	铁路运输类海关监管作业场所
11	乌拉特中旗甘其毛都口岸嘉友国际物流有限公司海关监管作业场所	乌拉特海关	公路运输类海关监管作业场所
12	乌拉特中旗甘其毛都华方国际物流有限公司海关监管作业场所	乌拉特海关	公路运输类海关监管作业场所
13	内蒙古甘其毛都际誉海关监管作业场所	乌拉特海关	公路运输类海关监管作业场所
14	额济纳旗浩通能源有限公司海关监管作业场所	额济纳海关	公路运输类海关监管作业场所
15	包头市国际集装箱运输有限责任公司海关监管作业场所	包头海关	铁路运输类海关监管作业场所
16	乌海国际陆港海关监管作业场所	乌海海关	铁路运输类海关监管作业场所
17	二连浩特市汇通公司进口海关监管作业场所	二连海关	公路运输类海关监管作业场所

表 4-5 续 1

序号	作业场所名称	主管海关	一级类别
18	二连浩特市昊罡果蔬园区海关监管场所	二连海关	公路运输类海关监管作业场所
19	蒙珠勒海关监管场所	额济纳海关	公路运输类海关监管作业场所
20	内蒙古嘉易达海关监管场所	乌拉特海关	公路运输类海关监管作业场所
21	内蒙古山河煤业有限公司海关监管场所	额济纳海关	公路运输类海关监管作业场所
22	策克口岸酒钢中兴海关监管场所	额济纳海关	公路运输类海关监管作业场所
23	内蒙古乌力吉港务管理有限公司监管货场	阿拉善海关	公路运输类海关监管作业场所
24	宁煤矿业海关监管作业场所	额济纳海关	公路运输类海关监管作业场所
26	二连浩特市环宇公司出口海关监管场所	二连海关	路运输类海关监管作业场所
27	额济纳旗蒙裕煤炭经营有限责任公司海关监管场所	额济纳海关	公路运输类海关监管作业场所
28	甘其毛都口岸毅腾进口货物海关监管作业场所	乌拉特海关	公路运输类海关监管作业场所
29	珠恩嘎达布其口岸利达国际物流中心出口海关监管作业场所	东乌海关	公路运输类海关监管作业场所
30	珠恩嘎达布其口岸利达国际物流中心海关监管作业场所	东乌海关	公路运输类海关监管作业场所
31	庞泉国际工贸海关监管作业场所	额济纳海关	公路运输类海关监管作业场所
32	二连浩特市边民互市贸易区海关监管作业场所	二连海关	公路运输类海关监管作业场所
33	内蒙古庆华集团陆港海关监管场所	阿拉善海关	公路运输类海关监管作业场所
34	福源天成海关监管场所	额济纳海关	公路运输类海关监管作业场所
35	二连海关嘉友监管作业场所	二连海关	公路运输类海关监管作业场所
36	额济纳旗星晨煤业贸易有限公司海关监管作业场所	额济纳海关	公路运输类海关监管作业场所
37	内蒙古哈伦国际贸易有限公司海关监管作业场所	额济纳海关	公路运输类海关监管作业场所
38	中国外运二连有限公司海关监管作业场所	二连海关	公路运输类海关监管作业场所
39	吉呼楞海关监管场所	额济纳海关	公路运输类海关监管作业场所
40	乌拉特中旗绅禾货物仓储有限公司海关监管场所	乌拉特海关	公路运输类海关监管作业场所
41	额济纳旗策克口岸中蒙煤炭进口监管场所	额济纳海关	公路运输类海关监管作业场所
42	内蒙古满都拉港务商贸海关监管作业场所	包头海关	公路运输类海关监管作业场所
43	内蒙古亿兆资源有限公司海关监管作业场所	额济纳海关	公路运输类海关监管作业场所
44	中国邮政速递物流股份有限公司呼和浩特国际快件监管中心	白塔机场海关	邮递类海关监管作业场所
45	内蒙古禺人商贸有限责任公司海关监管场所	额济纳海关	公路运输类海关监管作业场所

表 4-5 续 2

序号	作业场所名称	主管海关	一级类别
46	坚和能源海关监管区	额济纳海关	公路运输类海关监管作业场所
47	内蒙古蒙太国际能源贸易有限公司海关监管场所	额济纳海关	公路运输类海关监管作业场所
48	跨境电商直购快件监管库	白塔机场海关	邮递类海关监管作业场所

表 4-6　2021 年呼和浩特海关辖区海关指定监管场地清单

序号	作业场地名称	主管海关	类型
1	二连浩特进口肉类指定监管场地	二连海关	进境肉类指定监管场地
2	二连浩特进境粮食指定监管场地	二连海关	进境粮食指定监管场地
3	策克进口肉类指定监管场地	额济纳海关	进境肉类指定监管场地
4	满都拉进口肉类指定监管场地	包头海关	进境肉类指定监管场地

智慧监管

【"三智"示范展示】2021年6月2日，为深入贯彻总署《"三智"合作白皮书》关于"三智"（智慧海关、智能边境、智享联通）倡议总体部署，呼和浩特海关召开"智慧海关"建设方案座谈会，对现有设备管理、采集设备数据应用、视频数据存储、云卡口和辅助系统对接等进行研讨。9月8日，呼和浩特海关成立智慧海关建设工作领导小组，起草"智慧海关"建设框架方案。11月23日，总署某信息专栏刊载《呼和浩特海关深化"智慧海关"建设 科学战疫情、稳外贸、促发展》一文，对呼和浩特海关开展"智慧海关"建设情况进行报道，主要内容是：延展智能化应用战线，加强常态化口岸疫情防控；延长科技化手段运用链条，织牢北疆国门生物安全网；延伸信息化建设维度，抓好服务外贸稳增长。12月，呼和浩特海关"公路口岸监管作业模式改革"项目入选全国海关首批"三智"示范展示项目。

【公路口岸智能卡口联动】2021年10月25日，乌力吉口岸货运通道智能卡口正式启用。自此，关区6个公路口岸客运通道智能卡口全部建成，其中5个公路口岸货运通道卡口与海关监管作业场所卡口实现智能联动，37条货运通道实现无人值守自动验放。关区公路口岸通道智能云卡口系统，通过对接关区公路口岸卡口前端硬件设备和总署智能卡口系统，实现联网运行，接收海关验放指令并控制现场硬件设施运行，提高信息化程度，释放监管作业人力。

【"辅助系统"二期建设与应用】2021年4月15日，呼和浩特海关召开完善监管作业模式改革辅助系统座谈会，重点研讨信息化系统二期建设思路。5月2日，"呼和浩特海关监管作业模式改革系统（二期）"开发完成；10日，在呼和浩特白塔机场、策克口岸开展辅助系统功能模块测试。10月12日，在策克口岸开展系统优化，完成"客运车辆监管"及相关功能实车验证测试。11月23日，在跨境快件监管场所实施辅助系统应用。年底前，实现与总署各监管作业系统全部衔接。

【监控指挥中心运行管理】2021年，呼和浩特海关对二级监控指挥中心日常工作时间开展常态化运行监控。主要措施：监督指导疫情防控和出口医疗物资监管一线工作；遇疫情防控重要事项时，二级监控指挥中心按照职能分工发挥监控指挥作用，实时对口岸监管现场进行指挥调度；安排1名业务人员与1名技术人员专职值守二级监控指挥中心，每日对摄像头在线率开展检查。10月26日，呼和浩特海关开展业务运行监控指挥中心连线会商工作，对参加连线会商人员、地点、会商频次、内容及"挑毛病"专家组排班等事项进行安排。全年，关区视频监控在线率从95.7%提升至98.51%。

【智能审图同屏比对】2021年12月14日，呼和浩特海关举行联席会议，讨论如何在总署"大统一，小自主"指导思想下，有效推动智能审图工作，决定在呼和浩特白塔机场国际快件监管中心进行试点。12月18日，呼和浩特白塔机场国际快件监管中心成功实现CT智能审图同屏比对功能，CT设备可通过自动识别快件申报信息中品名、品牌、规格、数量等关键数据，结合CT智能审图技术，对"图单一致"包裹自动放行，查验时间缩短至6秒。全年，呼和浩特海关更新CT智能审图算法，增加有效拦截商品至32种，主要包括毒品类、枪爆类、刀具类等，与广州等发达地区海关达到同一水平；通过CT智能审图成功拦截快件渠道进口大麻4批次440克，实现智能审图查获毒品"零的突破"。

【智能闸机电子化验核应用】2021年4月16日，为进一步做好健康申明卡电子化验核工作，呼和浩特海关召开研讨会，研究智能闸机上线使用问题。至5月中旬，设备陆续在各口岸安装完成。经测试，实现预期功能，主要是：实现进出境人员健康申明电子化申报、人脸识别抓拍、红外自动测温、智能验核（支持通过手机电子化申报的验核）、闸机验放等一站式多功能；配套应用智慧卫检平台，以护照号为单元建立进出境人员个人通关档案，以健康申报二维码作为进出境全流程索引，"一码通关"；验放时间由1分钟缩短至20秒以内。5月20日，智能闸机设备系统写入自治区《支持内蒙古自治区建设国家向北开放重要桥头堡分工落实方案》。全年，呼和浩特海关对往来于中蒙边境货车司机使用闸机通关19.17万人次。

海关口岸监管环节反恐

【参与口岸反恐标准制定】 2021年3月1日，呼和浩特海关参与起草的内蒙古地方标准《口岸反恐怖防范要求》（DT15/T 2069—2021）在国家市场监管总局完成备案登记，正式发布实施。该标准对口岸反恐怖防范总体要求、反恐怖重要部位、常态化反恐怖防范人员与设备配置等作出规定。由呼和浩特海关牵头起草《海关总署铁路货物口岸核与辐射监测装备配置及管理技术规范》，年内完成报批，以行业标准形式规定铁路货物口岸核与辐射监测装备配置种类和数量，将国内列车辐射探测速度提高到40千米/小时，达到国际先进水平。

【反恐培训与演练】 2021年，为落实全国反恐怖工作视频会议要求，呼和浩特海关组织各隶属海关分别开展实战演练。6月20日，呼和浩特海关邀请防生专家指导，在珠恩嘎达布其口岸举办口岸监管环节生物涉恐突发事件联合应急处置演练。之后，隶属白塔机场海关、阿拉善海关分别举办"冬奥会安保"主题反恐演练，包括化学毒剂桌面推演和枪支弹药联合实战演练；隶属乌拉特海关、额济纳海关、二连海关举办"七一"期间涉恐突发事件应急处置演练，包括核辐射操作演练2次、生物战剂实战演练1次。6月10—20日，结合"我为群众办实事，送教上门服务"活动，组织设备厂家工程师赴隶属额济纳海关、乌拉特海关、白塔机场海关对核辐射巡检仪、核素识别仪、化学毒剂监测仪等19种安全检测及反恐设备开展5场次现场培训，100余人参加。全年完成24台门户式辐射探测设备、5台CT设备、11台X射线机联网升级、13台CT设备增配智能审图管理平台，实现设备在线情况实时监测。

安全生产

【安全生产联防联控合作】 2021年1月26日，《呼和浩特海关 满洲里海关 内蒙古自治区应急管理厅安全生产联防联控合作机制》印发，明确成立应对安全生产事故与突发事件领导小组、工作组，建立联席会议和应急联合处置、信息互通共享、联络员等制度，适用于海关监管区、海关监管作业场所（场地）、口岸监管执法过程中发生安全生产事故与突发事件等。其中，联席会议和应急联合处置制度规定：每年由海关召集召开1次联席会议，互相通报进出口危险化学品企业安全生产、经营、仓储领域安全生产监督和发

▲6月30日，额济纳海关联合策克边防检查站举办应急处置实战演练

现安全隐患等情况，共同研判风险，提升监管合力。全年召开联席会议1次，联合检查2次，通报信息45件次，指导应急培训演练6次，确定联络员3名。

【安全生产管理】2021年1月27日，呼和浩特海关召开党委（扩大）会议，组织学习全国安全生产电视电话会议精神以及自治区安全生产委员会办公室关于切实做好当前和春节期间安全防范工作通知要求，专题研究部署安全生产工作。3月23日，呼和浩特海关印发《2021年安全生产工作要点》，包括3个方面13个要点（具体见表4-7）。4月22日，呼和浩特海关印发《关于调整安全生产工作领导小组的通知》，对安全生产工作领导小组及成员单位进行调整，分析安全生产形势，审定和下达年度安全生产工作要点。5月18—20日，在关区范围内开展安全生产"拉网式"检查，开展安全风险隐患排查。5月24—29日、9月7—17日，分别组织专项

▲5月26日，乌拉特海关关员走进危险品出口企业开展业务指导和检查

检查工作组赴隶属二连海关等，对进出口危险化学品和危险货物检验监管情况进行现场检查。10月15日，呼和浩特海关安全生产工作领导小组办公室编发《关于发布〈安全生产法〉学习宣传工作提示》，全年编发7期；印制新《安全生产法》《企业主要负责人、安全管理人员应知应会手册》，通过邮寄等方式发放给辖区企业负责人和安全管理人员，人手1册。

表4-7 呼和浩特海关2021年安全生产工作要点

序号	类别	内容
1	深入学习宣传贯彻习近平总书记关于安全生产的重要论述	广泛开展专题宣传教育培训
2		推动安全生产重要决策部署落实
3		健全完善关区安全生产责任体系
4	深入开展重点领域安全生产专项整治集中攻坚	强化口岸卫生检疫领域安全风险防控
5		强化进出境动植物检疫领域安全风险防控
6		强化进出口食品安全风险防控
7		强化进出口危险品检验领域安全风险防控
8		强化监管作业安全风险防控
9		强化其他重点领域安全风险防控
10		开展专项督查考核

表 4-7 续

序号	类别	内容
11	持续提升安全防范能力	持续提高现场安全作业水平
12		加强安全生产联防联控
13		促进关区各口岸应急响应能力提升

【"安全生产月"活动】2021年5月28日,为切实推动"安全生产草原行"活动与第21个"安全生产月"活动,呼和浩特海关安全生产工作领导小组决定6月1—30日在关区范围内开展"安全生产月"活动,活动内容包括"深入学习贯彻习近平总书记关于安全生产重要论述"等11个方面。6月4日,呼和浩特海关召开"安全生产月"活动启动会,对开展好"安全生产月"活动进行部署。呼和浩特海关及各隶属海关通过LED屏滚动宣传、微信工作群开展安全生产"云学习"等,分享安全生产相关政策法规、应急避险与自救互救常识,将火灾隐患排查整治、严禁酒驾醉驾等工作融入其中,营造安全生产人人有责浓厚氛围,同时结合党史学习教育"我为群众办实事"活动,开展食品安全、防火用电安全等知识宣讲进广场、进社区、进企业,据不完全统计,参与市民、企业人员2,000余人次,发放安全生产宣传资料和宣传册3,000余份。6月15日,呼和浩特海关编制《关区安全生产理论知识题库》,印发全体关员学习;6月28日,组织开展安全生产理论知识在线测试和安全生产法理论知识在线测试,检验学习成效,1,635人参加,测试结果全部合格。

(撰稿人:王淑芳　谭金龙　祝鼎坤　赵　妍)

政策研究与统计

【概况】2021年，呼和浩特海关按照"数据+研究"要求，聚焦党中央重大决策部署，在强化政策研究、提升数据分析水平、完善数据管理等方面不断开拓进取。参与总署重点商品调研任务，完成《关于我国稀土产业链的分析报告》；服务自治区对外贸易高质量开放，开展"向北开放重要桥头堡"系列课题研究；针对钢铁、乳业、重型机械等重点行业以及医药、单晶硅、稀土和煤炭等重点商品开展分析研究，上报进出口监测分析报告133篇，被国家级媒体采用2篇、海关专栏采用9篇；建立以统计分析处为中心、由各隶属海关专兼职统计人员和业务现场人员组成的"1+N"模式统计数据质量控制机制，打击虚假贸易行为，维护海关统计数据真实性和准确性，审核贸易统计、业务统计数据记录42万条，核查更正数据747条，办理影响统计数据准确性行政案件7次，涉及货值1,300万元。

统计调查

【调查问卷填报与分析】2021年5—7月，为做好进出口货物、企业专项调查工作，保证统计调查及时性和完整性，呼和浩特海关决定采取5项措施，主要是：开展调查培训，建立关企调查微信群，通过12360公众号积极宣传海关政策；指导样本企业通过海关统计专项调查调研系统填报调查表。根据调查表反馈情况，整理并分析调查表信息和其他调查资料，有针对性地提出35个问题并研讨解决措施，提出完善调查方式、调查表式和调查系统等5项意见和建议。

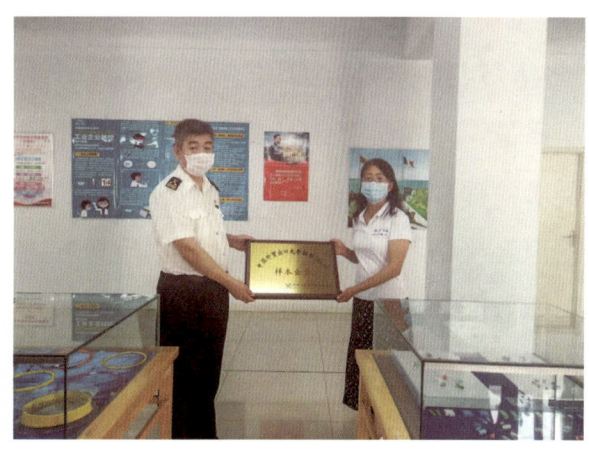

▲10月19日，呼和浩特海关为外贸出口先导指数调查企业颁发证书

【沙棘税号申请】2021年2—3月，呼和浩特海关在"我为群众办实事"实践活

动走访辖区企业过程中获悉以下情况：我国沙棘产品深受国际市场青睐；沙棘产业为自治区优势特色产业，其主要加工品沙棘汁出口规模不断扩大，自治区出口总值占全国出口总值90%以上；"沙棘汁"无单列税号，该商品列入税号"其他未混合的水果汁（2009.8919）"，无法实现对"沙棘汁"出口精准统计，沙棘行业协会、外贸企业迫切需要了解沙棘产品出口整体市场规模，精准研判国际市场变化趋势，以便及时调整、完善产业发展和企业经营决策。呼和浩特海关对上述情况逐项进行分析与核实，于5月向总署统计分析司书面报送增设"沙棘汁"税号建议，获总署采用并向国务院关税税则委员会提交申请，国务院关税税则委员会予以批准通过。这是呼和浩特海关近年来首次提出对本地区出口特色产品增设税号建议。

贸易统计与业务统计

【**贸易统计**】2021年，为确保统计数据质量，落实加强统计数据质量管控工作要求，呼和浩特海关从强化数据质量责任意识、严格制度执行、提升数据质量管控工作效能3个方面提出落实要求。具体落实情况主要有5个方面：组织隶属海关业务现场通过线上线下等方式就境内货源地申报错误、商品数重量申报错误等5类常见重点问题对企业给予指导，从源头提高数据质量；提炼数据审核逻辑检控条件和风险防控参数，更新优化关区检控参数8

▲12月8日，呼和浩特海关开展加强统计基础工作视频培训

条，向总署参数组反馈参数意见3条；以统计分析处为中心、各隶属海关业务骨干组成统计数据"1+N"质量控制体系，建立"日监控、周复核、季通报"数据审核模式，组建工作小组4个，涉及成员25名；建立《呼和浩特海关统计数据审核情况》台账，形成待核查数据下发—核查—反馈闭环管理，修改差错数据670条，汇总经典案例14个；建立有关业务处室与各业务现场共同协作、联系配合机制。全年，对外汇收支异常、单证不实等企业开展不实贸易核查，办理影响统计数据准确性行政案件8次，涉及货值1,300万元。

【**业务统计**】2021年，为科学有效开展海关业务统计，保障海关业务统计真实性、准确性、完整性和及时性，呼和浩特海关经在关区范围内广泛征求意见并统计，梳理监管、关税等领域近1,000项指标（其中自动采集指标660余项、手工采集指标300余项）。随后，呼和浩特海关组织关区统计条线30名业务骨干开展研讨，向总署提出3个方面20条具体建议，提出保税仓库、非邮政快件、行邮项下指标数据，"一带一路"申报集装箱（标准）数量，"一带一路"申报集装箱货物重量，"一带一路"进出集装箱（标准）数量，"一带一路"进出集装箱货物重量，进出口货物报关单查验查获，分类通关货物，加工贸易电子化手册管理，加工贸易管理项下纸质手册指标等业务统计指标设置及采集方法等建议8条。其中6条建议被总署采纳。

统计数据运用与管理

【宣传贯彻《中华人民共和国数据安全法》】2021年9月1日起，《中华人民共和国数据安全法》正式施行。呼和浩特海关制订学习宣传贯彻《中华人民共和国数据安全法》实施方案，要求深刻认识《数据安全法》施行重大意义，切实担起呼和浩特海关数据安全主体责任和监督责任；对照《数据安全法》，认真检视制度机制建立和落实情况；加强数据日常安全保护，常抓安全治理不松懈。具体学习安排主要是两个方面，其中对照检查完善制度规范，要求对标《数据安全法》，结合前期开展海关业务数据安全专项行动成果，以《海关业务数据安全分类分级标准》为基础，推动关级项目开展分类分级实践，规范业务数据管理、使用。全年梳理完善制度22项，签订数据安全保护协议35份。

【业务数据分类分级标准安全管理】2021年，呼和浩特海关对机关本级系统数据资产进行梳理，对1,773个字段进行分类分级，建立业务指标目录，正式实施业务数据分类分级安全管理。主要开展3个方面工作：针对重点领域、重点节点、重点人员，开展业务统计系统数据安全大检查；梳理系统授权35条，清理授权518人次，做好数据访问权限控制和操作日志记录；对呼和浩特海关关区在用署级、关级系统及业务数据对外提供情况进行核实。

【数据分析】2021年，呼和浩特海关拟定"贯彻落实细化分解任务清单"，组织隶属海关对我国与"一带一路"沿线国家和地区、RCEP成员方、欧盟、东盟等主要贸易伙伴和稀土、钢材、粮食等重点商品的进出口数据开展监测分析。3—11月，先后4次赴二连浩特市、包头市、鄂尔多斯市、乌兰察布市等地，对辖区企业生产经营及进出口情况开展实地调研，与进出口企业座谈研讨6次，围绕自治区经济转型和结构升级、新冠肺炎疫情等对国内外经贸影响、自治区外贸形势、煤炭和危化品等重点进出口商品和特色产业情况等开展调研，形成紧密结合市场的调研分析报告。

统计新闻宣传和服务

【召开外贸新闻发布会】2021年1月22日，呼和浩特海关在自治区政府新闻办召开"促外贸稳增长"新闻发布会，通报

2020年自治区外贸进出口基本情况，介绍2020年呼和浩特海关促外贸稳增长、支持服务自治区对外开放采取的14项措施和成效，主要是：建立"一企一策"帮扶机制；实施企业反映问题清零制度；大力支持跨境电商新贸易业态发展；不断助力提升口岸开放层次；推动口岸矿能产品进口提速增量；深入推进业务改革；助力中欧班列中通道保持高速增长；持续巩固压缩通关时间成效；"放管服"改革激发市场主体活力；便利化改革为企业发展赋能；量身定制措施，助力绿色农畜产品持续扩大出口；全面落实各项减免税优惠政策，助力自治区重大项目建设；坚决筑牢口岸检疫防线；始终保持高压打私态势。此外，还回答新闻记者提出的"关于自治区对蒙古国外贸情况以及2021年面临形势"等热点问题。7月23日，内蒙古自治区新闻办举行2021年上半年自治区外贸情况新闻发布会，呼和浩特海关介绍上半年自治区外贸发展情况，解读当前外贸发展面临形势，主要包括一般贸易占主导、保税物流和加工贸易大幅增长等6个方面。参加发布会的主要是社会公众及新华社、人民网、内蒙古电视台、《内蒙古日报》等新闻媒体。

【统计咨询服务】2021年，呼和浩特海关根据来函或与有关部门签订数据共享协议方式，向自治区各级党委、政府，以及统计、商务、外汇管理等行政机关按月提供进出口值、贸易方式、运输方式、企业性质、进出口主要商品等多维度外贸统计数据。同时，不定期向自治区研究机构、学术团体以及社会公众提供海关统计数据，全年提供450余次。此外，还通过互联网门户网站，每月按时发布海关贸易统计数据，供各级机关、企业和社会公众自助查询。

▲10月21日，呼和浩特海关与自治区商务厅开展数据共享业务研讨

政策研究

【向北开放重要桥头堡研究】2021年1月2—14日，呼和浩特海关连续组织召开4次关长办公会议，就学习贯彻习近平总书记考察内蒙古重要讲话精神，力争凭借好用、实用、管用政策研究成果，支持汇聚自治区打造我国向北开放重要桥头堡新优势等工作进行研究部署。1月28日，呼和浩特海关制订支持内蒙古自治区建设国家向北开放重要桥头堡课题研究工作方案，成立以关长为组长、全体党委员为副组长的支持自治区建设国家向北开放重要桥头堡课题研究工作专班，举全关

之力，抽调精干力量，全程脱产研究自治区与中蒙俄经济走廊沿线国家和地区贸易全局性、战略性、根本性问题，以及经贸合作可行性，为自治区打造我国向北开放重要桥头堡提供决策借鉴和参考。1月29日，工作专班起草完成"新时期支持内蒙古建设国家向北开放桥头堡研究（蒙古国）""新时期支持内蒙古建设国家向北开放桥头堡研究（俄罗斯）"课题框架，通过建立大数据（中国海关数据库、GTA全球贸易数据库、Wind全球商品数据库）模型，以及专业数据审核、重点企业调研，深挖"一带一路"沿线国家和地区市场急需商品、短板产业和优势商品、产业（具体方法见表4-8），提出自治区进一步扩大沿线国家和地区市场占有率建议，以及面向上述国家和地区开展经贸合作重点方向，实现自治区与上述市场产业对接和

▲1月15日，东乌海关冒雪进场验放原油车辆

贸易互动。4月2日，呼和浩特海关党委将俄罗斯、蒙古国相关报告呈报自治区党委。之后，工作专班陆续完成白俄罗斯、波兰、德国、西班牙、法国、英国、匈牙利等9个国家共9篇17万字打造我国向北开放重要桥头堡系列研究（具体见表4-9），报送自治区党委和自治区人民政府，供决策参考。

表4-8　向北开放重要桥头堡系列研究方法及步骤一览表

序号	研究方法	具体内容
1	数据导入	将GTA全球贸易数据库中沿线国家和地区的贸易数据，依据工作进度，完成数据清洗、加工和分析。同时，积极与相关单位对接，丰富、拓展数据资源和信息来源。
2	建立模型	按照研究要求及课题框架，分别建立相关的大数据模型，并运算相关结果。鉴于蒙古国GTA全球贸易数据库难以涵盖，采用全量反推法采集相关数据。
3	数据验证	对模型运算结果进行专家验证和专业分析，以精准锁定自治区优势商品、劣势商品和优势产业、劣势产业，准确评估沿线国家和地区市场占有率和发展潜力，为政策制定、招商引资提供参考借鉴。

表4-9　向北开放重要桥头堡研究各篇主要政策建议及成果

序号	国家	政策建议数量
1	蒙古国篇	4
2	俄罗斯篇	4
3	白俄罗斯篇	3

表4-9 续

序号	国家	政策建议数量
4	波兰篇	3
5	匈牙利篇	3
6	德国篇	4
7	法国篇	3
8	英国篇	4
9	西班牙篇	5

【贯彻《"十四五"海关发展规划》实施意见制定】2021年3月14—20日，呼和浩特海关连续召开5次关长办公会，安排布置"关于'十四五'海关发展规划编制贯彻落实意见"准备工作。6月9—30日，呼和浩特海关成立工作专班，印发《编制呼和浩特海关"十四五"海关发展规划任务分工》，明确3个融合写作思路，并于30日完成初稿写作。"3个融合"主要是：紧密围绕贯彻落实习近平总书记在参加十三届全国人大四次会议内蒙古代表团审议时重要讲话精神，纳入服务"两个屏障""两个基地"和"一个桥头堡"建设措施；立足自治区实际，与《内蒙古自治区国民经济和社会发展第十四个五年规划和2035年远景目标纲要》中对海关各项要求有机融合；将《"十四五"海关发展规划》"五个大幅提升"与"三个争先"融合贯通。7月1日—8月30日，呼和浩特海关先后召开党委会3次审议研究初稿；召开关长办公会9次，其中"十四五"规划专题推进会3次、集中审稿会议6次，吸纳各类修改完善意见300余条。8月30日，呼和浩特海关正式印发《贯彻〈"十四五"海关发展规划〉实施意见》。该实施意见包括10章、47项重点措施、14个主要发展指标（具体见表4-10），其中重点措施是：开启社会主义现代化海关建设新征程；指导思想和主要目标；坚决维护国家安全；服务国内国际双循环相互促进；持续深化海关改革；全面推进法治海关建设；全面提升科技创新应用水平；持续推进国际合作；持续推进海关准军事化纪律部队建设。

表4-10 "十四五"时期呼和浩特海关发展主要指标一览表

类别	指标	2020年	2025年	属性	备注
推动国内国际双循环相互促进	1.海关税收预算目标完成率（%）	≥100	≥100	约束性	
	2.参与与境外"单一窗口"互联互通国家（地区）数量（个）	0	2	预期性	
	3.呼和浩特海关规范性文件实施后评估比例（%）	—	100	约束性	

表4-10 续

类别	指标	2020年	2025年	属性	备注
维护国门安全	4.货物人工分析查获率（%）	12	18	约束性	
	5.进口食品监督抽检合格率（%）	98	>99	预期性	
	6.国际卫生港口岸创建数量（个）	—	1	预期性	
	7.海关缉私部门移诉案件起诉率（%）	—	>98	约束性	
促进跨境贸易便利	8.进出口货物口岸放行时间（小时）	进口：43.02 出口：0.38	进口：≤40 出口：≤0.37	预期性	
	9.参与AEO互认国家（地区）数量（个）	-	1	预期性	
	10.口岸海关动植物检疫标准化建设覆盖率（%）	75	100	约束性	
	11.实验室法检项目自检率（%）	98	≥98	预期性	
	12.海关业务信息化应用覆盖率（%）	—	100	约束性	
加强准军事化纪律部队建设	13.署级党建示范品牌数量（个）	2	5	预期性	
	14.海关评定的专家型人才规模（人）	6	≥100	预期性	

【改革创新课题研究】2021年，为对近年来改革创新措施进行再研究、再聚焦、再深化，提出可行创新性思路举措，呼和浩特海关决定启动改革创新课题研究。9月11—20日，制定《改革创新研究课题完成时间安排表》《改革创新课题报告框架》《呼和浩特海关改革创新课题立项书》等规范文件，建立改革创新课题督导催办机制。12月24日，呼和浩特海关完成第一批改革创新课题研究。

▲3月29日，乌拉特海关现场引导车辆通关，提升口岸验放效率

表4-11 呼和浩特海关2021年改革创新课题汇总表

序号	课题名称	牵头部门	拟解决的业务问题
1	全面理清关区权责清单	法规处	机构改革后关区两级海关权责清单空白。
2	关区推行原产地证无纸化申报	关税处 鄂尔多斯海关	原产地证书申领模式较传统，企业申请原产地证书需提交纸质版材料。企业办理成本高，时间长。
3	关于关区"一保多用"的探索研究	关税处	1.企业涉及多项担保业务而需要办理多份保函；2.现场海关因保函多而工作量大；因保函未实现信息联网，而需进行大量的手工台账工作。

表 4-11 续 1

序号	课题名称	牵头部门	拟解决的业务问题
4	关于解决甘其毛都口岸部分进口煤炭运保杂费长期不变的探索研究	关税处	甘其毛都口岸煤炭企业在所申报的煤炭成交价格中,其运费、保费及杂费的申报价格在较长时间内都相对固定,与传统意义上的淡旺季、随行就市等价格变化规律不符,有可能存在税收风险。
5	推动创建全国首个国际卫生陆港	卫生检疫处	1. 提高旅行健康人才建设水平;2. 提高口岸核心能力建设水平和卫生管理水平;3. 提高口岸疫情联防联控水平。
6	借鉴新冠疫情防控经验 优化动植物检疫监管体系	动植物检疫处	1. 目前防控进出境重大动植物疫情仅有指导性的应急预案,应急预案仅强调动植物疫情防控,并未将风险研判布控等新海关监管理念融入其中,并没有具体的技术方案和操作指南,存在口岸一线关员由于缺少疫情防控专业知识可能造成疫情传播扩散的风险;2. 在境外疫情信息获取上,动植物检疫还主要通过OIE等国际组织通报实现,信息相对滞后,同时还存在对疫情透明度不高的国家或地区的疫情误判情况;3. 明确检疫处理项目哪些可以作为行政执法行为,哪些是非行政执法行为,已解决多年来依据不足、归口不一等监管难题。
7	常态化疫情防控视角下,进出口食品安全风险管理的思考与建议	进出口食品安全处	1. 常态化疫情防控形势下,应用风险管理有效应对食品传统安全和非传统安全;2. 进出口食品安全分段管理模式下,应用风险管理提高监管的有效性及精准度。
8	进出口危险化学品和危险货物及其包装全链条检验监管改革创新工作方案	商品检验处	1. 没有对进出口危险化学品和危险货物及其包装全链条检验监管明确任务与分工;2. 没有出台统一的检验作业指引。
9	建设业务运行全景展示平台,实现二三级业务运行监控指挥中心实体化运行	口岸监管处	1. 未实现二三级监控指挥中心实体化运行;2. 未形成集展示、分析、预警、处置、监督和考核于一体的、具备数据下钻功能的业务运行全景展示平台。
10	发挥企管优势,深化中蒙边境海关合作,推动两国边境经济合作区高质量发展	企业管理和稽查处	1. 中蒙两国海关间对边境合作区企业便利化管理政策不一致的问题;2. 中蒙边境经济合作区需要向国家争取的优惠政策问题。
11	关区预算绩效改革	财务处	1. 预算绩效管理基础薄弱;2. 预算绩效目标编制水平不高。
12	离退休干部党建工作创新创优	离退休干部办公室	1. 巩固党建基础;2. 发掘培树优秀老党员;3. 创建离退休干部党建品牌。
13	完善个人物品类快件监管,促进快件业务规范发展	白塔机场海关	1. 个人物品类快件征收行邮物品税的管理理念滞后;2. 分析研究现行的物品管理模式与个人物品类快件快速发展出现的矛盾和问题。
14	机检查验效能提升研究	赛罕海关	1. 机检队伍图像分析能力还需提升;2. 智能审图的作用发挥不足;3. 机检业务流程仍需统一和优化。
15	完善业务监管模式的探索与研究	二连海关	1. 目前检验检疫职能在海关整体监管流程中一定程度上呈现出职责不清、运行不畅、效能不高的情况;2. 现有机构设置明显突出事中监管,对于属地查检、企业管理、后续处置、案件办理以及知识产权保护等事前、事后监管资源投入不足;3. 目前的业务运行模式造就了两个"超大型"科室,即综合业务科和公路监管一科。

表 4-11 续 2

序号	课题名称	牵头部门	拟解决的业务问题
16	统筹推进"五型"口岸建设，促进后疫情时代满都拉口岸高质量发展	包头海关	1. 口岸周边同质化建设严重；2. 口岸过货量小且相对单一；3. 基础设施互联互通水平低；4. 口岸及周边产业体系单一。
17	蒙西地区保税电商业务研究	包头海关	1. 整体推进缓慢；2. 认识不够深刻；3. 缺乏专业人才。
18	蒙古国动物疫情预警能力建设	额济纳海关	1. 蒙古国有 70 多类 140 多种哺乳动物、390 多种鸟类和 70 多种鱼，人口的 50% 从事农业生产，发生的 OIE 法定报告疫病名录内动物疫病 20 多种，防控形势较为严峻；2. 相对科学准确的预测将来动物疫情发生风险，提高监管的有效性。
19	与市场监管部门共同开展海关核查作业研究	东乌海关	如何有效与市场监管部门对接，开展"双随机、一公开"联合作业。
20	提升精准靶向风险防控水平，助力关区风险管理高质量发展路径研究	风险防控分局	1. 自主分析的前瞻性、预见性、规范性不足；2. 风险信息来源单一，无法满足对各类形态风险防控的实际需要；3. 大数据服务风险防控水平不能满足实战要求。

【《海关政研》专栏采编】2021 年 5 月 14 日，为贯彻落实习近平总书记在 3 月 5 日参加十三届全国人大四次会议内蒙古代表团审议时的重要讲话精神，推动自治区深度融入"一带一路"建设，呼和浩特海关党委书记、关长李建伟撰写的《坚持统筹发展和安全 推动自治区深度融入"一带一路"建设》理论文章，被总署《海关政研》第 21 期刊发。该文从 3 个方面提出 9 项具体措施（具体见表 4-12）。

表 4-12 专题理论文章 3 个方面 9 项具体措施一览表

序号	主要方面	具体措施
1	立足全局，找准深度融入"一带一路"建设的着力点	推动加快构建新发展格局。
2		全面筑牢北疆"两个屏障"。
3		全力推进制度创新和治理能力现代化。
4	全面提升，谋实深度融入"一带一路"建设的动力源	依托更优举措助力全方位开放，增强服务发展能力。
5		依托更强力度推进依法把关，增强开放监管能力。
6		依托更宽领域打造多元协同格局，增强风险防控能力。
7	创新驱动，增强深度融入"一带一路"发展的软实力	打造智慧通关监管。
8		推动服务智慧集约。
9		提升科技供给能力。

【署级课题研究】2021 年 3 月 22 日，呼和浩特海关承担署级课题模型组牵头单位职责，起草大数据支持海关调查研究流程指南，从大数据建模范围、调查研究规范性引用文件等 8 个方面对大数据建模支持海关调查研究工作提供指引。3 月 24

日，呼和浩特海关召开关长办公会，要求扩大独立起草"大数据支持海关调查研究流程指南"海关行业标准影响力，促进大数据与调查研究深度融合，提升海关整体调查研究成效。4月2日，呼和浩特海关申报4项署级课题获批。4月26日，"大数据支持海关调查研究流程指南"列入总署署级课题制度汇编，分送全国海关参照执行。7月，呼和浩特海关作为署级课题模型组牵头单位，完成7个署级课题中期督导验收工作。9月，分别参与广东分署、昆明海关等牵头署级课题研究3个，年度参与署级课题研究数量提升至7个，同比增加4个。

【关级课题研究】2021年4月7日，呼和浩特海关印发通报，发布2020年立项"中蒙两国食品安全管理体系对比与分析研究""加强'三智'建设，全面推进沿边海关制度创新和治理能力现代化""植根北部边关特色，推动创建开放型经济新格局的若干思考"等18篇关级课题评审结果，评选一等奖2篇、二等奖3篇、三等奖6篇。4月20日，为进一步深化课题研究，坚持理论与实践相结合，服务国家经济社会发展大局和海关改革发展中心工作，呼和浩特海关决定立项2021年关级课题9项，关领导牵头党的十九届五中全会课题11项。9月23日，鉴于2021年已立项关级课题相对较少，决定启动《分析与研究》电子专栏编发工作，引导政策研究成果向关级课题转化。之后，连续编发《分析与研究》电子专栏10期。其中，推动跨境电子商务、中欧班列发展等7项建议列入鄂尔多斯市、二连浩特市政策措施库。12月26日，呼和浩特海关35篇关级课题文章通过总署考核评估，同比增加17篇（具体见表4-13）。

▲6月9日，呼和浩特海关开展"促进内蒙古农牧业高质量发展"课题研究

表4-13 呼和浩特海关2021年关级课题一览表

序号	课题名称	研究类别	牵头部门
1	浅论完善个人物品类快件监管理念促进快件业务规范发展	2021年立项课题	白塔机场海关
2	发挥海关职能作用 助推呼综保区高质量发展的几点思考	2021年立项课题	赛罕海关
3	筑牢祖国北疆"一桥头堡、两个屏障"促进边关高质量发展高水平开放	2021年立项课题	二连海关
4	包头市钢铁产业发展机遇与挑战	2021年立项课题	包头海关

表 4-13 续 1

序号	课题名称	研究类别	牵头部门
5	锡林郭勒盟畜牧业发展	2021年立项课题	东乌海关
6	新冠肺炎疫情防控常态化背景下促进羊绒产业发展的研究	2021年立项课题	统计分析处 鄂尔多斯海关
7	海关服务内蒙古西部地区危险化学品进出口措施研究	2021年立项课题	乌海、鄂尔多斯、阿拉善海关
8	关于"十四五"时期内蒙古中欧班列高质量发展的分析与研究	2021年立项课题	集宁海关
9	新形势下中蒙煤炭贸易发展现状研究	2021年立项课题	额济纳海关
10	发挥海关职能作用 促进开放平台发展	党的十九届五中全会课题	综合业务处
11	内蒙古乳业全产业链发展调查研究	党的十九届五中全会课题	办公室
12	落实总体国家安全观，深入贯彻《生物安全法》，筑牢祖国北疆"两个屏障"	党的十九届五中全会课题	二连海关
13	积极适应新变化、主动应对新要求，坚持不懈做好缉私执法规范化建设	党的十九届五中全会课题	缉私局、乌拉特缉私局
14	落实"三智"倡议，推进全面深化海关改革，推动陆路口岸监管模式现代化	党的十九届五中全会课题	党委纪检组 口岸监管处
15	培育优良农畜资源 建设特色产业集群 促进内蒙尼姑农牧业高质量发展	党的十九届五中全会课题	动植物检疫处
16	坚持科技创新，助力"智慧海关"建设，提升海关履职能力和服务水平	党的十九届五中全会课题	科技处
17	以高质量党建引领高质量发展 谱写社会主义现代化海关建设北疆篇章	党的十九届五中全会课题	机关党委
18	繁荣发展边关文化事业 主力社会主义文化强国建设	党的十九届五中全会课题	机关党委
19	以绩效考核为导向 强化责任落实 切实提升海关工作质量	党的十九届五中全会课题	督察内审处
20	优化监管链条，促进内蒙古边民互市贸易又好又快发展	党的十九届五中全会课题	统计分析处
21	推动我区对蒙贸易高质量发展研究报告	桥头堡系列课题	统计分析处
22	推动我区对俄贸易高质量发展研究报告	桥头堡系列课题	统计分析处
23	推动我区对德贸易高质量发展研究报告	桥头堡系列课题	统计分析处
24	推动我区对白俄贸易高质量发展研究报告	桥头堡系列课题	统计分析处
25	推动我区对波兰高质量发展研究报告	桥头堡系列课题	统计分析处
26	推动我区对匈牙利高质量发展研究报告	桥头堡系列课题	统计分析处
27	内蒙古自治区沙棘产业发展调研报告	《分析与研究》成果转化	统计分析处
28	中蒙食品安全管理体系比较研究报告	《分析与研究》成果转化	食品安全处
29	中蒙煤炭贸易分析与风险防控对策研究	《分析与研究》成果转化	督查内审处

表4-13 续2

序号	课题名称	研究类别	牵头部门
30	我国碳减排状况及政策措施研究	《分析与研究》成果转化	统计分析处
31	海关风险管理差异化绩效评估方法研究	《分析与研究》成果转化	风险防控分局
32	进出口食品属地查检工作引入企业信用管理应用研究	《分析与研究》成果转化	企业管理和稽查处
33	阿拉善海关关于促进阿拉善盟外向型经济高水平开放建议的报告	《分析与研究》成果转化	阿拉善海关
34	以新业态新模式为引领 依托跨境电子商务产业打造口岸经济新前沿	《分析与研究》成果转化	二连海关
35	鄂尔多斯海关关于中欧班列拉动鄂尔多斯市外贸增长潜力及政策建议的报告	《分析与研究》成果转化	鄂尔多斯海关
36	乌拉特海关关于精准拓展我市葵花籽产业国际市场份额有关建议的报告	《分析与研究》成果转化	乌拉特海关

【重点商品调研】2021年3月13日，根据总署进一步做好重点产品专项调研要求，支持企业做好"补链""强链""塑链"工作，呼和浩特海关关长李建伟带队赴包头市相关大中型企业调研，同时派员赴自治区商务厅等3个政府部门、2家企业、1家高等院校开展调研，调研主要从6个方面展开：产品简介、进口情况、国际供应及优势、国内发展现状、进口的主要原因、结论及建议。4月10日完成调研报告呈报总署。

监测预警

【统计监测分析】2021年3月9日，为提高监测分析水平，集智借力做好监测分析工作，呼和浩特海关组建监测分析工作组，定期给隶属海关下发常规分析和专项分析任务，隶属海关承担本关辖区监测分析任务，开展辖区特色商品和产业监测分析。5月，先后指导各隶属海关开展产业链分析研究。全年隶属海关完成统计分析报告67篇。

【黄河流域监测分析】2021年7月，根据总署"海关服务黄河流域生态保护和高质量发展重点举措"安排，呼和浩特海关负责对中欧班列运输、贸易新业态发展（跨境电商）、特色产品（葵花籽等农产品）等开展监测分析；同时对RCEP等自贸协定便利化措施开展分析研究。呼和浩特海关在关区统计条线选派3名同志分工承担专项任务，采取定期监测"一月一报"和日常监测随时专报两种方式，向青岛海关报送《内蒙古自治区进出口分析》等检测报告12篇，分析内容涉及自治区外贸形势、农产品出口等。

（撰稿人：崔建高　杜孟伟　李　娜）

企业管理和稽查

【概况】2021年，呼和浩特海关深入落实党中央、国务院"六稳""六保"重大决策部署，全面深化"放管服"改革，积极应对新冠肺炎疫情不利影响，助推外贸稳定增长。全年新增报关单位1,380家，同比增长38%。实有报关单位8,943家，同比增长17.99%。深化保税监管改革，有区外加工贸易企业12家，其中以企业为单元管理加工企业3家、保税物流中心（B）型3家、保税仓库6家、综合保税区2家；全年加工贸易和保税监管业务获得较快发展，呼和浩特和鄂尔多斯2个综保区进出货物总值60.31亿元。

企业管理

【优化和改善企业管理】2021年，呼和浩特海关全面落实企业注册备案改革工作要求。重点采取措施：取消"报关企业注册登记"海关行政审批，属地海关做好对企业政策解读；实施报关单位备案全程网办，及时处置企业互联网申请；与自治区市场监督管理局配合，建立协作机制，解决"多证合一数据传输难题，提高企业

▲5月18日，呼和浩特海关赴龙头乳企调研

"多证合一"备案比例；指导企业利用"企业注销一网通"平台办理联合注销，加强注销前置条件核实，按规定时限办结作业。全年，呼和浩特海关90%以上通用资质企业备案实现当日办结。

【行政审批制度改革】2021年，呼和浩特海关开展行政审批事项网上办理，行政相对人可通过海关行政审批网上办理平台或登录"互联网+海关"一体化网上办事平台，办理呼和浩特海关各项行政审批事项。4月29日，第十三届全国人民代表大会常务委员会第二十八次会议通过《中华人民共和国海关法》第六次修正，取消"报关企业注册登记行政许可"事项。改革

后，报关企业备案申请材料由原来的《报关单位情况登记表》《企业营业执照副本复印件》《报关服务经营场所所有权证明或者使用权证明》《企业法定代表人无走私记录承诺书》以及其他与申请注册登记许可相关材料5项简化为《报关单位情况登记表》1项，办理时限由原来20个工作日压缩至5个工作日。11月19日，呼和浩特海关印发通知，自2021年起，出口食品生产企业于每年1月1日—6月30日通过企业信用信息管理系统向海关提交《企业信用信息年度报告》，不再报送其他年度报告。

【行政审批改革培训】2021年4月30日，呼和浩特海关组织开展行政审批改革业务培训，明确停止受理报关企业注册登记行政许可事项，改为备案管理，各隶属海关企业管理条线13人参加培训。5月26日，呼和浩特海关再次组织取消报关企业注册登记许可有关事项培训班，各隶属海关14名岗位人员参加培训，重点学习修订服务指南、调整备案工作流程、开展常态化注册信息核对、推进信用分级分类监管、加强高风险企业事中事后监管5方面内容。

【企业备案改革】2021年，为支持企业应对新冠肺炎疫情不利影响，降低企业备案成本，减少企业重新申请时间和负担，呼和浩特海关采取以下措施：受本土疫情影响，企业备案实施全天候预约办理；依托互联网手段优化企业备案手续，重点发挥数据互联互通优势，在各现场设置互联网电脑，制定企业备案操作指南，让数据多跑路、企业少跑腿，努力实现企业"足不出户"即可备案；推行全程网办、全国通办，企业申请关区选择错误的，不再退回，由收到企业申请海关直接联系企业所在地海关受理企业申请。全年，呼和浩特海关为保障进出口医疗物资企业快速通关，通过全天候预约办理模式，加班办理进出口医疗物资企业备案3家；开通11部电话热线专人指导，企业备案互联网应用率达到90%以上；协调办理企业申请地海关选择错误备案100余家。

【"多证合一"备案】2021年6月3日，为解决进出口货物收发货人备案外贸资质"卡脖子"问题，呼和浩特海关走访内蒙古自治区商务厅，沟通协调推进进出口货物收发货人备案"多证合一"外贸资质审核问题。6月20日，商务厅函告呼和浩特海关，同意将《对外贸易经营者备案登记表》纳入"多证合一"，新设企业在办理市场开办申请时即可同步向海关申请收发货人备案，实现"一套表格、一窗受理、一网反馈"。6月29日，呼和浩特海关对"多证合一"改革过渡期间进出口货物收发货人备案过程中对外贸资质确认工作事项进行明确，要求各属地海关指导企业正确应用"多证合一"途径办理备案，持续提高"多证合一"应用比例。12月10日，国家市场监督总局、海关总署联合印发《报关单位"多证合一"信息采集共享技术方案》，报关企业自2022年1月1日起正式纳入"多证合一"改革。为确保改革按时实施，12月11—25日，呼和浩特海关与自治区市场监管局企业注册局对接工作3次，集中研究企业应用端系统改造方案，联合进行测试2次。截至12月末，呼和浩特海关"多证合一"备案应用率达到30%，企业开设成本降低40%以上。

【企业注销管理】2021年3月5日，为持续优化营商环境、规范报关单位注销作业，呼和浩特海关明确各相关部门工作职责。全年，呼和浩特海关开展无效报关单位清理，对连续多年无进出口业务企业开展分析，联系自治区市场监管局调取企业注吊销及变更数据，注销企业432家，同比增长14.8%；报关单位均在总署规定时限内办结。

【特定资质企业管理】2021年，鉴于内蒙古自治区是我国农产品、食品出口重要省份，备案存量特定资质企业近1,000家，呼和浩特海关调整进口食品进口商、出口食品原料种植场等特定资质企业备案审核权限，由企业所在地海关受、办理；为帮助企业"走出去"，开展工作指导和市场培育等。3月8日，呼和浩特海关印发通知，明确进出口特定资质评审人员包括从事进口食品化妆品境外出口商、代理商和进口商备案管理，出口食品原料种植场和生产企业的备案管理人员通过组织统一考试，评定相应资格。全年，呼和浩特海关企业备案审核人员由2人增加至12人，企业备案时间由5个工作日压缩到2个工作日以内；指导帮扶首家供港澳蔬菜种植基地顺利通过海关备案，供港马铃薯3,000多吨；主动向总署申请，承担全国范围对蒙古国出口食品生产企业推荐注册工作，组织编写《蒙古国对动物源性食品境外生产企业注册要求》政策解读，在总署12360、互联网门户网站发布；制作《出口食品生产企业国外注册服务指南》；组织翻译蒙古国相关法律法规，其中法律法规14份、中蒙检疫和兽医卫生条件议定书4份；对全国43家在蒙古国注册出口食品生产企业开展信息核对2次。

【企业信用管理】2021年4月12日，呼和浩特海关拟定《认证管理措施任务分解表》，结合各部门职能逐项分解总署规定任务，细化为"进出口货物实施'先放后检'""降低进出口货物检验检疫抽批比例"等22个方面64项细化措施。8月17日，呼和浩特海关制订关区企业信用管理制度改革实施方案，成立改革工作领导小组，明确3个方面改革内容，即优化企业信用等级、完善企业信用管理制度、加强企业信用培育。全年组织开展专题业务培训2次，召开线上政策宣讲2次，覆盖主要进出口企业近300家；开展注册信息核对154家，对28家失信企业集中调整信用等级。

【企业信用培育与差别化管理】2021年，呼和浩特海关对AEO企业差别化管理工作出规定，明确：发挥企业协调员职能作用，主动帮助 AEO 企业解决通关疑难问题；深入落实支持 AEO 企业便利化措施等。6 月 15 日，成立推进 AEO 工作专班，负责承担中蒙 AEO 互认实施改革任务，推动 AEO 企业信用培育，提高 AEO 企业数量和贸易占比，对 AEO 企业差别化管理成效定期分析，解决企业通关环节疑难问题，服务企业掌握海关信用管理政策等工作。培育期间，呼和浩特海关通过线上政策宣讲、线下"一对一"指导、企业观摩共建等形式组织实施；经与隶属鄂尔多斯海关、包头海关近 20 次信用培育，10 月，鄂尔多斯集团国际贸易公司、内蒙古鹿王羊绒有限公司先后通过 AEO 认证，成为海关高级认证企业。截至 2021 年年底，呼和浩特海关关区高级认证企业 10 家，其进出口贸易额占全部进出口贸易总额近四成。

▲7 月 15 日，呼和浩特海关向总署稽查司汇报稽查改革工作

保税监管

【加工贸易企业监管】2021 年，呼和浩特海关进一步规范加工贸易及保税监管各项业务操作。主要是全面实施电子账册自主备案，特殊区域内企业申报电子账册设立（变更）由企业自主实施；试行保税监管场所内企业账册设立变更申请优先转入电子审通道；根据生产经营业务实际状态，选择相匹配电子账册类型和用途等。3—6 月，呼和浩特海关采取适当措施，督促企业完成 H2010 系统账册清理注销工作，包括企业倒闭、破产、涉案或区内设备临近监管年限等情况；至 6 月底前完成清理注销。全年，呼和浩特海关区外加工贸易业务量同比增长 26.45%。

【企业集团加工贸易监管】2021 年，鉴于"各试点海关普遍认为，企业集团加工贸易监管模式实现集团内保税料件及设备的自由流转、简化业务办理手续、减免部分环节担保，有效减少企业资金占用、提高运营效率、降低制度性交易成本，在助力企业融入双循环、实现高质量发展中取得良好成效"，呼和浩特海关决定组织关区符合条件企业参加企业集团加工贸易监管改革试点工作。经梳理，12 家区外加工贸易企业中以手册为单元管理企业 9 家，"以企业为单元"监管模式企业 3 家。全年暂无企业申请参加企业集团加工贸易监管模式。

稽查核查

【稽查业务改革方案制订】2021 年，为进一步深化稽查业务改革，呼和浩特海关制订提升查发能力方案，成立加强稽查工作提升查发能力领导小组，树立以查发为导向的稽查工作理念，在提高稽查查发率、稽查追补税、查发重大违法情事上下功夫。主要任务分工规定：全面取消常规稽查，推行直接稽查；在隶属赛罕海关建立专职稽查人才库，组建跨专业、跨领域兼职稽查人才库；拓展海关委托中介机构范围向检验检疫领域延伸；用好"制度+科技"，防范"查"的风险。

▲9月23日，东乌海关在辖区冷冻羊肉出口企业开展核查

▲10月15日，呼和浩特海关开展AEO企业现场认证

【"国门利剑"稽查行动】2021年，呼和浩特海关把打击洋垃圾及影子商品走私、打击敏感涉税商品走私、打击农产品冻品走私、打击矿能资源性产品走私等方面作为重点。12月1日，呼和浩特海关召开"国门利剑"联合行动会议，提出需进一步提高查缉能力。12月2日，呼和浩特海关对现有稽查线索进行分析、梳理，选定稽查方向，与呼和浩特海关缉私局侦查处共同派员赴二连浩特开展联合研判，并赴3家银行开展账户查询和取证工作，于12月10日将某公司进口铁矿石漏报运费87.05万美元线索移交至二连海关缉私分局并予以刑事立案。

属地查检

【查验随机与"选查处"分离】2021年1月5日，为落实总署属地查验作业各项工作要求，呼和浩特海关建立随机选取执法人员制度，抽调业务骨干和技术人员自主开发"查检作业随机派岗"小程序，建立属地查检人员库，结合布控指令和所需岗位资质要求设定随机选取参数，全部实行属地查检作业随机选取执法人员，随机记录可追溯；落实"选、查、处"分离制度，出口货物通过e-CIQ系统、进口货物通过新一代查验管理系统，按照布控指令随机选派执法人员，双人作业，现场检验、检疫或查验合格后放行；建立进口目的地指令管理台账制度；对进口危化品检验监管模式优化调整，将"口岸查验+目的地检验"模式调整为"口岸批批验核+

抽批检测"模式，自1月10日起实施。

【属地查验改革】2021年，呼和浩特海关制订推进属地查检工作方案，成立推进属地查检业务工作领导小组，明确各相关职能部门、隶属关职责和主要任务，建立相关工作运行机制，其中主要工作是：摸清属地查检业务基本情况，包括业务规模、分布、主要商品、人员配备、资质情况、系统应用及存在问题等，完善机构、岗位设置和人员配备，落实属地查检职能管理职责；做好海关属地查检业务管理系统应用工作；持续推进岗位资质培训和考核；探索差异化管理等属地查检作业新模式；加强系统应用监控，有效防范执法、管理、廉政三大风险。

（撰稿人：祁雪峰　刘　乐　薛　威　郅　莉）

查缉走私

【概况】2021年，针对"中央关注、社会关切、群众关心"突出走私问题，呼和浩特海关深入开展"国门利剑2021"行动，制订《呼和浩特海关打击走私"国门利剑2021"联合专项行动方案》，成立呼和浩特海关打击走私"国门利剑2021"行动领导小组，行动领导小组办公室设在呼和浩特海关缉私局，负责行动组织、推动、落实、考核、检查、督办以及日常工作，隶属海关制订具体行动方案并组织实施。全年呼和浩特海关缉私局立案侦办走私犯罪案件19起，案值6,523万元，同比增长4.5倍。全年办理行政案件91起，案值1.02亿元，同比分别增长11%、89%，其中隶属海关办理"两简"案件39起，同比增长39%；缉私部门办理一般行政处罚案件52起。呼和浩特海关缉私局侦办19起刑事案件中，提请逮捕犯罪嫌疑人11人，检察机关批准逮捕犯罪嫌疑人11人，批捕率100%；全年移送刑事案件审查起诉16起，涉及犯罪嫌疑人25人，检察机关提起公诉10起17人，法院有罪判决15起25人。

综合管理

【缉私工作会议】2021年3月1日，呼和浩特海关召开缉私工作会议。会议听取2020年缉私工作报告，分析面临打私形势和存在问题，从4个方面对2021年打私工作进行部署。坚决贯彻落实习近平总书记重要指示批示精神，筑牢祖国北疆"两个屏障"，重点打击洋垃圾走私、濒危物种及其制品走私、"水客"走私、涉枪涉毒走私、冻品走私，打击防疫物资、疫苗非法出境。始终坚持"一家人"。落实总署要求，深刻领会、准确把握缉私管理体制调整精神要领，坚决摒弃你我之分，主动落实缉私部门各项保障；牢固树立大局观。全面贯彻落实国家反走私综合治理相关会议精神，统筹经济发展与打击走私，充分利用各类资源，加强对外联系沟通，强化部门协作，提升综合治理效果；不断深化全员打私。进一步完善打私业务联络协调机制，建立风险信息联合研判机制，规范案件查发移交机制，强化打私绩效考评机制，落实打私成果反馈机制，构建严密监管闭环链条。呼和浩特海关关长、缉私局政委及各部门、各隶属海关、缉私分局负责人参加会议。

【缉私重点任务分工方案制订】2021年3月10日，呼和浩特海关制订关区缉私工作重点任务分工方案，全年打私工作细化分解为4个方面39项任务指标，主要是：深入推进"国门利剑2021"联合专项行动，强化行动部署，严厉打击洋垃圾走私、象牙等濒危物种及其制品走私、"水客"走私、涉税商品走私、冻品等农畜产品走私、涉枪涉毒走私，打击防疫物资、疫苗非法出境和外来物种入侵方面23项具体任务；压实全员打私责任、加强打私业务联络协调、强化风险信息联合研判、优化打私业务绩效、以案说法、服务监管方面10项具体任务；落实总署关于全盘统筹各类资金，加强缉私经费保障、科技信息保障、退休干部管理等工作要求方面2项具体任务；深化反走私综合治理、加强贯彻落实和组织推动、严密打防管控立体防线、加强国际合作和新闻宣传方面4项具体任务。

【缉私专项行动推进】2021年5月25日，呼和浩特海关召开打私业务推进会，重点研究缉私工作进度，分析短板不足，部署下一步重点任务。会后，呼和浩特海关缉私局牵头制订实施方案，提出加强风险信息联合分析研判、加强重点渠道现场查缉、加强业务需求双向培训、加大现场查发查办力度、定期通报打私业务绩效5

▲5月4日，二连海关查获1批走私防风

个方面具体措施。6月28日，呼和浩特海关召开2021年上半年打私工作汇报会，要求各隶属海关关长提高责任意识，落实打私"第一责任人"责任，统筹疫情防控和打击走私，做到"打胜仗、零感染"；各职能部门要履职尽责、压实责任，着力提升"国门利剑2021"专项行动打击成果。8月19日，呼和浩特海关印发"国门利剑2021"专项行动方案，从政治意识、组织领导、工作成效3个方面对18项内容进行部署。8月24日，呼和浩特海关召开第三次打私业务绩效推进会，要求各海关业务现场加强案件查发、加大案件移交力度。全年各业务部门及隶属海关查发并向缉私部门移交有关案件线索增长40%。

打击涉税走私

【打击"水客"长效机制建设】2021年，呼和浩特海关成立打击治理"水客"走私专项行动领导小组，领导小组办公室设在口岸监管处。从5个方面形成打击"水客"走私长效机制：服务大局，精准施策，贯彻习近平总书记关于打击治理"水客"走私重要指示批示精神，突出监管重点，分类施策，精准识别高风险旅客，开展相关信息核实与分析研判；数据共享，风险预警，动态摸排"水客"通关规律和态势发展，加强走私风险特征总结提炼，强化信息报送共享；创新战法，深挖严打，加强常态化正面监管与规模性集中打击行动相结合，发挥缉私部门专业打击优势，破大案、抓团伙、摧网络，最大限度查扣、追缴涉案财物，压缩走私分子的利益空间；部门联动，协调共治，加强与自治区各级人民政府、公安、市场监管、税务等部门联系配合，形成多部门联合常态化专项查缉打击"水客"走私格局；舆论引导，营造氛围，在各旅检口岸和进出境航班上加强宣传，告知进出境旅客法律责任，加大查办走私案件宣传力度，推动形成多层次、多元化宣传教育平台。

【行政大要案报批】2021年，呼和浩特海关缉私局继续侦办某涉嫌低报价格走私案。经计核，案值1,536万元。因该案案值超过1,000万元，属于总署规定报署审批案件。经请示，总署缉私局批复对该公司处罚意见。6月1日，对涉案公司及人员作出行政处罚：对当事人某国际货运代理公司科处罚款人民币10万元；对当事人布某予以警告并科处罚款人民币0.3万元；责令货主某公司办理相关海关手续。

打击非涉税走私

【"蓝天2021"专项行动】2021年3月12日，呼和浩特海关印发《打击走私"国门利剑2021"行动实施方案》，明确呼和浩特海关将禁止洋垃圾入境"蓝天2021"专项行动纳入"国门利剑2021"行动中统筹推进，主要是：将深入开展禁止洋垃圾入境"蓝天2021"专项行动作为重要政治任务，将这一生态文明建设标志性举措落实到位，保持打击洋垃圾走私高压严打态势，推动禁止洋垃圾入境由治标向治本转变，坚决打赢攻坚战，全力筑牢我国北方生态安全屏障和祖国北疆安全稳定屏障，切实维护国家生态环境安全；坚决将废塑料、废电瓶、废旧汽车等固体废物拒于国门之外，筑牢口岸监管防线；重点监控防范环保不达标的煤炭等劣质矿能产品输入国内，严厉惩治违法犯罪分子；加强缉私与稽查企管、风控、监管、检验检疫等部门协作；进一步联合生态环境、公安、质检、市场监管等部门，推动强化固体废物进口许可证管理，加大对非法加工利用固体废物的企业、小作坊打击整治力度。全年办理走私固体废物刑事案件1起。

缉私法制建设

【行政执法质量检查】2021年2月初，呼和浩特海关缉私局组织开展2020年度行政执法检查，通报执法检查发现问题，提出改进行政执法质量意见和要求，主要是：做好整改落实，对通报问题逐项整改，并制定有效防范措施，职能部门切实发挥监督、检查、指导管理职责，通过执法检查促进执法质量提升；规范立案程序，严格落实《海关办理行政处罚案件程序规定》等规定要求，做好案件线索移交工作和受立案审查管理工作；全力办好案件，提升案件查发能力，规范执法行为，提升执法效率，防范执法风险，提高执法质量；提升执法能力，以全员培训、集中学习和开展自学等多种方式学习相关法律法规，对海关业务现场办理"两简"案件开展有针对性的业务培训。

【刑事执法质量检查】2021年11月，呼和浩特海关缉私局开展2021年度刑事执法检查。在执法检查中，有19起刑事案件纳入此次执法检查范围。

【案件集体审议制度制定与执行】2021年11月4日，呼和浩特海关缉私局修订印发《案件集体审议工作规程》，吸纳上位规定相关要求，增加审议内容，明确关区两级缉私部门都要建立集体审议制度。年度组织召开缉私局案件审理委员会会议4次。

【执法质量管控】2021年11月4日，为建立谁主办谁负责、谁经办谁负责、谁审批谁负责工作机制，呼和浩特海关缉私局制定案件主办侦查（调查）员责任制度，按照权责一致原则，明确案件主办人员和协办人员职责。11月9日，修订印发《刑事案件统一审核、统一出口工作机制实施细则》，扩大法制统一审核范围，细化审

▲3月10日，乌拉特海关缉私分局立案走私冻品案

核流程，明确法制部门统一对口衔接人民检察院、人民法院诉讼环节和执法事项。7月20日，印发《呼和浩特海关缉私局执法记录仪视音频记录工作规定》，明确执法记录仪使用范围、日常管理、视频资料归档等使用规范。

【法制宣传与培训】2021年3月30日，为强化企业法律意识，二连海关缉私分局对20余家企业40余人讲解主动披露、宽严相济及典型案例等海关缉私执法领域相关知识，解答企业关心问题；额济纳海关缉私分局利用移动、联通等通信公司相关通信平台，向社会各界公布打私重点和举报受理渠道，覆盖驻地2.2万名手机用户，印制、发放宣传环保袋和宣传物品9,000余份。8月，为帮助海关现场关员强化打私意识，提升现场案件查缉和移交技能，提高海关业务现场查发案件线索效能，呼和浩特海关缉私局法制处、侦查处先后在呼和浩特白塔机场海关、赛罕海关开展案件线索查发、移交、办理等业务培训，各缉私分局同步在所在海关开展缉

私业务知识培训，50余人次参加培训。

【与检察、审判机关联系配合】 2021年8月31日，呼和浩特海关缉私局与呼和浩特市中级人民法院、中级人民检察院召开联席会议，就精神类药品立案移诉等内容进行研讨。各缉私分局也同步与当地检察院、法院联系配合。

国际地区执法合作与综合治理

【国际地区执法合作】 2021年，呼和浩特海关缉私局依托中蒙边境地海关联络官会晤机制，开展中蒙海关缉私部门双边警务合作，与蒙古国海关缉私局及蒙古国警方保持工作联系，在境外取证、信息交流、案件协查等方面相互配合。其间，包头海关缉私分局参加包头海关与赛音山达海关线上视频会晤，通报打私情况，交流相关信息；二连海关缉私分局通过网络与蒙古国海关进行联系配合，开展协查案件、调查取证、执法互助等合作。

【打击走私综合治理会议】 2021年3月16日，内蒙古自治区党委、自治区人民政府召开全区打击走私综合治理工作会议，传达全国打击走私综合治理部际联席会议和全国打私办主任会议精神，部署自治区"国门利剑2021""蓝天2021"专项行动。3月19日，自治区打私办印发《关于学习贯彻自治区打击走私综合治理工作会议的通知》，要求自治区打击走私综合治理领导小组各成员单位结合实际，贯彻执行会议精神。4月13日，呼和浩特海关召开贯彻落实自治区打击走私综合治理工作会议精神专题会，要求：坚决贯彻习近平总书记重要指示批示精神，准确把握打私综合治理工作新要求，从更大格局谋划落实新任务；坚决履行自治区打击走私综合治理牵头部门政治责任，扎实推进关区"国门利剑2021"联合专项行动，加大打私经费保障力度；承担好打私办日常工作，用好自治区"平安建设"考评指挥棒，加强基层检查督导，提高全社会反走私思想意识，推动建设反走私诚信体系。呼和浩特海关关长、呼和浩特海关缉私局政委及有关部门负责人参加会议。

【打私综合治理调研】 2021年8月，自治区政府及打私办赴东部边界巡边实勘，呼和浩特海关缉私局代表自治区打私办赴盟市调研打击走私综合治理组织体系建设和"国门利剑2021"行动开展情况。9月，呼和浩特海关缉私局组建4个调研服务组，走访11个隶属海关所在地政府部门，征集对海关缉私工作意见建议。

【打私联合执法】 2021年6月，呼和浩特海关隶属乌拉特海关、乌拉特海关缉私局联合烟草等部门，对走私等违法行为查扣的香烟进行集中销毁。8月，呼和浩特海关缉私局与自治区外汇管理局开展行政执法互助，并开展重点商品联合分析研判，对10起涉嫌走私犯罪案件资金流向、异常数据等线索进行会商。9月，呼和浩特海关缉私局业务部门与公安厅经侦部门、自治区国税部门共同开展出口骗退税

▲6月29日，乌拉特海关缉私分局负责同志参加巴彦淖尔市烟草专卖局组织的集中销毁假私烟活动

和骗补贴风险分析研判。

【打击走私综合治理考评机制建设】2021年7月，为调动各地区政府部门发挥打私基础性作用，内蒙古自治区党委政法委、自治区打私办、呼和浩特海关、满洲里海关印发《内蒙古自治区打击走私综合治理工作考评办法及细则》，在"平安内蒙古"建设考核体系下完善打击走私考评机制。

（撰稿人：宗照临　李会军　郝　军
　　　　　刘　滨　李志君　敖　登
　　　　　张海涛　王柄程　田　园
　　　　　刘　欢）

国际合作

【概况】2021年，呼和浩特海关"公路口岸监管作业模式改革"项目入选全国海关首批"三智"示范展示项目，3个项目入选全国海关"三智"先行先试项目，30余篇"三智"新闻稿件被省部级以上载体采编、传播、实践呼和浩特海关"三智"工作理念；完成2021年度中蒙边境地海关联络官会晤，指导二连海关、乌拉特海关、包头海关等隶属海关召开6次边境地海关线上工作会晤，围绕口岸疫情防控、口岸便利化通关等，双方议定35项议题；落实总署和内蒙古自治区关于新冠肺炎疫情防控期间因公出或来访等外事管理要求，受国外疫情形势影响，2021年呼和浩特海关未组团赴境外执行因公出国（境）任务；为推动解决影响我国企业和产品"走出去"贸易壁垒，向总署国际司研提3项WTO/SPS、TBT例会特别贸易关注议题，并推动解决相关问题；完成对74家出口样本企业技术性贸易措施影响调查，形成3份调查报告。

多边合作

【署级合作项目研究】2021年，呼和浩特海关负责协助总署国际司开展ASEM海关"互联互通—过境"项目研究工作。承接任务后，呼和浩特海关立即召开关长办公会，强调：ASEM是亚洲和欧洲间跨区域政府间论坛，是我国推动"一带一路"和"互联互通"合作平台，总署在ASEM海关合作框架下牵头推进2020—2021年"互联互通—过境"重点工作项目，各级领导必须高度重视，扎实做好研究工作。5—7月，呼和浩特海关协同总署国际司及宁波海关等5个兄弟海关单位，共同开展"共建'一带一路'背景下深化中国与中东欧国家农食产品经贸合作研究"署级课题研究，课题围绕"一带一路"背景下深化中国与中东欧国家农食产品经贸合作重要意义、中国—中东欧国家农食产品经贸合作面临的机遇与挑战、中东欧国家输华农食产品潜力品种分析3个层面进行分析，提出加快准入进程、加强政策扶持、加强国际合作、加强信息宣传、合理使用新业态5项工作建议；其中呼和浩特海关主要承担收集中国与中东欧国家政治、经济、文化等方面交流合作成果，分析、研究深化中国与中东欧国家农食产品经贸合作意义2项工作。

【"三智"建设与合作机制】2021年，呼和浩特海关制订贯彻习近平主席在中国—中东欧国家领导人峰会上提出的"深化海关贸易安全和通关便利化合作，开展'智慧海关、智能边境、智享联通'合作试点"重大倡议的落实方案，明确加强对"三智"合作理念研究宣介、具体实践以及深化海关贸易安全和通关便利化合作3项重点任务，研提常态化开展调查研究，推动完善、全面落实与蒙古国等"一带一路"沿线国家和地区海关"三智"交流合作机制等8项具体落实措施；成立"三智"工作专班，按月调度习近平主席在中国—中东欧国家领导人峰会上重要讲话精神和"三智"工作进展情况，专班主要承担推进中蒙边境公路口岸智能卡口建设、呼和浩特白塔机场疫情防控全程信息化系统建设应用、总署生物安全三级实验室（呼和浩特）建设、中蒙海关联合监管、中蒙边境鼠疫智能监测预警系统建设、呼和浩特海关智慧行政管理系统建设应用、ASEM海关"互联互通—过境"8个全国海关"三智"先行先试项目、推进"三智"特色项目和课题研究等4项职责；成立智慧海关建设工作领导小组。全年向总署国际司提交4份工作落实情况报告，主要包括"三智"工作组织推动、研究宣传、项目培育等情况；开展8次落实习近平主席在中国—中东欧国家领导人峰会上重要讲话精神和"三智"工作进展情况工作调度。

【"三智"项目培育展示】2021年，呼和浩特海关组成工作专班，申报"公路口岸监管作业模式改革"项目，作为全国海关"三智"落地示范展示选拔推荐项目，申报理由主要是"呼和浩特海关边境公路口岸结合'提前申报、卡口验放'模式全部实现对进出境车辆智能验放，公路口岸通道卡口智能化水平跻身全国前列，率先做到'三个第一'：第一个在提前审结模式下直接对接总署金关二期智能卡口系统，第一个运用自治区公共服务平台对接智能卡口系统，第一个在边境小额贸易方式下使用集中申报业务"。12月22日，呼和浩特海关"公路口岸监管作业模式改革"项目入选全国海关首批"三智"示范展示项目，并在当日召开的全国海关"三智"国际合作工作会议上进行展示，"智能行政管理系统建设""海关总署生物安全三级实验室（呼和浩特）""白塔机场疫情防控全程信息化系统建设"3个项目入选全国海关"三智"先行先试项目。11月10日，《科技日报》五版刊登一篇呼和浩特海关"三智"宣传稿件——《智慧监管模式助海关"零接触"完成卫生检疫》，介绍呼和浩特海关通过采取鼠疫智能监测手段和电讯检疫模式，探索口岸卫生检疫新路径。该篇新闻是呼和浩特海关首次在中央级主流媒体上刊登"三智"宣传稿件，并先后被中国科技网、总署新闻发布等近10家新闻媒体转载。11月23日，总署办公厅"综合信息"专栏采用1篇呼和浩特海关"三智"综合信息——《呼和浩特海关深化"智慧海关"建设 科学战疫情、稳外贸、促发展》，介绍呼和浩特海关推进"智慧海关"建设、提升整体智能化水平、服务疫情防控和促进外贸稳增长工作情况。这是呼和浩特海关首条被总署办公厅"综合信息"专栏采编的"三智"信息。

双边合作

【联络官调整报批】2021年4月20日，由于呼和浩特海关党委委员分工调整，为保持中蒙边境地海关联络官会晤工作连续性，呼和浩特海关向总署请示将中蒙边境地海关中方联络官一职进行调整。4月23日，总署国际司复函，予以批准。

【中蒙边境地海关联络官会晤】2021年11月10日，呼和浩特海关举行2021年中蒙边境地海关联络官线上会晤，会议总结2019年中蒙边境地海关联络官会晤纪要落实情况，双方就新冠肺炎疫情两国边境海关面临问题、深化中蒙边境地海关"三智"合作、进一步加强新冠肺炎疫情联合防控合作、协同加强中蒙二连浩特—扎门乌德边境经济合作区企业管理政策研究、推动《中蒙边境地海关风险防控合作协议》落实、蒙方出口矿产品审价机制、集装箱车辆监管、载货清单传输中出现的问题和提供地磅数据、推动中方各口岸隶属海关与毗邻蒙方口岸所在地技术监督局签订合作机制、推进进口蒙古国动植物产品检疫证书在线核查、中蒙海关就输华蒙煤开展质量安全联合监管11个事项进行研讨并达成共识，议定2022年中蒙边境地海关联络官会晤由中方主办。3月16日、12月24日，隶属东乌海关与蒙古国毕其格图海关、蒙古国苏赫巴托省检验检疫局分别开展线上工作会晤；9月29日、12月14日，隶属二连海关与蒙古国扎门乌德海关分别开展线上工作会晤；10月19日、12月27日，隶属包头海关与蒙古国赛音山达海关分别开展线上工作会晤。全年与蒙古国有关部门进行疫情发展形势、口岸通关情况、确诊病例核实通报等信息交流通报50余次。

▲12月14日，二连海关与蒙古国扎门乌德海关开展线上会晤

【中蒙病媒生物联合监测】2021年5月和10月，根据《中蒙国境卫生检疫合作协议》《中蒙传染病领域科研合作协议》以及新冠肺炎疫情流行形势，呼和浩特海关经与蒙古国国家人兽共患病研究中心和口岸技术监督部门协商，中蒙双方按照"共同选定监测口岸、统一制订监测方案、统

一监测时间、各自开展监测工作、相互交换监测结果"方式，分 2 次联合开展口岸病媒生物监测工作。在中方珠恩嘎达布其—蒙方毕其格图口岸地区、中方二连浩特—蒙方扎门乌德口岸地区设立 2 个联合监测点，于 5 月 25—29 日和 10 月 11—13 日分别在各自境内口岸同步开展监测，布放有效鼠夹及鼠笼 2,210 夹（笼）次，捕获鼠类 6 种 130 只。由呼和浩特和二连浩特国际旅行卫生保健中心进行鼠疫耶尔森菌、巴尔通体、博卡病毒、汉坦病毒、拉沙热病毒、致病性钩端螺旋体等病原体核酸检测，检出巴尔通体阳性 65 例，其他病原体未检出；对捕获鼠类新型冠状病毒携带情况进行检测，结果均显示阴性。

外事管理

【外事队伍建设】2021 年，呼和浩特海关选派 2 名同志远程参与总署国际司境外疫情信息收集分析工作。2 月 10 日、10 月 29 日，为提升外事工作水平，先后开展 2 次外事工作业务干部推荐，向总署推荐 2 名管理类、10 名翻译类外事工作业务人员，参与总署外事工作。全年，呼和浩特海关向总署推荐 2 名管理类、4 名业务类、12 名翻译类外事工作业务干部，并全部纳入呼和浩特海关外事工作业务干部人才库中培养使用。11 月 26 日，将办公室综合科更名为"综合外事科"。

【外事培训交流】2021 年 11 月 30 日，为推进呼和浩特海关与蒙古国边境地海关合作，强化外事翻译专业能力，促进蒙语翻译学习交流，呼和浩特海关举办"2021 年蒙语翻译培训班"。呼和浩特海关商品检验处关员赛希雅拉图、隶属呼和浩特白塔机场海关关员包白乙拉、隶属赛罕海关关员哈申通拉嘎围绕蒙古语翻译经验与技巧、外事信息简报撰写技巧等进行交流和指导，呼和浩特海关 25 名蒙语翻译业务人员参加培训。

技术性贸易措施交涉应对

【成立技术性贸易措施专班】2021 年 10 月 9 日，呼和浩特海关成立技术性贸易措施交涉应对工作专班，开展技术性贸易措施交涉应对各项工作。专班工作职责主要是参加总署技术性贸易措施交涉应对专项工作，承接标法中心下达 WTO/TBT、SPS 通报评议任务，承接全国农食产品工作组下达通报评议任务，研提 WTO/TBT、SPS 例会特别贸易关注等议题等。

【技术性贸易措施影响调查】2021 年，为增强海关技术性贸易措施工作针对性和科学性，推动中国产品更好地"走出去"，呼和浩特海关将技术性贸易措施影响问卷调查任务分解落实到赛罕海关、二连海关等 7 个隶属海关单位，对 74 家出口样本企业开展技术性贸易措施影响调查，其中 69 家企业为常规调查、5 家企业为重点产品专项调查。通过实地走访、电话沟通等方式指导企业填写调查问卷 74 份，对企业出口产品种类、主要贸易国、受技术性贸易措施影响门类（如关税、汇率等）以及影响造成损失等数据进行梳理汇总分析，形成常规调查和专项调查等3份报告。

【特别贸易关注议题】 2021年10月15日，为在多边场合促进解决双边问题，助力我国企业和产品"走出去"，呼和浩特海关向总署国际司研究提交《对中国出口某国南瓜子植物检疫证书必须备注不含瓜类蔓枯病菌（ACIDOVORAX AVENAE SUBSP. CITRULLI）和瓜类细菌性果斑病（DIDYMELLA BRYONIAE）问题的关注》WTO/SPS特别贸易关注议题。同日，呼和浩特海关向总署国际司研究提交《三氯异氰尿酸出口某盟要征收42.6%的反倾销税；聚氯乙烯树脂产品（PVC）出口某盟国家要有REACH法规认证》WTO/TBT特别贸易关注议题，主要内容为：目前除河北、山东等地3家工厂外，某盟对我国三氯异氰尿酸征收7.3%至42.6%反倾销税，导致很多国内公司丢失某国家订单；REACH法规由某盟各成员国主管机关执行，处罚性质因成员国不同而不同，致使许多出口某盟中国企业停止向某盟国家出口涉及REACH法规认证产品。据此，提出"降低三氯异氰尿酸出口某盟国家反倾销税，取消某盟REACH法规认证"诉求。经跟进落实情况，至年末上述2个问题均已得到解决。

（撰稿人：纪　斌）

科技发展

【概况】2021年，呼和浩特海关深入实施"科技兴关"战略，强化重引领、快支撑、严规范、强服务、提质效工作理念。突出党建引领，开展"我为群众办实事"暨海关科技人员跟班作业活动，派出技术骨干解决业务一线提出信息系统应用、网络与数据安全、科技装备、实验室与检测安全、科学研究等类别问题116个；加快推进智慧海关建设，为6个边境陆路口岸和呼和浩特白塔机场口岸现场部署智能闸机通道，升级完善智能卡口与智能审图信息系统，整合如意开发区办公区、鄂尔多斯大街办公区2处中心机房信息系统基础资源，开展国产化设备推广应用，修订完善"网络安全事件应急预案""网络安全管理实施细则"2项信息安全管理制度；优化实验室建设布局，开展实验室安全每日巡查与专项检查，完成生物安全三级实验室与移动P2+实验室建设并投入使用，提高科研、实验室检测鉴定及新冠病毒检测支撑能力。全年，呼和浩特海关使用并维护署级信息系统24个、关级信息系统3个，广域网专线25条，可用带宽85G；备案实验室32个，其中1个生物安全三级实验室、5个重点实验室、11个区域中心实验室、15个常规实验室，实验室涉及食品化妆品、固废鉴定、轻工纺织、植物检疫、卫生检疫、临床检验、动物检疫、化矿金危包8个专业类别；机构改革后已获总署立项科研项目7个，省部级以上科研项目奖励3个。

信息化建设

【核心设备及基础设施建设】2021年，呼和浩特海关针对总署调拨设备，制订双活机房下线设备再利用方案，替换2台海关业务网核心交换机，18台业务网接入交换机配发至隶属乌拉特海关和额济纳海关。3月25日，设备全部上线部署，丢包、卡顿等问题得到解决。7月10日，内蒙古自治区机关事务管理局印发《2021年全区公共机构节能目标》，要求是年人均综合能耗下降1.3%。呼和浩特海关编制中心机房节能分析及技术方案等3个技术方案，确定通过关停老旧设备、改造机房布局、迁移信息系统、引入能源管理系统、更换节能电气设备方式，整合资源、降低能耗。

【系统应用管理】2021年，为提高应用系统安全性，呼和浩特海关开展"认证、身份、授权、审计"管理系统（H4A管理系统）清理工作，对人员在岗情况及人员授权情况摸底，理清已调岗人员授权清单，对系统管理员和应用管理员的授权根据实际业务需求进行压缩，按照系统最小化原则重新调整账号权限，清理账号及授权280个。9月11日，为推广新版海关业务网电子邮件系统，呼和浩特海关制订邮件系统切换计划，检查关（警）员H4A系统用户登录凭证，清理域控历史无用数据及离职人员账户，迁移历史邮件数据，确保切换后用户通过浏览器即可收发邮件，邮件数据实现统一安全管理。9月30日，邮件系统完成切换，自2002年上线运行的本地邮件系统停用。

【智能卡口与智慧审图系统建设】2021年，为压缩通关时间，呼和浩特海关在策克、甘其毛都公路口岸等7个已安装部署智能闸机通道口岸现场基础上，将各口岸现场27台智能闸机接入海关业务网，并选取隶属额济纳海关与乌拉特海关开展试点联调测试。经测试，系统投入使用后，口岸体温监测、健康申明验核等通关环节时间由1.5小时缩短至6秒。6月15日，为提升陆路口岸客运车通道信息化水平，为客运车辆智能化监管奠定基础，呼和浩特海关在隶属额济纳海关策克口岸开展"智能卡口"客运监管功能实车测试，在原有功能基础上叠加车辆备案、进出境客运车辆申报等客运车辆通关及异常情况现场处置，排除解决系统故障。8月23日，呼和浩特海关与信息系统供应商召开线上会议，研究制订智能审图信息化平台推广计划，成立推广工作组，明确组织架构、推广策略、工作任务、推广计划、应急预案、保障措施等，完成H986、CT汇聚服务器部署配置，更新升级新一代查验管理子系统集中审像应用程序，升级后实现机

▲9月30日，呼和浩特海关开展系统切换

▲10月18日，货运车辆正通过海关公路口岸智能卡口

检图像先经过智能审图，在集中审像中心可查阅智能审图意见，辅助人工审图。

【信息化制度建设】2021年4月1日，呼和浩特海关修订印发《网络安全管理实施细则》，增加信息化项目建设及开发测试安全管理章节内容，信息化应用项目和信息化工程项目立项和验收评审意见中包含是否符合国家及海关网络安全有关制度及要求内容，业务主管部门在信息化应用项目立项阶段明确项目涉及应用系统安全需求。6月3日，修订网络安全事件应急预案，明确网络攻击事件所属范畴及处置流程；9月3日，成立本级信息化设备鉴定组，首批专家6人；10月12日，拟定鉴定组职责和专家名单，本级台式计算机、打印机等信息化前台设备等机房基础设施在报废处置前由呼和浩特海关信息化设备鉴定组进行技术论证。

【信息系统安全保障】2021年3月29日，呼和浩特海关布置开展网络安全自查，主要围绕收敛及调整暴露面、防御与访问控制、监控与分析、权限最小化管理、日常防范5个角度125个评估项目。3月30日，呼和浩特海关模拟服务器域防火墙故障测试网络是否自动切换，业务系统是否正常，用户侧核心交换设备故障测试移动办公是否正常使用，对外接入局域网遭受外部攻击测试网络安全事件应急处置等场景开展网络安全应急演练。6月16日，呼和浩特海关制订网络安全保障工作计划，安排开展对互联网应用模拟渗透测试、扫描计算机病毒、封堵系统漏洞等工作。此项工作，阻断来自互联网可疑连接3.61万次，分析其中8,437次攻击行为和1,020次高风险行为，形成《蜜罐失陷非法攻击线索分析报告》《通达OA远程代码执行漏洞非法攻击线索分析》两篇分析报告；全年未发生网络安全事件，业务系统运行正常。

【网络安全宣传周】2021年10月11—17日，为响应国家"网络安全宣传周"倡议，呼和浩特海关组织开展网络安全推广活动，制作网络安全宣传视频，通过办公业务用房LED屏滚动播放，通过"呼声关语"公众号介绍网络安全工作，制作并发放5,000份网络安全宣传品。编制发放络安全意识口袋秘籍、电子邮件、网站、办公环境泄密、电脑硬件等办公环境网络安全防范要领，和扫描二维码、Wi-Fi连接、手机App、智能摄像头等个人网络安全防范技巧。

【科技人员跟班作业】2021年4月15日，呼和浩特海关拟定科技人员跟班作业活动安排，成立跟班作业活动领导小组及综合组、专家组，负责活动方案制订、组织推动等工作，选定信息系统应用、实验室检测与安全两个关注领域。4月9—31日，通过召开座谈会、书面调研等形式，征集一线提出信息系统应用、网络与数据安全、科技装备、实验室与检测安全、科学研究等类别问题136个。5月6日—7月31日，对一线反馈问题按照业务类别分工，确定跟班时间，建立问题汇总、任务分配、跟踪解决、结果反馈闭环管理台账，逐项解决。截至8月31日，一线提出科技应用问题中116个得到解决，"呼和浩特海关视频监控在线率由95.7%提升到98.51%""呼和浩特海关e-Lab2.0系统切换""隶属海关单位技术人员技能培训"3个经验做法在关区复制推广。

实验室管理

【实验室管理与布局】2021年，呼和浩特海关按照《海关实验室管理办法》中"海关实验室实行分级管理和动态管理"和《"十四五"海关科技发展规划》中"直属海关按照区域集中原则优化实验室布局"要求，开展实验室基础信息调研，对实验室基础信息、检测领域、认证认可参数、资产存量、近3年项目数、经费保障、法检业务及社会化业务量等进行摸底。通过调查，决定撤销呼和浩特海关国际旅行卫生保健中心临床检验实验室、包头海关技术中心绒毛纺织品实验室、集宁海关综合实验室、包头海关综合技术服务中心乌海综合实验室备案计划。截至2021年年底，呼和浩特海关备案实验室32个。

【实验室建设】2021年，为保证生物安全三级实验室各项管理工作顺利开展和有效运行，呼和浩特海关成立P3实验室项目推进领导小组和P3实验室推进领导小组办公室，指导P3实验室编制运行工作方案、资质认定计划等。5月30日，针对"移动P2+实验室"建设情况，制订"移动P2+实验室验收计划"，会同呼和浩特国际旅行卫生保健中心、内蒙古自治区综合疾病预防控制中心及生产商成立验收专家组，对照招标要求开展初步验收，向供应商提出加装液压支撑柱、加装远程指挥系统等15项整改意见。11月26日，组织开展移动P2+实验室终验，该移动实验室通过合同双方组织联合验收，投入使用。

【实验室安全检查】2021年3月24日，呼和浩特海关组织开展实验室生物安全检查，实地检查从事新型冠状病毒检测实验室资质情况、设施和设备要求、安全防护、样品管理、废弃物管理等问题。6月30日，呼和浩特海关制订新冠病毒检测实验室生物安全每日巡查方案，确定把呼和浩特海关技术中心、呼和浩特国际旅行卫生保健中心、二连海关技术中心、二连浩特国际旅行卫生保健中心4个单位实验室纳入巡查范围，每日巡查实验室样本操作前灭活、人员培训与管理、实验室环境和设施设备、实验室记录和档案等11个安全项目，建立"日报告"制度。

【合作共建实验室】2021年3月30日，为提高总署生物安全三级实验室（呼和浩特）能力建设，呼和浩特海关致函中国海关科学技术研究中心，申请合作共建生物安全三级实验室，拟合作方向为实验室平台建设、国际合作、科研合作、人才队伍培养4个方面。4月25日，中国海关科学技术研究中心复函，与呼和浩特海关达成合作共建生物安全三级实验室意向，提出在呼和浩特海关生物安全三级实验室平台基础上，发挥双方优势，在推进实验室合作平台建设、提升国际合作能力、建立科研合作机制、建立人才队伍培养合作机制等方向开展合作，共同贯彻落实习近平总书记重要指示批示精神，落实总体国家安全观，聚焦生物安全重大现实需求，全面提升生物安全领域支撑能力。

【实验室仪器设备使用与管理】2021年，为监督实验室仪器设备使用情况，呼和浩特海关组织开展实验室仪器设备绩效考核。2月2日，制订考核方案，确定按照大型仪器设备安装使用、计量溯源性、法检自检率等7个指标进行考核。通过自评、现场抽查和会审，2020年度呼和浩特海关实验室仪器设备绩效考核法检自检率99.53%，与2019年99.58%持平。5月7日，呼和浩特海关建立关区实验室仪器设备内部调剂机制，调剂原则为设备闲置、设备利用率低或辖区实验室检测业务发生变化。全年呼和浩特海关调剂全自动微库伦氯测定仪、全自动核酸提取仪、实时荧光定量PCR仪、超高效液相色谱三重四级杆串联质谱仪、超高压液相色谱仪等实验室仪器设备10批次，减少闲置设备15台（套）。5月12日，制订专用装备设备配备计划，确定实验室仪器设备配备主要用于保障执法检测隶属二连海关等需要，为直属事业单位、二连等隶属海关配置超离心碾磨仪、全自动测硫仪等仪器设备29台套。9月3日，为规范实验室仪器设备处置鉴定工作，呼和浩特海关成立实验室仪器设备鉴定组，首批专家11人。10月12日，拟定鉴定组职责和专家名单，明确原值20万元及以上的实验室仪器设备为大型仪器设备，对需要降级、报废或变卖、转让的大型仪器设备，处置前由呼和浩特海关实验室仪器设备鉴定组进行技术论证。

【数字实验室切换上线】2021年，总署科技司将呼和浩特海关列为第一批实验室管理系统2.0版（e-Lab2.0）切换单位之一。5月9日—6月3日，呼和浩特海关组织实验室技术人员在e-Lab2.0测试环境中实操，重新确定e-Lab2.0应用管理员、操作检查员，为实验室报检、检测、报告、统计等11个类目下角色授权。6月11日，e-Lab2.0在呼和浩特海关完成切换上线，实验室样品标记、样品受理、检测结果、报告出具等流程纳入数字化管理。

科研管理

【署级科研立项】2021年，呼和浩特海关组织各隶属单位结合科研经费下达情况，以管用好用实用为基本原则和目标，围绕业务科技一体化建设，申报具有前瞻性、基础性和实用性的技术研究项目。经过评审，向总署推荐食品安全、卫生检疫、商品检验等专业类别下科研项目6个。8月9日，呼和浩特海关食品安全领域2个科研项目"牛奶中除草剂农药残

▲7月5日，呼和浩特海关开展实验室安全检查

留快速检测方法研究""进出口水产品中抗抑郁类药物残留量的测定研究"获批总署科技司立项。呼和浩特海关申报署级科研项目立项批复率由2020年12.5%提升至2021年33.3%。

【科技成果及奖励管理】2021年，根据内蒙古自治区科学技术厅开展内蒙古自治区自然科学奖和科技进步奖评审要求，呼和浩特海关组织开展申报工作。8月3日，呼和浩特海关"中蒙边境口岸地区病媒生物跨境联合监测及检测技术研究"项目获得2020年度内蒙古自治区科学技术进步三等奖。5月21日，根据总署科技司组织开展2021年度海关科技成果评定申报要求，呼和浩特海关组织专家评审，向总署推荐"中蒙国际合作中应对两国边境地区病媒生物携带病原体的关键技术研究""家畜重要疫病及垫料卫生检测方法研究与应用""乳及乳制品中非法添加物及易滥用添加物系统检测技术的研究""呼和浩特海关监管作业模式改革辅助系统项目"4项科技成果。12月14日，呼和浩特海关"中蒙国际合作中应对两国边境地区病媒生物携带病原体的关键技术研究"项目获评海关科技成果三级。

【科技项目验收评审管理】2021年9月22日，根据署级科研项目集中验收有关要求，呼和浩特海关组织召开项目验收分组工作会议，明确项目验收材料清单包括项目验收申请表、任务书、工作报告和研究报告等。9月23—24日，呼和浩特海关组织开展分组验收，审核验收材料完整性、规范性。9月27日，呼和浩特海关"进口牛精液中两种病原双重微滴数字PCR检测方法研究""马肉中非甾体抗炎类药的液相微萃取检测""苜蓿黄萎病微滴数字PCR快速检测技术研究""几种重要野生动物DNA快速鉴定关键技术研究"4个署级科研项目通过验收，其中"几种重要野生动物DNA快速鉴定关键技术研究"获得优秀项目称号。

【专项科研申报】2021年，呼和浩特海关制订推进"揭榜挂帅"科研项目申报工作方案，召开"揭榜挂帅"科研项目申报动员会，按关税等6个领域组建专家团队开展项目评审，审查拟推荐项目《项目建议书》，推荐报送"入境旅客体温监测预警体系和突发公共卫生事件应急指挥体系建设研究""进出境茄科植物种子携带病毒、类病毒快速检测方法研究""进口动物源性食品中潜在有害物的筛查与鉴定"3个专项科研项目。作为项目合作单位，呼和浩特海关与总署风险防控局（上海）共同申报"非贸渠道风险防控一体化分析模式及方法研究"项目，与石家庄海关共同申报"口岸输入性病媒生物图谱及数据库研究"项目，与大连海关共同申报"进出口危险化学品现场快速甄别数据库研究"项目。其中，"非贸渠道风险防控一体化分析模式及方法研究"和"口岸输入性病媒生物图谱及数据库研究"项目获得总署立项。

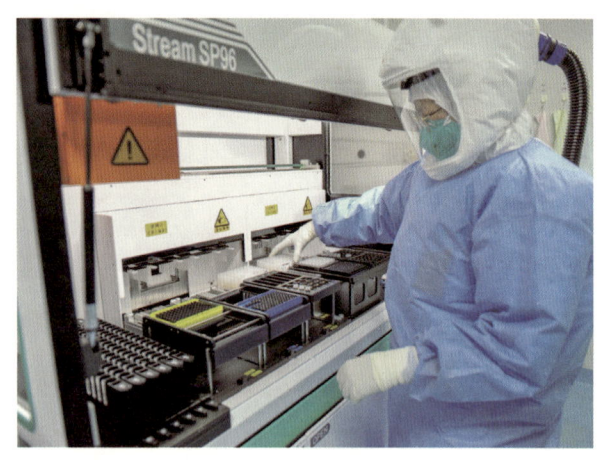

▲1月10日，呼和浩特海关开展病媒专项科研

【科技发展规划实施意见制定】2021年，呼和浩特海关研究贯彻《"十四五"海关科技发展规划》措施，拟定实施意见，提出到2025年以提升监管信息化作业水平、投入新技术和新装备、整合信息系统资源、升级网络安全防护体系等方式建设智慧海关，以开展实验室内外合作、动态调整实验室布局、共享实验室资源、开展专项实验室建设等方式优化关区实验室体系，以建立科技重大事项领导决策制度、完善科技评价激励机制等方式完善关区科技发展机制。

【科技宣传】2021年5月22—28日，呼和浩特海关开展科技活动周系列活动。科普视频播放：在呼和浩特海关一楼大厅播放《中华人民共和国网络安全法》和《中华人民共和国生物安全法》宣传视频；科技成果展示：制作虫媒传染病防控、象牙及象牙制品检测等6个栏目展板，宣传关区科技成果；"实验室开放日"：在国家乳及乳制品检测重点实验室（内蒙古）和总署卫生检疫区域中心实验室（呼和浩特）开展"实验室开放日"活动；开展科普讲解线上选拔赛：确定主题为"百年回望：中国共产党领导科技发展"，采用线上形式开展关区科普自主命题讲解选拔赛；发放科普读物：为关区科技工作者发放科普读物及专业技术类工具用书。7月12日，组织评选科技活动周期间征集到的科普讲解比赛作品，按照内容陈述、表达效果、整体形象和讲解时限进行评价，组织技术领域人员进行修订。7月27日，征集并编制14篇科普讲解作品（详见表4-14），《有些生物，不能"流浪"》《改变人类命运的"小家伙"》《外来入侵物种的传播途径》3篇作品入围全国海关科普讲解比赛环节。

表 4–14　呼和浩特海关 2021 年科普作品一览表

序号	呼和浩特海关科普作品	创作单位	备注
1	《严格知识产权海关保护，营造口岸一流营商环境》	乌拉特海关	
2	《科学饮食，健康生活》	东乌海关	
3	《外来入侵物种的传播途径》	呼和浩特海关动植处	入围全国海关科普讲解比赛
4	《四分钟读懂非洲猪瘟》	额济纳海关	
5	《沙漠植物，绽放生命之美》	鄂尔多斯海关	
6	《海关归类预裁定解读》	呼和浩特海关综合业务处/关税处	
7	《H986 原理》	赛罕海关	
8	《化妆品入境相关知识》	乌海海关	
9	《海关知识产权海关保护解读》	呼和浩特海关综合业务处	
10	《危险品安全》	阿拉善海关	
11	《有些生物，不能"流浪"》	呼和浩特白塔机场海关	入围全国海关科普讲解比赛
12	《改变人类命运的"小家伙"》	包头海关	入围全国海关科普讲解比赛
13	《酸奶的分类》	呼和浩特海关技术中心	
14	《小甲虫 大危害》	二连海关技术中心	

（撰稿人：阿牧古龙　武　颖）

第五篇

综合保障

政务管理

【概况】2021年，呼和浩特海关打造"大信息""大宣传"工作格局，政务信息、新闻宣传均创历史新高；推进实现呼和浩特海关12360服务热线与内蒙古自治区12345热线优化归并；落实精文减会要求；开展公文处理"百日无差错"活动，坚持"双人唱校""查错工作法"；自主开发上线"疫情内部防控管理系统"；营造比学赶超、争先创优的良好工作氛围，办公室条线2名同志荣获全国海关信息工作先进个人，1名党员获得全国海关机要保密工作劳动模范荣誉称号。

应急值守与政务信息

【应急值守】2021年，呼和浩特海关落实值班工作职责任务，值班信息重特大突发事件在15分钟内向总署总值班室电话报告，30分钟内书面报告；不定期对政务值班工作进行检查。12月24日，呼和浩特海关召开值班信息工作视频会议，要求所属各部门单位按照"上报信息必须是第一时间信息"有关要求，不折不扣地执行值班信息报送时限。当月28日，呼和浩特海关制作"值班信息报送模板"。当月30日，呼和浩特海关举办值班信息培训，解读值班信息写作、时限等要求，所属各部门单位34名信息员参加。全年，呼和浩特海关向总署报送值班信息197期，未发生迟报漏报现象。

【政务信息管理】2021年，呼和浩特海关政务信息工作坚持"为领导决策服务、为关区改革发展服务"指导思想和"新、实、准、快、精、深"编报原则，实行分级审批负责制和重大信息必报制；开展信息点评通报4次，对精品、高质量信息进行肯定，总结推广经验做法，对存在的问题进行纠正，提出改进意见和要求。全年开展政务信息采编集中培训1次。

【互联网信息编报】2021年1月1日，为适应信息发展形势，经总署办公厅批准，呼和浩特海关首次参与全国海关互联网信息编报工作。针对互联网信息时间战线长、信息量大、筛选要求高等特点，呼和浩特海关办公室选定东乌海关等5个隶属海关组织人员开展信息编辑，承担要目抢题、热点抢题、单篇报送和专报编辑4项工作任务。全年编报互联网择要44篇、热点102条、单篇47篇、专报556篇。

会议管理

【会议管理制度落实】 2021年，呼和浩特海关按照《呼和浩特海关会议管理办法》规定的会议范围、会议分类和审批、会议组织形式及要求、会务管理、会议纪律等进行会议管理。呼和浩特海关机关会议分为一类会议、二类会议、三类会议，其中一类会议、二类会议履行审批手续，三类会议履行备案手续。对宣传贯彻传达等不涉及具体工作布置的会议，直接以视频会议形式开到基层；全关性会议提前2~3天发布会议通知，其他会议提前1~2天发布会议通知。呼和浩特海关机关公共会议室由办公室统一管理，后勤管理部门负责日常保洁和会场服务等工作；会议实行请假制度。全年，呼和浩特海关将机关关务会议室、电视电话会议室、多功能会议室等8个会议室纳入统一管理，明确申请使用流程，即会前由需求部门通过信息化系统提交使用申请，内容包括会议主题、会议内容、会议时间、会议类型、参会人数等，经办公室审核通过后使用。

【2021年工作会议】 2021年2月2日，呼和浩特海关工作会议以视频形式召开。呼和浩特海关关长、党委书记李建伟做工作会议主报告。会议从做到"两个维护"坚定坚决等7个方面对2020年和"十三五"时期工作进行回顾，确定了2021年工作

▲1月28日，呼和浩特海关召开2021年工作会议、全面从严治党工作会议

总体思路。会议明确2021年要着力推动7个方面重点工作，主要是：坚持政治统领强根铸魂，在做到"两个维护"上实现高站位；坚持严密防控巩固成效，在抓好常态化疫情防控上实现新提升；坚持强化监管织密防线，在筑牢安全屏障上实现新提升；坚持改革攻坚提质增效，在服务构建开放新格局上实现新提升；坚持科技兴关支撑引领，在深化创新驱动上实现新提升；坚持综合保障固本夯基，在厚植发展优势上实现新提升；坚持强基提质淬炼队伍，在勇担职责使命上实现新提高。呼和浩特海关关领导、各职能处室和隶属海关负责人、部分离退休干部和干部群众代表共60多人参加了会议。

【2021年全面从严治党工作会议】 2021年2月2日，呼和浩特海关全面从严治党工作会议以视频形式召开。呼和浩特海关党委书记、关长李建伟和党委委员、党委纪检组组长孙福军分别讲话。会议从政治机关建设扎实推进等7个方面对2020

年工作进行回顾，并确定了2021年呼和浩特海关全面从严治党工作总体思路。会议明确2021年要重点做好7个方面工作，主要是：坚持政治建关，坚定不移做到"两个维护"；坚持系统观念，一体推进不敢腐、不能腐、不想腐；坚持靶向纠治，驰而不息整治形式主义；坚持严管厚爱，一以贯之加强准军事化纪律部队建设；突出政治属性，持续深化巡视巡察整改和成果运用；增强底线思维，不断完善权力运行制约监督机制；强化压力传导，一贯到底落实管党治党责任。呼和浩特海关党委委员、各职能处室党支部书记、各隶属海关党委书记及部分离退休党员干部和党员群众代表共60多人参加了会议。

【形势分析及工作督查例会】2021年1月15日，呼和浩特海关召开2021年第一次形势分析及工作督查例会，呼和浩特海关关领导、各部门，以及各隶属海关单位主要负责人参会。会议在听取各部门单位开展形势分析的基础上，对下一步重点工作进行了部署，主要是继续深入学习贯彻党的十九届五中全会精神。围绕全会提出重大思想观点、重大制度安排、重大工作部署，结合实际提出贯彻落实措施；持续保持高压打私态势，坚决筑牢北疆"两个屏障"。深化"智慧缉私"业务改革，加强大数据分析应用和风险分析研判，适时组织开展专项查缉；毫不放松抓实抓细冬春季疫情防控。加强口岸疫情防控常态化管理体系建设，持之以恒做好人员安全防护；积极服务自治区高水平对外开放等。根据《呼和浩特海关形势分析及工作督查例会制度》要求，会议参会人员、议程、组织形式等相对固定，2—12月每月召开形势分析和督查例会，对下一步重点工作作出安排。

公文处理

【公文处理制度落实】2021年，呼和浩特海关对所属各部门单位公文处理工作进行评估会诊，甄选优秀公文和问题公文，通过《呼和浩特海关"公文诊所"》载体予以通报表扬和批评，全年编发"公文诊所"12期。

【公文质量管理】2021年8月31日，呼和浩特海关开展公文处理工作视频督导培训，通报所属各部门单位公文运行中存在的问题，主要包括个别部门单位收文流转不及时、个别部门单位负责人仅批示"已阅"或无批示落实意见等，并要求立行立改。12月1日，呼和浩特海关启动公文处理"百日无差错"活动，时间为2021年12月1日—2022年3月10日，为期100天。

督查督办

【基层减负督查】2021年3月30日，为推动解决基层报送材料多、办文办会存在"隐形变异"等基层形式主义、官僚主义问题，呼和浩特海关党委印发《关于进一步贯彻落实中央八项规定精神持续解决形式主义问题为基层减负的通知》，从加强理论武装、规范要求基层报送数据材料、整治指尖上形式主义、精文减会、统筹优化督办检查考核调研、建立健全长效机制等方面制定具体落实措施、明晰职权。4月29日，总署将呼和浩特海关隶属二连海关等全国范围内9个海关单位作为基层减负监测点，并建立情况直报机制。5月7日、5月26日，呼和浩特海关分别召开基层减负工作专题会议，传达总署、呼和浩特海关减负工作文件精神，听取相关职能部门关于为基层减负项目优化整合的意见和隶属二连海关关于基层减负情况的汇报，要求：高度重视为基层减负工作；指定专人负责减负工作，坚持问题导向，以解决问题为目标开展工作，狠抓落实；发扬基层首创精神，隶属海关要立足基层工作视角，为减负工作提出可行性建议；做好减负确认书填写、问题反馈、督导验证等工作，确保基层减负工作取得实效。

【政府工作督查】2021年6月3日，自治区人民政府督查室印发通知，要求自治区各部门定期报送《政府工作报告》重点任务落实情况。呼和浩特海关对《政府工作报告》中涉及海关"动植物疫病防控、优化调整进口税收政策""增加优质产品和服务进口、推动国际物流畅通"等6项重点任务进行梳理，明确承办部门，细化落实措施，按季度开展督查，向自治区政府督查室反馈了落实情况。8月3日，按照自治区政府督查室《关于配合做好国务院第八次大督查有关事项的通知》要求，呼和浩特海关重点就深化"放管服"、改革优化营商环境、推进高水平开放和优化通关作业流程工作落实情况开展督查，收集深化"证照分离"改革、提高行政审批工作效率、持续开展减证便民等15项工作措施及意见建议。

建议提案办理

【自治区人大建议办理】2021年2月4日，内蒙古自治区人大常委会办公厅向呼和浩特海关转来3件内蒙古自治区十三届人大四次会议人民代表建议，办理类型均为分办。具体为：《关于扶持中国AOPA乌兰察布航空产业园项目推进的建议》（第378号建议）；《关于乌兰察布集宁机场开通航空口岸的建议》（第601号建议）；《关于加快推进呼包鄂乌自由贸易区建设的建议》（第604号建议》。当月28日，呼和浩特海关将3件建议办理工作分解至所属相关部门和单位，随后于5月8日、5月10日分别将答复建议函送自治区商务厅、乌兰察布市人民政府，答复情况为：第378号建议：呼和浩特海关隶属集宁海关组建"乌兰牧骑＋口岸核心能力建设"服务队，在航空快件库前期设计方面提出具体指导建议，与地方政府座谈十余次解读口岸核心能力建设有关规定。不断完善基础设施建设，夯实基础能力；第601号建议：呼和浩特海关大力支持集宁机场对外开放，2019年，支持集宁机场临时开放，服务保障第三届中蒙博览会顺利举办。2020年以来，积极配合自治区口岸办争取将集宁机场列入国家口岸发展"十四五"规划，并多次向总署汇报相关工作；第604号建议：呼和浩特海关全力支持提升呼包鄂乌区域对外开放水平，重点依托搭平台、畅物流，全力打造内陆开放新高地，为呼包鄂乌自由贸易区建设奠定坚实基础。据反馈，3件建议答复满意率均为100%。

【自治区政协提案办理】2021年3月26日，政协内蒙古自治区第十二届委员会第四次会议将3件立案提案交呼和浩特海关办理，要求于9月30日前办结，办理类型均为分办。具体为：《关于提升口岸卫生应急处置能力的提案》（案号0286号）；《关于加快二连浩特综合保税区建设，提升口岸国际贸易竞争力的提案》（案号0385号）；《关于构建"内蒙古边境接壤地区动物外来病的预警、溯源及阻断系统"的提案》（案号0455号）。当月31日，呼和浩特海关将3个提案办理工作分解至所属相关部门和单位，并于5月8日函复办理结果，答复情况为：第0286号提案：呼和浩特海关始终将提升口岸公共卫生核心能力作为重中之重，积极打造"境外、口岸、境内"三道防线，建立健全传染病监测预警、联防联控、人才引进培养等机制，持续巩固和提升口岸卫生应急处置能力；第0385号提案：2019年，呼和浩特海关按照总署要求对拟申建综合保税区情况展开调研，二连浩特市人民政府回函说明拟在二连浩特—扎门乌德经济合作区内争取赋予综合保税区和自贸区功能，不再单独申请设立综合保税区；第0455号提案：呼和浩特海关始终将严密防范动物外来病、防控动植物疫情作为履行新海关职责、构建国门生物安全体系的核心工作，持续加大动物检疫力度，并将继续跟踪国际动物疫情形势，积极争取地方经费支持，严防境外动物疫情传入。据反馈，3件提案答复满意率均为100%。

保密管理

【保密管理职责履行】2021年2月5日，因分管关领导调整，呼和浩特海关向总署报备呼和浩特海关保密委员会主任变更情况。3月26日—10月10日，呼和浩特海关对照总署有关标准，对32类108项工作内容进行自查。11月15日，呼和浩特海关办公室一位同志获评全国海关机要保密工作劳动模范。

【保密法宣传教育】2021年10月1—31日，呼和浩特海关组织开展《中华人民共和国保守国家秘密法》（简称《保密法》）宣传月活动，宣传主题为"传承红色基因，筑牢保密防线"。活动期间，开展保密教育培训、讲座12次，在呼和浩特海关机关和隶属海关网站分别设置保密宣传专栏，发放保密宣传资料200余份，张贴保密常识挂图15张，利用新媒体发布保密提示微信公号文2期。11月，呼和浩特海关组织开展《保密法》线上知识竞赛，1,011人参加，参与比例达98%，答题优秀（90分以上）比例超过80%。12月22日，呼和浩特海关举办机关机要保密培训，邀请自治区保密局专家作"保密形势教育"专题讲座，并观看保密教育片。

档案管理

【档案资料保管】 2021年，呼和浩特海关开展疫情防控工作档案资料收集工作，将疫情工作中形成的文字、图表、照片、音像等各类文件材料（电子数据）和凭证性实物等进行分类收集整理。经整理，"隶属白塔机场海关关员'请战书'""隶属二连海关检出全国首例出境新冠病毒核酸阳性资料"2批疫情防控见证物被中国海关博物馆收藏，利用档案资料组稿《风雨兼程谱华章 珍藏档案话百年》《北疆把关人，驿路上的一曲长歌》2篇文章被选录至总署《追寻红色记忆 传承红色基因——海关档案故事100篇》一书。9月26日，呼和浩特海关印发《文件材料归档范围和文书档案保管期限规定》，对文件材料归档范围和文书档案保管期限进行规定，明确归档文件须包括反映本机关主要职能活动和基本历史面貌，对本机关工作、国家建设和历史研究具有利用价值的文件材料等4类材料，文书档案保管期限定为永久、定期2种，其中定期分为30年、10年。

【档案安全检查】 2021年6月25—30日、9月28—30日，呼和浩特海关分别组织开展档案安全管理工作检查，检查重点为档案安全保密宣传教育、档案安全工作制度机制、档案安全管理应急处置预案等5方面内容，未发现安全隐患。

政务公开

【政务公开能力提升】 2021年4月16日，根据总署办公厅2020年度直属海关政务公开评估结果，呼和浩特海关对"主动公开""政务公开平台建设""政府信息公开年度报告发布""政府信息公开受理渠道畅通""管理网、门户网站政府信息发布一致性"等7方面内容进行了专项提升。全年完成原出入境检验检疫网站852条历史数据整合重组，新建、调整优化8个栏目，11个隶属海关按要求公开机构职能、机构设置、办事地址、联系方式、负责人姓名等信息并实时更新。

【12360服务热线归并】 2021年12月，为落实总署办公厅和自治区人民政府办公厅有关要求，呼和浩特海关推进12360热线与自治区12345热线优化归并工作，向中国联通内蒙古分公司申请专用呼叫号6512360用于热线转接，并接入自治区12345热线话务系统。12月26日，呼和浩特海关12360服务热线以内蒙古自治区12345热线分中心形式，实现与自治区12345热线优化归并，并向自治区12345热线共享海关知识库条目。用户拨打自治区12345热线咨询海关业务时，12345热线可通过3种形式进行答复，即通过海关共享知识库条目直接答复、通过

专用呼叫号转入12360热线答复、通过12345热线系统向12360热线派发工单。

【隶属海关政务公开调研】2021年5月，呼和浩特海关采取"书面调研＋实地调研"方式对隶属海关"政府信息公开情况""一线人员政策掌握情况"2方面工作开展调研，并于当月31日形成调研报告。围绕基层海关政务公开标准化工作如何推进问题，提出"加强顶层设计""开发管理网、互联网配套小程序""制定统一、规范的信息发布格式，印发全国海关""实现全国海关系统一个模板标准化输出"4条建议。

信访与新闻宣传

【信访工作】2021年9月13日，为进一步加强信访工作法治化建设，呼和浩特海关印发《信访工作管理办法》，调整《呼和浩特海关依法分类处理信访事项目录清单》，明确"通关求助、业务咨询、意见建议、举报投诉"等2类按信访程序处理事项。据此，为拓宽信访受理渠道，呼和浩特海关布置各业务现场、办事大厅均设立信访信箱，各隶属海关均对外公开信访电话，在呼和浩特海关门户网站开设信访留言、关长信箱、走私举报、廉政举报、业务咨询等信箱栏目。

【新闻宣传】2021年，呼和浩特海关先后开展庆祝中国共产党成立100周年、贯彻落实党的十九届六中全会精神、筑牢"两个屏障"、服务"两个基地"、建设"一个桥头堡"等重大主题宣传活动。全年，发布新闻通稿419篇，其中中央电视台《新闻联播》采编呼和浩特海关事例1条、画面4幅；《人民日报》独立报道文字发稿3篇、图片1幅；《经济日报》1篇；《人民日报》海外版刊发图片1幅；《科技日报》1篇；《法治日报》4篇；《经济参考报》1篇。3月7日，《人民日报》报道呼和浩特海关党委书记、关长李建伟贯彻落实习近平总书记在参加十三届全国人大四次会议内蒙古代表团审议时的重要讲话精神；9月3日，《经济日报》报道呼和浩特海关助力陆路枢纽提质增效，为近三年呼和浩特海关新闻稿件首次在《经济日报》上发稿。全年，先后召开4次新闻发布会，分别为：1月22日，召开稳外贸工作情况新闻发布会，通报2020年内蒙古自治区外贸进出口情况、呼和浩特海关为促进外贸稳增长采取的措施和取得的成效；3月4日，召开优化口岸营商环境新闻发布会，通报2021年呼和浩特海关优化口岸营商环境有关思路和举措；7月23日，召开上

▲1月22日，呼和浩特海关召开稳外贸工作情况新闻发布会

半年自治区外贸情况新闻发布会，通报上半年自治区外贸进出口情况；12月3日，召开"深化跨境贸易便利化、优化口岸营商环境"新闻发布会，通报2021年呼和浩特海关深化跨境贸易便利化、优化口岸营商环境取得的成效。

史志编纂

【海关口述史料征集】2021年11月12日，呼和浩特海关印发通知，对口述史征集对象、征集内容、工作分工、时间安排予以明确，主要是：重点面向呼和浩特海关离退休人员以及"海关世家""原检世家"征集；梳理汇总以往所属各部门单位已经制作、收集的包括口传史料、回忆录、调查记、访谈录等各种形式在内的海关口述史料。同时广泛征集重点线索，抢救性挖掘、整理、采集一批新的口述史料；时间安排在2021年11月—2022年2月。11月19日，制订呼和浩特海关史研究工作方案，成立呼和浩特海关海关史研究工作领导小组，组长由政治部主任担任，领导小组下设办公室，主要承担牵头制订并组织落实呼和浩特海关史研究谋划、开展呼和浩特海关口述史料抢救征集、承担《呼和浩特海关志》编修等8项工作任务；呼和浩特海关史研究方案对近期工作进行安排，提出开展1轮口述史料抢救征集、编纂1本《呼和浩特海关年鉴》、科学制定1套研究规划、推出1批课题研究成果4项重点工作任务。截至年末，领导小组办公室在离退休干部办公室的配合下，走访原呼和浩特海关关长王振林、原内蒙古出入境检验检疫局局长赵国志等离退休干部征集口述史料6人次。

【年鉴编纂方案制订与启动】2021年11月26日，呼和浩特海关制订年鉴编纂工作方案，成立呼和浩特海关年鉴编纂委员会，由关长任主任委员、其他关领导任副主任委员，所属各职能部门主要负责同志为编纂委员会委员，对《呼和浩特海关年鉴》内容体例、编纂安排和经费预算等予以明确，《呼和浩特海关年鉴（2022）》记载2021年呼和浩特海关发生的重大事件及其背景、社会影响，呼和浩特海关事业改革发展新业绩、新成就等，包括呼和浩特海关各部门和隶属海关单位发展情况；年鉴编纂体例由类目、分目、次分目、条目组成，采取条块结合记述方式。

疫情内部防控

【新冠肺炎疫情内部防控制度制定】2021年1月13日，呼和浩特海关印发《关于细化统筹口岸疫情防控和促进外贸稳增长工作指挥部内部防控组职责的通知》，将内部防控组职责调整为办公室牵头，按照总署、自治区有关要求，制订内部防控制度、应急预案；呼和浩特国际旅行卫生保健中心制定核酸检测保障措施，保障内部防控"应检尽检"人员及时开展核酸检测。9月15日，呼和浩特海关印发《关于进一步压实主体责任完善内部防控措施的通知》，提出10项细化落实措施，主要是：呼和浩特海关机关、隶属海关要做到"五有"；因公出差、因私出行台账登记和销账流程，实行"绿码"上岗制；对来访人员、出差出行人员进行风险排查；全体工作人员落实防疫"三件套"。

【线下活动新冠肺炎疫情防控工作方案制订】2021年9月15日，呼和浩特海关印发通知，要求各类会议、培训及其他线下活动，能以线上方式开展，尽量不组织面对面活动，随附呼和浩特海关线下活动新冠肺炎疫情防控工作方案，主要规定：坚持"谁主办，谁负责""谁审批，谁负责""谁管理，谁负责"工作原则；对参加活动人员健康情况、举办地点、活动行程等进行风险研判；对参加活动人员有健康状况和健康监测要求、卫生防疫及行程管理措施等。据此，呼和浩特海关举办各类会议，由后勤管理中心组织进行人员测温、健康码验核和会场通风消毒工作，由会议主办部门填写《呼和浩特海关线下活动疫情防控台账》。

【新冠肺炎疫情内部防控管理系统上线运行】2021年，呼和浩特海关自主开发上线新冠肺炎疫情内部防控管理系统。该系统整合了"日报告台账汇总表""身体健康状况异常台账""中高风险地区、疫情形势不明地区旅居人员台账"等"1总+7分"8本台账，形成了集数据录入、档案管理、疫情监测、疫情内部防控数据汇总等功能于一体的疫情内部防控台账系统。该系统运行后，呼和浩特海关疫情内部防控岗位人员每日疫情信息填报时间由2小时缩短为10分钟。

▲5月3日，呼和浩特海关对办公楼公共区域进行空气消毒和物体表面消毒

（撰稿人：纪　斌　李富璋　赵双良
　　　　　李　伟）

财务管理

【概况】2021年，呼和浩特海关全面落实总署支持艰苦地区边关22条措施，预算分配向边关、一线倾斜，其中如口岸风沙防护、边关子女教学点运维及4个隶属海关食堂维修改造等民生项目得到重点保障，隶属额济纳海关和东乌海关"边关生活设施保障能力提升项目"改造资金得到重点保障；坚持厉行节约，"三公"经费较2020年压减23.17%；保障重点支出，二连海关等8个隶属海关单位的12个"口岸应对重大疫情卫生检疫基础设施建设项目"全部完工并投入使用。

税费财务管理

【税费财务管理制度落实】2021年，呼和浩特海关按照《呼和浩特海关税费财务管理实施细则》有关规定，开展海关税收、罚没收入、行政性收费、其他收入征收缴库和暂存款项等财务管理工作。根据《中华人民共和国国家金库条例》及其《实施细则》有关规定，呼和浩特海关每日核对国库预算收入日报表；每月终了，在规定上报月报表日期之前，将税收账与国库预算收入日报表按科目核对无误；年度终了，在规定上报年报表日期之前，将税收账与国库预算收入日报表按科目核对无误。

【年末年初税费财务管理】2021年1月1日上午9点前，呼和浩特海关与国库报表核对无误，通过费收系统报送税收快报；当年12月28日起，逐日核销税款入库情况；12月31日，取得国库12月月报和2021年年报。全年征收关税和进口环节税净入库71.99亿元。

预决算管理

【预算管理】2021年，呼和浩特海关印发《预算管理规程》，明确各级预算单位预算由收入预算和支出预算组成，对预算编制、执行及绩效管理各阶段工作的主要内容、职责分工、业务流程和规范要求作出具体说明。8—11月，为保证预算执行进度和合法合规支出，呼和浩特海关按月发布预算执行动态4次；12月，按周发布预算执行动态5次，对部分职能部门、隶属单位进行"点对点"视频指导。至12月31日，当年预算基本支出和项目支出目标任务全部完成。

【项目支出绩效评价与绩效运行监控管理】2021年7月6日，呼和浩特海关印发《项目支出绩效评价管理实施细则》，确定项目支出绩效评价分为单位自评、重点项目评价和财政评价。同日，印发《预算绩效运行监控管理实施细则》，规定从绩效目标完成情况、预算资金执行情况、重点政策和重大项目绩效延伸监控4个方面，采用目标比较法，用定量分析和定性分析相结合的方式，将绩效实现情况与预期绩效目标进行比较，每一年度8月，对当年1—7月预算执行情况和项目绩效目标实现程度开展一次绩效监控汇总分析，对目标完成、预算执行、组织实施、资金管理等情况进行分析评判。全年开展运行监控管理分析1次。

【编制项目支出规划】2021年4月9日，为给项目支出中期规划打好提前量，呼和浩特海关较总署提前半个月启动2022—2024年项目支出规划编报工作。4月23日，召开2022—2024年项目支出规划编制启动关长办公会，要求各级预算单位对项目调研、论证和资金需求进行测算。5月28日，完成汇总及初审，形成预算草案，通过询价、业绩考察等方式选定中介评审机构，开展中介机构评审工作。呼和浩特海关申报2022年项目172个，申报2023年项目152个，申报2024年项目152个。

【预算绩效管理评价】2021年4月27日，为稳步推进全过程预算绩效管理工作，呼和浩特海关制订预算绩效管理评价工作实施方案，成立预算绩效管理评价小组，拟定海关预算绩效管理评价指标和评分标准，全面分析评价被评单位预决算管理、预算执行、绩效管理和内控建设等方面的管理现状。9月25日—10月15日，呼和浩特海关对隶属二连海关、包头海关开展预算绩效现场评价，对被评单位2019—2020年度会计账簿、预决算批复文书及财务制度等文件资料进行评价，形成工作底稿30余份，2个被评单位预决算管理、预算执行、绩效管理和内控建设等方面管理现状均被评定为良好。

【项目支出核心绩效指标体系修订】2021年，呼和浩特海关对照2021年绩效运行监控和2022年"一上"预算汇编审核发现问题，会同各项目主管部门对项目支出核心绩效指标体系进行修订完善。主要修订内容为：关注新旧指标体系变化情况，设立项目绩效总目标，要梳理与项目相关上级决策部署、部门中长期规划、项目实施方案，设立项目绩效子目标要对总目标进行分解，设置项目绩效指标要将项目绩效目标用可衡量方式、数量或评级方式反映出来，每个项目指标数量建议控制在10个以内等。

【"过紧日子"定期评估】2021年，呼和浩特海关建立按季度定量定性分析评估机制，将"过紧日子"情况评估工作列入全年重点工作，对2020年落实"过紧日子"要求开展首次评估。评估内容主要包括制度机制建设、结转结余管理、预算绩效管理、资产资金管理、发现问题整改情况等。2月25日—3月5日，根据各隶属海关和直属事业单位11个评估报告反馈，呼和浩特海关决定采取整体压减非刚性、非重点、非急需支出，从严控制会议、差旅、培训及"三公"经费，降低海关行政运行成本和保障疫情防控急需支出等措施。

国库集中支付管理

【国库集中支付管理培训】2021年11月11日，为减少发生财政资金支付等风险问题，呼和浩特海关组织开展国库集中支付管理视频培训，分类别交流预算绩效运行监控工作疑难点，布置财政资金支付具体业务要求。呼和浩特海关各隶属单位负责国库集中支付管理人员及财务处有关人员共21人参加培训。

【国库集中支付管理规范制定】2021年12月20日，根据《财政国库管理制度改革实施方案》等有关规定，呼和浩特海关制定国库集中支付管理工作规范指引，明确各预算单位国库集中支付操作及管理应用平台、预算指标构成要素及拆分依据、依据部门预算和年度事业发展规划编制用款计划等规范要求。

涉案财物管理

【涉案财物配合管理制度修订】2021年，为进一步加强涉案财物管理和相关部门之间联系配合，呼和浩特海关修订涉案财物管理工作联系配合实施细则，主要规定为：业务、办案部门负责依法以扣押、扣留、查封、冻结等方式提取、固定涉案财物，将涉案财物移交海关确定仓储企业保管，依法及时对查扣涉案财物作出变卖、处置决定；财务部门负责牵头拟定涉案财物管理制度，监督、检查、指导涉案财物管理工作；后勤管理部门负责研究制定仓库管理相关制度，按照与海关签定委托存储保管协议，做好涉案财物入出库、系统数据录入及仓储保管等工作。

【涉案财物管理自查】2021年，呼和浩特海关组织各隶属海关在9月10日前，对照社会仓储企业存储海关涉案财物管理、涉案财物入出库环节风险防控、涉案财物管理系统数据录入、涉案财物先行变卖和处置、库存涉案财物处置力度等方面开展自查，排查涉案财物管理工作中的问题、隐患和风险。经排查，未发现问题。

【涉案财物仓库安全管理】2021年，呼和浩特海关对委托呼和浩特海关后勤管理中心管理的涉案财物精品仓库、普通仓库、罚没车辆开展"拉网式"排查2次，检查消防装置器材、UPS不间断电源、视频监控系统、安防系统、视频存储系统8次。检查结果认为，所有涉案财物普通仓库及精品仓库杜绝存放危化品，涉案财物仓库视频监控设备均与总署监控指挥中心联网，各类仓库消防装置、器材配备齐全等。7月24日，呼和浩特海关组织各隶

▲12月30日，呼和浩特海关开展涉案财物仓库安全检查

▲7月2日，呼和浩特海关向内蒙古林草局移交罚没野生动物制品

属海关开展涉案财物社会仓储企业管理排查，重点检查社会仓储企业软硬件条件、签订仓储保管协议、办理出入库手续及巡查工作开展情况，未发现问题。

【走私冻品和"双无"固体废物移交处置】2021年，呼和浩特海关按照与内蒙古自治区农牧厅、满洲里海关联合印发的海关查获走私冻品处置工作要求，由各隶属海关所在地旗县人民政府及其打击走私综合治理办公室负责海关查获走私冻品的无害化处置工作、组织协调和督促落实工作，农牧部门牵头负责其他海关查获走私动物及动物产品等冻品的无害化处理。4月27日，按照内蒙古自治区打击走私综合治理领导小组"双无"固体废物移交、保管、处置等规定要求，呼和浩特海关布置各隶属海关与所在地旗县人民政府建立走私冻品和"双无"固体废物移交处置机制。全年，各隶属海关均与所在盟市有关部门签署走私冻品和"双无"固体废物移交处置协议。

企事业单位财务管理

【海关企事业单位脱钩】2021年，呼和浩特海关制订落实海关事业单位所属企业脱钩工作实施方案，成立企业脱钩工作领导小组，从工作目标、工作步骤及时间节点等方面作出规定；确定工作目标、产权转让范围、产权处置方式，按照时间进度及工作步骤开展产权脱钩具体工作。截至12月31日，所属10家企事业单位共梳理12项脱钩事项，完成9项。

【海关全民所有制企业改制】2021年，呼和浩特海关制订国有企业公司制改革工作方案，采取"一企一策"方法，从工作目标、工作内容、责任人、完成时限和督办反馈5个方面细化改革工作，重点强调改制方式、产权结构设置、债权债务处理、公司治理安排、劳动人事分配制度改革等关键事项，专人组织完成公司制改制所涉及的审批程序、注册资本、资产评估、税收缴纳、土地处置、资质承继、登记注册等事项。至8月2日，提前4个月完成海关全民所有制企业改制任务。

机关财务管理

【政府采购管理专项检查】2021年3月22日—4月9日，呼和浩特海关对机关政府采购工作开展为期3周的专项检查。5月27日，呼和浩特海关通报检查情况，认为3个采购执行部门均能严格执行财政部、总署及呼和浩特海关政府采购制度及要求，按照公开、公平、公正原则开展政府采购工作。

【准备期养老保险金、职业年金核算和清缴】2021年6月，按照《内蒙古自治区社会保险事业管理局关于认真做好机关事业单位养老保险准备期业务经办和财务结算工作的通知》要求，呼和浩特海关本级实施准备期养老保险金、职业年金核算和清缴工作。10月，在财政部社保实施准备期预算资金仍未到位情况下，内蒙古社保局提出按年度分段缴费、财政先行返还清算方案。呼和浩特海关本级按年度分2段缴费、社保分2段退还垫付养老金方式，完成海关参保账户养老保险缴费工作。

【财务基础工作核查】2021年5—6月，为进一步加强会计基础工作，呼和浩特海关对2019—2020年本级海关经费财务凭单进行核查。经对3,105份财务凭单逐一核查，全部凭单资料齐全，无丢失、缺损等情况。

【财务内部控制建设】12月8日，按照内控建设要求，呼和浩特海关制定财务部门涉案财物定期清理程序控制和时限控制、差旅费报销层级控制和程序控制、行政事业性收费和经营服务性收费监督控制等非执法领域内控节点41个，其中执行控制部分33个、职能监控8个；随后采用本级自评方法，通过自查整改、资料抽取、数据分析比对等方式验证，全部节点均按要求落实。

基建管理

【重点建设项目绩效评价】2021年，呼和浩特海关选取第三方评审机构对呼和浩特海关2020年"防止境外疫情输入专项"和"口岸检疫查验能力提升"2个重点项目开展绩效评价；确定评价方式是：评分和评级相结合，依据评价数据信息，按照评价要求与标准进行打分，对项目支出决策、过程、产出和效益进行全面评价。9月3日，对第三方机构评价结果进行公布，评价结果认为，"呼和浩特海关2020年度'防止境外疫情输入专项'项目得分90.40分，绩效评定等级为'优'"；"呼和浩特海关2020年度'口岸检疫查验能力提升'项目得分92.50分，绩效评定等级为'优'"。

【重点实验室项目总验收】2021年5月14日，由总署委托北京某公司完成集宁海关国家马铃薯及其制品检测重点实验室项目总验收；5月26日，呼和浩特海关根据财政部《基本建设项目竣工财务决算管理暂行办法》有关规定，批复隶属集宁海关国家马铃薯及其制品检测重点实验室项目竣工财务决算。

资产与装备管理

【公务用车管理】2021年，呼和浩特海关公务用车使用执行审批制度，使用车辆单位或部门提出用车申请，说明用车事由、用车类型及用车时间等，由车辆使用及具体管理部门签批后开具派车单，作为派车依据。全年，呼和浩特海关报废4台达到处置年限、多次大修且维修保养成本过高、影响行驶安全和年检工作执法执勤的用车。

【新冠肺炎疫情防控物资保障】2021年，呼和浩特海关印发《应急物资装备储备库管理办法》，按照"先入先出、后入后出"原则，对储备物资及时调配使用，对应急物资储备库进行改造升级，实现疫情防控物资专库存储、分区存放，以口岸一线疫情防控物资装备储备为主，根据疫情防控物资保障整体形势发展变化，完善动态平衡的物资供应机制。全年，呼和浩特海关向内蒙古自治区新冠肺炎疫情防控指挥部申领医用防护口罩2.6万只、医用防护服和隔离衣0.74万套、防护靴套0.8万只、一次性手套0.88万双，以及护目镜、一次性防护帽和防护面屏等其他防护物资。

【节能管理】2021年3月22日和8月25日，呼和浩特海关分别以"世界水日""中国水周""全国低碳日""节能宣传周"等活动为依托，运用"节约用能倡议书"、微信推送、海报张贴、公益视频等多种形式开展2次节能宣传活动。7月，对应达标而未达标的，组织展开立行立改工作；对办公楼节约用电情况开展现场检查，检查结果认为：干部职工能够做到自觉关闭空调、电脑、电灯、打印机及其他用电器电源，内部用电用能安全规范。11月19日，印发《节约能源资源管理办法》，确定5项能源资源管理节约要求，即用电、用水、用油、办公用品及生活垃圾分类管理。全年，安排预算资金，从单项措施向系统工程转变，实施绿化用水改造、照明系统改造、能源监测平台建设、中心机房电能分项计量4个改造项目。呼和浩特海关本级更换800余套LED节能灯具，替换传统荧光灯管、普通吸顶灯和白炽灯；走廊、楼梯间、步梯通道等公共区域全部采用声控开关，盥洗室引入空气源热泵，开水间采用拥有双聚能、热回收技术的节能型净水一体机，年节能率达到13.94%，年节能收益近15万余元。建立废水回收系统，净水机排出废水回收至地库6立方米水箱，作为绿化、洗车及洁厕用水，全年节约用水1,600立方米。建设能耗监测平台系统，实时分析用能数据，自动预警提醒超能耗情况，动态调整各用能设备运行控制方案，达到用能系统高效运行和能源资源费用下降双重目标。委托某大学对机关办公大楼开展二级能源审计。委托节水技术企业开展水平衡测试，以生活用水、净水机排水二次利用为测试重点，采用水表法、超声波流量法和容积法连续测试72小时，全年用水按照251天计算，推算得出年人均用水量12.55立方米。签订《能源管理协议》，合约期内依照近4年实际燃气费用年平均值的80%向节能管理企业支付热水使用费，节能管理企业完成对卫生热水设备实施整体无偿改造，改造2台空气能热水机组，节能率达40%。

【资产管理】 2021年，呼和浩特海关关区各级财务独立核算单位对资产管理效果、资产管理规范和资产管理基础工作等情况进行绩效评价，填报绩效自评表，形成自评报告，提供相关佐证材料；此项工作至4月30日完成。至10月11日，呼和浩特海关完成呼和浩特海关本级机构改革划转房产土地权属登记变更工作，机构改革涉及原内蒙古出入境检验检疫局划转房产土地权属登记变更工作，登记为呼和浩特海关。

（撰稿人：李墨澜）

督察内审

【概况】2021年,呼和浩特海关把政治建设摆在首位,突出"敢"字树锐气,围绕"善"字强本领,推动党建与业务有机融合,秉承"突出政治性、注重时效性、增强精准性、推进全面性、提升实效性"基本思路,完成业务督察、内部审计、内部控制与监督和执法评估工作。

督察监督

【重大政策措施督察】2021年,呼和浩特海关按照各直属海关选取不低于30%比例,从总署项目清单中选取"持续强化口岸卫生检疫措施落实情况""严防重大动植物疫情疫病传入传出和外来物种入侵措施落实情况""严把进出口商品检验关措施落实情况""优化口岸营商环境,促进跨境贸易便利化工作措施落实情况""促进外贸稳中提质措施落实情况"5个督察项目,确定呼和浩特海关2021年度督察重点,综合运用各单位自查、与职能部门联合检查、系统核查、数据分析、远程视频督察等方式开展。针对督察发现的问题,呼和浩特海关提出对接自治区联防联控机制强化口岸疫情防控闭环管理、在乌兰察布地区开展出口TIR运输与中欧班列联运试点、多病共防开展重大动植物疫病及有害生物监测、简化通关手续提高通关时效措施落实落细等措施。

【署级跟踪督察】2021年,呼和浩特海关开展2项署级跟踪督察,即进境高风险货物风险监测和预防性消毒措施落实情况跟踪督察,同步开展持续强化口岸卫生检疫措施落实情况现场督察和进出口危险化学品监管措施落实情况督察。5月18日,呼和浩特海关决定开展严格进境高风险货物风险监测和预防性消毒措施落实情况督察工作,确定督察重点内容,即进境高风险货物风险监测落实情况、进口冷链食品预防性消毒措施落实情况、进口高风险非冷链集装箱货物预防性消毒措施落实情况和进境航空集装器新冠病毒监测和预防性消毒情况;组织各隶属海关对照督察重点内容逐项开展自查工作。5月19—20日,呼和浩特海关组成督察组,选取隶属二连海关进行实地督察,重点督察发现问题的整改落实情况。

【进出口危化品督察】 2021年，呼和浩特海关开展进出口危险化学品监管措施落实情况督察自查工作。拟定开展进出口危险化学品监管措施落实情况自查自纠重点任务和具体责任分工，主要工作步骤与安排是：自查自纠阶段（自通知印发之日至9月20日）；现场检查阶段（9月7—25日）；汇总报告阶段（9月26—30日）；推动整改阶段（自发现问题之日至11月30日）。在规定时间完成督察及监督整改工作。

内部审计

【重点工作专项审计】 2021年，呼和浩特海关成立呼和浩特海关配合总署专项审计工作领导小组，负责组织、协调、配合总署专项审计相关工作，分5个阶段，即自查自纠阶段（自通知印发之日至6月15日）、现场验核阶段（6月16—30日）、汇总报告阶段（7月1—9日）、配合实地检查阶段（7月15日—8月31日）、推动整改阶段（自发现问题之日至11月30日），对2019年以来在推动重大决策部署贯彻落实、强化监管优化服务、贯彻执行中央八项规定及其实施细则精神3方面重点内容开展专项审计。9月7日，呼和浩特海关向总署督审司报告专项审计工作开展情况和推进成效。

【实验室建设审计调研】 2021年，呼和浩特海关对总署批复海关检验检测（国际旅行卫生保健）5家机构进行现场核查，摸清实验室建设方面基本情况和存在问题。审计调研自查核查重点为海关实验室各项改革措施落地见效情况，海关实验室在规划布局、能力建设、效益效率、收费管理、内部管理等方面成效和短板；核查时间范围为2019年1月—2021年6月。经专项审计调研，向总署相关主管部门提出加强对公益二类事业单位政策指导、出台适应公益二类事业发展激励机制等4条建议。

【经济责任审计】 2021年4月6日，呼和浩特海关制订经济责任审计计划，确定对呼和浩特白塔机场海关等6个隶属海关主要负责人进行任中经济责任审计；对鄂尔多斯等3个隶属海关、单位主要负责人开展离任经济责任审计；2021年根据呼和浩特海关党委对隶属海关、直属事业单位主要负责人调整情况，适时开展领导干部经济责任审计。审计重点主要是"中央重大决策部署，总署党委及呼和浩特海关党委工作部署落地情况""重大决策责任落实情况""系统性、区域性问题或风险

▲4月20日，呼和浩特海关经济责任审计工作组在二连海关召开见面会

防控情况""内控机制建设和内部控制情况""以往审计发现问题整改情况"等。4月12日,呼和浩特海关组建审计组,聚焦履职尽责实际状况,重点对落实举措和实际效果开展监督检查。截至9月21日,除按计划开展9个经济责任审计外,根据呼和浩特海关党委对隶属海关、直属事业单位主要负责人调整情况,对隶属二连海关等3个主要负责人开展离任经济责任审计。呼和浩特海关采取审计"回头看"和现场核查等方式跟踪问题整改情况;按照审计决定发出后60日整改时限要求,年末已全部完成整改。

【竣工结算审计】2021年,呼和浩特海关按照审前备案、结算审计监督、结算审计报送等流程,执行审计风险控制程序,先后对呼和浩特海关口岸应对重大疫情卫生检疫设施项目(额济纳)、乌拉特海关口岸应对重大疫情卫生检疫设施项目、呼和浩特国际旅行卫生保健中心口岸应对重大疫情卫生检疫设施改造工程等20个工程项目开展竣工结算审计。

内控建设

【内控管理】2021年,呼和浩特海关对纳入审核适用范围改革措施、制度规范和信息化应用项目进行审核。全年完成包括信访制度、国库集中支付管理、应急物资装备储备库管理等12项制度规范和"统计数据咨询系统"1个信息化系统内控前置审核工作,提出审核意见26条,复核意见15条,复核意见采纳率93.3%。通过将内控节点要求与岗位职责统一,建立内控节点岗位落实清单,完成内控节点要求刚性落实,展示内控节点应用成效,全年通过内控节点落实发现并完成整改涉及署级节点560个。

【内控机制建设培训】2021年,根据总署加强内控机制建设要求,呼和浩特海关组织开展集中培训,通过到隶属赛罕、二连等海关"送教上门"、在工作群开展线上辅导等形式,开展内控培训12次;通过采取兼职管理员跟班作业、专项工作以干代学、一对一辅导、线上集中工作等形式培训所属职能部门和隶属海关内控管理员240余人次。

▲3月25日,呼和浩特海关连线包头海关开展内控机制建设培训

【内控评价】2021年11月16日,呼和浩特海关在总署选取50个内控节点基础上,结合实际另外选取"重大财务事项集体审批程序控制""查验分析""认定结论时限控制"等67个内控节点开展评价。呼和浩特海关自选内控节点涉及执法领域

综合业务、企业管理等10个业务领域37个岗位；涉及非执法领域办公综合管理、税费管理等12个领域24个岗位；同时对二连海关等11个隶属海关单位开展抽样评价，结合疫情防控工作情况，综合运用查阅工作系统、日志、业务资料等评价方法开展综合评价。经评价，节点应用成效好的是执法领域节点，如企业管理和稽查业务领域职能监控类节点，所属赛罕海关稽查科通过新海廉系统业务联系单关联署级内控节点，对呼和浩特海关关区进出口企业申报情况开展监控，对涉嫌违规企业开展稽查作业。

【HLS2017平台应用】2021年，呼和浩特海关组织关区各单位部门应用HLS2017平台开展执法监督，对关区执法领域开展业务风险分析，提示风险预警，制发核查联系单进行处置。通过应用HLS2017平台进行风险分析，撰写专项风险分析报告70篇，其中46篇分析报告得到关领导批示。全年经HLS2017平台处置执法领域异常数据有效率89.18%，警示数据移出率、审核率、复核率均为100%。

执法评估

【参与署级执法评估专题】2021年3月31日，总署督察内审司明确呼和浩特海关参与署级执法评估课题为上海特派办牵头开展"综合保税区专题评估项目"。6月11日，按照专题执法评估优化"数据+指标+分析+调研"工作模式，呼和浩特海关制订调研方案，开展调研。6月28日，形成调研报告，提出建议。12月15日，上海特派办向呼和浩特海关发来感谢函，对参加署级执法评估项目呼和浩特海关有关人员在综合保税区专题执法评估工作中所做工作给予肯定。

【进口煤炭评估】2021年3月，呼和浩特海关结合实际，确定将进口煤炭监管情况作为关级自选执法评估项目之一。9月28日，呼和浩特海关成立专题评估工作专班，明确进口煤炭监管情况专题执法评估时间范围为2020年1月—2021年9月，对评估时间范围内进口煤炭业务数据开展分析，随后分别在额济纳海关等隶属海关进行现场调研，对进口煤炭规范申报、审单、现场查验、抽样、实验室检测、不合格处置等环节开展实地执法评估。呼和浩特海关根据执法评估分析问题情况，提出进一步完善后续监管工作机制、签订长期贸易合同、深化两国边境地海关执法互助等建议。

【通关时效评估】2021年3月，呼和浩特海关结合实际，将通关时间情况作为关级自选执法评估项目之一。呼和浩特海关将通关时效专题执法评估时间范围确定为2021年1—6月，评估内容为整体通关时间情况、企业对通关满意度分析、整体通关时间影响因素分析及优化通关时间相关建议等，其中通关效率满意度评估分析内容主要包括2021年1—6月企业对通关效率满意度、通关时间影响因素及优化通关时间建议3方面。5—6月，在关区范围内面向进出口业务量相对大的进出口报关、贸易及生产企业开展线上问卷调查，搜集企业诉求，收集到82份企业调查问卷。在接受问卷调查企业中，报关代理公司占74%，贸易型企业占23%，生产型企业占3%。评估结论是，整体通关时间取得成效。

疫情防控督导

【新冠肺炎疫情防控督导】2021年，呼和浩特海关制订开展秋冬季新冠肺炎疫情防控督导方案，抽调34人次组成6个督导组，列出常态化疫情防控措施落实情况等10方面53项具体督察项目，通过采取听取汇报、个别谈话询问、现场实地查看、明察暗访、跟班作业等方式开展工作。11月25日—12月12日，各督导组分别对呼和浩特白塔机场、二连等口岸疫情防控工作进行现场督导。

2021年，呼和浩特海关调整部分督导组组长，并明确对口岸疫情防控督导工作实行关领导分片包干制度，要求督导组不定时采取远程视频监控、电话督促等方式，对包干单位和部门进行疫情防控措施落实情况进行督导，了解和掌握被督导海关各项防控措施落实情况，核查存在问题整改落实情况，对督导中发现问题提出整改意见，督促隶属海关立即整改。

【新冠肺炎疫情防控安全防护督导】2021年7月15日，为进一步加强疫情防控安全防护督导工作，把口岸疫情防控安全防护工作每一个环节、每一个细节都落实到位，呼和浩特海关成立疫情防控安全防护"挑毛病"专家组，围绕关领导带班督导检查、各疫情防控督导组督导检查、"挑毛病"专家组督导检查疫情防控安全防护工作等41项具体内容，通过现场督导、视频监控督导、电话督导等方式，全面监督检查各口岸是否严格落实总署印发《海关新冠肺炎疫情防控工作人员安全防护管理规定》等系列文件要求。

（撰稿人：张红艳　齐雨生　侯　烈）

离退休干部管理

【概况】2021年，呼和浩特海关坚持以习近平新时代中国特色社会主义思想为指导，认真学习贯彻习近平总书记关于离退休干部工作重要指示批示精神，着力强基础、抓管理、促服务。常态化开展离退休人员党章党规党纪教育、法律法规教育和典型案例教育，发送警示教育类学习资料56篇，寄送法律法规书面学习材料128份，组织赴红色教育基地实景教学3次，网上祭英烈、视频研讨会等线上活动9次。探索离休干部"一人一策"服务，建立分类管理服务档册，健全退休干部分类施策和困难帮扶机制。参加总署离退局专题调研，组织访谈3次、视频座谈暨主题研讨1次、征文活动1次，报送调研报告1篇、主题书画摄影和征文作品16件，入选摄影作品2件、书法作品1件、征文1篇。开展"光荣在党50年"纪念章颁授活动。培树1名积极参与疫情防控工作退休干部为先进典型，1名退休干部参加总署课题"国门生物安全卫生检疫丛书"编写任务。离退办党支部通过呼和浩特海关"最强党支部"评审，1名退休干部获评社区优秀党员、家庭被评为"五好家庭"。对接养老、医疗、文教等社会资源，提供更多服务保障，协调落实离休干部医药费报销等问题。组织"文明创城"志愿服务、"弘扬脱贫攻坚精神 服务乡村振兴建设"主题党日暨重阳敬老活动等线下活动5次，引领离退休党员进社区、下农村，向社区捐赠防护物资，为村民送健康、普及法律知识、助销南瓜，讲解种养科学知识和农产品出口政策，收到社区和乡村表扬信2封。

离退休干部党建

【离退休干部党委工作制度制定】2021年，呼和浩特海关政治部将离退休干部党组织建设纳入本单位年度党建总体规划，要求务实推进离退休干部党建工作。3月29日，为全面加强离退休干部党组织建设，中共呼和浩特海关离退休干部委员会召开党委会议审议通过《呼和浩特海关离退休干部党委工作制度》，主要规定：党委会议或扩大会议原则上每季度召开1次，就离退休干部有关重要工作安排和党务工作进行研究部署；党委集中学习每季度进行1次，党委委员日常学习主要以自学为主。4月6日，制订《2021年离退休干部党委工作计划》，主要规定：加强党员队伍教育管理，创新开展"三会一课"、主题党日等党组织生活，深入开展"党史学习教育"及庆祝建党100周年系列活动；确定分阶段开展"最强党支部"建设，开展支部品牌创建。全年，呼和浩特海关离退休干部党委组织制订工作方案12个，开展联合主题活动4次，为96名离退休党员集体过"政治生日"，赴红色教育基地实景教学3次。

【离退休干部党支部建设】2021年，为推进离退休干部党组织制度规范化建设，离退休干部党委提出开展"一规范、两制度"建设工作。4月6日，离退休干部党委制定党支部建设工作规范，对离退休干部党委基层党支部组织生活制度、集中学习制度等作出规定。5月10日，离退休干部党委修订《离退休干部党支部集体学习制度》《离退休干部党支部组织学习和生活制度》，主要规定：每季度不少于1次组织开展集体政治理论学习；每年不少于1次开展形势通报或工作情况通报工作等。根据呼和浩特海关直属机关党委2021年度基层党建荣誉评选结果通报，离退休干部党委郭俊梅同志以"深入学习党的十九届六中全会精神、认真贯彻落实自治区第十一次党代会精神，为铸牢中华民族共同体意识注入青春力量"为题的党课，获评2021年呼和浩特海关优秀党课；"弘扬脱贫攻坚精神，服务乡村振兴建设"主题党日活动获评2021年呼和浩特海关精品主题党日。

【离退休干部思想政治建设】2021年，呼和浩特海关政治部召开专题会议，议定离退休干部思想政治建设工作4项举措，主要内容：以党的政治建设为统领，组织引导全体离退休党员和离退休干部学习习近平新时代中国特色社会主义思想，学习新时代党的创新理论；强化阵地管理，加强作风建设，落实党风廉政建设各项要求；凝心聚力开展离退休干部党支部品牌建设，提高思想政治建设工作成效；通过创新组织工作，拓宽学习路径、提高学习成效，有效引导和帮助离退休干部参加学习活动。呼和浩特海关离退休干部办公室制定《离退办在职联络员制度》，将在职干部担任离退休党员群众联络员制度化，对离退休干部实施网格化管理，兼具"意识形态网格员"职能。全年，呼和浩特海关

▲4月25日，呼和浩特海关组织老干部开展"服务乡村振兴建设"活动

离退办通过创建"每日云课堂"载体，以"线上+线下"方式，向离退休干部推送习近平新时代中国特色社会主义思想学习材料410篇，学习交流材料685篇，开展"随身领学"活动10次，"上门送学"活动19人次，"直播导学"12次，推送发布"微讲习"课程31篇，"实景教学"4次，"云端互联"学习研讨4次，收集整理离退休干部学习心得28篇，发布《离退休干部党委组织生活指引》12次，组织开展《风清气正迎新春 健康平安过新年》等主题党日活动12次，清明节和"9·18"分别组织开展网上祭英烈活动，召开党史学习教育理论视频研讨会1次，集体收看重大时政活动直播3次，组织离退休干部讲党课4次，"七一"前夕上门为9位行动不便离退休党员过"政治生日"，为87名党员寄送"政治生日"贺卡，为离退休党员赠送《习近平谈治国理政》等书籍16本。

【离退休干部党支部品牌培育】2021年4月6日，按照呼和浩特海关党委"统筹离退休干部管理部门党建和离退休干部党建统领工作，同部署、同落实、同推进"要求，呼和浩特海关离退休干部党委召开党委会，研究布置"党建品牌"创建工作，决定将创建工作持续到年底，离退休干部第一党支部创立"老党员先锋队"党建品牌，离退休干部第二党支部创立"银领先锋"党建品牌。4月23日，离退办党支部获评呼和浩特海关"最强党支部"。12月28日，离退休干部党委第二党支部"银领先锋"党建品牌纳入年度呼和浩特海关党建培育品牌，总结提炼出"1+1+N融合工作法"。

【离退休干部党风廉政建设】2021年，呼和浩特海关离退休干部党委通过网格化管理方式和常态化管理措施，进行杜绝酒驾醉驾教育5次，开展违规在企业兼（任）职典型案例教育7次，通过微信、云平台等发送警示教育类提醒11次、学习资料45份；制订《呼和浩特海关离退休干部违规在企业兼（任）职专项教育工作方案》，8月20日—9月30日，克服新冠肺炎疫情影响，用时40天，无接触寄送法律法规书面学习材料128份，组织开展"是否违规投资企业及在企业兼（任）职"自查，覆盖128名离退休人员。

【离退休干部党史学习教育】2021年，按照呼和浩特海关党委统一部署，离退休干部党委组织全体党员开展系列党史学习教育。3月15日，呼和浩特海关党委组织离退休干部收听收看党史学习教育网上专题报告会，文图被总署"基层掠影"栏目采编。组建"边关银发宣讲团"，开展宣讲3期，录制宣讲微视频，带动隶属海关离退休干部管理部门党支部开展"云巡讲"活动4期，4月2日，离退休干部宣讲内容被新华网内蒙古频道、新华社客户端内蒙古频道以《呼和浩特海关党史学习教育自选动作亮点纷呈》为题予以报道。4月28日，呼和浩特海关党委组织离退休干部党员赴全国爱国主义教育示范基地乌兰夫

▲7月1日，呼和浩特海关组织老干部赴乌兰夫纪念馆开展党日活动

纪念馆开展"学习红色党史、致敬建党百年"主题党日活动，现场讲授内蒙古革命史党课，用情景教学模式开展党史学习教育。组织离退休干部观看红色电影，4月29日，《内蒙古日报》以"在红色电影中汲取奋进力量"为题给予报道，先后被人民网、草原客户端、内蒙古文明网等6家媒体转载。启动呼和浩特海关机关所在社区"'双报到'我为群众办实事"系列活动，5月26日新华社客户端内蒙古频道以《呼和浩特海关：推进"双报到"架起连心桥》为题予以报道，报道称"在离退休干部办公室，党员干部参加社区'微治理、微清理、微修缮、微更新'行动，当好城市美容师，积极践行'我为群众办实事'承诺"。7月1日，组织离退休党员开展"热烈庆祝中国共产党成立100周年，凝心聚力谱写海关离退休干部工作新篇章"主题党日活动，通过"线上+线下"集体观看建党100周年庆祝活动实况转播；线上活动，收到离退休干部发来观礼心得7篇，3位离退休干部即兴表演文艺节目并制作成视频，2位离退休干部自费制作并推送音视频作品《红船赋》，7位老干部在线发表摄影作品11幅；线下活动，收到离退休干部"庆祝建党100周年，赓续伟大建党精神"感言11条，促进离退休干部党建工作高质量发展建议9条。9月28日，组织离退休干部赴红色革命教育基地多松年纪念馆开展"缅怀革命英烈，追寻红色足迹"联合主题党日活动，追寻真实革命历史照片和红色文物，体验革命岁月，感受党性教育和革命洗礼；10月15日，结合开展法制宣传、农业知识讲解、农产品助销、免费体检服务等，组织离退休干部"银发人才"融入乡村振兴建设，开展"弘扬脱贫攻坚精神，服务乡村振兴建设"联合主题党日活动。

离退休干部服务管理

【"我看建党百年新成就"专题调研】2021年，呼和浩特海关着手组建"我看建党百年新成就"调研专班，制订调研工作方案。3月18—20日，组织12位离退休干部现场座谈、对7名离退休干部入户访谈、邀请9人进行线上交流；4月7日，组织离退休干部党委委员和党员代表召开线上座谈会暨专题研讨会，突出听取老同志们结合党史学习教育认识和体会，离退休干部围绕"十八大以来取得一系列伟大历史成就""我看建党百年新成就"主题进行交流发言，畅谈对中国共产党成立100

周年取得伟大成就的心声，联系呼和浩特海关事业发展等提出意见建议26条。4月下旬，呼和浩特海关布置开展"'学悟百年风雨史 盛赞海关新篇章'主题征文及访谈活动""百年风华同心同唱"主题红歌微视频活动""瀚墨光影颂百年——建党百年百幅书画摄影展"，组织向总署离退局报送2篇文章，其中《边关礼赞》被《全国海关离退休干部庆祝建党100周年征文集》收录；报送《没有共产党就没有新中国》微视频，参加全国海关红歌展演；报送书画作品10幅，其中任俊同志书法作品《毛主席诗词》、斯勤夫同志摄影作品《神圣国门》和张根全同志摄影作品《茁壮成长》被选入《全国海关离退休干部庆祝建党100周年书画摄影作品集》。

【改进离退休干部管理】2021年3月15日，呼和浩特海关制定《离退休干部情况通报暂行规定》，明确离退办及各隶属海关单位、事业单位作为情况通报工作责任部门；每年通报情况不少于2次，上、下半年各安排1次，可适当增加通报频次。6月10日，呼和浩特海关在"光荣在党50年"纪念章颁发仪式上，通报上半年"加强和改进离退休干部工作情况"。12月23日，呼和浩特海关召开离退休干部工作情况视频通报会，从4个方面向离退休干部通报年度工作情况，主要是：坚持政治统领；强化监管优化服务，统筹口岸疫情防控和促进外贸稳增长；坚持科技创新，提升把关服务信息化智能化水平；关爱基层一线，打造忠诚干净担当边关队伍。同时，对离退休干部提出要求，主要是：关心关注海关事业发展，积极建言献策；遇到困难、有合理诉求及时向组织反映，在政策范围内积极帮助解决；在疫情防控条件允许情况下，组织参观呼和浩特海关各口岸海关建设情况。会议听取离退休干部意见建议，离退休干部们表示：一如既往地关心和支持呼和浩特海关工作，做好宣传员。

【离退休干部参加重要会议】2021年2月2日，呼和浩特海关召开年度工作会议和全面从严治党工作会议，按照呼和浩特海关党委"坚决贯彻落实习近平总书记关于老干部工作重要指示批示精神、党中央重大决策部署和总署党委关于离退休干部工作要求，相关职能部门把离退休干部工作当成一项重要任务来抓"要求，为落实离退休干部参加重要会议政治待遇，会前安排邀请崔志坚、王文京、刘冬平、刘庆贵4位离退休干部参会。10月11日，呼和浩特海关召开党员代表会议，邀请2位离退休党员代表参会，按程序参加投票选

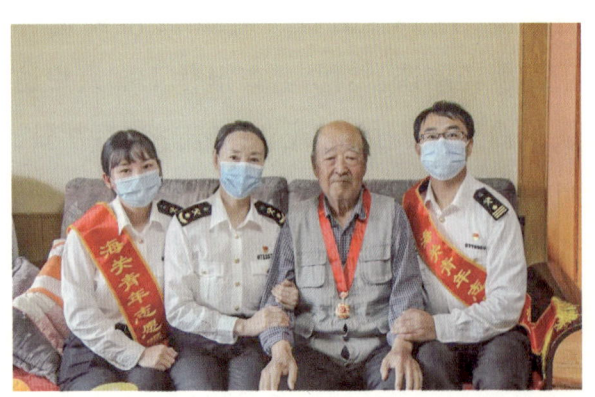

▲6月10日，呼和浩特海关为老党员颁发"光荣在党50年"纪念章

举；其他79名呼和浩特海关本级离退休党员，通过电话投票方式参加投票选举。

【走访慰问老党员老干部】 2021年1月11日，呼和浩特海关关长李建伟在总署政治部印发《关于在元旦春节期间开展走访慰问生活困难党员、老党员、老干部活动的通知》上作出批示："望高度重视，落实到位，务求实效。" 1月28日，呼和浩特海关离退休干部工作领导小组办公室印发通知，要求各相关部门、隶属海关单位抓好落实，主要规定：用心用情关爱离退休同志，各单位领导干部带头开展走访慰问；全面准确掌握困难党员、老党员和老干部基本情况，了解思想动态和困难诉求；建立帮扶和互助机制，有针对性地帮助他们解决实际困难；统筹安排，落实配套慰问资金；结合各地疫情防控实际，采取灵活方式组织走访慰问活动，确保慰问对象健康平安。呼和浩特海关对关区全部困难党员、离退休党员、离退休工人、离退休干部进行慰问。

【困难帮扶】 2021年，呼和浩特海关建立帮扶和互助机制，组织引导广大党员、干部通过各种形式帮助生活困难党员、离退休党员和离退休干部，有针对性地帮助他们解决实际困难；对离休、独居、患大病、慢病、异地、因疫情滞留海外居住等离退休干部建立"一人一策""分类管理"服务管理模式。全年为2名离休人员设立"一对一服务手册"，协助家属对接医疗、养老机构，办理医疗费报销工作，节约医疗开支5万余元；为2名自治区级困难党员、7名关级困难党员建档造册，实施重点帮扶；为16名独居离退休干部建立档案，定期随访；为57名患有轻症、慢性病离退休干部建立健康档案，跟踪管理；为2名因疫情滞留海外离退休干部办理出入境延期审批手续；对9名出于年迈、疾病、行动不便等原因无法参加组织生活党员至少进行2次定期探望。按照2020年呼和浩特海关印发《困难党员慰问管理办法》有关"生活困难党员"慰问规定，全年慰问离退休困难老党员15人。

【离退休干部信息化服务】 2021年7月8日，呼和浩特海关布置拟订在老同志中推广使用海关离退休干部服务管理平台"智慧银海"（二期）落实方案。随后，组织呼和浩特海关本级和隶属海关调取"中国海关离退休干部信息管理系统"原始数据，核实纸质档案，采集离退休人员信息1.70万余项数据；7月22日，完成基础数据上报。9月15日，为顺利推进系统建设，统一维护口径，明确维护标准，为后期平台推广应用做好人员和技术储备，呼和浩特海关组织12名系统管理员参加总署离退局"智慧银海"系统管理员应用培训。9月24日，为做好"智慧银海"平台推广应用，呼和浩特海关再次召开关长办公会，明确：即日启动"智慧银海"微信程序推广应用工作；加强应用管理与督导催办，提升平台登录率和模块使用率；指定专岗做好信息化和数据统计工作；责任到人，定期复核平台数据，发现问题督促立行立改；通过集中宣讲、上门宣传等多举措宣传推广，提高离退休干部"智慧银海"使用率。

离退休干部文化教育

【"两个阵地"建设】2021年，为做好老年文化教育工作，保障离退休干部"两个待遇"落实，呼和浩特海关开展"学习阵地""活动阵地"等"两个阵地"建设工作。对呼和浩特海关鄂尔多斯大街办公区南二楼旧有场地实施改造，对原有乒乓球设施、台球装置采取维修、翻新、购置配件等举措，规划建设离退休学习阅览、乒乓球类练习、健身休闲、台球室4个活动区域。3月20日，为进一步满足离退休干部养老文化需求，助力老有所养、老有所乐、老有所依养老爱老社会目标，充分享受"社会待遇"，呼和浩特海关走访自治区、呼和浩特市老干部局及社区3级相关部门和单位，就社会养老资源、自治区和呼和浩特市老干部政策等开展调研，收集整理文化养老、科技养老、公益养老相关政策信息7项，发布可共享利用社会资源3次。

【离退休干部教育培训】2021年，呼和浩特海关制订离退休干部工作培训工作计划，将党建工作、政治理论、法律法规、离退休干部管理等纳入其中。9月23日，组织开展呼和浩特海关本级及所属隶属海关离退休干部工作线上培训班，培训内容为习近平总书记对离退休干部工作重要指示批示精神，离退休干部管理政策和法律法规，海关离退休干部工作形势分析，自治区社会化养老资源等内容，培训时间1天，关区12人参加。10月29日，在呼和浩特海关离退休干部培训班上，呼和浩特海关政治部主任刘伶讲授题为"赓续伟大建党精神，努力实现呼和浩特海关离退休干部工作高质量发展"党课，课程主要讲述"赓续伟大建党精神，汲取老干部工作奋进力量必要性""如何赓续伟大建党精神，推进老干部工作高质量发展""赓续伟大建党精神，奋力书写关区老干部工作新篇实践路径"3方面内容，23人参加。12月21—22日，呼和浩特海关举办"离退休干部党务工作骨干"线上培训班，培训内容主要是：贯彻落实党的十九届六中全会精神专题报告，中国共产党章程党规党纪、基层党组织建设规范、法律法规、酒驾醉驾警示教育等，并开展党的十九届六中全会精神知识测试；培训时间2天，9人参加。

【离退休干部文化宣传】2021年，呼和浩特海关为发挥离退休干部开展文化宣传工作热情，营造尊重爱护老党员、老干部良好氛围，拟订信息外宣工作方案，确定信息外宣工作重点，开展文化宣传工作。撰写稿件先后被《人民日报》、新华社等中央级媒体客户端编报2条，《内蒙古日报》及所属草原客户端报道5篇并被人民网转载1篇，内蒙古广播电视台《内蒙古新闻联播》及所属腾格里客户端报道2次并被央视网转载1篇，在《中国国门时报》刊发专题报道2篇，"学习强国"App报道3次，"金钥匙杂志"微信公众号发表2篇，总署网站发稿2篇，离退局微信公众号发稿15篇；报送信息被总署"离退休干部工作情况"专栏采用4篇。

【发挥离退休干部作用】2021年，为引领老同志发挥作用，呼和浩特海关召开离退休干部工作专题会议，鼓励离退休干部发挥政治优势、经验优势和威望优势，聚焦深挖"银发热源"活动，确定工作重点为组织离退休干部参与服务经济发展、参与文明创城志愿服务、参与社会调研调查、关心下一代工作等。其间，组织离退休干部参加庆祝建党百年系列活动，近40名离退休干部参加总署离退局专题调研活动，9名离退休干部参加视频录制，19名离退休干部参加组织访谈，8名离退休干部参加视频座谈暨主题研讨活动，2名离退休干部参加总署征文活动；16位离退休干部参加总署主题书画摄影和征文作品16件，入选摄影作品2件、书法作品1件、征文1篇。3月16日，呼和浩特海关组建"边关银发宣讲团"，崔志坚、王文京、郭俊梅、刘安平4位离退休党员入选；4月6日，"边关银发宣讲团"以"党龄50年退休同志与青年关员共话入党初心，领学百年党史"为主题开展首讲；"边关银发宣讲团"通过组织"访谈式""云宣讲"等活动，开展各类访

▲呼和浩特海关退休干部斯勤夫摄影作品入选总署作品集

谈5次，以"用好'齐心协力建包钢''三千孤儿入内蒙'等红色资源"为主题，开展宣讲3期；录制宣讲微视频，带动二连海关等隶属海关开展"云巡讲"活动4期。培树1名参与疫情防控工作退休干部为先进典型，1名退休干部参加总署"国门生物安全卫生检疫丛书"课题编写任务。组织"文明创城"志愿服务7次，"弘扬脱贫攻坚精神 服务乡村振兴建设"主题党日暨重阳敬老活动等线下活动5次，离退休党员进社区、下农村，向社区捐赠防护物资，为村民送健康、普及法律知识、助销南瓜，讲解种养科学知识和农产品出口政策等，收到社区和乡村表扬信2封。1名退休干部应邀参加天津市职工业余模特大赛并获金奖，1名退休干部参加多项省市级业余围棋比赛并获亚军2次。

（撰稿人：朱春华　黄永锐　哈斯图雅　王　虹）

第六篇

各隶属海关单位

呼和浩特白塔机场海关

【概况】呼和浩特白塔机场海关成立于2019年1月3日，隶属于呼和浩特海关，正处级，辖区范围为呼和浩特市白塔国际机场口岸和内蒙古自治区国际邮政包裹快件、跨境电商和商业快件监管现场。

2021年，机场海关坚持以习近平新时代中国特色社会主义思想为指导，全面贯彻党的十九大和十九届历次全会精神，坚定践行"两个维护"，扎实推进"五关"建设。全力保障国际入境航班，严防境外疫情输入，时刻保持对毒品、武器弹药、濒危物种等违禁品查缉高压态势。统筹推进疫情防控和促进外贸稳增长，在"打胜仗、零感染"基础上，实现各项业务稳中有进、稳中向好，在打击走私、知识产权保护、国门生物安全保护方面均得突出成绩。全年，监管进出口货物290吨，货值2.77亿元；监管进出境邮件、邮政快件66.20万件、印刷品音像制品19.40万件、B类快件58.50万件；查获走私违规案件52起。荣获自治区"扫黄打非"先进集体，"空港+优"党建品牌荣获全国海关基层党建示范品牌。

【党的建设】2021年，白塔机场海关将专题学习习近平新时代中国特色社会主义思想、党的十九大精神和习近平总书记重要指示批示精神作为"第一议题"，每周例会听取各科室"第一议题"及各项重点工作落实情况，对重大政策落实、重点工作完成情况进行督办；扎实开展党史学习教育，以党支部为单位开展"'双报到'我为群众办实事"活动，送政策、送理论、送关怀进社区；开展"我是共青团员，我帮你"志愿服务活动，在窗口和业务一线为企业提供帮助，解决困难，"团青'战'疫队"先进事迹被"学习强国"、新华社、内蒙古电视台、总署"金钥匙杂志"微信公众号等媒体报道。白塔机场海关荣获"全国海关基层党建示范品牌"，内设办公室、综合业务科联合党支部被评为呼和浩特海关"最强党支部"，团支部获评自治区"五四"红旗团支部称号和自治区青年志愿者优秀组织奖，1名青年干部被评为"内蒙古自治区抗疫先进个人"。

【纪检监察】2021年，白塔机场海关制订"现场监管与外勤执法权力寻租"专项整治工作框架方案，明确工作领导小组、专题学习、举报公示等任务，与内设业务科室60人开展"一对一"谈话，撰写心得体会60份，组织线上测试124人次，总署专项整治工作第五检查组实地检查，未发现存在问题。开展杜绝酒驾醉驾专项治理活动，采取组织全员签订承诺书和撰写杜绝酒驾醉驾心得体会、建立按月汇报酒驾醉驾常态化治理情况机制、敏感时段开展谈心谈话全覆盖、设立"贤内助"微信群等措施，未发生酒驾醉驾情况。

【新冠肺炎疫情防控】2021年，白塔机场海关实施"一航班一分析"制度，梳理分流航班岗位职责、操作要点、注意事项，动态调整、修订岗位作业指引；制定入境国际分流航班终末消毒监督作业指引，开展终末消毒监督培训，进行口岸环节新冠病毒核酸监测检测和预防性消毒监督，全年检疫入境国际分流航班32架次；建立信息数据报送、远程流调工作流程，工作经验被总署纳入远程电子流调技术方案在全国推广；落实封闭管理要求，坚持安全防护监督、"日报告"、"零报告"和人员健康监测制度；采用"岗前培训+现场考核+打分点评"方式，按照安全防护要求开展培训；落实"岗前检查、工作巡查、全程督查""双人作业、互相监督"安全防护监督制度，建立安全防护问题台账。

【检验检疫】2021年，白塔机场海关开展"国门绿盾2021"行动，分析行邮渠道风险特点，截获禁止进境动植物产品315批次、372千克，在呼和浩特海关各隶属海关中排名第一；检出非检疫性有害生物32批次78种。开展口岸病媒生物监测，捕获鼠10只、蚊213只，在蚊媒样本中检出库蚊黄病毒阳性，为白塔机场海关首次检出；为提高检疫处理成效，制定检疫处理监督工作规范，明确检疫处理监管责任落实。全年机场海关对18家航空配餐及餐饮服务单位进行量化分级管理，开展日常卫生监督132次，食品安全抽检送样57批次，抽检项目58项；开展现场抽样快速检测20批次，检测结果均为合格。在国内候机楼机场贵宾厅以及机场宾馆等4个监测点开展微小气候监测15次，发现不合格项10项。对动力能源水站、机场供水车及航站楼旅客饮水点开展水质抽样检测12批次，检测结果均为合格。签换发38份国境口岸卫生许可证。

【查缉走私】2021年，白塔机场海关开展"国门利剑2021"联合专项行动，打击洋垃圾、象牙等濒危物种及其制品、涉枪、涉毒等走私，查获走私违规案件52

▲5月22日，呼和浩特白塔机场海关在分流航班保障一线开展远程流调

起，其中，查发毒品走私案件7起，查获大麻664克、大麻油330克，查获国家管制类安非拉酮、三唑仑、氯巴占、咪达唑仑、安钠咖等精神药品案件27起；查获国家一级保护水生野生动物红珊瑚案件2起、涉嫌走私奢侈品案件14起、违规邮寄外币现金案件1起；落实"龙腾行动"方案，梳理侵权高发商品特征，实施清单布控，简化办案程序，查发侵权案件10起，侵权物品657件。

【口岸监管】2021年，白塔机场海关为助力跨国企业复工复产，制订出境旅客通关"一机一策"方案，监管返岗复工企业出境包机3架次，返岗复工人员336人次；根据企业货物来源渠道、产地等情况，落实减税降费、进口商品市场化采购等措施，免征关税70.82万元；B类快件总体征税率提升，总署税收征管局（广州）在专题栏目中刊载机场海关相关工作方法，作为先进经验交流。采取开展联合安全生产检查方式，对监管作业场所（场地）进行巡查，提醒督促其落实安全生产主体责任，全年组织开展安全检查70余次，组织开展消防演练1次，全年零事故。

【优化口岸营商环境】2021年，白塔机场海关依托全国通关一体化模式，为企业办理凭保放行手续，担保放行科研设备98票，担保金额1,173万元；采取预约申报、提前申报、快速验放通关模式，"7×24"小时验放进口活羊和出口药品；参与呼和浩特市推进政府职能转变和"放管服"改革，报送、反馈相关材料12份；落实呼和浩特海关"百人联千企"活动，选取9家重点企业，"一对一"联系服务；充分发挥"互联网+海关"作用，推进"单一窗口"应用，海关主要业务应用率保持100%。全年出口整体通关时间较2017年压缩46.36%，进口整体通关时间较2017年压缩85.24%。

【政务管理】2021年，白塔机场海关在《人民日报》、法制网、《法治日报》、《中国国门时报》、《呼和浩特日报》等媒体和"海关发布"信息平台上发布35篇宣传稿。开展政务公开，全年门户网站发布政务公开信息85篇。

【财务管理】2021年2月8日，白塔机场海关制定固定资产管理制度，按照"先报批、后处置"原则，处置固定资产4批123项；3月11日，成立涉案财物管理工作领导小组；6月4日，制定财务内部稽核制度；9月，修订新冠肺炎疫情常态化防控物资保障管理制度；10月，与呼和浩

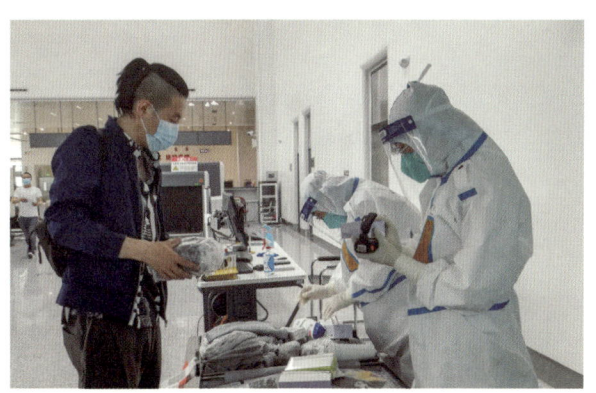

▲6月5日，呼和浩特白塔机场海关在分流航班一线开展行李查验

特市农牧局、呼和浩特市生态环境局建立走私冻品和非法入境固体废物移交地方处置工作联系配合机制;11月,向自治区林业和草原局移交1批56件濒危野生动物制品;12月,修订涉案财物管理办法,拍卖打印机、显微镜等放弃货物2批次。

(撰稿人:周　洋)

赛罕海关

【概况】赛罕海关成立于2019年1月10日，隶属于呼和浩特海关，正处级，辖区范围为呼和浩特市（除呼和浩特白塔机场口岸区域）四区（赛罕区、新城区、玉泉区、回民区）、一旗四县（土默特左旗、和林格尔县、托克托县、清水河县、武川县）和呼和浩特综合保税区。同时承担呼和浩特海关关区企业稽查、集中审像、加工贸易和减免税等集中处置业务。

2021年，赛罕海关坚持以习近平新时代中国特色社会主义思想为指导，深入贯彻党的十九大和十九届历次全会精神，以党的政治建设为统领，全面深化"五关"建设。开展党史学习教育和庆祝中国共产党成立100周年系列活动；做好疫情内部防控，确保人员"零感染"；优化口岸营商环境，支持辖区融入"一带一路"发展，监管"青城号"货运班列首发开行。全年进出口贸易额159.80亿元，同比增长8.70%。

【党的建设】2021年，赛罕海关制订"我为群众办实事——百人联千企 力行促外贸"服务外贸企业、优化口岸营商环境专项活动实施方案，指派4名关员对应帮扶内蒙古伊利实业集团股份有限公司、蒙牛乳业（集团）股份有限公司等38家辖区重点企业，其中支持辖区企业恢复向某国家出口成品油案例入选呼和浩特海关评选第2批专项活动十大案例。组织党员干部开展讲述家乡红色故事、红色影音配音秀、唱红歌、重温入党誓词等活动，传承红色基因。开展"以案释法明纪，严明纪律作风"警示教育活动，通过学习教育、集中研讨、修订制度3个阶段开展整改，完成"调整优化责任清单""编制风险防控清单""深化行风政风整治""严抓队伍监督管理""压实安全管理责任"5项重点任务。党总支党建品牌"赛关e现场"通过总署培育品牌复核，稽查科、集中审像科2个党支部被呼和浩特海关机关党委命名为年度"最强党支部"，集中审像科党支部被评为自治区级"青年文明号"，并获评内蒙古自治区直属机关100个先进基层党组织。

【队伍建设】2021年，赛罕海关14人次通过参加培训获得卫生检疫、动植物检疫、进出口食品安全监管等相关业务资质。开展"准军强化月"活动，调整国旗班、内务督查组人员，常态化组织开展升旗仪式、准军事化队列训练，每月开展内务督查。

【新冠肺炎疫情防控】2021年，赛罕海关成立安全防护领导小组，建立疫情防控指挥部例会制度，要求干部职工就地过年。2月10日，制定单身宿舍疫情防控管理措施，实行疫情防控"舍长责任制"，明确住宿干部职工健康监测要求，施行出入健康码"绿码"、通信行程卡"绿卡"管理，重申戴口罩、洗手等个人防护规范和环境、寝具消毒要求；3月5日，制订新冠肺炎疫情防控重点关注人员协查线索流转处置预案，明确线索接受与核查、报告流程与时限、人员与环境处置要求；11月19日，制订新冠肺炎疫情内部防控检查工作方案，成立"挑毛病"小组，常态化开展内部防控自查。全年赛罕海关干部职工未发生感染新冠肺炎情况。

【关区业务集中处置】2021年，赛罕海关明确年度稽查工作重点，分配月度稽查作业任务，建立每周督办、集中研讨机制，梳理代表性查发案例，交流工作经验；疫情期间，应用线上音视频远程方式开展"网上稽查"作业。全年办结稽查作业57个，查发30起。自主研发集中审像业务可视化工具，增加语音提示功能，实现机检查验任务生成、接单、分析、处置环节紧密衔接；开发历史图像自动调阅比对工具，对同一运输工具、不同进出境时间扫描图像进行比对分析，甄别、筛查高风险车辆；采取历史图像二次上传方式，解决铁路口岸申报前后过机流程不匹配问题，机检无异常图像150秒内审结，机检效率提升50%；全年开展机检图像集中审核作业2.1万幅，查获75起。制订赛罕海关打击冻品走私2021春季"猎鼠"专项行动方案，发挥机检震慑作用，挖掘分析冻品夹藏暗格特点，增加图像转人工处置，全年查获走私羊肠衣、马板肠案件各1起并移交缉私部门处理。以深入企业调研、上门宣讲政策等形式，构建"关企互动"机制，确保企业了解各项减免税优惠政策；开展减免税业务集中审核作业，实现办理减免税业务"只跑一次"，企业减免税申请即到即审即批；设置专人专岗优先为自治区产业结构调整鼓励项目、科技创新、新型显示器件等重点项目办理减免税审批业务；全年集中办理呼和浩特海关关区减免税税款担保手续2,479份，审批担保货值1.5亿美元，担保税款8,534万

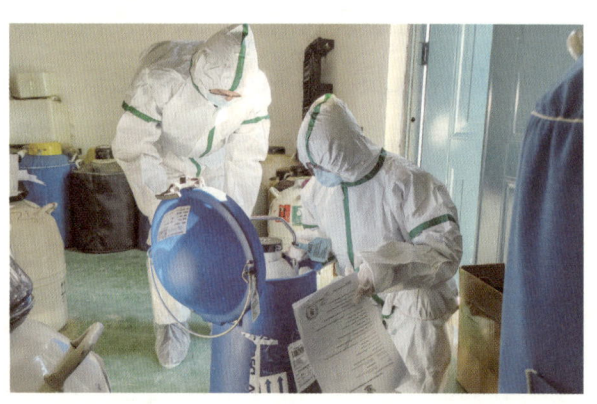

▲10月19日，赛罕海关对一批进口遗传物质进行查验

元；审核内、外资鼓励类征免税通知书31批次。

【企业管理】2021年，赛罕海关落实首问负责制，推行"一地申请、一次办理"，对注册海关选择错误等问题协助企业联系属地海关，办结企业备案申请；梳理特定资质类备案指南，通过"一次性告知书"告知企业申请条件、所需材料等信息，帮助企业解决申请填报不规范、产品类别不明确等问题；梳理辖区跨境电商企业信息，对企业注册信息开展实地核对，对失联企业协调呼和浩特海关企管部门移入异常名录，对无统一社会信用代码企业联系呼和浩特市商务及市场部门核对信息，针对商务部门已核销96家企业，核查其业务情况，逐批核销。全年办理报关单位备案243家，出口食品生产企业备案11家、变更11家，进口食品进口商备案4家，出口食品原料种植场备案1家。

【综合保税区监管】2021年，赛罕海关与呼和浩特综合保税区管委会召开座谈会，解读《综合保税区适合入区项目指引》政策，逐项介绍分析政策条文，研究国内其他同类区域先行先试成功案例；指导综合保税区卡口辅助系统完成升级，支持"仓储货物按状态分类监管"和"一般纳税人"资格试点在区域落地；对跨境电商企业"双11"期间促销情况进行摸底，了解促销商品、清单流量分布等情况，建立促销专项预案，梳理清单审核查验、出区物流等流程，提供"7×24"小时通关服务咨询，其间，受理申报清单352票，货值22.6万元。全年监管综合保税区进出区货值35亿元，同比增长275%。

【特色产业产品监管】2021年，赛罕海关与呼和浩特海关统计分析处共同对辖区进口牛精液情况开展调研分析，掌握牛精液进口情况、性别控制技术以及对国外产品依赖程度等背景数据，向企业传达最新进境遗传物质监管要求；制作新旧版标准比照知识表，标注进口许可证、牛群结核菌素检测报告、巴氏杀菌记录等7项调整或新增监管项目，提升现场监管关键环节针对性。主动收集国际乳品进出口标准等信息，梳理、分析涉及进出口乳品监管潜在风险，向内蒙古伊利实业集团股份有限公司、蒙牛乳业（集团）股份有限公司等乳制品出口企业通报风险预警信息；从出口备案、驻场监管到"7×24"小时预约通关，首批向蒙古国出口酱油、醋等酿造调味品顺利出口。

【口岸监管】2021年，赛罕海关通过电话、微信等方式对企业"一对一"指导，远程告知业务办理流程；建立"日常监管+年度检测"监管模式，铁路部门对企批复国际联运车辆计划、企业报检、关员到厂施检同步进行，即报即验、即验即放；关注分析英国"脱欧"后政策变化，梳理RCEP项下申报享惠进出口签证流程，辖区企业顺利恢复对英国蜂蜜出口业务；为中欧班列企业提供24小时预约通关服务，优先办理班列货物出口审核手续。12月

29日,"青城号"(呼和浩特—莫斯科)中欧班列实现首发。开展"安全生产月"活动,组织"安全生产大家谈",结合近年系统内、外典型案例开展安全生产警示教育。

▲12月29日,"青城号"中欧班列即将驶出沙良物流园区

【政务管理】2021年,赛罕海关制订重点工作任务分工方案,提出落实2021年呼和浩特海关工作会议具体任务和措施,为保证完成重点工作任务,建立每季度督查反馈机制;修订《赛罕海关工作规则》《赛罕海关形势分析及工作督查例会制度》,明确例会安排"第一议题"制度相关学习、研讨环节和议事内容。

【财务管理】2021年,为落实"过紧日子"要求,赛罕海关修订《预算绩效管理实施细则(试行)》《经费支出审批管理办法》等3项财务制度,压减非刚性、非重点、非急需支出;控制差旅、培训及"三公"经费;压减物业费、维修维护费等支出,降低行政运行成本。全年差旅费压减9.73万元,水费压减48%,电费压减24%。

(撰稿人:张春楠 陈睿思 米苏梅
　　　　李　斌)

二连海关

【概况】二连海关成立于1956年1月1日,隶属于呼和浩特海关,正处级,辖区范围为锡林郭勒盟二连浩特市及苏尼特左旗、苏尼特右旗。

2021年,二连海关贯彻党中央重大决策部署,围绕"五关"建设要求,统筹口岸疫情防控和促进外贸稳增长,实现"十四五"良好开局。始终把政治建设摆在首位,深入贯彻落实习近平总书记重要讲话和重要指示批示精神,坚持"第一议题"、走好"第一方阵"。坚持"外防输入、内防反弹"总策略和"动态清零"总方针,做到"人、物、环境"同防,落实常态化疫情防控和应急处置各项工作,筑牢边境口岸疫情防线。深化"放管服"改革,持续优化口岸营商环境,提升跨境贸易便利化水平,开创口岸外贸发展新局面。全年监管进出口岸货运量1,609万吨,同比减少6.10%;进出口总值301.53亿元,同比增长26.29%;监管进出境运输工具77.5万辆次,同比减少4.6%;截获有害生物105种,其中杂草30种、外来昆虫75种。全国文明单位荣誉称号通过复核,1个党支部荣获自治区直属机关工委先进基层党组织称号,1人获评全国三八红旗手,5人获得省部级以上荣誉。

【党的建设】2021年,二连海关通过"礼颂百年党史、缅怀革命先烈""百年征程担使命、奋勇向前砺初心""学百年党史、话青春担当""双拥共建话党史、健康关怀述真情""庆红色百年、传边关精神"等活动,开展党史学习教育。建立"我为群众办实事"实践活动重点民生项目清单,将"保障供应链安全、服务民生物资保供稳价""加强行风政风建设、推动为民服务提质增效""加大关心关爱力度、支持保障艰苦地区海关发展"等11项重点项目,细化成33项具体措施,通过进校园、进社区、进企业、党建共建等形式开展落实。中共海关总署委员会复核认定"北疆动车365"党建品牌为示范品牌,"关爱60秒"为党建培育品牌;呼和浩特海关机关党委重新核定2个党支部为呼和浩特海关"最强党支部",新批准2个党支部为"最强党支部"、"北疆雄关1号岗"党建品牌为呼和浩特海关培育品牌;2名一线执法科长"百问百答"征文入选全国海关100个支部书记"百问百答"项目。

【纪检监察】2021年，二连海关开展"现场监管与外勤执法权力寻租"专项整治工作，分组织部署、全面自查、评估检查、问题整改4个阶段组织落实，总署专项整治工作检查组开展实地检查，未发现存在问题。

【队伍建设】2021年，二连海关坚持实干实绩导向，综合考虑日常表现和工作实绩，开展公务员晋升及专业技术职称晋升；选派1名执法一线科长赴深圳海关互派锻炼。开展2批海关扎根艰苦地区边关工作荣誉人员推荐工作，31人被总署授予"边关工作荣誉章"，其中金质奖章10人、银质奖章9人、铜质奖章12人。依托海关e课堂、专题讲座等方式，开展疫情防控、安全防护、监管查验、检验检疫、网络安全等集中培训320期，3,000余人次参加。组织疫情防控演练，开展职业暴露突发事件应急处置、公路货运通关疫情防控、个人安全防护、应急处置和数据追溯等实战演练24次，200余人次参加。开展闭环管理人员关心关爱活动，开通4条24小时心理咨询援助电话专线、发布心理疏导讲解和示范视频45余次。成立"春节期间专班人员暖心服务组"，为专班人员家庭提供年货代购、衣物送洗、煤气更换、贴送春联等服务。落实边关民生工程，开办暑期职工子女托育班，解决11名干部职工子女假期无人看管难题；重视干部职工身体健康，统筹安排年度干部职工体检工作，为398名干部职工购买疫情意外伤害保险。

【法治建设】2021年，二连海关制定普法责任清单，确定组织旁听法庭庭审、开展以案释法、领导干部宪法宣誓活动等27项具体内容，采用送法"进口岸、进企业、进校园、进社区"方式，通过举办法律知识讲座、"以案释法"宣讲会、"旁听庭审""宪法知识直播答题"等措施，开展普法教育，覆盖50家企业、900余人次；落实"龙腾行动2021"要求，制订知识产权保护专项行动方案，确定以"打促结合、高效便捷、综合治理"为基本原则，关注口岸侵权态势，分析研判侵权新手法、新渠道，针对关键领域、重点环节、重点行业开展集中查缉。全年办理侵权案件4起，没收侵权货物824件，涉案货值1.7万元；开展侵权货物处置工作3次，销毁侵权货物11批次1,250件；查获出口侵犯浦项国际公司"DAEWOO"（大宇）商标专用权案，入选内蒙古打击侵犯知识产权和制售假冒伪劣商品十大典型案例。

【新冠肺炎疫情内部防控】2021年1月13日，二连海关制订内部新冠肺炎疫情防控工作实施方案，明确做好防护物资储备和管理、建立内部防控信息"日收集、周报告"、落实海关工作人员核酸检测要求等14项安全防护措施。6月24日，制订一线重点岗位人员封闭管理工作方案，落实"四必须""五件套""六个不"要求,对入境人员卫生检疫岗及进口冷链食品安全监管岗位工作人员分类实施"14+7+7""N+7+7"管理,即14天(或N天)+7天+7天集中封闭管理;进一步完善一线重点岗位人员集中封闭管理场所防疫区域设置,配备安全监督员、卫生监督员、健康管理员,对卫生消毒、体温监测、核酸检测采样等情况进行监督。11月22日,建立疫情防控"一人一档"健康记录表,落实每日健康监测"零报告"制度和风险接触信息报告制度。

【属地新冠肺炎疫情防控】2021年10月13日,二连浩特市发生新冠肺炎疫情。10月14日,在收到地方疫情防控要求后,二连海关140余名党员及干部职工组成"乌兰牧骑+志愿服务队",支援二连浩特市防疫工作;按照二连浩特市新冠肺炎防控工作指挥部疫情防控要求,认领5个包联小区和1个责任点740户1,800名居民包联任务,实行24小时不间断管控。10月16日,呼和浩特海关2名驰援专家到达二连浩特市,与二连海关保健中心、技术中心20名业务骨干实行"两班倒",24小时不间断开展新冠病毒核酸检测,单日最大检测量达2万人次,疫情期间完成16轮20万人次核酸检测,占二连浩特市总检测人数近1/4。10月17日—12月17日,呼和浩特海关疫情防控专家组在二连浩特口岸一线,针对确诊病例流行病学调查情况、疫情形势进行综合研判,对海关工作人员安全防护、实验室安全管理等方面进行督导检查。疫情期间,二连海关增设运输工具舱单、实货放行等业务服务热线,解决企业诉求;在"保证人员最小聚集"原则下,实行"7×24"小时预约通关机制,利用"亲清"关企平台,办理进出口业务。

【卫生检疫】2021年,二连浩特公路口岸旅检通道,继续承担呼和浩特海关关区唯一一个中蒙两国人员入出境"绿色通道"监管任务,保障陆路跨境货运司机,从事商务、物流、生产、技术服务等领域从业人员,以及参与重大合作项目急需必要人员入出境。按照总署"三查三排一转运"要求,结合二连浩特市新冠肺炎疫情防控工作指挥部"一事一方案"部署,二连海关对经"绿色通道"入出境人员实施检疫监管。全年,检出除新冠肺炎外其他传染病17例,具体为乙肝9例、丙肝1例、梅毒7例。

▲1月28日,二连海关在二连铁路口岸前置卫生检疫岗验核入境司机健康申报信息

【铁路口岸司机电讯检疫】针对双边口岸管理部门采取的进出境司机全程不离开运输工具措施,二连海关国境铁路口岸现

场检疫人员利用"长杆传递夹",收验进出境货运列车司乘人员填报纸质健康申明卡,通过红外线测温仪进行体温监测。7月,为避免检疫人员同司乘人员直接接触,降低疫情传播风险,对进出境货运列车司乘人员采取"电讯检疫"模式,司乘人员在进出境前应用手机版"海关旅客指尖服务小程序"进行电子健康申报,对体温监测全过程进行视频录证,检疫人员进行远程审核。"电讯检疫"作业模式下检疫人员3分钟即可完成入出境人员健康申报核验和体温监测工作,与原有现场作业模式相比工作效率提高近90%,年节省封闭管理人力26批200余人次、经费100余万元。"二连海关:'零接触'开展铁路口岸进境货运司机卫生检疫工作,筑牢口岸检疫防线"入选呼和浩特海关"'我为群众办实事'十佳项目"。全年,二连海关开展"电讯检疫"2.99万人次。

【口岸病媒生物监测】2021年,二连海关制订口岸病媒生物监测工作方案,明确以口岸为中心,沿边境线向两侧延伸不少于10公里范围内,对口岸区域内办公区、仓储区、生活区等室内环境进行病媒生物监测。全年布样方40个,放置有效器械3,285夹(笼)次,其中捕获鼠114只(残体8只),对106只鼠体样本进行鼠疫耶尔森菌、巴尔通体、钩端螺旋体等10种病原体检测,检出巴尔通体阳性45例,阳性率42.45%,其他病原体检测均阴性;捕获蜱类12只、蚊类79只,均未检出病原体;蠓类无捕获。监测范围内,长爪沙鼠密度约为1.4只/公顷,高于2020年度,同时也高于长爪沙鼠鼠疫疫源地控制水平;夜行鼠捕获率2.1%,低于2019—2020年水平;鼠体染蚤率23.58%,蚤指数0.51,均低于2019—2020年水平。

▲1月30日,二连海关关员克服大雪天气在公路口岸开展出口货物监管

【农产品"绿色通道"监管】2021年,二连海关按照与蒙古国扎门乌德海关、检验检疫局签署《中蒙二连浩特—扎门乌德公路口岸农产品快速通关"绿色通道"合作备忘录》,开展农产品"绿色通道"监管,保障出口生鲜果蔬当天验放。4月1日,根据蒙古国新冠肺炎疫情形势严峻、公路口岸运输车辆受限情况,采取公路口岸转经铁路口岸换装出境"公转铁"监管模式,通过协调铁路部门设立果蔬专门装卸区域,指派专人对接果蔬出口企业拟订出口计划,利用"互联网+海关"业务平台快速出具《植物检疫证书》,采取对果蔬优先装车、优先编组、优先出交等措施,全流程压缩通关时间。4月5日,首

批"公转铁"297.20吨果蔬出口。全年，二连海关监管出口果蔬8.50万吨，货值1.10亿元。

▲1月20日，二连海关对中蒙农产品"绿色通道"出口蔬菜进行查验

【中欧班列监管】2021年1月12日，为提升中欧班列货物通关便利化、信息化水平，二连海关开启H2010系统转关单自动审核、核销功能，进境中欧班列转关单数据可自动审核，与人工审核相比节约通关时间50%；出境中欧班列转关单数据可自动核销，并同步到铁路95306数字口岸系统；3月1日，成立"保畅通促增长"党员突击队，并与35个始发地海关建立"党员专联"机制，互通班列运行计划、货物种类、通关状态等监管信息，同时与铁路部门及始发地海关联系，第一时间处置封志破损，转关单、舱单状态异常等情况；6月15日，"铁路进出境快速通关"业务模式启用，企业只需通过"单一窗口"对转关单提运单信息进行维护，即可实现转关单数据自动审核、核销，加快企业办理通关手续和业务流程时间，压缩海关作业时长70%以上，9月19日首列以"铁路进出境快速通关"模式申报出境中欧班列货物发运；11月28日，采用"零接触"通关监管措施，取消出入境中欧班列舱单确认、实货放行、出口交接、空箱核销等环节境外纸质单证作业，改为电子数据审核，通关效率提高20%。全年，二连海关监管中欧班列2,666列、27.67万标箱、货值374.97亿元，同比分别增长11.83%、14.67%、39.36%；新增班列线路11条，运行班列54条。

▲4月21日，二连海关开展春季病媒生物监测

【进出口食品安全监管】2021年，为进一步提高一线关员采样作业实战能力及各部门协同配合水平，二连海关在公路口岸货运现场以"进口冻马肉样本检出新冠病毒呈阳性"为科目，开展进口冷链货物新冠病毒采样及突发事件应急演练，启动应急预案、快速反应、妥善处置等环节实战演练。为提高各环节规范性和关员现场处置能力，在公路货运现场开展"进口冷链食品疫情防控应急处置"桌面推演，模

拟穿脱防护装备、实施采样、样品传递、应急处置等程序。组织口岸一线人员20余人次参加二连浩特市食品局举办的进口冷链食品新冠肺炎疫情防控网上培训班及呼和浩特海关举办进口冷链食品风险监测和监管人员安全防护视频培训。在现场监管中，采取抽调4名业务骨干充实到进口冷链食品专班，实行现场查验和监督巡查分组作业，每日作业时间延长2小时；协调汇通进口监管场所将换装库位由2个增加至6个，新增传送式消毒设备5台；协调二连浩特市商务局及国内收货人，做好隔离区域中蒙古籍货运司机调度等措施，加快进口冷链食品监管通关速度。在公路口岸1份进口蒙古国冻马肉运输托盘中检出新冠病毒核酸阳性，1周内暂停接受该企业在全国海关进口申报。全年，二连海关监管进口冷链食品332批、0.83万吨。

【查缉走私】2021年，二连海关制订打击走私"国门利剑2021"联合专项行动方案，将夹藏夹带走私列为重点，明确各部门全年案件移交指标，建立月度工作情况通报机制，并对重点工作进行督导落实，推进专项行动开展；制订打击货运渠道走私违法违规专项行动方案，明确打击夹藏夹带工作思路和举措，通过与二连浩特市反走私综合治理成员单位党支部共建、业务座谈等形式，拓宽案件线索来源，开展信息数据分析，研判重点涉税商品走私方式。全年，二连海关立案侦办刑事案件7起，案值5,586万元。

▲2月18日，二连海关在二连浩特铁路口岸核验出境中欧班列集装箱信息

【优化口岸营商环境】2021年3月24日，二连海关制定优化口岸营商环境促进跨境贸易便利化具体措施分工台账，明确压缩进出口环节单证合规时间、压缩进出口环节边境合规时间、降低进出口环节合规成本、提升行政管理效能4个方面内容，实施行政审批平台印章电子化全程网上办理、采取灵活查验方式、支持TIR业务发展等43条措施，逐项推进优化营商环境便利化措施落实。9月16日，开展口岸营商环境"百人联千企 力行促外贸"专项活动，组织30余家企业代表以及银行管理人员召开"百人联千企 力行促外贸"关企座谈会，解答企业代表关于税费担保、煤炭退运等问题，并现场收集企业关于进一步优化外贸环境方面意见建议10条；成立"优化服务"工作专班，指派93名海关联络员，通过热线答疑、线上指导、云课堂、入企宣讲等方式，解答通关环节、查验环节、许可备案网上操作等业务咨询73件次；利用关企联络微信群、二连海关微信公众号线

上推送"汇总征税""主动披露""两步申报"等海关政策解读14次;实施"挂账销号"解决企业原产地数据异常、"单一窗口"客户端无税费信息等具体问题57个。活动期间,二连海关收到企业赠送锦旗4面、感谢信2封。

【"互联网+核查"】2021年11月7日,二连海关针对企业操作端"企业同意书"确认、电子资料法律有效性、核查文书制发、档案管理等问题开展企业调研。11月23日—12月1日,选取2家企业为试点,利用"互联网+"平台,以电子传输法律文书、在线比对企业上传电子数据方式办理"报关单位注册信息核对"业务,该项业务实施,节省企业提交材料往返时间1~2天,节省海关核查人员入企路途时间0.5~2天。

【跨境电商政策研究】2021年7月23日,二连海关召开2021年第二季度形势分析及工作督查例会,要求优化服务,支持跨境电商等新贸易业态发展,会议确定主要负责同志牵头成立"二连海关跨境电商课题研究组",从跨境电子商务试点和综合试验区政策、跨境电子商务产业分析、沿边口岸跨境电子商务产业模式及其主要特点、二连浩特发展跨境电子商务产业优势和短板等方面开展研究。9月,完成"以新业态新模式为引领,依托跨境电商产业打造口岸经济新前沿"课题研究,主要包括二连浩特口岸具有地理优势和物流优势、发展跨境电商业务短板、探索开展跨境电商举措等方面内容。10月8日,该课题相关建议纳入二连浩特市扩大对外开放政策储备库。

【口岸新冠肺炎疫情防控国际合作】2021年,二连海关与蒙古国扎门乌德海关检验检疫局和检疫部门建立24小时信息交流与沟通联络制度,指派专人与蒙古国边境技术监督局联系。指定专人通过网络、电话等方式,对蒙古国边境技术监督局工作人员进行体温检测报警值设定、密切接触者判定、核酸检测、交通工具消毒等技术要点培训,并为其制作《口岸疫情防控消毒技术规范》专题培训课件,开展传染病信息沟通及疫情防控交流,推进传染病防控双边合作。应蒙古国人兽共患病研究中心请求,向其提供防护服200套、N95口罩200只、一次性乳胶手套200双、一次性过膝靴套200双、一次性面屏200个、一次性反穿隔离衣200件、智能捕鼠笼20个、消毒片100瓶。

【中蒙联合病媒生物监测】2021年10月,根据《中蒙国境卫生检疫合作协议》《中蒙传染病领域科研合作协议》,呼和浩特海关与蒙古国人兽共患病研究中心、边境技术监督局协商,议定中蒙双方口岸病媒生物联合监测方案(2021年),确定以共同选定监测口岸、统一制订监测方案、统一监测时间、各自开展监测工作、相互交换监测结果等方式开展联合病媒生物监测。10月11—21日,在中国二连浩特—蒙古国扎门乌德口岸指定区域同时开展病媒生物监测，其中，在中蒙边境线中国一侧，由二连海关派出5人；在蒙古国一侧，蒙古国人兽共患病研究中心派出5人，在各自指定区域开展口岸监测，监测结束后通过电子邮件互相交换监测结果，双方联合进行监测数据对比分析，掌握鼠类及其携带鼠疫等病原体的情况。监测中，中方布放智能捕鼠笼810笼次，捕获长爪沙鼠20只、子午沙鼠9只、黑线毛足鼠4只，对捕获鼠体样本进行鼠疫耶尔森菌、巴尔通体、钩端螺旋体等10种病原体检测，检出巴尔通体阳性17例，其他未检出，首次对口岸捕获鼠类进行新型冠状病毒检测，结果为阴性；蒙方布放鼠夹182个，捕获褐家鼠1只、子午沙鼠3只、长爪沙鼠19只，采集鼠体寄生蚤2种2匹，对捕获鼠体样本进行鼠疫耶尔森菌、巴尔通体、土拉热、李斯特菌、Q热病原体检测，结果均为阴性。本次联合监测，双方均未检出鼠疫菌。在监测过程中，首次进行智能捕鼠系统应用测试，中蒙双方分别布放智能捕鼠器60笼次，中方捕获子午沙鼠2只、黑线毛足鼠1只，捕获率5%；蒙方未捕获鼠类。经过测试，智能捕鼠系统捕鼠效率高于传统方法。

【**重要野生动物鉴定课题研究**】至2021年，二连海关"几种重要野生动物DNA快速鉴定关键技术研究"科研项目工作组共开展600余次试验，利用DNA分子水平，应用DNA条形码、普通PCR、实时荧光定量PCR技术，对黄羊、草原狼、旱獭、蒙古野马、蒙古野驴、蒙古野骆驼几种重要野生动物快速鉴定关键技术进行研究。该项目于2019年7月1日通过总署科研项目立项，由王伊琴、陈少博、荆文魁、杨帆、常鸿等主持课题研究。9月22—24日，该项目通过总署科技司验收专家组验收，获研究成果质量优秀成果（具体见表6-1）鉴定结论，专家组认为项目成果填补了我国黄羊、草原狼、旱獭、蒙古野马、蒙古野驴、蒙古野骆驼6种野生动物物种快速鉴定方法的空白，为从源头上保护濒危野生动物资源，降低野生动物传播人兽共患病风险和海关行政执法提供强有力保障。通过科研项目研究申请国家发明专利1项，制定地方标准6项，发表中文核心期刊3篇（具体见表6-2）、SCI科研论文1篇。

表6-1 《几种重要野生动物DNA快速鉴定关键技术研究》成果一览表

成果名称	受理情况
《一种检测狼源性成分的试剂盒及其应用》国家发明专利申请	2021年7月19日被国家专利局受理，10月9日进入实质审查阶段。
《黄羊源性成分检测 实时荧光PCR法》（DB15/T 1847—2020）	2017年6月20日，由原内蒙古自治区质量技术监督局发布的《内蒙古质监局下达的2017年第一批内蒙古自治区地方标准制修订项目计划的通知》立项，于2020年2月25日发布，3月25日实施。

表 6-1 续

成果名称	受理情况
《狼源性成分检测 实时荧光 PCR 法》	2017 年 6 月 20 日，由原内蒙古自治区质量技术监督局发布的《内蒙古质监局下达的 2017 年第一批内蒙古自治区地方标准制修订项目计划的通知》立项。
《旱獭源性成分检测 实时荧光 PCR 法》	2018 年 7 月 2 日，由原内蒙古自治区质量技术监督局发布的《内蒙古质监局下达的 2018 年第一批内蒙古自治区地方标准制修订项目计划的通知》立项。
《动物捻转血矛线虫检疫技术规范》	2019 年 6 月 14 日，由内蒙古自治区市场监督管理局发布的《自治区市场监督管理局下达的 2019 年第 1 批内蒙古自治区地方标准制修订项目计划的通知》立项。
《熊源性成分检测 实时荧光 PCR 法》《马驽巴贝斯虫病检测 PCR 法》	2020 年 7 月 21 日，由内蒙古自治区市场监督管理局发布的《内蒙古市场监督管理局下达的 2020 年第 2 批内蒙古自治区地方标准制修订项目计划汇总表》立项。

表 6-2 《几种重要野生动物 DNA 快速鉴定关键技术研究》发表 SCI 科研论文、核心期刊一览表

发表名称	发表情况
《An integrated rapid nucleic acid detection assay based on recombinant polymerase amplification for SARS-CoV-2》	Virologica Sinica 2022, 37:138-141
《黄羊源性成分检测方法的研究》	《中国野生动物学报》2021, 42(1):056-063
《重组酶聚合酶介导恒等温扩增技术在动物源性成分鉴定中的研究与应用》	《中国农学通报》2020, 36(30):151-157
《马驽巴贝斯虫 ddPCR 检测方法的建立》	《中国动物传染病学报》2022, 30(2):153-158

（撰稿人：张　胜　曲晨曦　薛　梅　鲍振阳　吴乌兰　张志轩　胡钰莹　王伊琴　包冠涌　任晏数　魏怀波　赵　芳　王麦力更　叶　帅　张海涛　王玉如　陈　琳　杨　泽）

包头海关

【概况】包头海关成立于1997年7月18日，隶属于呼和浩特海关，正处级，辖区范围为包头市昆都仑区、青山区、东河区、九原区、石拐区、固阳县、土默特右旗、达尔罕茂明安联合旗、白云鄂博矿区9个旗县区和包头市稀土高新技术产业开发区1个国家级高新区。

2021年，包头海关坚持以习近平新时代中国特色社会主义思想为指导，深入贯彻党的十九大和十九届历次全会精神，以党的政治建设为统领，全面深化政治建关、改革强关、依法把关、科技兴关、从严治关"五关"建设，各项工作有效落实。扎实开展党史学习教育和庆祝建党100周年系列活动，政治机关建设成效显著，开展"我为群众办实事——百人联千企 力行促外贸"服务外贸企业、优化口岸营商环境专项活动，其中"用心服务，情系包钢"服务项目入围全国海关"'我为群众办实事'百佳项目"和呼和浩特海关党史学习教育"十佳项目"。坚持"外防输入、内防反弹"，常态化疫情防控有效加强，在满都拉口岸入境外籍货运司乘人员中检出新冠病毒核酸阳性，全体工作人员保持"零感染"。深化改革创新，铁矿石"集中申报"报关模式改革等业务改革创新落地生根。优化营商环境，服务包头市外贸发展，监管进出口货值246.13亿元，同比增长55.53%，居内蒙古自治区各盟市第一位。严厉打击"水客"、洋垃圾、濒危野生动植物及其制品等走私，查办各类案件23起，建立包头海关查获走私固体废物移交包头市政府相关部门处置机制。队伍建设持续加强，蝉联"全国文明标兵单位"荣誉称号。

【党的建设】2021年，包头海关开展红色讲坛、"边关银发宣讲团"宣讲活动，参观王若飞纪念馆和包钢党史教育基地等。开展"爱心体检进乡村"活动，为对口帮扶点达茂旗西河乡本不台村村民提供免费健康体检。以支部为单位，开展"我是共产党员，我帮你"新时代文明实践服务"双报到"，与校园路社区党群中心联合举行"进口食品安全社区行"主题党日活动。建立"我为群众办实事"实践活动重点民生项目清单，包括疫情防控、保供

▲5月27日，包头海关在达茂旗西河乡本不台村开展"爱心体检进乡村"活动

稳价、通关便利化、行风政风建设等13个重点项目。

【纪检监察】2021年，包头海关制订开展"现场监管与外勤执法权力寻租"专项整治自查整改工作方案，从总体目标、组织领导、工作步骤、工作要求等方面作出规定，组织开展专项整治工作。

【法治建设】2021年，包头海关制定普法责任清单，落实"嵌入式"普法要求，"一对一"为重点企业配置法治联络员，通过法律服务发现问题、信息互换梳理问题、问需于企找准问题、送法上门解决问题等方式，将宣讲好政策、服务好企业作为为民办实事项目落到实处，全年开展政策宣讲16次。由卫生检疫、监管业务领域公职律师和法治联络员组成法治干部团队，搭建涉法问题处理"线上+线下"两个平台，建立涉法疑难问题定期会商机制，2021年开展会商1次。为引导村民依法从事民事活动，维护自身合法权益，选拔1名公职律师送民法典进乡村，向驻村帮扶点达茂旗西河乡本不台村提供土地所有权、婚姻家庭、劳动报酬等法律咨询服务，宣传民法典合同篇、劳动合同法等内容。

【口岸新冠肺炎疫情防控】2021年，包头海关制订满都拉口岸新冠肺炎疫情防控工作方案，设立健康申明卡审核与体温监测组、医学排查组、实验室检测组、转运移送组、卫生处理组、卫生监督组、信息联络组，并根据疫情防控形势动态更新，到年底由第1版更新至第4版。满都拉口岸"客停货通"，对卫生检疫前置拦截区进行改造，安装智能闸机系统，对跨境货运司机实施2道红外体温监测，进行无接触健康申报核验。根据应对重大疫情卫生检疫基础设施要求，开展满都拉口岸病媒生物与核酸检测实验室改造项目，完成病原微生物实验室和实验活动备案，8月10日正式投入使用。

【口岸卫生监督】2021年，包头海关制订满都拉口岸卫生监督抽检工作计划，对辖区范围内国境口岸及从事饮用水供应、公共场所和储存场地经营单位进行监督，明确对餐饮服务生产单位监督内容包括单位资质、从业人员健康及培训管理、原料控制、加工制作过程、食品添加剂使用管理、病媒生物控制、设备设施维护、餐饮具清洗消毒等方面；每2个月开展1次监督，当场制发监督笔录和监督意见书。检查发现问题主要是从业人员健康及培训管理、食品添加剂使用管理、病媒生物控制、设备设施维护、餐饮具清洗消毒等工作存在不到位情况。全年,包头海关对满都拉口岸餐饮服务和食品销售单位开展卫生监督24次,发现问题28个。

【病媒生物及鼠疫监测】2021年,包头海关为掌握口岸内重要病媒生物种类构成、密度、分布、季节消长及携带病原体情况,制订口岸病媒生物及鼠疫监测方案,明确监测目的、范围、对象及时间。5—10月,在满都拉口岸开展成蚊监测12次,未捕获;蜚蠊监测8次,捕获84只;按照定时间、定地点、定方法、定人员等"四定原则"分别于5月、8月、9月、10月在满都拉口岸进行4次鼠疫监测,投放两种鼠夹2,700夹次,捕获鼠6种31只。经统计分析,鼠密度较往年有所下降,优势属种仍为跳鼠。捕获五趾跳鼠19只,占比61.3%;三趾跳鼠5只,占比16.1%;长爪沙鼠2只,占比6.5%;子午沙鼠3只,占比9.7%;小家鼠1只,占比3.2%;达乌尔黄鼠1只,占比3.2%。全年,完成实验室检测2批次,进行新冠病毒、鼠疫耶尔森菌、巴尔通体、汉坦病毒等7种病原体检测,检测肝、肺样本各20例,其中肝脏样本检出巴尔通体阳性2例、肺脏样本检出巴尔通体阳性4例。

【进境种羊隔离检疫】2021年5月27日,包头海关印发进境某国种羊隔离检疫实施方案,对组织领导、职责分工、工作内容和措施作出安排。6月15日,1,209只种羊由呼和浩特白塔国际机场入境,其中山羊330只、绵羊879只。包头海关全程押运8辆种羊运输汽车按照预定路线到达包头市某进境动物隔离场,开始45天隔离检疫工作。具有高级兽医查验资质关员双人作业,实施24小时不间断驻守,按规定填写《进出境动物隔离检疫场检验检疫监管手册》,办理隔离检疫期间样品采集、送检和保存等工作。每日开展隔离检疫区、生活区巡查检查,对进境种羊指导企业开展免疫接种,对发现疑似患病动物进行预防性治疗。经检测,有4只种羊为衣原体病阳性、11只种羊为副结核病阳性、2只种羊为山羊关节炎—脑炎病阳性、1只种羊为边界病阳性(其中2只种羊合并感染2种病原体),在驻场兽医和关员监督下,由消杀灭公司对淘汰种羊实施电击扑杀和无害化处理。7月30日,包头海关对该批经检验检疫合格1,190只种羊出具《入境货物检验检疫证明》和动物检疫证书,予以放行。据经销商介绍,此批种羊将被销往甘肃、宁夏、新疆等中西部地

▲9月17日,包头海关在满都拉口岸开展病媒生物监测(成蚊)

区，用于改良当地肉羊品种，为推动当地肉羊产业提质增效起到积极作用。

【进出口食品安全监管】2021年，为加强新冠病毒通过冷链食品及包装输入风险防控工作，包头海关制订进口冷链食品及包装新型冠状病毒检验检疫工作方案，对采送样、样本运输、数据报送等环节作出规定。之后根据常态化疫情防控形势，年中将工作方案动态更新至第2版，重点对采样及消毒作业、样本运送等环节进行修订。围绕食品安全宣传周主题，向辖区进出口食品企业宣传总署最新颁布《中华人民共和国进出口食品安全管理办法》，从规章修订背景、重大变化、基本结构、具体条款等方面进行宣介，对出口食品部分进行重点解读，对2家出口备案食品企业进行首次出口前核查，指导企业建立规范出口食品安全责任体系。开展食品化妆品监督抽检及风险监测，对出口香港调味品系统风险布控命中1批次进行取样送检，结果合格。全年检验监管火锅底料、茶饮料、葵花籽、饼干等99批次，货值310余万美元，出具品质证书、健康证书、植物检疫证书、卫生证书和熏蒸证书等124份。辖区火锅调味品出口国扩大至蒙古国、印度等14个国家和地区，出口饼干企业首次出口加拿大、韩国等国家和地区。

【商品检验】2021年，包头海关建立危化及危包检验监管2个台账，危化品台账详细记录每批货物报关单号、报关日期、品名、货值、数量及出口国家、合格情况等，危包台账记录每个企业报关日期、报检号、使用企业名称、包装品名、数量等，每月统计成电子版月报表，每批检验商品可追溯；执行危包性能周期抽样送检相关规定，对涉及化工类和稀土类危化品出口包头市晶华钙业有限责任公司等9家企业，生产金属钙、氯化铈、起泡剂等14份危化危险货物，取样送天津海关工业产品安全技术中心进行危险特性、危险公示标签及安全数据单检测。新增4名同志取得危包危化岗位资质。全年检验监管危险化学品出口134批、3,352吨，货值810万美元，鉴定危险包装性能检验89批53万件；危包使用鉴定182批5.9万件，检出不合格3批1,125件。

【口岸监管】2021年，为提高通关效率，包头海关改革进口铁矿石"一车一报""车车查验"报关模式，经呼和浩特海关批准，在满都拉口岸进口铁矿石实施集中申报。实行出口货物"提前预约＋预约通关＋集中查验"通关措施，为出口车辆通过卡口特设专用通道，对查验货物即

▲8月19日，包头海关进行现场监管

验即放，全年满都拉口岸出口货物4万多吨，增长57%。完成矿产品实验室搬迁改造和设备更新，抽采样和实验室检测作业实现口岸检测，满都拉口岸初次具备矿产品检测能力和元素分析能力。全年，满都拉口岸煤炭货运量160.18万吨，同比增长123.3%；检出进口煤炭不合格12批次，均为环保指标不合格。

【查缉走私】2021年，包头海关把打击"洋垃圾走私""蓝天2021""打击濒危物种走私""护卫2021"等专项行动纳入"国门利剑2021"行动共同部署、统筹推进，制订打击治理口岸冻品走私专项行动方案，重点打击跨境原煤运输渠道夹藏夹带、"蚂蚁搬家"方式走私冻品；开展对包头市达茂旗满都拉镇生活区牛羊肉囤积窝点及冷库摸排巡查，建立与边防部门信息互通和联防联控机制。全年，包头海关刑事立案6起，行政立案10起，其中涉检案件5起。运用HLS2017新海廉平台，对满都拉口岸大宗进口资源性矿产品开展大数据分析，查办涉及申报不实、影响海关监管秩序等"两简"案件7起。

【企业管理】2021年4月29日，为加大辖区AEO企业培育力度，呼和浩特海关在包头市举办2021年度重点企业AEO培育政策宣讲会，由呼和浩特海关企业管理和稽查处专家及包头海关企业信用管理岗位人员、企业协调员等对总署及呼和浩特海关支持AEO企业便利化发展措施、AEO企业认证标准、知识产权海关保护等内容进行宣讲。包头海关辖区包头钢铁集团有限公司等38家外贸骨干企业相关负责人参加；开展"点对点"AEO企业培育，成功培育高级认证企业内蒙古鹿王羊绒集团，对内蒙古北方重型汽车股份有限公司高级认证企业进行重新认证。截至2021年年底，包头市有AEO企业3家，AEO企业贸易额约占包头市外贸值3/4；5月2日，《包头日报》以《包头海关擦亮AEO"金字招牌"助企业发展》为题，对该项工作进行报道。2021年实施核查指令54个，主要为企业信息核对、保税核查、关税核查等，发现问题全部为企业信息核对不准确、变更不及时等。

【税收征管】2021年，包头海关推行"非接触式"办税，以全国通关作业改革和"两步申报"为基础，实现"网上办税为主、现场办税为辅"模式，推广电子支付、汇总征税等税费支付方式，电子支付率保持在99%以上；货物通关作业，实行网上申报、网上审核、网上纳税、网上结关等业务流程；全年税款入库14.13亿元，同比增收5.61亿元，同比增长65.85%，创历史新高。指导企业运用"互联网+海关"，开展原产地业务，企业通过应用国际贸易"单一窗口"上传相关资料，海关审核通过后，系统自动将审核通过的证书基础信息及打印版式发送给"单一窗口"，企业实现自助打印。上线原产地证书"智能审单"系统，1月19日，包头市某电池材料有限公司向包头海关申报1份普惠制原产地证书被"智能审单"规则审核通过，标志着包头海关原产地证书审核正式迈入"秒通"时代。5月10日，包头海关根据总署安排，上线RCEP原产地管理信息化应用项目，为做好RECP下原产地规则和关税减让实施做好准备。全年，包头海关签发原产地证书1,707份，同比增长17.4%；货值7.1亿美元，同比增长93.99%。中巴、中智等6类证书自助打印571份。

【**优化营商环境专项活动**】2021年5月8日，为帮助外贸企业及时掌握海关相关政策，解决最急最忧最盼问题，根据呼和浩特海关开展优化营商环境专项活动通知，包头海关作为第一批试点海关，制订"我为群众办实事——百人联千企 力行促外贸"服务外贸企业、优化口岸营商环境专项活动方案和具体工作推进计划表，方案从组织领导、工作机制及任务分工、实施步骤工作要求等方面作出规定，4月26日—5月23日为试点期，之后全面启动。试点期间，通过数据分析辖区企业底数、商品种类和企业外贸规模，选取重点企业72家，22名海关联络员负责与企业开展日常联系，建立工作台账，向企业宣讲海关政策、了解企业诉求，帮助企业解决在进出口环节遇到困难。服务项目案例一：优化服务助力企业降库存促出口，保障某钢铁企业5.4万吨急需交付钢材首次通过保税物流中心（B型）实现出口，企业享受"入区即退"政策；服务项目案例二：改革创新优化满都拉口岸进口铁矿石申报模式，通过监管模式改革，将铁矿石报关模式由"一车一报"改为"集中申报"，进口铁矿石查验报关单由单日15票降至3票左右；服务项目案例三：精准施策开展AEO企业培育，设置"海关认证企业优先办理"专窗，为AEO认证企业提供优先办理通关手续。其中，"用心服务 情系包钢"项目入围全国海关"'我为群众办实事'百佳项目"和呼和浩特海关党史学习教育十佳项目。活动期间，包头海关收到企业、行业协会等赠送锦旗6面、感谢信4封。

【**督察内审**】2021年，包头海关组织审计自查。对技术中心职工食堂改造、满都拉口岸病媒生物与核酸检测实验室改造等11个工程进行审计，报审金额367万元，审减金额52.93万元，审减率14%。制订迎接呼和浩特海关经济责任审计工作方案，明确组织机构、任务分工、工作安排、审计结果执行及整改、工作要求等内容，配合审计组开展工作。

【**签署国际口岸卫生检疫合作协议**】2021年4月26日，为加强满都拉口岸公共卫生核心能力建设，做好中国满都拉口岸和蒙古国杭吉口岸卫生检疫沟通联络工作，经呼和浩特海关批准，包头海关与蒙古国东戈壁省边境技术监督局正式签订《中华人民共和国包头海关 蒙古国东戈壁省边境技术监督局 中国满都拉口岸 蒙古国杭吉口岸 国际沟通联络机制的合作安排》，双方就建立口岸卫生检疫国际沟通

▲10月19日,包头海关与蒙古国赛音山达海关视频会晤

机制、口岸突发公共卫生事件应急通报和联合处置应急机制、疑似传染病人移交和转运机制等达成一致。协议明确双方联络责任部门及联络内容,主要包括:一方或双方发生疫情、入出境交通工具发生较为严重卫生学问题需要退运或协助处理;入出境人员中发现疑似传染病病例或有病人需要移交;双方就上述情况联合开展病例处置、追责排查、疫情预警分析等。协议有效期5年。包头海关是呼和浩特海关关区第一个签署该类协作机制的隶属海关。

(撰稿人:吴志超)

额济纳海关

【概况】额济纳海关成立于2008年11月28日，隶属于呼和浩特海关，正处级，辖区范围为阿拉善盟额济纳旗。

2021年，额济纳海关坚持以习近平新时代中国特色社会主义思想为指导，深入贯彻党的十九大和十九届历次全会精神，结合额济纳海关"坚定、坚强、坚守，创新、创效、创优""胡杨品质"，以"党建立关，树旗铸魂"为抓手，推进基层党建发展。围绕海关重点工作，统筹疫情防控和促进外贸稳增长，运行煤炭集装箱吊装作业通关机制，启用"当日检测、当日进境、当日出境"通关模式，先后实行出境和入境远程卫生检疫。按照疫情防控"三区两通道"要求，建造进出境卫生检疫用房，实现新建核酸检测采样用房，完成体温监测、健康申明卡审核、核酸采样工作区"三区整合"。在呼和浩特海关关区率先安装启用卫生检疫智能闸机，实现进出境人员健康申明卡100%电子化申报、审核和档案管理。持续优化口岸营商环境，紧盯煤炭进口，受理全国首票《亚太贸易协定》优惠原产地证下减税报关单，全年减免关税101.4万元、增值税13.18万元。在额济纳旗本土新冠肺炎疫情防控期间，开展轨迹重叠情况排查、心理调适、物资调配等工作，做到全体干部职工"零感染"。2021年，额济纳海关党总支被中共中央授予全国先进基层党组织称号，1名同志获评内蒙古直属机关优秀共产党员。

【党的建设】2021年，额济纳海关通过"青春心向党 书香满边关"党史学习教育读书班活动、"庆建党百年 忆历史岁月"党史学习教育诵读活动、参加驻地庆祝中国共产党成立100周年主题演讲、"礼赞新时代 颂歌献给党"红歌合唱比赛等方式，开展党史学习教育；在"额关E家"微信平台发布"党史天天学"等学习宣传稿件90余篇，全体干部职工利用钉钉"海关全员培训网络学习课堂"参加党史学习教育网上专题考试，全部合格。为落实呼和特海关深化"强基提质工程"部署，成立课题组，经过理论研究、实地调研，以《探索从支部标准化、规范化入手，解决边关基层党建业务"两张皮"问题有效路径》为题撰写的"书记项目"理论研究稿入选全国海关首批书记项目试点；按照全国海关党史学习教育领导小组部署安排，申报微党课《学党史感悟思想伟力 践初心戍守北疆国门》，入选首批基层党组织书记"微党课"视频展播；在总署政治部组织基层党支部工作"百问百答"征集活动中，监管一科党支部申报《如何用好红色资源提升"三会一课"质量，增强党员干部学习获得感》入选。

▲6月15日，额济纳海关联合边防检查站、苏泊淖尔苏木开展"学党史、励初心"主题党日活动

【纪检监察】2021年，额济纳海关制订开展"现场监管与外勤执法权力寻租"自查整改工作方案，从总体目标、组织领导、工作步骤、工作要求等方面进行安排，通过公布举报途径、实地走访企业、组织专题学习会议、撰写心得体会、开展应知应会知识测试等方式，分步推进整治工作。

【队伍建设】2021年，额济纳海关按照民主推荐、集体决策、组织考察、接受监督、任前公示等程序组织开展干部选拔任用工作；根据呼和浩特海关安排，与深圳海关互派执法一线科长进行实践锻炼，并按照要求协助做好一线科长互派锻炼期间工作期满考核等工作。制订年度培训计划，开展自办培训30多项；组织人员参加总署及呼和浩特海关各项网上培训、视频培训，定期通报学习情况，确保全员完成总署年度培训指标。制订额济纳海关"以案释法明纪 严明纪律作风"警示教育活动方案，建立酒驾醉驾常态化治理情况月报机制，定期报送学习教育、提醒情况、监督检查情况；组织全体干部职工签订《严禁酒驾醉驾行为承诺书》103份，撰写心得体会58篇；开展党委委员与科室负责人、重点关注人员，科室负责人与科室干部职工谈心谈话90余人次，全年未发生酒驾醉驾情况。

【法治建设】2021年，额济纳海关把普法融入执法和管理服务全过程，通过召开关企座谈会、实地走访进出口企业，对宪法、海关法、卫生检疫法等重点法律法规进行解读；成立普法宣传服务队，在办事窗口设置普法宣传栏，依托《内蒙古日报》《阿拉善日报》等报刊及"呼声关语""额关E家"等新媒体平台进行普法宣传。与驻地公检法部门联合，利用开展"美好生活·民法典相伴"、国家宪法日暨宪法宣传周、海关法治宣传日等活动，通过发放宣传册、线上推送、现场解答法治问题等方式向驻地居民普及法律知识，引导树立法治意识。根据业务现场发现"通关无纸化进口放行通知书"放行时间与实际放行时间不一致问题，利用改革问题专家联系单向中国电子口岸数据中心上报情况，并建议将"通关无纸化进口放行通知书"名称修改为"进口货物准许提离通知书"，被中国电子口岸数据中心采纳。

【口岸新冠肺炎疫情防控】2021年，额济纳海关制订策克口岸新冠肺炎疫情防控工作方案等5项制度，成立疫情防控工作指挥部及应对工作组，就疫情风险监测研判、卡口管理、货运监管、安全防护、信息追溯与报告、集装箱吊装作业工作人员健康监测6方面提出工作要求，制定突发事件应急处置程序。协调策克口岸经济开发区管理委员会，在进出境货运通道新建卫生检疫用房和入境人员前置核酸采样用房，实现现场卫生检疫关员与进出境人员物理隔离。在公路口岸货运通道启用卫生检疫智能闸机，出入境人员健康申报由纸质转为电子化申报，提高申报效率，同时将进出境人员体温监测情况与健康申明卡进行绑定，通过护照号比对核酸检测情况，避免未做核酸检测入境情况发生。2021年，出入境人员健康申明卡电子化申报、两道体温监测、电子化审核、电子化档案管理均实现100%。

【属地新冠肺炎疫情防控】2021年10月16日，因额济纳旗发生新冠肺炎本土疫情，额济纳海关成立疫情防控专项工作指挥部，组建综合协调组、防疫工作组、后勤保障组、安全保障组、宣传舆情组。10月18日印发《额济纳海关疫情防控管理规定》，修订《额济纳海关卫生检疫岗位职责及作业指引》《额济纳海关策克口岸新冠肺炎疫情防控工作方案》等文件，要求工作人员做好安全防护、预防和控制职业暴露感染。疫情期间，制发疫情快报22期，向全体干部职工通报疫情情况并提醒注意事项；协调属地疫情防控指挥部、驻地社区，保障全体人员生活物资供应；建立心理观察员队伍，通过电话、微信方式，及时掌握全体人员思想动态、身体状况和家庭情况；整理发放心理调适、助眠音乐、呼吸放松训练等资料，开展心理咨询6人次；与东莞海关开展党支部共建活动，以线上授课方式为41名干部职工开展心理疏导，缓解焦虑情绪；工会开展"你画我猜"、歌咏比赛和主题征文等线上活动，丰富干部职工文化生活。

【口岸卫生监督】2021年，额济纳海关制订口岸卫生监督工作方案，对辖区范围内国境口岸及从事饮用水供应、公共场所和储存场地经营单位开展监督，明确对

▲12月16日，额济纳海关开展新冠肺炎疫情防控应急处置演练

餐饮服务生产单位监督内容包括单位资质、从业人员健康及培训管理、原料控制、加工制作过程、食品添加剂使用管理、病媒生物控制、设备设施维护、餐饮具清洗消毒等。全年，对策克口岸21家煤炭储存场地、1家饮用水供应单位和1家餐饮服务单位开展卫生监督抽查58次，查发消毒作业口罩佩戴、垃圾处置、消毒操作等不规范问题3个，向2家企业发放《卫生整改通知书》，监督企业整改合格。落实年度食品安全抽检现场快速检测和实验室检测项目，开展口岸餐饮服务单位水果、肉类等食品安全抽检现场快速检测项目29批次；口岸餐饮服务单位肉制品、面食等食品安全抽检实验室检测项目5个细类13批次，均未检出不合格项目。开展国境口岸食品销售单位卫生许可现场审核1次，审核结果为合格。

【病媒生物及鼠疫监测】2021年4月19日，为防止媒传疾病与新冠肺炎疫情叠加并经口岸跨境传播，保障口岸公共卫生安全，额济纳海关制订国门生物安全监测工作方案，确定监测范围、方法、时间和工作要求等。4—11月，选取策克口岸联检大院及安德泰小区外西侧绿化带2个监测点采用诱捕法开展检疫性实蝇监测12次、在货运通道附近选取2个监测点采用人工法完成马铃薯甲虫监测9次，未捕获检疫性实蝇和马铃薯甲虫；在东戈壁、西戈壁和居延海3个区域（东戈壁区域主要为口岸生活区向东边境线15公里处、西戈壁区域主要为口岸生活区向西边境线10公里处、居延海区域主要为口岸生活区向南42公里处）分时段开展鼠疫监测3次，监测采用鼠夹法，放置鼠夹2,702夹次、单双边鼠笼142个，捕获子午沙鼠、长耳跳鼠和三趾跳鼠3种19只，实验室检测结果为无携带寄生虫、监测病原体。

【进出口食品安全宣教】2021年，额济纳海关组织业务人员梳理肉类进口全流程各环节存在问题，先后2次赴辖区内企业召开业务宣讲会，对采送样、数据报送等环节进行讲解。参加总署、呼和浩特海关冷链食品和非冷链高风险集装箱货物新口岸环节冠病毒检测和预防性消毒、进口肉类检验检疫等相关业务培训9次，参训人员52人次。开展"送教进企业"活动，向辖区进出口食品企业宣传《中华人民共和国进出口食品安全管理办法》，从规章修订目的及意义、重要内容变动等方面进行解读。围绕"尚俭崇信 守护阳光下的盘中餐"主题，开展"食品安全口岸行"活动，宣传进口冷链食品传入新冠肺炎疫情风险知识等。

【商品检验】2021年，为准确获取危险货物及其包装进出口动态数据，额济纳海关建立进出口危险货物及其包装检验监管2个台账，每月统计成电子版月报表，使每批检验商品可追溯。组织2次进出口危险货物及其包装检验监管岗位资质培训考核，9人取得资质；落实实验室管理系统（2.0版）试运行工作，组织10人次参加使用培训，系统如期上线运行。为增加实验室检测设备，协调额济纳旗财政局购置自动氟分析仪设备1台，利用自动氟分析仪，减少曲线标定、设备预热等环节用时，使煤炭检测时间整体压缩40分钟。为让企业"少跑腿"，应用H2018拟证子系统通过线上拟证、复审等操作，电子化流转《入境货物检验检疫证明》，企业可通过国际贸易"单一窗口"查询"证书PDF文档"，实现"无纸化"通关。全年，额济纳海关检测进口煤炭1,869批次，复检1批次，检验结果为合格；检验监管危险货物二甲基二硫3批、227.80吨，查验危险货物包装3批次、923件。

【优化口岸营商环境】2021年，额济纳海关建立"优化营商环境具体工作推进计划表"，从组织领导、工作机制及任务分工、实施步骤工作要求等方面作出规定；举办重点企业AEO培育政策宣讲会，对总署及呼和浩特海关支持AEO企业便利化发展措施、AEO企业认证标准、知识产权海关保护等内容进行宣讲，25家外贸企业相关负责人参加；通过分析辖区300余家企业进出口商品种类和企业外贸规模、业务开展情况，选取47家重点企业，选派32名海关联络员负责与企业开展日常联系，向企业宣讲海关"多证合一"、AEO认证、规范申报等政策，帮助企业解决清单结关、清单修撤等问题；实行专人专岗，优化新备案外籍车辆备案流程，将车辆备案缩短至1个工作日以内；发挥"好差评"政务系统"风向标"作用，企业办理行政审批后评价5次，好评率100%。

【口岸监管】2021年，为做好某国籍滞留车辆监管，额济纳海关成立车辆清查小组，对715辆某国籍滞留车辆开展逐车实地验核，建立滞留车辆车况、停放位置、滞留时间等情况台账，根据出境情况进行销账。为增加疫情期间口岸煤炭进口量，配合属地口岸管理部门采用"集装箱吊装"模式进口煤炭，利用08—14时，拟入境某国籍驾驶员进行核酸检测采样，无车辆入境空档期实施集装箱吊装作业；采取监管现场取消午休，每日08—20时12小时不间断通关；利用HZ2011通关管理系统加快与相关科室、岗位沟通速度，压缩卡口地磅对碰不符车辆处置时间，"集装箱吊装"模式实行后，每天增加进口煤炭6,300吨左右。全年，额济纳海关监管进出境车辆7.7万辆次，进出境货物司机卫生检疫7.7万人次；执行进口报关单查验1,368票。

▲3月15日，额济纳海关克服沙尘暴天气影响开展监管保障口岸通关顺畅

【查缉走私】2021年，额济纳海关制订打击治理口岸冻品走私专项行动方案，组织开展为期半年打击治理口岸冻品走私专项行动，重点打击跨境运输工具夹藏、夹带等"绕检"走私行为，联合属地部门开展对策克口岸及周边地区商铺牛羊肉销售点及冷库摸排巡查；保持与蒙古国海关会晤及中蒙联络员日常联络；开展海关监管作业场所视频巡查和实地检查；对进出口企业开展冻品走私案件宣传，宣讲冻品走私危害。全年，额济纳海关立案查办1起报关企业进口煤炭申报不实违规案件，案值54.12万元。

【税收征管】2021年，额济纳海关推行"非接触式"办税，推广电子支付、汇总征税等税费支付模式，电子支付率保持在99%以上。指导企业运用"互联网+海关"开展原产地业务，应用国际贸易"单一窗口"上传相关资料，企业实现自助打印。组织辖区企业召开税收征管宣讲会，对重点税源企业以及重点税源商品归类进行前置性指导，防范税收风险。制定"一企一策"台账，设立"一对一"专职协调员，线上快速解答企业征税方面问题、对接业务办理。全年，额济纳海关征收税款2.99亿元，比2020年减少48.68%。

【督察内审】2021年，额济纳海关修订财务内控制度等3项内控专项制度文件，涉及财务管理、人事考勤、内务规范、基础设施建设、政务管理等方面内容；成立内控人员线上联系沟通群，制作内控节点录入指南，开展业务条线内控节点录入培训；开展额济纳海关生物安全二级实验室建设项目、呼和浩特海关口岸应对重大疫情卫生检疫设施项目（额济纳）、额济纳海关H986办公楼党建园地装修工程3个建设工程审计。

（撰稿人：武佳蕎　赵誉斌　王　婷
　　　　丁孝天　张智晖　邓茹洁
　　　　屈　尧　孟　惠　刘　彦）

东乌海关

【概况】东乌海关成立于2009年7月23日，隶属于呼和浩特海关，正处级，业务管辖范围为内蒙古自治区锡林郭勒盟东乌珠穆沁旗、西乌珠穆沁旗、阿巴嘎旗、乌拉盖管理区、正蓝旗、镶黄旗、正镶白旗、多伦县、太仆寺旗、锡林浩特市。

2021年，东乌海关以习近平新时代中国特色社会主义思想为指导，坚持稳中求进总基调，持续推进"五关"建设，各项工作取得新成绩。常态化开展疫情防控，做到"外防输入、内防反弹"，保持"打胜仗、零感染"。党史学习教育成效显著，建立《我为群众办实事工作台账》，解决一线封闭管理人员心理疏导和企业种植养殖基地备案等问题。坚持深化改革，创新服务理念，强化口岸监管，监管进出口货物55.75万吨，较2020年增长96.76%，货值7,392万美元，同比增长69.14%。监管进出境运输工具1.74万辆次，同比增长11.4%。加强口岸动植物检疫，开展"国门绿盾2021"行动，查获口岸非法携带种子入境行为2起。始终保持打私高压态势，加强重点涉税商品走私查缉力度，查办各类案件5起。

【党的建设】2021年，东乌海关依托锡林郭勒盟红色资源，开展"唱红歌颂党恩"、党史知识答题、红色观影、红色记忆寻访等党史学习教育。制定"我为群众办实事"实践活动重点民生项目清单，列明基层关注热点难点问题、海关业务问题收集、机关直接服务基层、推动为民服务提质增效等12项重点内容，通过进一线、进企业、进包联社区、进学校、进家庭等"五进"形式，开展"我为群众办实事"实践活动，收到中国石油大庆塔本察格有限责任公司、东乌珠穆沁旗振华货代有限公司等6家企业赠送锦旗3面，感谢信1封。

【纪检监察】2021年，东乌海关制订开展"现场监管与外勤执法权力寻租"自查整改工作实施方案，将工作任务细分成组织部署、全面自查整改、分析汇报、实地检查和再整改5个阶段，成立专项督查组，围绕自查整改专题总结、《业务条线廉政风险清单》、学习教育开展情况等进行检查。制订东乌海关落实巡视监督重点任务自查清单及分工方案，明确落实党的路线方针政策和中央重大决策部署以及总署党委工作要求情况、落实全面从严治党战略部署情况、落实新时代党的组织路线情况、落实巡视和主题教育整改情况等4部分自查内容，成立专项督查组，通过实地检查、材料印证等方式，对巡视、巡察整改重点任务落实情况进行专项督查。

【法治建设】2021年，东乌海关为减少对企业多头多层重复检查，减轻企业负担，与锡林郭勒盟市场监督管理局开展联合执法行动，按照"双随机、一公开"原则选取锡林郭勒盟2家肉类加工企业，对环境卫生、人员管理、生产加工过程控制、原料使用等情况进行全方位检查，结果无异常，联合执法行动被草原客户端（《内蒙古日报》社）以《锡林郭勒盟联合抽查执法为企业减负》为题刊登发表。为建立知识产权跨部门、跨区域保护机制，加强进出口领域知识产权执法协作，东乌海关与锡林郭勒盟市场监督管理局（知识产权局）、二连海关签订《加强锡林郭勒盟知识产权保护合作备忘录》，明确锡林郭勒盟市场监督管理局（知识产权局）负责对辖区监管对象加大日常监管力度，提高检查比例和频次，通过集中开展专项行动，打击辖区内进出口侵权假冒商品，为海关部门提供知识产权领域相关法律法规咨询和帮助；二连海关、东乌海关负责依法查处辖区内进出口领域侵犯知识产权商品。

【卫生检疫】2021年，东乌海关编制"口岸疫情防控工作手册"，内容包含出入境人员鼠疫应急处置、卫生检疫自助通道、内部工作人员感染应急处置等10个疫情防控重点作业环节流程图。在珠恩嘎达布其口岸通道北岗卫生检疫前置拦截区域安装4套"智能闸机通关系统"、设立远程控制无人值守流调和交接区，入境司乘人员使用健康申明卡提前申报和客户端现场电子申报，海关关员开展网上审核和远程流调作业，避免接触风险，实现出入境司乘人员100%电子申报；印发《东乌海关新冠肺炎疫情防控安全防护三查清单》，包含防护用品是否充足、公共区域卫生是否清理等13项检查内容，每日对前置拦截区域卫生检疫进行督查。制订东乌海关常态化开展新冠肺炎疫情防控监督检查工作方案，明确监督检查"挑毛病"专家组、检查方式、工作要求等方面内容，通过"四不两直"实地检查、视频检查等方式开展检查，发现食堂领餐区未设

▲7月27日，东乌海关开展入境人员体温监测

置1米线标识、手部消毒剂未标注开封日期等问题，记入问题整改台账，及时整改完毕。10月27日，采取腾讯会议直播方式在珠恩嘎达布其口岸现场，开展海关工作人员预防和控制职业暴露（口罩意外脱落）演练，模拟海关工作人员对司乘人员进行体温监测过程中，在口罩意外脱落，缺乏呼吸道防护措施情况下进行处置实战演练。观摩的其他隶属海关表示：通过此次演练达到以练促学、以练促改效果，为应急处置提供借鉴。

【应对重大疫情卫生检疫设施项目改造】2021年7月30日，东乌海关珠恩嘎达布其口岸应对重大疫情卫生检疫设施项目得到呼和浩特海关批复，批准其对负压隔离和检测室进行改造，项目总概算30万元，改造面积76平方米。8月10—20日，按照"利用负压原理隔离病原微生物，阻断疾病传播，同时将室内被污染的空气经特殊处理后排放，不会污染环境；通过通风换气及合理气流组织，稀释病房内病原微生物浓度，并使工作人员处于有利风向段，保护工作人员工作安全；暂时对有症状人员进行隔离留验，确保疾病不会出现二次传播"要求，开始改造建设。8月20日，项目验收通过并投入使用。

【口岸病媒生物监测】2021年3月7日，东乌海关为掌握珠恩嘎达布其口岸病媒生物及其携带病原体情况，制订珠恩嘎达布其口岸病媒生物监测技术方案，从监测目的、监测范围、监测时间、监测方法等8个方面内容进行要求，明确监测对象为蚊、游离蜱及鼠（含鼠体表寄生虫）及其携带病原体；监测时间为蚊类5—10月、游离蜱4—11月、鼠（含鼠体表寄生虫）及其携带病原体4—11月；监测方式为蚊类监测采用二氧化碳灯诱法和双层帐诱法、鼠类监测采用鼠夹法和鼠笼法、游离蜱类监测采用布旗法。5月25—30日，按照呼和浩特海关统一安排，东乌海关会同呼和浩特海关卫生检疫处、呼和浩特国际旅行卫生保健中心和蒙古国国家人兽共患病研究中心12名人员组成联合监测组，采取"统一监测时间""各自开展监测""相互交换监测结果"方式，先后10次在珠恩嘎达布其口岸和毕其格图口岸沿线10公里范围内开展中蒙口岸病媒生物联合监测。全年开展14次病媒生物日常监测工作，布样方8个、有效器械数（布弓形夹/笼、布板夹、智能捕鼠器）1,625夹/笼次；监测捕获鼠类5种103只，其中包括长爪沙鼠33只、子午沙鼠56只、达乌尔黄鼠10只、五趾跳鼠1只、小家鼠3只，鼠密度6.34%；采集鼠体寄生蚤4种25匹，鼠体染蚤率3.88%，鼠体蚤指数0.24个/只。实验室送检103只，采集病原体样本190份，巴尔通体检测出阳性样本78份，其中肝样本中巴尔通体检出阳性34份，肺样本中巴尔通体检出阳性44份，其他病原体（新型冠状病毒、鼠疫耶尔森菌、博卡病毒、汉坦病毒、拉沙热病毒、致病性钩端螺旋体）检测均阴性。

【进口种鸡隔离检疫监管】2021年5月,东乌海关修订进口种鸡隔离检疫监管工作方案,调整工作领导小组、隔离场消毒方案、采样方式等内容,新增"重大动物疫病应急预案""某家禽育种有限责任公司进境种鸡道路运输应急预案",明确各部门职责、紧急情况应急措施、重大动物疫情划级别等内容。1月5—8日,赴某家禽育种有限责任公司种鸡场,实地调查隔离场周边动物疫病状况;4月25日—5月1日监督企业进行3次场地检疫消毒并开展消毒效果评价,确保隔离场消毒效果达标;5月7日、5月14日,利用视频方式从上海浦东国际机场海关监管场所分两批次监管3.45万只进境种鸡进入隔离场。5月8日,对进境种鸡隔离场工作人员开展防护服穿脱、检疫垃圾处理等疫情防控培训,指导企业建立隔离场疫情防控管理制度和体温监测台账;通过实地监管与视频监管方式,建立关企微信群,每日了解种鸡免疫计划、死亡淘汰、隔离场废弃物无害化处理等情况,跟进种鸡境内隔离全过程。6月16日,实施禽流感、新城疫等10项种鸡疫病检测,经检测结果无异常后,出具入境货物检验检疫证明。全年对9.25万羽种鸡隔离检疫进行监管,据企业介绍这一日龄祖代肉种鸡,将为全国提供优质商品肉鸡,对于稳定国内肉鸡产业链发展,保障居民健康肉食品供应发挥重要作用。

【服务企业发展】2021年,为改变某冷冻薯条出口企业"贴标"出口现状,东乌海关主动服务企业,向其提供新加坡《食品条例》、菲律宾《食品、药品和化妆品法》、印度尼西亚《加工食品营养标签示规定》等东南亚国家进口食品监管类法规;派员赴企业一线针对生产流程中卫生管理死角和原料供货流程提出整改意见,帮助建立健全出口食品质量卫生监管体系,保障出口产品符合进口国卫生要求;指派专人指导企业开展自主品牌出口申报和证书申领,4月8日,企业自主品牌冻薯条首次出口,全年自主品牌出口占比达72.6%。5月14日,东乌海关针对某农业发展有限公司首次出口苗木遇到的问题,派员线上指导企业规范准备注册备案材料;实地指导企业规范实验室、包装厂、储存库等硬件设施建设;成立现场评审组,现场审核企业材料,减少业务流转时间,2天内完成出口种苗花卉生产企业注册登记线上办理流程,5月20日,2批次4,100株云杉苗木如期发往某国家。6月1日,东乌海关为落实呼和浩特海关《"我为群众办实

▲11月2日,东乌海关赴种鸡隔离检疫场开展预消毒工作

事——百人联千企 力行促外贸"服务外贸企业、优化口岸营商环境专项活动方案》要求，制定"我为群众办实事——服务外贸企业、优化口岸营商环境专项活动工作台账"，明确苗木花卉生产加工存放单位注册登记、备案注册供港澳活牛育肥场、备案供港澳蔬菜基地、备案出口原料养殖场等17项重点内容；针对备案企业普遍反映备案材料中质量管理体系制度文件标准不好把控等问题，采取制作规范格式模板材料供备案企业参考、向企业宣讲海关注册备案政策、"一对一"推送相关备案办理流程等措施，解决企业注册备案诉求，2021年完成供港澳蔬菜基地、出口食品原料养殖场、出境种苗花卉生产企业和3家供港澳活牛育肥场注册备案，均为呼和浩特海关关区首次。

【口岸监管】2021年，东乌海关通过专题宣传会议、企业座谈会、线上政策推送等形式，向企业宣传"两步申报"、跨境运输工具业务无纸化模式优点和要求；成立"两步申报"工作指导组，针对企业提出"两步申报"布控指令下发慢、通关车辆在通道等待时间长等问题，召开专题会议进行研究处置；"两步申报"应用比例达到68.17%，在呼和浩特海关隶属海关中排名第一位。进口原油采用"提前审结""汇总征税""两步申报"等"三合一"通关模式，报关单审核时间由20分钟压减到30秒。为落实疫情内部防控要求，帮助企业通过"单一窗口""互联网＋海关"办理海关业务，特定资质企业备案、报关单位备案注销、跨境运输工具备案及信息变更等主要业务实现"不见面"办理。执行公路口岸进出境运输工具管理规定，对跨境运输企业、运输工具进行年审延期，审核车辆384辆次；清理超期未出境蒙古籍车辆62辆次；注销运输工具42辆次。开展进口不合格煤炭管控退运，对珠恩嘎达布其口岸某海关监管场所划定不合格煤炭集中封存区域，增设视频监控，关员每日机动巡查，全年，退运不合格煤炭1,862吨。为做好注册备案企业后续监管，分析研判辖区注册备案信用风险等级，向呼和浩特海关提出2021年核查需求，根据核查指令，开展企业注册信息管理、出口食品生产企业后续监管等4次核查作业，开展出口食品备案生产企业、出口食品备案种植场等17次定期管理作业，核查发现企业法人未及时变更、出口食品原材料种植基地作物未在备案地块种植等问题。

▲2月8日，东乌海关开展运输工具登临检查

【税收征管】2021年，东乌海关落实国家"十四五"进口税收优惠政策，通过税收进度监控分析、关注重点税源征

管、进行风险研判、引导企业合规申报等方式开展综合治税，税款净入库7,195万元，增长56.05%。针对部分进口褐煤企业申报价格不合理情况，开展进口褐煤价格磋商，进行审价补税；对不接受价格磋商4家企业，向呼和浩特海关职能部门提交"褐煤申报价格不合理"专项稽查建议。开展原产地证书自助打印工作，签发中国—东盟自贸区原产地证书18份，企业出口货物1,062吨、享受税收优惠27.57万元。安排专人梳理保证金清退工作，通过降低资金占用时间和担保提交金额，退转保证金57.95万元。

【查缉走私】2021年，东乌海关制订"国门利剑2021"行动实施方案，明确打击洋垃圾、象牙等濒危物种及其制品走私，"水客"走私、涉税商品走私、冻品走私等6项重点工作，利用海关业务系统对进出境车辆、进出口货物进行风险研判分析，全年，移交走私废物刑事案件1起，走私旧机动车行政案件1起，移交违反海关监管规定擅自提取不合格煤炭案件2起，办理危险品涉检违规"两简"案件1起。为规范非法入境固体废物处理，东乌海关与东乌珠穆沁旗口岸委签订"东乌海关 东乌旗口岸委关于查获非法入境固体废物工作联系配合机制"，明确东乌海关查获的"双无"固体废物移交至东乌旗口岸委，由其协调东乌珠穆沁旗环保、财政等有关部门做好移交、转运、处置等。

【财务管理】2021年，东乌海关与东乌珠穆沁旗农牧和科技局签订"东乌海关 东乌珠穆沁旗农牧和科技局关于查获冻品移交工作联系配合机制"，明确东乌海关对查获走私冻品名称、数量、重量等相关信息及时向东乌珠穆沁旗农牧和科技局通报；东乌珠穆沁旗农牧和科技局按照"就近、及时、无害化"处理原则指定有资质无害化处理场所进行销毁等内容。落实支持艰苦地区边关22条措施，东乌海关"边关生活设施保障能力提升项目"获批。对资产实行绩效管理，27台电子设备完成报废回收。

（撰稿人：曾得源 李国敏 肖 琛
　　　　 赵京京 袁 野 王少峰
　　　　 吴玲玲 赵应杰 杨 东）

乌拉特海关

【概况】乌拉特海关成立于2009年8月28日，隶属于呼和浩特海关，正处级，辖区范围为巴彦淖尔市临河区、五原县、磴口县、杭锦后旗、乌拉特前旗、乌拉特中旗、乌拉特后旗。

2021年，乌拉特海关坚持以习近平新时代中国特色社会主义思想为指导，深入贯彻党的十九大和十九届历次全会精神，以政治建设为统领，强化"五关"建设，统筹推进疫情防控和促进外贸稳增长各项工作。持续打好疫情防控阻击战，做到"外防输入、内防反弹"，荣获内蒙古自治区抗击新冠肺炎疫情先进集体荣誉称号。深化改革创新，优化营商环境，服务巴彦淖尔市外贸发展，全年监管进出口货物806.16万吨；贸易值225.29亿元，同比增长20%；监管进出境运输工具15.5万辆次。

【党的建设】2021年，乌拉特海关制订党史学习教育实施方案，建立每日一党史、每周一调度、每月一督查通报"三个一"工作机制；设立"每日党史"微信群，学习习近平总书记系列重要讲话精神，发布"每日党史"资料210期；组织党的十九届五中、六中全会应知应会知识测试，合格率100%。通过"学史·铸魂"海关红色讲坛、党史知识竞赛、红歌传唱等多种活动形式，开展党史学习教育，编写"打造"1+3+N"党建品牌 推动党史学习教育走深走实"工作简报，被总署政治工作简报采编。制定落实深化"强基提质工程"重点任务和推进措施，将"强基提质工程"进行量化分解，定任务分时段完成党建工作。通过召开党建品牌汇报会、设置党建品牌集中展示墙等，对9个党建品牌建设、日常组织生活、党务管理等进行监督。组织开展"我为群众办实事"实践活动，采取问卷调查、谈心谈话、开展座谈会等形式，征集基础设施建设需进一步加强、保障机制需进一步完善等问题并予以解决。

【纪检监察】2021年，乌拉特海关制订"现场监管与外勤执法权力寻租"专项整治自查整改工作实施方案，组织各科室及人员梳理排查廉政风险点，撰写"专项整治心得体会"300余份，提炼"纪实工作+

调度通知"工作法，被作为先进经验在呼和浩特海关关区范围内推广。开展"以案释法明纪，严明纪律作风"警示教育活动，组织杜绝酒驾醉驾"一对一"谈心谈话，发布"杜绝酒驾醉驾倡议书"，组建"贤内助"微信群，签订拒绝酒驾醉驾承诺书150余份，全年未发生酒驾醉驾情况。

【法治建设】2021年，乌拉特海关开展"龙腾2021"专项行动，制订乌拉特海关知识产权保护专项行动方案，结合"4·26"知识产权宣传日、"12·4"宪法宣传日，举办政策宣讲、内部培训、送法进企业等活动，把知识产权保护法规政策送到企业。指导维信（内蒙古）针织高科技有限公司及内蒙古富川饲料科技股份有限公司2家知识产权企业开展知识产权备案申请，其中内蒙古富川饲料科技股份有限公司商标通过总署核准，成为巴彦淖尔市第一家知识产权备案企业。

▲4月26日，乌拉特海关在巴彦淖尔市广场开展知识产权保护宣传活动

【口岸新冠肺炎疫情防控】2021年，乌拉特海关为进一步加强新冠肺炎疫情防控工作，组建疫情防控"一线、预备、应急"预备队、乌拉特海关抗疫先锋队，建立为期3个月的机关干部支援口岸一线机制。印发《乌拉特海关新冠肺炎疫情防控工作岗位操作手册》，明确确定消毒处理监督岗、流行病学调查岗等12个岗位工作职责；为提高安全防护技能和疫情防控能力，完善疫情防控相关方案与应急预案11个，组织新冠肺炎疫情防控突发事件应急处置、口岸卫生检疫现场应急处置演练2次。为加快通关速度，根据呼和浩特海关批复，在甘其毛都口岸实行"先核酸，后入境"检疫监管模式，对进境蒙方跨境运输司机，海关凭前1天核酸检测阴性报告予以验放。在口岸通关区域启用前置卫生检疫通道和实际入境卫生检疫通道，对不同风险等级入境人员进行物理隔离，通过智能闸机、红外体温监测仪、感应式手消机等科技设备，降低卫生检疫人员接触感染风险。根据应对重大疫情卫生检疫基础设施要求，改造甘其毛都公路口岸负压临时留验室、医学排查室、快速检测实验室、洗消室、突发事件应急处置室、应急物资储备室内的装饰装修、电气、给排水、通风空调等项目，5月完成工程验收投入使用。全年，乌拉特海关检疫监管进出境人员14.6万人次。

【动植物检疫】2021年，乌拉特海关制订国门生物安全监测实施方案，开展实蝇、外来有害杂草、植物病害监测及进口种子粮食疫情调查，其中在开展植物病害监测中发现向日葵黑茎病；落实呼和浩特海关加强外来入侵物种口岸防控要求，开展沙漠蝗、旱獭、鼠类等外来入侵物种口岸防控，查获辣木籽、鸡蛋、土豆、大米等外来入侵物种6批次；与乌拉特中旗卫生健康委员会、乌拉特中旗疾病控制中心等单位共同开展鼠疫监测，采集鼠26只、蜱76只、蠓1只，检测结果均为阴性。落实呼和浩特海关做好2021年进出口食用农产品和饲料安全风险监控工作要求，开展出口饲料及饲料添加剂安全风险监控4次，检测23项次，全部合格。

▲7月15日，乌拉特海关在巴彦淖尔市开展检疫性实蝇监测

【监管业务】2021年，乌拉特海关为提高矿产品及煤炭口岸通关速度，通过合理安排监管力量，调整人员分组，根据场所大小、仓储能力、企业数量等因素，采用规划监管路线等措施，使现场查验检验频次由1周1检调整为1周2检，每周查验报关单由100票增加到150票，取样由60次增加到100次；通过增加人员、延长工作时间等措施，缩短检验周期，实验室检测由5天缩短为2天，每周检测样品由60个增加到100个，进口煤炭整体通关时效缩短50%。成立业务研究小组，撰写专题分析报告，为检疫监管提供理论指导，撰写专项分析报告6篇。

▲5月19日，乌拉特海关在巴彦淖尔市保税物流中心（B型）查验进口转关货物

【查缉走私】2021年，乌拉特海关制订开展"国门利剑2021"行动方案，开展打击洋垃圾入境、敏感涉税商品走私、濒危动植物及其制品走私，以及防止防疫物资、疫苗非法出境等9个方面联合专项行动，结合陆路口岸季节性走私特点，预先进行风险分析研判，结合高科技手段有针对性地进行查验监管。实行反走私综合治理，修订完善乌拉特海关与甘其毛都边防检查站、甘其毛都口岸管委会联系配合机制，在信息共享、线索移交等方面进行协作。落实"两简"案件办理及移交要求。

全年，乌拉特海关侦办刑事案件2起，其中查获走私入境安钠咖片剂510粒、咖啡因片剂3,100粒、易制毒品安钠咖293.08克，办理行政案件8起、违规案件2起。

【优化口岸营商环境】2021年，乌拉特海关开展保税物流中心优惠政策宣讲，重点讲解减少倒装运费等优势，巴彦淖尔市某粮油有限公司和巴彦淖尔市某商贸有限公司2家进口油葵企业业务转回；开展汇总征税政策宣讲，提出节省企业现金流占用等25项可行性措施，并抓好落实，150余家企业受益；落实减费降税、AEO企业信用培育等惠企措施。全年，检验监管出口农产品40.12万吨，贸易值36.56亿元，货运量与贸易值连续13年位列内蒙古自治区首位。成立保税物流园区（B型）业务运行专班，通过开展政策推介、走访调研、新闻媒体宣传等方式，吸引企业开展加工贸易+B保业务；协调解决企业注册、入区申报等转关运输难题，提升进口通关效率，节约企业成本；推出"优企计划"，解决中欧班列+B保业务落地、出口葵花籽企业国外清关问题。全年，保税物流中心（B型）进口货物519票、7,557吨，贸易值1,918万元。

【支持AGV跨境无人驾驶自动通关项目建设】2021年7月24日，乌拉特海关收到巴彦淖尔市甘其毛都口岸管理委员会"关于实施甘其毛都口岸跨境AGV无人驾驶通关项目的请示"。为适应疫情常态化，打造全国首个绿色、智能、安全、高效中蒙矿能黄金通道，甘其毛都口岸管理委员会在对传统跨境汽车跨运、接驳作业研究基础上，拟建设甘其毛都中蒙AGV跨境无人驾驶自动通关项目，AGV车辆全程无司机驾驶，封闭运行，能有效避免司机出入境带来的疫情风险，项目建设周期为2021年7月—2022年7月。8月3日，乌拉特海关在对该项目运行监管进行可行性论证基础上，为推进项目落地实施，向呼和浩特海关口岸监管处呈报《关于在甘其毛都口岸引入AGV无人驾驶车辆实现跨境运输设想的函》，对项目测试阶段及正式启用阶段有关海关监管情况予以阐释并报备。后续工作仍在推进落实中。

【科技发展】2021年，乌拉特海关完成口岸应对重大疫情卫生检疫设施、口岸出入境检疫用房功能区视频监控项目，可视化监控"全覆盖、无死角"。整合口岸H986视频监控大屏显示系统和解码资源，搭建新视频监控管理平台，统一对货运通道、旅客及车辆通道、H986机检中心、卫生检疫处理区等视频资源进行采集、管理

▲7月12日，乌拉特海关为"天赋河套"出海保驾护航

和调度，实现视频监控资源集约化管理，视频监控在线率月均保持在98%以上。全年，乌拉特海关运用H986大型查验设备机检跨境运输工具5,843辆次，发现异常车辆665辆次。

【财务管理】2021年，乌拉特海关先后与巴彦淖尔市生态环境局乌拉特中旗分局签订非法入境固体废物组织处理工作配合机制，与巴彦淖尔市农牧局签订走私冻品移交工作合作备忘录，与巴彦淖尔市林业和草原局签订陆生野生动植物及其制品移交工作联系配合机制，就移交、处置等有关具体事宜予以明确。全年，乌拉特海关处置涉案财物6批次；组织移交4批次；组织公开拍卖1批次。

（撰稿人：亢美燕　陈培文　苏晓华　李亚舟）

鄂尔多斯海关

【概况】 鄂尔多斯海关成立于2009年9月22日，隶属于呼和浩特海关，正处级，辖区范围为鄂尔多斯市东胜区、伊金霍洛旗、杭锦旗、鄂托克旗、鄂托克前旗、乌审旗、准格尔旗、达拉特旗8个旗县区。

2021年，鄂尔多斯海关坚持以习近平新时代中国特色社会主义思想为指导，全面深化"政治建关、改革强关、依法把关、科技兴关、从严治关"建设。扎实开展党史学习教育和庆祝中国共产党成立100周年系列活动。持续打好疫情防控阻击战，做到"外防输入、内防反弹"，保持"打胜仗、零感染"。业务改革创新纵深推进，鄂尔多斯综合保税区进出口总值25.35亿元，同比增长512.70%；口岸营商环境进一步优化，鄂尔多斯市外贸进出口值89.20亿元，同比增长94.10%；全年监管鄂尔多斯市始发中欧班列8列。

【党的建设】 2021年，鄂尔多斯海关组织党员开展"党史百年天天读"、"'声'动学党史"、重温入党誓词活动，参观红庆河革命史展览馆、党史展厅，邀请"独贵龙"运动烈士后代讲述革命故事等活动。专题研究反邪教斗争、民族团结等工作，从舆论宣传引导、思想动态研判分析和网上有害信息等11项工作方面细化基层意识形态网格长任务。建立"我为群众办实事"实践活动重点民生项目清单，开展综合保税区政策落实、加工贸易免担保等"我为群众办实事"项目33项，其中"优化担保延期作业，为企业节约时间及税费成本"1项，入围呼和浩特海关"'我为群众办实事'十佳项目"；为掌握干部职工思想情况和了解困难诉求，缓解工作压力、心理压力，组织开展思想动态调查问卷、谈心谈话及文体娱乐活动，开展8次"心理沙龙"活动，创作歌曲微视频《英雄赞歌》，被总署海关影像微视频专栏发布。

【纪检监察】 2021年，鄂尔多斯海关制订开展"现场监管与外勤执法权力寻租"专项整治自查整改工作实施方案，对总体目标、组织领导、工作步骤、工作要求等作出规定，从开展个人申报、岗位职责自查、撰写心得体会等方面入手，推进整改落实。开展酒驾醉驾专项整治，赴鄂尔多斯市公安局交通管理部门查询干部职工酒驾醉驾情况，节假日、周末等敏感时段重点监督提醒，成立6个"贤内助"群，充分发挥8小时以外家庭"贤内助"作用，组织55名干部职工签订《杜绝酒驾醉驾承诺书》。全年，未发生酒驾醉驾情况。

【法治建设】2021年，鄂尔多斯海关为落实"谁执法谁普法"普法责任制要求，赴企业、机场、社区开展国门安全普法宣传教育，组织知识产权、安全生产、民法典、海关法、宪法宣传活动14次，受众达2,000余人；在康巴什区第六小学开展"国门安全进校园"活动，为学生提供国门生物安全、出入境知识、禁毒教育等学习课程，在活动现场播放总署国门安全教育微视频、展示国门安全展板，活动情况获"海关发布"微博账号采编报道。修订《鄂尔多斯海关案件审理委员会工作规程》，完善集中审议决策、提高办案能力、执法水平等重大执法决定法制审核程序。全年编制综合业务、检验检疫等30项业务指南，公布责任部门、申请材料、办理流程等20余项信息，《内蒙古法制报》以《鄂尔多斯海关"三项制度"落实处"双向制度"促规范》为题进行报道。联合鄂尔多斯市司法局，组织20名一线执法关员进行《中华人民共和国行政处罚法》集中培训，参训人员全员通过结业考试。聘请1名法律顾问，在辅助决策、疑难解决、合同拟定等方面进行法律审核，全年反馈合同、文件等审核意见80余次。

【卫生检疫】2021年，为提升鄂尔多斯航空口岸疫情防控基础能力建设，组织各类疫情防控应急演练4次：2月1日，开展进口冷链、货物突发事件应急处置桌面演练，重点演练采样操作、上报流程、商品风险监测和应急处置等6个方面；6月15日，开展口岸疫情突发事件应急处置桌面推演，演练以境外疫情重点国家航班入境人员发现发热病例为背景，通过事件实景再现，研究不同情景下工作流程和工作措施；7月2日，开展包机归国人员新冠肺炎疫情防控和工作人员职业暴露应急处置演练，检验应对处置方案可操作性；8月13日，开展新冠肺炎疫情防控工作人员安全防护及感染事件应急处置演练，采用"现场推演+手机云直播"形式，50余名干部职工、后勤聘用人员参加；10月1日，为加强口岸应对重大疫情卫生检疫基础设施建设，解决口岸疫情防控设施设备陈旧、不足等问题，开展采样室、流调室及室内装修、电气、通风改造工程，面积142平方米；12月1—8日，

▲5月28日，鄂尔多斯海关开展国门生物安全进校园活动

项目通过北京赛瑞斯国际工程咨询有限公司验收，投入使用。印发《鄂尔多斯海关关于调整内部疫情防控措施的通知》《关于从严从紧做好内部疫情防控工作的通知》等内部疫情防控文件11份，对出差出行、外来人员管理等9项内容进行动态调整。3月4日，开展内部疫情防控演练，设置"情景预设—实地演练—后续防控—复盘总结"4个模块，实战演练事件报告、初步处置、应急指挥、启动响应、现场处置等6个环节，完善防护服穿戴、消毒用品配置等工作。

【口岸病媒生物及鼠疫监测】2021年，为掌握口岸内重要病媒生物种类构成、密度、分布、季节消长及携带病原体情况，鄂尔多斯海关制订口岸鼠疫疫情应急处置预案，成立鼠疫防治应急工作领导小组和应急处置工作组，明确组织体系及职责，规范鼠疫染疫人、染疫嫌疑人、染疫航空器判定标准，细化疫情应急处置临时控制措施、疫情报告要求、现场应急处理等程序。3月23日，联合呼和浩特国际旅行卫生保健中心在鄂尔多斯航空口岸开展第一季度鼠疫监测工作，采用鼠夹法、鼠笼法开展鼠类监测，鼠笼鼠夹直线布放，日落前放置，次日检查记录捕获鼠数量，连续3天记录捕获鼠数量，捕获小家鼠1只，经实验室检测未发现问题。4月6日，开展鼠疫防控宣传，在旅检通道、口岸区域等公共场所张贴海报、播放宣传视频、发放宣传手册，增强公众防范意识。12月8日，指导监督鄂尔多斯机场做好防鼠除鼠工作，减少鼠类隐蔽繁殖处所，防止媒介传染病传播，鄂尔多斯机场被评为"国门生物安全最佳合作单位"。全年累计布放鼠夹1,200个、鼠笼400个。5—10月，开展蚊类、蠓类监测24次，成蚊监测采用二氧化碳灯诱法，每月上下旬各监测1次；伊蚊采用诱卵器法，每月监测1次；蠓类监测采用紫外灯诱法，每月监测1次。全年，辖区口岸未发现鼠疫、虫媒传染病等情事。

【综合保税区监管】2021年，鄂尔多斯海关将跨境电商零售进口试点范围扩大至所有综合保税区。鄂尔多斯海关多渠道宣讲跨境电商相关政策，指导鄂尔多斯综合保税区跨境电商仓储监管平台项目建设，提出退货区设置、货物流向设置、查验区布置等整改意见5条；12月17日鄂尔多斯综合保税区跨境电商仓储监管平台项目软硬件系统建设完成。6月8日，赴鄂尔多斯综合保税区某环保科技有限公司解读海关综合保税区"保税研发"业务政策，现场解决账册

▲11月23日，鄂尔多斯海关对出口危险品进行查验

设立、账册核销、研发材料入区等业务问题；7月15日，该企业保税研发专用账册备案通过。年末，促进综合保税区发展21条政策中"强化企业市场主体地位""简化进出区管理""促进跨境电商发展"等6项政策在鄂尔多斯综合保税区落地实施。

【中欧班列监管】2021年6月29日，鄂尔多斯海关向市政府报送《中欧班列拉动鄂尔多斯市外贸增长潜力及政策建议》报告，提出"周边盟市中欧班列开通情况""鄂尔多斯市与俄蒙贸易存在不足""已开通中欧班列拉动外贸增长成效评估""鄂尔多斯市开通中欧班列拉动外贸增长潜力评估""对鄂尔多斯市下一步发展建议"5方面内容。8月3日，会同市商务局、空港物流园区管委会及相关企业成立鄂尔多斯市中欧班列工作专班，就无纸化申报、认可商业封志、预约查验等便利举措开展业务研讨，通过设置专人专岗、一企一策、提供"7×24"小时预约通关服务方式解决中欧班列通关便利、行业监控、监管风险等6方面问题。8月6日，鄂尔多斯市首列"鄂尔多斯—莫斯科"中欧班列开行。全年，鄂尔多斯海关监管8列中欧班列，货值9,600万元。

【试点推广原产地无纸化申报】2021年5月1日，鄂尔多斯海关成为呼和浩特海关关区首家原产地无纸化申报试点单位，开始实施原产地证书无纸化申报，旨在实现原产地证书申领"零跑腿"，解决原产地证书申领企业交通往返不便难题，降低企业交通和时间成本；5月4日，制定《原产地证书无纸化申报管理办法》，主要包括工作内容、实施条件、工作程序、工作要求、无纸化申报暂停5项规定；5月6日，为鄂尔多斯市某生化股份有限责任公司签发首份无纸化申报原产地证书。自此，企业在应用无纸化申报时不再需要带着随附单据到窗口办理，海关签证人员在进行证书审核时通过审核电子数据填制规范即可审核通过，企业可自助打印。5月25日，鄂尔多斯海关利用关企联络群、座谈会等方式为企业解读"新政"，指导企业通过原产地证书无纸化模式申报。全年，鄂尔多斯海关签发亚太、中国—东盟、中韩等原产地证书12类1,158份，签证金额3.03亿元，其中亚太、中国—东盟、中韩等10种证书涉及关税减让，企业可获得国外关税优惠261.40万元，为企业节省申领证书相关交通费用3万余元。

【进境种猪隔离场验收与检疫准备】2021年4月10日，鄂尔多斯海关赴辖区内蒙古某种猪育种有限责任公司等4家种猪企业调研，对标隔离检疫场建设规范、功能设施配置、防疫消毒配套制度等8个方面提供专业指导。5月25日，内蒙古某进境种猪指定隔离场正式通过总署验收，成为呼和浩特关区首家通过验收种猪隔离场。11月9日，为保障顺利引进种猪，鄂尔多斯海关制订2021年进境种猪隔离检疫实施方案，成立专项工作领导小组，规定各环节专岗监管人员职责，形成包含入境换车监装、在途押运监管、入场检疫监管、突发事件应急、实验室采送样监管、合格评判放行等全闭环监管方案。12月23日，在内蒙古某种猪育种有限责任公司召开种猪隔离检疫监管工作现场指导协调办公会。12月30日，为做好引进种猪准备工作，鄂尔多斯海关对专班人员开展针对押运和入场监管中可能出现天气异常状况、发生突发动物逃逸、爆发动物疫病疫情等突发情况的应急处置培训。

【进出口食品安全监管】2021年，鄂尔多斯海关制订口岸食品安全抽检计划，针对2家食品生产经营单位食物原材采购、储存、票据台账管理、生产操作过程、场所消毒各环节开展现场督导检查；对6家餐饮服务单位冻品类食物原材料采购、储存、出入库、核酸检测报告等管理环节开展专项检查；对航空口岸区域内月饼、饮料、肉制品等节日食品进行现场快检。开展"全国食品安全宣传周"系列活动，组织15人参加"2021年全国食品安全宣传周鄂尔多斯市启动仪式"，宣传期间面向消费者等人群派发宣传材料500余份、提供咨询30余次。选派1名业务人员，按照呼和浩特海关进出口食品安全信息工作要求，收集世界各国（地区）主管部门及国际组织有关食品安全监管信息和舆情信息，报送进出口食品监管和舆情信息187条，其中食品预警、食品安全事件、进口冷链食品新冠肺炎疫情等12条信息被总署食品化妆品安全风险预警系统采用。全年，鄂尔多斯海关对航空口岸餐饮服务单位和食品销售单位开展卫生监督46次，开展口岸食品安全抽检实验室检测2次，实施食品现场快检样品15份，未发现问题。

【商品检验】2021年3—12月，鄂尔多斯海关按照《危化品监管工作年度计划》安排，对9家危化品企业开展调研，对企业存储安全隐患、标签易错漏等6项问题，提出改良产品外包装、凸显外包装危险公示标签等8项合理化建议；按照危化品风险等级对商品及企业严格分类，建立"危化品库""企业库"2个数据库。8月15日，受理辖区首家出口农药危险货物生产企业申请，对企业开展出口前包装使用鉴定、标识标签、特殊报检要求等4个方面指导；9月6日，首批9吨阿维菌素农药危险货物经包装使用鉴定合格后出口某国家。8月19日，鄂尔多斯海关一线执法人员全员参加总署政工办、商检司、教培中心开展的危化品监管"万人争先"线上练兵活动，同时，一线执法人员参加

▲2月25日，鄂尔多斯海关对保税库出库货物进行查验

总署进出口危险货物及其包装检验监管岗位资质考核,其中7人获得危化品监管资质。全年,鄂尔多斯海关监管危险化学品952批次,检验出口危化品包装使用鉴定649批次,查发不合格包装3批次,出口危化品监管"零事故"。

【查缉走私】2021年,鄂尔多斯海关制订"国门利剑2021"行动方案,将打击洋垃圾走私"蓝天2021"、打击濒危物种及其制品走私"护卫2021"等专项行动纳入"国门利剑2021"行动。9月6日,鄂尔多斯海关拟定"国门利剑2021"行动责任清单及任务分解表,将工作分解为组织领导、工作实效两方面13条具体任务。9—12月,鄂尔多斯海关与包头海关缉私分局召开视频工作推进会3次,重点研究危化品申报不规范、车辆走私、打击毒品等查缉走私工作。全年,鄂尔多斯海关办理行政案件2起,案值121万元。

【优化口岸营商环境】2021年7月22日,鄂尔多斯海关与鄂尔多斯市商务局、外汇局、税务局等部门联合举办"鄂尔多斯市对外贸易政策云讲堂",推送原产地、税收担保等惠企优企政策,线上解答关税、检验检疫等问题8项。10月11日,为推动"十四五"期间科技创新减免税政策落地,针对企业面临减免税担保、集中内销免担保等问题,组织业务骨干到辖区高科技创新企业开展送政策进工厂活动,收集、解答减免税设备凭保放行、加工贸易免担保等减免税问题5个;针对保

▲11月11日,鄂尔多斯海关对进口设备进行属地查验

证金、保函、集团财务公司担保等不同形式担保,指导企业使用保函担保,减轻企业通关担保资金压力和担保成本。全年,为企业节约税费成本3,217万元。10月15日,为推动羊绒企业"走出去",组织海关认证专家团队为企业讲解认证标准和制度,指导企业对照认证标准完善管理体系、规范经营管理,当月26日,内蒙古鄂尔多斯国际贸易有限公司获得AEO高级认证企业资质。推出"7×24"小时预约通关服务,组织现场通关和查验部门、货代公司、进出口企业建立"预约加班群",通过"两步申报""提前申报"等通关模式压缩通关作业时间,降低企业经营成本。全年,鄂尔多斯海关开展"预约通关"15次,进口整体通关时间27.98小时,出口整体通关时间0.73小时。

(撰稿人:郭　浩　郑缤结　杜妮娜
　　　　杨雅舒　张政璇　王印伟
　　　　宋晓敏)

集宁海关

【概况】集宁海关成立于2012年12月24日，隶属于呼和浩特海关，正处级，辖区范围为乌兰察布市集宁区、丰镇市、四子王旗、察哈尔右翼前旗、察哈尔右翼中旗、察哈尔右翼后旗、凉城县、卓资县、兴和县、商都县、化德县。

2021年，集宁海关强化政治机关建设，推进党史学习教育，创建党建品牌"集智攻关"。落实总体国家安全观，严抓安全生产工作，完善应急预案。深化改革创新，持续优化营商环境，推动"单一窗口"建设，无纸化改革等便利化举措落地落实，着力提升通关效率，扩大葵花籽等特色农产品出口。筑牢属地检疫防线，严把进出口检验关。支持七苏木保税物流中心（B型）高效运营，服务乌兰察布市对外开放发展。全年，监管检验进出口货物10.20万吨，货值16.40亿元，同比分别增长46.8%、3.8%；征收税款2,585万元，同比增长6.70%；办理邮递物品申报不实案件1起，出口货物申报不实案件1起，办理简单案件2起。

【党的建设】2021年，集宁海关利用"七一""八一"等重大节日，组织瞻仰参观贺龙指挥部旧址、乌兰夫纪念馆等教育基地，开展红色教育。修订《中国共产党集宁海关委员会工作规则》《集宁海关贯彻落实"三重一大"决策制度实施细则》，补充完善党委议事清单，细化党委职责、党委会议要求等内容；修订《集宁海关工作规则》，对领导职责、监督管理、会议章程等内容进行完善。落实"我为群众办实事"活动要求，与包联社区党组织在开展疫情防控工作、应急处置等方面达成协议，签订《共驻共建协议书》，19名党员成立包联小分队，到包联社区开展服务。与乌兰察布市集宁区老干部局联合开展"抗疫心连心、传递敬老情"主题党日活动，15位老干部参加活动，在乌兰察布电视台刊播。

【纪检监察】2021年，集宁海关制订"现场监管与外勤执法权力寻租"专项整治工作实施方案，确定领导小组成员及领导小组职责，按照组织部署、全面自查、评估检查和问题整改步骤分步推进，落实专项整治工作。

【队伍建设】2021年，集宁海关为更

好开展内务规范月、准军强化月活动，修订准军事化队列训练和内务督察工作方案，重新规定"训练教员""训练时间"等内容，将协勤人员纳入参训人员范围，训练内容包括"停止间转法""行进与停止"等6项，人均训练时长8小时。按照发布考核预告、个人述职、民主测评、调查核实等程序，完成科级领导干部试用期满考核工作。制订集宁海关酒驾醉驾专项治理警示教育活动实施方案，组织全体干部职工开展遵纪守法杜绝酒驾醉驾谈心谈话，签订《遵纪守法杜绝酒驾醉驾承诺书》；建立酒驾醉驾风险排查制度，每月进行风险排查、情况通报。为丰富干部职工业余文化生活，建设"书香海关"，开发"集宁海关云图书馆"App，在办公楼增设电子图书馆，组织开展"阅读之星"评比活动，40人参加此次活动，人均阅读时间400余小时。

【法治建设】2021年，集宁海关开展"习近平法治思想原文'诵读·交流'接力活动"，全体干部诵读《论坚持全面依法治国》《习近平关于全面依法治国论述摘编》全文，召开交流研讨会，以"强化法制责任，提升执法质量"为主题，谈心得体会。编制重大执法决定法制审核事项清单，明确行政处罚、行政强制等执法审核事项、审核材料和审核方式。结合"我为群众办实事"实践活动，赴6家铁路监管作业场所，以"法治是最好的营商环境"为主题，开展普法宣讲活动。12月9日，《内蒙古法制报》以《让权力在阳光下运行——集宁海关全面推行"三项制度"》为题，报道集宁海关推行"三项制度"工作成效。开展"全民国家安全教育日"普法宣传，组织干部职工参加庆祝建党100周年知识竞赛和"密码视界"专项答题活动，31人次参与，通过率100%；开展送法进社区活动，赴包联小区宣讲维护国家安全重大意义和国门生物安全知识，分发宣传资料100余份，现场解答政策咨询约20人次；开展"美好生活·民法典相伴"送法进企业法律咨询服务，社区居民参与200余人次。

【新冠肺炎疫情防控】2021年，集宁海关动态调整内部新冠肺炎疫情防控工作实施方案中人员出入管理、核酸检测等措施。3月18日，为进一步加强新冠肺炎疫情常态化监测预警，执行健康码"绿码"上岗制。10月，梳理总署、呼和浩特海关发布疫情内部防控各类文件107份，其中，电子版文件在关网按类别发布，组织全员学习；纸质文件由关领导、各科室负责人和负责疫情防控人员（含聘用人员）在学习完毕后签名确认，确保将文件内容学习到位、执行到位。

【国门生物安全监测】2021年，集宁海关赴包联社区及内蒙古亚欧国际物流有限责任公司、乌兰察布七苏木保税物流中心（B型）开展"国门生物安全宣传周"活动，现场解答有关进境携带物、境外邮寄物品及外来有害生物相关政策咨询约50人次，发放总体国家安全观、国门生

▲4月15日，集宁海关开展"打击非法引进外来物种和种子苗木'国门绿盾2021'行动"活动

物安全宣传手册100余份。落实"国门绿盾2021"行动和打击非法引进外来物种要求，组织人员赴辖区进境粮食加工厂、监管场所等高风险区域探查外来有害生物入侵情况；在进境种苗隔离圃等重点区域悬挂实蝇监测诱捕器，采集杂草及农作物样本，送检实验室鉴定，检出检疫性杂草2项。落实呼和浩特海关植物检疫风险信息工作要求，通过实时关注境外官网疫情信息动态，收集报送境外动植物疫情风险信息60余条，被总署动植司采编54条，因信息报送及时、采编率高，年底受到动植司通报表扬。

【监管业务】2021年，集宁海关拟定安全生产工作要点，从学习培训、强化安全风险防控、提升安全风险防范能力等方面对危化品监管提出要求。5—8月，针对专业资质人员较少问题，在危化品监管领域开展培训，加快专业资质人才储备，先后20人参加培训。6月，结合呼和浩特海关"安全生产月""安全生产万里行"活动，对8家危化品及其包装生产企业开展隐患排查清零工作，检出不合格出口危化品2批，督促企业返工整理后重新报检。8月，为进一步落实总署关于"全覆盖、零容忍、严执法、重实效"安全生产要求，集宁海关梳理制作《危化品检测政务服务事项办事指南》，将危化品分类、报检、检验监管要求等内容信息制作为二维码，企业一键扫码即可检索获取相关信息。全年，集宁海关监管出口危险化学品1,120批、5.32万吨，货值6,898万美元，其中碳化钙899批次、4.39万吨，货值4,278万美元，据海关统计数据在线查询平台显示，碳化钙出口量位居全国首位；检出不合格碳化钙4批次，不合格率0.36%；检验碳化钙包装桶298批次、46.60万个。

【保税物流监管】2021年，集宁海关制定保税物流中心日常巡查制度，通过实地查看、视频回放和单据核查等方式对保税物流中心卡口运转情况、监控运行情况、货物进出以及存储单据保存情况等16个项目开展日常巡查，发现保税物流中心（B型）监控摄像头不在线、角度异常、消防通道堵塞等问题。抽调专人成立专班，对保税物流中心业务开展条件、政策优势、适用商品、监管要求等情况进行研究，支持经营企业开展"保税跨境贸易电子商务"业务。工作专班提供预约通关、预约查验等服务，落实"互联网+预约通关""先出区、后报关"等措施，优化监管作业流程，保障货物全天自由进出保税物流中心。全年集宁海关监管进出区货物171票、4,565吨，货值1.38亿元。

【中欧班列监管】2021年，集宁海关制订支持中欧班列发展工作方案，从开通中欧班列绿色通道、提高查验效率、中欧班列涉检货物优先验放、支持七苏木中欧班列枢纽站点建设等方面拟定措施，取消查验过程中箱单、合同、发票等7项纸质单据，对证书申领、改撤单和现场查验等5项业务实行网上办理和代理收发货人免到场查验。4月9日，为进一步规范查验工作程序，压缩查验时间，集宁海关建立汽车零件图片库和中英文词汇库，快速识别零配件种类和型号，降低掏箱成本，同时实现精准快速查验，查验时间缩短90%以上。8月26日，为支持铁路运输类监管作业场所建设，赴辖区监管作业场所经营单位宣传《海关监管作业场所（场地）设置规范》，从监管作业场所设立、审批、变更3个方面进行政策解读，解答企业政策咨询十余个。全年，集宁海关监管中欧班列129列、3,084票、4,518箱、6,400万吨，货值1.50亿元。

▲2月4日，集宁海关对出口中欧班列货物施封

【进出口食品安全监管】2021年，集宁海关开展2021年"全国食品安全宣传周"系列活动，赴辖区进出口食品企业宣传《中华人民共和国进出口食品安全管理办法》《中华人民共和国进口食品境外生产企业注册管理规定》，从规章修订背景、重大变化、基本结构、具体条款等方面进行宣介，对出口食品部分进行重点解读，发放宣传资料170余份，接受咨询60人次。指导辖区某薯业（内蒙古）有限公司和某农业股份有限公司2家企业完善供应商合格评价制度，确保企业供货质量、价格、生产交付能力符合出口要求，保障进出口食品质量安全。组织进出口食品化妆品安全监督抽检业务学习，明确专人负责监督抽检数据填报。按照呼和浩特海关加强进出口食品检验检疫监管要求，针对品质、致病性微生物、农药残留等项目，对44票进出口食品开展监督抽检，无不合格情事发生。全年，集宁海关监管进出口食品2.64万吨，其中进口食品8,395吨、出口食品1.80万吨。

【优化口岸营商环境】2021年，集宁海关制订优化营商环境促进跨境贸易便利化工作方案，从优流程、压时间、降成本、提效率4个方面制定34条措施，向辖区进出口企业重点宣介"两步申报""提前申报"、国际贸易"单一窗口"、减免税、RCEP原产地规则、企业信用管理等海关便利化政策。6月25日,集宁海关制订"我为群众办实事——百人联千企 力行促外贸"服务外贸企业优化营商环境专项活动方案,设立联络员10人对辖区200余家企业进行"一对一"指导,帮助外贸企业及时掌握海关相关政策;活动期间收到企业锦旗5面。10月26日,集宁海关明确责任科室和奖惩机制,推进压缩整体通关时间,全年出口整体通关时间压缩90.89%。11月15日,集宁海关成立工作专班,开展政策研究,研究方向为物流枢纽类(涉及航空口岸开放、铁路运输类海关监管作业场所设立、指定监管场地设立、综合保税区设立)、海关新业态(涉及跨境电商业务、TIR业务)、特色产品通关(涉及煤炭进口、特色农副产品进出口),推进乌兰察布市—二连浩特市国家物流枢纽建设和口岸腹地一体化对外开放协同开展。集宁海关向驻地政府报送研究报告3期,报告在分析乌兰察布市区位条件基础上,梳理物流枢纽建设、海关新业态、特色产品通关3方面政策,为乌兰察布市相关工作开展提供政策依据。

【政务管理】2021年,集宁海关围绕信息宣传工作挖掘途径、提炼方法、写作规范等方面,组织相关人员参加业务培训、研讨交流。12月3日,召开信息工作会议,确立"以质取胜"工作思路,要求信息员深挖特色亮点,把握热点重点采编信息,全年被呼和浩特海关信息栏目采用127条,被总署信息栏目采用2条;在省级和地市级媒体刊发新闻稿件18篇。实时更新维护呼和浩特海关网站集宁海关板块各栏目信息,在报关厅增设2块公告栏和3处资料取阅点,公开海关办事流程、联系方式等内容。

【财务及后勤保障】2021年,集宁海关修订突发事件应急管理暂行办法,明确应急工作领导小组成员及职责、突发事件级别类别等内容。成立加快推进集宁海关基建项目工作专班,采取推进情况周汇报方式,协调乌兰察布市政府推进集宁海关技术业务用房项目竣工财务决算。牵头与乌兰察布市农牧局、生态环境局、财政局建立"双无"固体废物、走私冻品移交处置机制,明确集宁海关负责协调工作,生态环境局对固体废物进行无害化处置,财政局负责经费保障。

(撰稿人:邓　旭　董　永　赵晓薇
　　　　朱家园　云泽龙)

▲4月10日,集宁海关对进境荞麦实施目的地查验

乌海海关

【概况】乌海海关成立于2017年11月8日，隶属于呼和浩特海关，正处级，辖区范围为乌海市海勃湾区、海南区、乌达区及阿拉善盟阿拉善左旗（阿拉善海关成立前）、鄂尔多斯市鄂托克旗、巴彦淖尔市磴口县等6个旗县区。

2021年，乌海海关坚持以习近平新时代中国特色社会主义思想为指导，以政治建设为统领，全面深化政治建关、改革强关、依法把关、科技兴关、从严治关"五关"建设。开展党史学习教育和庆祝中国共产党成立100周年系列活动，融合集中学习、交流研讨、参观警示教育基地、重温入党誓词、知识竞赛等多种形式，丰富学习内容，参加学习人员全覆盖，全年测试通过率100%。落实总署、呼和浩特海关关于疫情防控工作部署，对进口非冷链集装箱货物实施属地查验，坚决筑牢"外防输入"防线；持续打好疫情防控阻击战，与乌海市疫情防控指挥部开展联防联控，确保"打胜仗、零感染"。优化口岸营商环境，服务乌海市外贸发展，在2021年内蒙古自治区优化营商环境测评中，乌海市跨境贸易营商环境指标位列第一。全年征收关税3,288万元，同比增长519.40%；检验进口粮食29批次，检出检疫性杂草1种、一般监测杂草2种。

【党的建设】2021年，乌海海关赴乌海市党性教育实践中心，通过党员集体奏唱国歌、重温入党誓词、诵读党章、以"学习党史结合实际如何更好地办实事、开新局"为题进行研讨等活动内容，开展"学党史、悟思想"主题党日活动，被乌海市电视台刊播。邀请自治区党史学习教育宣讲团老师讲授习近平总书记"七一"重要讲话精神、中央民族工作会议精神，并进行测试，参加率、通过率100%。为落实"一支部一品牌"建设工作要求，以党小组为单位，开展品牌征集活动，融合"乌海""海关""百企"元素，研究提炼党建品牌"海纳百川"（含义是"以兼容并蓄态度，向乌海市进出口企业提供优质监管服务"）。为落实深入进出口企业传播党的声音要求，与内蒙古某化工有限公司联合开展"党旗在基层一线高高飘扬——我为群众办实事"联合共建活动，指导某企业开展安全应急演练，宣传属地报关、原产地优惠等相关政策，收到企业感谢信1封。

【纪检监察】2021年，乌海海关制订开展"现场监管与外勤执法权力寻租"专项整治工作方案，对领导小组成员配置、分工职责、全面自查和监督检查时限等进行部署，通过公布举报受理渠道、学习典型案例、组织应知应会测试、撰写心得体会等措施开展整治工作。印发《"以案释法明纪 严明纪律作风"警示教育活动的通知》和工作推进表，明确重点任务、重点要求和时间要求等具体工作，落实"签承诺、查重点、盯聚会、寄家书、常提醒"5项管理措施，重新签订《杜绝酒驾醉驾承诺书》，利用"贤内助"微信群加强8小时外监督，未发生酒驾醉驾情况。

【监管业务】2021年，为进一步落实"全覆盖、零容忍、严执法、重实效"安全生产要求，乌海海关印发进出口危险化学品及其包装检验监管通知，明确检验要求、检验内容、检验方式和安全防护等内容；与乌海市应急管理局联合印发安全生产联防联控合作机制，对安全生产联防联控从组织领导、工作机制、任务分工及工作要求4个方面作出规定。对辖区内进出口企业进行安全隐患排查，发现部分企业在出口货物安全存储方面存在问题，监管人员现场指导企业按标准存放货物，进行问题记录，建立安全隐患及整改台账，监督企业限时整改，并进行跟踪问效，全年安全生产"零事故"。对出口危险化学品货物包装进行使用鉴定，通过进行气密性实验、倾倒试验、跌落试验等测试，对不合格包装信息及原因进行记录，出具《出境货物不合格通知单》，并要求企业整改，二次查验合格后方可出口。全年，监管危险品13.45万吨，总值17.03亿元；检验监管出口危险化学品3,031批，查发76批不合格危险货物包装，检出率3.59%；对19个危化品企业出口20个危险化学品、8批包装进行抽样送检，全部按时完成检验。

【属地查验】2021年6月23日，宁夏某农牧股份有限公司申报进口5万羽海兰祖代种鸡，乌海海关派监管人员赴首都国际机场，将种鸡全程监管至该企业所属阿拉善左旗种鸡隔离场实施隔离检疫监管，经过1个月隔离检验监管，未检验出疫病，8月全部投入养殖。9月27日，赴乌海低碳产业园，根据查验指令对内蒙古某集团进口钢轨标签标识进行属地查验，这是首次对进口普通货物实施属地查验。12月3日，赴巴彦淖尔市磴口县某医院对进

▲4月15日，乌海海关对出口危化品碳化钙包装进行乙炔含量检测

▲2月1日,乌海海关为企业解答备案事项

口医疗设备(医用磁共振成像系统及磁体)进行属地查验,根据指令详细检查标签标识、规格型号、外观品质,录入查验结果。全年开展进口目的地查验作业8次,其中钢轨3批、种鸡2批、医疗设备2批、其他设备1批;出具进口货物检验检疫证明2份。

【进出口食品安全监管】2021年,乌海海关开展"尚俭崇信 守护阳光下的盘中餐"主题食品安全宣传周活动,利用关企微信群和现场查验之际向辖区企业宣传进出口食品安全法律法规,向社区居民发放《进出口食品你问我答》《食品安全小讲堂》宣传手册165份。为把好出口产品质量关,依据呼和浩特海关做好进出口食品化妆品安全监督抽检及风险监测规定,落实抽检及监测计划、完成数据录入和总结报送等要求,对出口食品企业生产环节进行监督。对内蒙古某生物工程有限公司、鄂尔多斯市某藻业有限责任公司等9家螺旋藻出口备案企业进行监管,对出口产品硫丹、敌百虫、金黄色葡萄球菌、单核细胞增生李、斯特氏菌等农药、微生物、污染物指标及质量安全进行检测,未发现不合格项目。全年,乌海海关检验监管出口螺旋藻2,429吨,货值1,983万美元。对辖区内4家企业开展定期管理类核查,2家企业开展普通核查,主要核查质量管理体系运行情况、生产加工过程是否符合我国及出口国家和地区法规标准等情况。全年,检验监管出口食品905批次,重量2.7万吨,货值4,192万美元;新增出口葡萄叶罐头8批,重量81.29吨,13.08万美元。

【查缉走私】2021年,乌海市成立打击走私综合治理领导小组,领导小组办公室设在乌海海关,负责组织召开日常会议、建立完善应急预案等制度体系、反馈群众举报等日常工作。制订打击走私"国门利剑2021"行动方案,对打击洋垃圾走私、打击象牙等濒危物种及其制品走私、打击涉毒涉枪走私、打击出口危险化学品及其包装伪瞒报等9个方面打私工作进行部署。为做好全年打私工作,组织召开打私工作会议,结合乌海地区出口产品主要为危化品特点,明确重点违法违规风险点为高危低报、多危少报、涉危不报、危险货物包装未经检验即销售和使用等。与呼和浩特海关缉私局、包头海关缉私分局、乌拉特海关缉私分局建立联络员机制,制订联合工作方案,明确突出走私问题、一体化打私体系等4个方面要求。全年,乌海海关办理涉检行政处罚案件3起,案值

41.60万元，配合包头海关缉私分局专案组办理走私毒品案，收到包头海关缉私分局感谢信1封。

【优化口岸营商环境】2021年，乌海海关制定优化营商环境促进跨境贸易便利化具体措施，从压缩进出口环节单证审核合规时间、巩固压缩进出口环节边境合规时间成效、降低进出口环节合规成本、提升行政管理效能4个方面进行规定。执行首问负责制和限时办结制，将进出口收发货人备案压缩至3个工作日、企业注销压缩至11个工作日；主动联系企业提交电子底账更改申请，通过电子底账信息化系统撤回电子底账信息单并进行修改，解决企业由疫情影响、船期延误、口岸查验、定箱困难等原因导致的电子底账过期、港口变更等问题；定期召开企业政策宣讲会、更新监管场所信息公示栏，向企业介绍"两步申报"相关政策与作业要求；通过电话、视频一对一逐项讲解国际贸易"单一窗口"操作流程，指导企业在线完成操作，通过国际贸易"单一窗口"和"互联网+海关"平台，办理进出口业务事宜；指派专人指导进出口企业采取"提前申报""两步申报"，实现即报即审、即缴即放通关。2021年辖区企业全部实现无纸化系统上传材料，提前申报率71.54%，在内蒙古自治区优化营商环境测评中，乌海市跨境贸易营商环境指标位列第一。

【"百人联千企 力行促外贸"专项活动】2021年6月24日，乌海海关为落实外贸稳增长系列措施，打通惠企政策落实"最后一公里"，制订开展"我为群众办实事——百人联千企 力行促外贸"服务外贸企业优化营商环境专项活动行动方案和具体工作推进计划表，从组织领导、工作机制及任务分工、实施步骤、工作要求4个方面作出规定。为帮助企业解决检验检疫及进出口环节遇到的问题，所属业务科室根据各自业务职能对口辖区企业建立生产企业、报关企业和海关联络机制台账，深入企业开展调研15次，了解生产情况、产品出口形势、安全生产等企业关注内容。召开一对一"政策找企"服务工作座谈，宣传《中华人民共和国进出口商品检验法》《中华人民共和国出口货物原产地证书签证管理办法》等法律法规，解答企业关于AEO认证、原产地证书自助打印等方面问题。2021年，联系企业30家，解决企业注册、单证丢失、更改单证信息等问题40余项，收到企业赠送锦旗5面。

【政务管理】2021年，乌海海关制定

▲6月23日，乌海海关赴首都国际机场开展进口种鸡检疫监管

政务信息工作管理办法，要求各科室培养至少1名信息员，对本科报送内容真实性、时效性进行把关，并按照呼和浩特海关约稿要求完成约稿任务；建立例会制度，将每月信息报送情况列入每月形势分析与工作督查例会汇报内容，进行研讨交流；主动与呼和浩特海关信息岗位人员沟通，按要求完善报送信息内容。向市级、省部级等各类媒体投稿，拓展宣传渠道，根据群众需求确定主题，开展针对性选题约稿。2021年，《小小螺旋藻 作出大产业》等2篇文章在总署门户网站刊发，《人民向北开放桥头堡》《未来五年的辉煌从这里开始》等8篇文章在省部级各类新闻媒体刊载。

（撰稿人：翟绍中　郭凯乐　白静宇　马能飞）

阿拉善海关

【概况】阿拉善海关成立于2020年12月30日,隶属于呼和浩特海关,正处级,辖区范围为阿拉善盟阿拉善左旗、阿拉善右旗。

2021年,阿拉善海关忠诚捍卫"两个确立",坚决做到"两个维护",持续推进"五关"建设,扎实开展党建工作,推动党史学习教育、"我为群众办实事"实践活动走深走实,政治机关建设得到有效加强。常态化开展疫情防控,通过加强口岸疫情防控和内部疫情防控工作,切实做到"外防输入、内防反弹",保持"打胜仗、零感染"。统筹推进新冠肺炎疫情防控和促进外贸稳增长等各项工作,坚持深化改革,创新服务理念,持续优化口岸营商环境。强化口岸监管,助力乌力吉口岸临时开放。加强危险化学品高危低报、低危瞒报情事查缉力度,始终保持打私高压态势。开展精神文明单位创建工作,获"阿拉善盟精神文明单位标兵"荣誉。

【党的建设】2021年,阿拉善海关制订党史学习教育工作方案,成立阿拉善海关党史学习教育领导小组,形成"各尽其责、密切配合、一体推进"机制,以"领导领学+读书班"形式,通过党委理论学习中心组、"三会一课"、主题党日、青年理论学习等方式,开展党史学习教育;同时利用个别访谈、组织考试等措施,对党员学习教育情况督学促学;全年开展党史学习教育、习近平总书记"七一"重要讲话精神知识测试5次,全部合格。开展党建制度建设,印发《中共阿拉善海关委员会工作规则(试行)》等制度或管理办法17项。按照"一支部一品牌一特色"要求,推行"三先一创"工作法,即党员先学、党员先想、党员先行、党员创优,创建党支部品牌为"北疆红驼",代表扎根在祖国北疆的阿拉善海关全体党员干部在党的引领下,像骆驼一样有着坚韧不拔、吃苦耐劳、志在千里的坚定意志,不惧艰苦自然环境,一步一个脚印,为维护国门安全、促进外贸稳增长甘于奉献。

【纪检监察】2021年,阿拉善海关制订"现场监管与外勤执法权力寻租"专项整治工作实施方案,明确工作安排、责任部门和完成时限,通过组织填报个人事项、梳理风险点、自查整改等措施开展整治活动，年底全部完成整改。

【队伍建设】2021年5月、10月，阿拉善海关先后2次派员支援呼和浩特白塔机场海关分流国际航班疫情防控工作；10月，额济纳旗发生新冠肺炎疫情后，党员干部捐款9,100元；11月3日，战"疫"青年突击队成员向关党委递交请战书，成为第一批阿拉善盟赴额济纳旗支援抗击疫情人员。定期开展教育培训学习情况通报，人均学时、学分100%达标；组织开展2名新招录公务员初任培训工作；集中开展准军事化集训，不定期开展办公室内务检查，其中4月份集中组织开展准军事化集训，全年开展15次内务督查。开展文明餐厅建设、文明宿舍评比、"雷锋月"、"内务规范强化月"等活动。4月15日、5月7日和5月21日先后组织开展义务植树、捐衣捐物、义务环卫等公益活动。

▲10月14日，阿拉善海关与乌海海关举办辖区业务交接座谈会

【法治建设】2021年，阿拉善海关落实海关行政执法全过程音像记录和重大执法决定法制审核目录清单规定，现场执法全过程佩戴执法记录仪，执行双人执法作业制度。为加强执法协作和执法能力建设，实现信息共享、监管互助，与阿拉善盟市场监督管理局、阿拉善盟知识产权局签订知识产权保护合作机制，建立联合会议和联络员制度，就加强执法协作和执法能力建设、完善法制宣传制度等方面达成一致。4月20日、12月4日，按照"谁执法谁普法"要求，分别组织开展"海关知识产权保护进校园"、"12·4"国家宪法日等宣传活动。为便利辖区企业就近办理进出口货物通关、减免税审核、加工贸易审批、检验检疫、原产地管理等业务，通过互联网网站、办公场所、业务窗口等渠道，将执法人员、岗位职责、执法依据、办事指南等信息公示公开。

【新冠肺炎疫情防控】2021年，阿拉善海关制定机关内部新冠肺炎疫情防护指南，对全体干部职工提出疫情防控要求，规范戴口罩、六步洗手法、消毒消杀等；修订乌力吉口岸新冠肺炎疫情防控工作方案（第三版），针对人员检疫、卫生检疫、应急处置等提出要求。针对外来人员出现疫情相关症状、机关出现密切接触人员等情形开展防控应急演练，全体关员参加。

【监管业务】2021年，按照呼和浩特海关部署，阿拉善海关承接原由额济纳海关、乌海海关代管的阿拉善右旗及腾格里经济技术开发区危险化学品及包装检验监管业务，为让数据多跑腿、企业少跑

▲10月21日，阿拉善海关实现乌力吉口岸临时通关过货

路，提高通关速度，提升企业获得感，采取移动办公、现场出证、预约查验等监管措施开展。在乌力吉口岸首次临时开关期间，配合属地口岸管理部门采用"错时＋吊装"模式（即通过吊车将通关物资调运至蒙古国口岸一侧，蒙古国相关人员再将物资运走），监管货运量143.80吨，货值157.10万元，通关时间平均为9分40秒。全年，监管检验出口危险化学品20批660.70吨，货值350.40万美元，包装19批、6,366件，普通货物1批、3吨、4.20万美元；核查绒毛企业2家、进口减免税医疗设备1家、出口食品生产企业3家。

【查缉走私】2021年，阿拉善海关制订打击走私"国门利剑2021"行动方案，明确打私重点为洋垃圾、象牙等濒危物种及制品、涉枪涉毒、冻品及"水客"走私。为营造反走私氛围，利用边防法治宣传日、"6·26"国际禁毒日、食品安全宣传周、宪法宣传周等活动，采取悬挂打私条幅、发放传单等方式进行宣传。与阿拉善盟生态环境局签定非法入境固体废物移交联系配合工作机制，明确移交流程和各自职能。2021年，在对某进口医疗器械企业进行核查时，查发案件1起。

【安全生产】2021年，为加强安全生产制度建设，确定责任部门、完善监督机制，阿拉善海关拟订"辖区危化品生产企业和产品明细表""进出口危险化学品突发事件应急处置预案""安全生产责任制实施细则""阿拉善海关安全生产专项整治三年行动实施方案""2021年安全生产实施方案"等，与阿拉善盟应急管理局签订危险化学品安全生产合作机制，确定联络员，在建立信息通报制度、安全生产监管体系建设、工作协调机制等方面达成一致意见。通过重点部位安全生产"拉网式"排查、"事故隐患大扫除"、重大节假日前检查等方式，发现食堂消毒柜电路安全、地下车库漏水、机关大楼5楼办公室电路安全等安全隐患，全部整改。

【优化口岸营商环境】2021年，阿拉善海关联合额济纳海关制订优化口岸营商环境促进跨境贸易便利化措施分工方案，明确优化流程、加快通关、优化服务、提高效率4个方面内容，细化精简单证、

▲11月2日，阿拉善海关开展危险化学品包装检验监管

"单一窗口"、无纸化申报等26项措施。撰写《阿拉善海关关于促进阿拉善盟外向型经济高水平发展建议的报告》，研究阿拉善盟进出口贸易情况、产业结构和产品结构，分析存在主要问题，提出打造国家特色新材料产业基地、推动新兴产业和特色产业发展、主动对接沿海发达地区产业转移等7个方面建议，被呼和浩特海关管理网《分析与研究》（服务地方经济社会发展第3期）栏目采编。开展"我为群众办实事——百人联千企 力行促外贸"专项行动，赴内蒙古某化学工业有限公司、阿拉善左旗某化工有限公司等4家企业开展调研，征集报关、通关疑难困难问题15项，分别给予解答解决。

【财务及后勤保障】2021年，为"过紧日子"，加强支出管理和监督，阿拉善海关制定贯彻落实"三重一大"决策制度实施办法及车辆管理、财务管理和节能减排等管理办法。开展"暖心聚力工程"，更换办公楼密封胶条，修缮口岸集体宿舍，为口岸职工办理定点理发、洗衣服务。

（撰稿人：梁知新）

第七篇

直属事业单位和群众团体

呼和浩特海关后勤管理中心

【概况】呼和浩特海关后勤管理中心成立于2000年9月28日，是呼和浩特海关直属正处级事业单位，承担呼和浩特海关委托的行政事务管理及各项后勤服务，组织实施归口项目政府采购。

2021年，后勤管理中心坚持以习近平新时代中国特色社会主义思想为指导，深入贯彻党的十九大和十九届历次全会精神，以党的政治建设为统领，全面深化改革，不断优化服务，加强科学管理，强化疫情防控和安全生产，服务大局，关注民生，各项工作迈上新台阶。坚持党建引领，扎实开展党史学习教育和庆祝中国共产党成立100周年系列活动，多举措激发队伍活力，创建"后勤卫士 服务先锋"党建品牌。常态化开展内部疫情防控和安全生产工作，通过专项检查，排除大小风险隐患20余个，实现工作人员"零感染"、安全生产"零事故"。保质保量完成工程项目，安全完成工程项目11项。"过紧日子"，组织阳光采购，节约金额57.81万元，节约率8.34%。打造低碳机关，实施绿化用水改造，用水量下降35.68%。反对餐饮浪费，餐余垃圾减少30%。严控公务用车费用，节约率52%。

【党的建设】2021年，后勤管理中心通过开展"党史天天读"活动、"寻访红色路，践行红色魂"、"弘扬英烈精神，铭记光辉历史"网上祭英烈、"传承红色基因牢记初心使命"红色家书经典诵读等方式，开展党史学习教育。以"后勤卫士 服务先锋"党支部品牌创建为依托，建立常态化学习机制、支部委员按季度轮流讲党课机制，按周组织党支部集体学习，非党员科长、行政辅助人员参加支部学习，以随机提问形式组织"随堂考"，支部书记、副书记分别以《与时俱进的时代使命 矢志不渝的初心如磐》《从党史学习中汲取"过紧日子"思想》为题讲授党课；建立意识形态网格化管理机制，设立网格长、网格员开展意识形态工作领域学习教育，6月底按计划完成《意识形态学习读本》集中学习。与中国检验认证集团内蒙古有限公司党支部联合开展"一个党员一面鲜红的旗帜"主题党日活动，签订共建协议书；与呼和浩特白塔机场海关监管三科开展支部共建，开展新冠肺炎疫情口岸及内部防控相关应知应会知识竞赛。组织开展"双报到""支部包单元"等活动，17名党员到社区报到，党支部赴上东领海小区公寓楼包联单元了解住户需求；支部16人赴赛罕区巴彦镇中心校开展"爱心助学"活动，捐赠教育、学习用品5,000余件（册）；与卓资县梨花镇榆树营村2户困难家庭结对。

【**队伍建设**】2021年，后勤管理中心把优化干部年龄、专业和经历结构放在重要位置，4人轮换工作岗位。树立"注重品行、崇尚实干、鼓励创新"用人导向，围绕发展选干部，以"德才兼备、以德为先"用人标准，凭实绩用干部，2人走上七级管理岗。为规范纪律作风，经主任办公会研究，成立"后勤管理中心内务规范领导小组"，确立领导小组工作职责，中心领导班子每月带队开展内务检查和工作纪律作风检查。

【**新冠肺炎疫情内部防控**】2021年，后勤管理中心设立物资配发党员示范岗，成立"疫情防控＋安全生产"党员突击队，打破分工，全员参与疫情防控日常值班。细化防控措施应急预案制订、后勤保障支持、内部防控物资采购分发、落实疫情防控直接责任等内部防控职责。细化日常和疫情期间办公区域保洁、消毒岗位职责，明确消毒频次，确定服务规范和标准，形成巡查机制。制订新冠肺炎疫情防控应急预案，设计演练脚本，组织开展3次新冠肺炎疫情防控应急演练。全年，查验外来人员"双码"4,942份、核酸检测报告189份、风险排查表1,084份；开展公共区域喷洒消毒411次、电梯消毒1,128次、卫生间消毒1,128次、会议室消毒824次。

【**新冠肺炎疫情防控保障**】2021年，后勤管理中心设立应急物资装备储备库，建立并细化防控物资出入库台账和领用、发放手续。全年采购、调拨防疫物资14批次，其中口罩16.7万只、防护服和隔离衣1.32万套、一次性工作帽0.4万顶、一次性手套1.48万双、一次性鞋套和靴套0.8万双、护目镜500副、一次性防护面屏0.25万只、消毒酒精和免洗手消毒凝胶等液体消毒用品1,885瓶（桶）、消毒片20瓶；分发疫情防控物资611次。按照职能分工，指派专人负责协调自治区卫健委对接各盟市支援白塔机场海关医疗队，对接呼和浩特市疫情防控指挥部安排分流国际航班一线检疫人员及地方支援医疗队住宿、餐饮、车辆保障，发放体温计等防疫

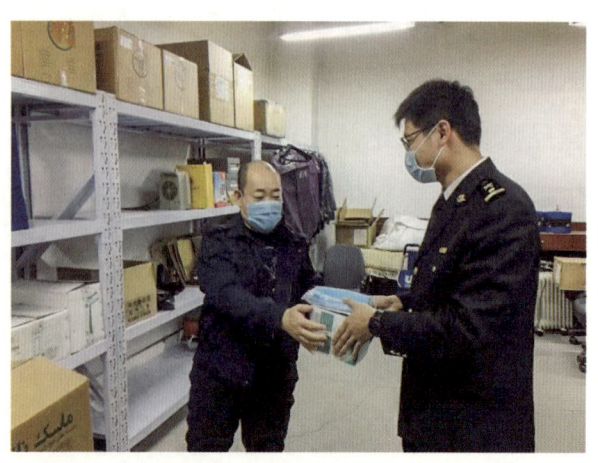

▲12月7日，后勤管理中心在库房分发防疫物资

物资，联系会议服务和培训，联系安排第三方核酸检测等工作。全年，保障一线检疫上岗人员10批次573人，休整隔离人员411人，联系第三方检测机构为封闭管理人员做核酸检测213人次。提供应急车辆保障服务，建立驾驶员24小时应急值班、值守机制，安排呼和浩特海关车辆3台、抽调隶属海关大中型车辆2台用于接送一线人员，保障31架次国际航班工作人员通勤和地方医疗队10批次接送任务，安全出车445次。

【安全生产】2021年，后勤管理中心拟定安全风险隐患整改落实情况督办表，明确整改措施、完成时限、责任科室、责任人，发现安全风险现场督办立行立改；成立安全生产领导小组和"疫情防控+安全生产"党员突击队，明确各层级各科室责任，将工作任务分解到各科室、各岗位；通过微课堂、安全讲座、安全演习等多种形式，落实入职必训、定期培训等要求，对办公场所安全责任人和管理人、安保人员、重点人员开展分级分类安全教育培训；邀请安全健康教育网内蒙古站教官对全体职工进行消防知识培训，对消防应急预案进行全程演练。全年，组织开展拉网式风险隐患排查11次，夜间安保巡查由2次增加至3次，联合中燃天然气公司对职工食堂燃气设备开展燃气安全专项检查；开展安全巡查668次、安保巡查1,670次，开展各类维修634次。

【节约型机关创建】2021年，后勤管理中心制订节能管理整改落实方案，从完善制度、利用社会资源、绿色化改造等方面，拟定开展节约型机关建设措施。对办公室照明系统进行改造，用800余支LED节能灯替换原荧光灯管，用电功率降低25%；开展绿化用水改造，铺设喷灌滴灌等高效灌溉设施并接入中水进行绿化；改造交流干部宿舍（海丰酒店）热水锅炉，每年运行费用较原燃气锅炉节约40%；建设能耗监测平台，实现水、电等能耗分户、分项计量，同时可监测大楼各分项用能系统实时能耗，为能源资源精细化管理提供数据支持。开展故障设备维修，对中央空调机房地面下沉空调机组基座断裂进行维修，机组恢复正常运行。落实公共机构反食品浪费要求，通过播放宣传视频资料、张贴宣传海报、张贴"光盘"行动承诺板、编发微信提醒、组织收看云课堂直播等多种方式，倡导"反对食品浪费 崇尚节俭美德"，职工餐在日常管理中执行按用餐人数配餐服务方式，餐余垃圾较往

▲5月20日，后勤管理中心在停车场开展消防演练

年减少30%。为实现资源循环利用，印发《废旧商品分类回收制度》，明确废旧商品的分类、回收、存储、处置规范，并与某环保产业公司、环境治理公司签署"废旧电子废弃物回收合作协议""餐厨垃圾收运协议"，分类处理废旧物资及垃圾。

【政府采购实施】2021年，后勤管理中心通过公开招投标，完成"呼和浩特海关能耗监测平台"等2项公开招标项目，节约率16.15%；通过协议供货、网上竞价、网上商城，完成"呼和浩特海关三台公务用车采购""打印耗材""服务器硬盘"等9项央采项目，节约率12.80%；通过大型网络购物平台、大型综合超市、市场比选或从企业备案库中抽取供应商三方报价最低价中标等方式，完成一般采购74项，节约率5.05%。总共完成政府采购项目85项，节约率8.34%。在"832采购平台"完成16笔脱贫地区农副产品采购任务，成交金额7.68万元。

【节假日施工】2021年，为保证施工质量和进度，克服新冠肺炎疫情影响，防范外来施工人员与机关工作人员接触增加染疫风险，后勤管理中心决定将所有工程项目施工定于节假日期间集中开展。国庆假期期间，针对原有隔油池老化地面下沉等起不到隔油作用，导致污水倒灌，下渗到供暖机房问题，决定对海丰酒店隔油池开展改造，改造后解决厨房管道常年堵塞、污水倒灌问题。此外，海丰酒店国旗台建设、八一市场原卫检大楼大门门厅改

▲10月6日，后勤管理中心在节日期间开展热水锅炉改造

造、呼和浩特海关办公楼7间办公室改造等工程，均在节假日施工。

【涉案财物保管】2021年，后勤管理中心修订涉案财物仓库管理制度，删减"涉案财物的变卖、处置"相关内容，增加"涉案财物仓库巡查、安全检查"相关内容，明确日常保管中执行出入库实名登记、双人双锁、分类保管及扎口封存等各项制度；制订涉案财物仓储防灾救灾等突发事件应急预案，对涉案财物仓储防灾救灾等突发事件应急处置的组织领导、工作职责、应对措施和应急工作流程作出规定。全年，开展盘点自查1次，办理涉案财物入库3批次。

【公车管理】2021年，后勤管理中心执行车辆使用网上审批和派车单制度，杜绝公车私用和私自出车现象；车辆使用、行程公里数、耗油量及相关费用登记在册，按季进行公务用车情况公示；结合"三公"经费严控情况，落实车辆维修审批制度，在保证车辆行驶安全前提下，减少

▲7月6日，后勤管理中心在业务办公楼地下车库开展车辆安全检查

不必要的维修保养，对行驶里程达不到保养要求的车辆换季保养由二次改为一次；对车辆保险险种重新进行调整，只保留必要险种。全年，安全行驶里程4万公里，机要通信、应急保障、执法执勤保障出车953车次，其中保障疫情应急用车642车次；油料、维修、保险费同比降低30%、52%、42%。

【落实海关系统全民所有制企业改制】2021年，后勤管理中心成立专班，对停业无续存价值企业进行清理，选聘呼和浩特某企业咨询管理公司进行财务审计和资产评估，并开展账务梳理、资产清查、资产评估、税收核查、银行注销、工商注销等事项。11月19日，3家长期处于停业状态的国有企业完成清理注销。开展所属相关企业与海关行政权力相关业务脱钩工作，清查、摸清后勤管理中心所属企业底数，停止与海关行政权力相关的业务，完成出入境检疫处理单位资格核准证书注销和经营（业务）范围变更。与参股企业中国检验认证集团内蒙古有限公司召开工作对接座谈会，制订后勤管理中心脱钩企业产权转让方案，已完成参股企业产权脱钩第一阶段工作。

【资产处置与年金清缴】2021年，经第三方评估鉴定，后勤管理中心将41台（套）废弃电器电子类、废旧家具类资产交某再生资源开发公司回收处理。按照内蒙古自治区社会保险事业管理局《关于认真做好机关事业单位养老保险准备期业务经办和财务结算工作的通知》要求，完成2014年10月—2021年1月在职职工准备期养老保险结算资金及准备期职业年金清缴工作，且已提交申请退回2019年1月—2021年1月统筹项目退休费。

（撰稿人：武　杰　刘来俊　郝建平
　　　　　闫力鑫　李志勇　刘　佳
　　　　　李　坤　李　娟）

中国电子口岸数据中心呼和浩特分中心

【概况】中国电子口岸数据中心呼和浩特分中心成立于2004年1月16日，是呼和浩特海关直属正处级事业单位，实行呼和浩特海关、中国电子口岸数据中心双重领导，以呼和浩特海关领导为主，业务上接受中国电子口岸数据中心指导、监督，独立核算、自负盈亏。主要负责呼和浩特海关电子口岸政务卡、企业卡入网身份鉴别、录入、制作以及应用项目和联网企业系统运行、技术支持、操作培训、热线值班工作，承担海关信息系统项目开发运维和电子口岸专网分中心节点网络系统和信息安全保障工作，协助做好国际贸易"单一窗口"标准版推广运维和内蒙古国际贸易"单一窗口"应用项目建设、运行维护、技术支持、操作培训、热线值班等工作。数据分中心全额投资为海关监管通关和国门安全提供技术支持与技术服务科技类企业1家。

2021年，数据分中心深入学习贯彻习近平新时代中国特色社会主义思想、习近平总书记重要讲话重要指示批示精神，不断增强"四个意识"、坚定"四个自信"、做到"两个维护"。把"关银一KEY通"项目作为"我为群众办实事"实践活动重要举措，创造性地推动落地落实见实效，依托银行网点分布广泛密集优势有效补充电子口岸制卡网点，实现企业"就近办、一次办"，企业办理电子口岸业务时效由原来15天左右缩短至2小时；转变经营理念，务实创新开拓市场，坚持全面合作共赢，经营创收稳中有增、稳步增长；聚焦"数据＋安全＋服务＋创收"主责主业，建设呼和浩特海关关区跨境电商对接统一版项目，发挥与总署、内蒙古自治区有关部门数据交换重要枢纽作用。

【党的建设】2021年，数据分中心坚持思想政治和业务建设两手抓，不断强化党员思想政治教育，持续巩固深化"不忘初心、牢记使命"主题教育成果。通过集中收看大会实况直播、支部集中学习等多种形式，开展习近平总书记"七一"重要讲话精神学习讨论。通过领导带头学、支部跟进学、大会集中学等多种形式和载体，深入学习党的十九届六中全会精神，学习研读《中共中央关于党的百年奋斗重大成就和历史经验的决议》。开展"庆祝建党100周年"主题党日活动，选派4名职工参加呼和浩特海关举办庆祝建党100周年大合唱活动。以推动开展"关银一KEY通项目"为主题，开展"我为群众办实事"实践活动。

【新冠肺炎疫情防控】2021年，数据分中心围绕"提高政治站位，狠抓防控措施落实，确保'打胜仗、零感染'"主题，对全体员工通过面对面、电话沟通等多种形式开展谈话提醒；制订新冠肺炎疫情防控应急预案，成立疫情应急工作领导小组，明确各操作环节上处理步骤、处理方法和具体责任；成立"挑毛病"工作组，重点监督检查人员出差出行情况及其相关记录、来访人员管理、个人防护措施，办公场所消杀情况，防疫物资配备、发放及库存情况等。全年"挑毛病"工作组监督检查7次。

【"三重一大"制度制修订】2021年，数据分中心制定重大项目投资和大额资金使用审批管理办法，明确重大项目投资和大额资金审批事项、审批方式和权限。10月11日，再次修订贯彻落实"三重一大"决策制度实施办法，明确重大决策、重大项目安排和大额度资金使用事项均由领导班子以主任例会或主任临时会议等形式进行决策等。

【劳动合同管理】2021年，数据分中心实行聘用人员一人一档管理，包括劳动合同书、学历证明、身份证和专业资格证等，按照进入时间排序编制劳动合同花名册，随时调整每位员工基本情况、实际工作年限、劳动合同期限等信息，确保档案管理与花名册相一致。经核准、招聘和公示，主任（管理五级）、副主任（管理六级）2名事业编制人员与数据分中心签订《事业单位聘用合同》。

【"质量强企"合作】2021年，数据分中心所属内蒙古北疆科技有限公司与北京中海通科技有限公司签署战略合作协议，以"质量强企"为基础，双方利用各自优势，在呼和浩特海关跨境电商、保税加工、物流仓储、市场推广、市场调研、咨询服务、项目实施、技术支持、交付运维等方面展开全方位、宽领域、多层次交流合作，实现优势互补、互利互惠、共同发展等工作目标；与北京中海通科技有限公司签订额济纳某煤业升级改造2条A类海关智能卡口和海关对接系统开发项目运维保障服务合同，主要为北京中海通科技有限公司提供"7×24"小时驻场安全保障服务，处理系统运行中安全、网络和软件应用等问题。

【"关银一KEY通"合作项目】2021年，数据分中心根据与中国建设银行股份有限公司内蒙古自治区分行合作协议，采用"一KEY双证"技术，依托建行网银盾开发共享盾并改造相关信息系统，实现共享盾在电子口岸和建设银行网银系统中均可使用。2月12日，通过审核评估、派发授权书、申请制卡点编码和设备交接的

▲1月1日，数据分中心与建行举行签约仪式

方式，在内蒙古自治区呼和浩特市中国建设银行股份有限公司呼和浩特建银大厦支行合作开办第一家制卡代理点，为呼和浩特海关辖区企业办理电子口岸入网企业信息、操作员信息录入、换卡、补卡、IC卡证书更新、IC卡解锁业务，随后在二连浩特、包头、集宁等业务量集中地区试点开展。6月13日，中国建设银行股份有限公司呼和浩特建银大厦支行办理第一单电子口岸业务。全年开办15个合作制卡代理点，覆盖呼和浩特海关辖区全部地级市。7月7日，根据《"关银一KEY通"项目（分对分）合作协议》中合作制卡代理点制卡服务人员培训和考核工作方案要求，数据分中心通过电话指导、微信工作群、腾讯视频等线上模式，对合作制卡代理点操作人员进行业务培训，内容包括业务政策规范、安全规范、业务实操学习和常见问题操作及解答，并进行理论知识、问题答疑、上机实操等内容考核评估，42名培训人员全部通过。

【为企业排忧解难】2021年5月10日，某能源有限公司收到大连海关通知，货物将于5月12日运抵大连港，提货需要使

▲3月26日，数据分中心在制卡代理点为企业介绍办理流程

用IC卡。这家公司是第一次办理进口业务，不熟悉流程，没有进行电子口岸备案，因货物超出7日将收取仓储费用，并且该货物是生产药用急需原材料，企业非常着急。5月11日，数据分中心为保障货物顺利报关，避免经济损失，组建专班迅速办理，通过电话指导企业网上提交相关资料，业务部优先受理、审核和制发IC卡，协调顺丰快递公司当天寄出，将IC卡办理时间由7日压缩到1日。5月12日，收到该公司"心系企业 办事高效"锦旗。6月6日，二连浩特市某进出口贸易有限公司出口蒙古国一批钢纤维，货物在海关监管场所装运完毕，报关时因未签约通关无纸化，无法申报报关数据，且丢失法人卡，运输车辆即将滞留并产生费用，加之国外收货人催促，企业焦急寻求帮助，数据分中心了解情况后，优先加急补办法人卡，并协助企业操作通关无纸化签约。6月25日，该

▲10月13日，数据分中心收到企业赠送锦旗

公司送来感谢信1封。全年，收到企业赠送锦旗4面、感谢信12封。

【跨境电商平台建设】2021年11月9日，内蒙古自治区人民政府批准同意建设呼和浩特海关关区跨境电商对接统一版项目；12月14日，呼和浩特海关党委会审议跨境电商对接统一版项目建设方案，要求专款专用、保质保量尽快建成项目并发挥作用；12月27日，数据分中心在中国政府采购网、呼和浩特海关门户网站发布项目政府采购意向。

【安全生产】2021年4月27日，数据分中心组建安全生产工作组，确定每季度开展1次用电安全、公车管理及日常维护、记账凭证及票据保存保管、业务系统用户管理等情况排查；6月15日，组织全体职工观看《新安全法》宣传片和《生命重于泰山》安全生产专题片；7月28日，利用海关全员培训系统"执法能力"模块"《安全生产法》专题"开展全体人员在线学习；10月21日，组织25人次参加呼和浩特海关"传承红色基因，筑牢保密防线"在线知识竞赛考试；全年不定期利用微信平台开展安全生产日常提醒10次，未发生安全生产事故。

【涉外会议保障】2021年，数据分中心承担中蒙边境海关联络官会晤互联网接入和运维服务保障。为保证会议视频、音频信号传输质量，使用寻线仪测试呼和浩特海关机关3层关务会议室网络情况，重新整理会议室所有话筒音频线布线，分析音频系统信号节点位置，整体拆改现有布局并接入互联网系统，解决会议通话质量问题，与蒙古国海关总局多次连线测试，视频图像和语音输入输出完全正常。会议期间，调派2名专业技术人员全程保障。

【财务制度修订】2021年，数据分中心调整其及所属内蒙古北疆科技有限公司财务审批流程；12月17日，修订数据分中心及所属内蒙古北疆科技有限公司采购制度，明确首选网上平台采购，无法实施网络采购和大型综合超市采购的，按照领导审批、双人作业、货比三家的原则采购，办理财务结算时随附《市场比选采购报价单》。

【固定资产清查与处置】2021年，数据分中心开展固定资产清查盘点工作，清查盘点通用设备等5大类531项固定资产，建立包括名称、数量、存放地点和使用人等项目实物台账。6月7日，成立固定资产报废处置工作组，对全部固定资产进行评估，由内蒙古某资产评估事务所评估数据分中心固定资产残值。8月27日、12月4日，分次开展报废资产处置。全年，实现海关财务系统、关务保障管理系统与数据分中心固定资产台账国标大类、数量、金额一致。

【运维服务与巡检管理】2021年，数据分中心建立工单服务制度，由运维部部长接收运维需求，分配运维，工作结束后由被服务对象进行评价，与个人绩效挂钩，工单内容包括电脑故障、打印机故障、视频会议、通信故障、数据导入导出、网络故障、视频监控等8类，并实行"7×24"小时服务。5月11日，建立每周1次视频会议巡检制度，对机关视频会议室会议终端、调音台、功放、网络、平衡器、视频处理器、视频矩阵、中央管理器等设备进行逐项排查、登记，出具《运维建议书》提交有关部门进行处置。全年，处理电脑故障137次、网络故障51次、打印机故障115次、电话故障57次。

【公司管理】2021年4月28日，数据分中心主任例会研究决定，在所属内蒙古北疆科技有限公司设立业务部、综合部、财务部、运维部、市场部等部门，明确各部门工作职责和人员安排，实行部长负责制。

【公司制度汇编】2021年，为加强各项管理制度落实，提高管理效能，数据分中心经编制《内蒙古北疆科技有限公司管理制度汇编》。该汇编分为编制说明、目录、公司致辞、行政管理制度、财务管理制度5个部分37项制度，其中行政管理制度26项、财务管理制度11项。

（撰稿人：郭倩　包娜　孙勇
　　　　王萨茹拉　郑振峰　刘伯炎
　　　　张瑞娟）

呼和浩特海关技术中心

【概况】呼和浩特海关技术中心，成立于2019年5月5日，隶属于呼和浩特海关，公益二类独立事业单位，正处级，业务范围为承担出入境动植物及其产品、食品实验室检测，口岸动植物疫情和食品安全监测，固体废物和象牙及其制品属性鉴定，开展相关领域科学技术开发、研究及标准制修订，为相关部门、实验室提供技术咨询、支持及指导，对外开展检测和技术服务。

2021年，技术中心坚持以政治建设为统领，深入开展党史学习教育和庆祝中国共产党成立100周年系列活动，多举措开展组织生活，加强思想教育。常态化开展内部疫情防控和安全生产工作，通过专项检查，排查大小风险隐患，实现工作人员"零感染"、安全生产"零事故"。发挥技术优势，为海关行政执法提供技术支撑，全年检测1,050批次、2,986个样品、2.2万个项目，同比分别增长29.50%、54.10%、59%。强化实验室能力建设，提升技术保障水平，顺利通过CNCA和CNAS二合一远程复评审，获得认证认可7大类、64个产品、2,625个检测参数。开展科研制标工作，制定7项地方标准获批准发布，参与完成1项行业标准制定，参与完成1项科研项目，获内蒙古自治区科技进步三等奖。

【党的建设】2021年，技术中心党支部制订学习计划，并在党建公告栏公开，"挂牌督战"；组织党员学习《论中国共产党历史》等著作52篇，利用"学习强国"、钉钉、共产党员网、网上专题班等线上学习平台开展党史教育培训，覆盖率、达标率100%；组织观看习近平总书记在庆祝中国共产党成立100周年大会上重要讲话、参观内蒙古展览馆"不忘初心、牢记使命——中国共产党历史展览"、开展重温入党誓词等活动，感受党的辉煌史、奋斗史。推进党建与业务深度融合，联合二连海关技术中心党支部开展线上交流座谈，围绕"食品检验、动物检疫等领域的检测技术""事业单位改革发展方向"议题开展探讨；与呼和浩特海关科技处开展"党旗在基层一线高高飘扬"联合主题党日活动，探讨实验室建设。制定《2021年党风廉政责任书》，共包含政治纪律政治规矩、执行党规党纪等9方面内容，与全体党员签订责任书。开展"现场监管与外勤执法权力寻租"专项整治，对照《专项整治重点问题参考提纲》开展个人申报，22名在编人员参与自查，撰写心得体会。开展"杜绝酒驾醉驾"专项整治行动，组织职工及家属签订《杜绝酒驾醉驾承诺书》55份，不定期利用微信、钉钉等平台推送典型案例50余次，全年未发生酒驾醉驾情事。

【新冠肺炎疫情防控】2021年7月，技术中心制定邮寄样品接收及检测前外包装消毒管理办法，明确对接收到的委托样品用75%浓度酒精对外包装进行喷洒，用1,000mg/L含氯消毒液喷洒内包装，做消毒记录；8月，修订技术中心内部新冠肺炎疫情防控方案及应急处置机制，9月更新至第七版，主要增加建立防护物资储备制度、健康促进与监督、食堂就餐管理和应急处置等内容。按照防控要求，每日进行体温监测并通过微信上报工作人员及亲属健康状况，对来访人员查验核酸证明及健康登记，在专门接待室接待，落实呼和浩特海关出差出行管理要求，全年保持"零感染"。

【多项测量审核获通过】2021年3月31日，技术中心参加国家市场监督管理总局认可检测司组织YF2020《奶粉中三聚氰胺的测定》盲样考核，获合格证书；8月6日，参加北京亚分科技有限公司组织《自吸过滤式防颗粒呼吸器的呼气阻力和吸气阻力测定》测量审核，2个自吸过滤式防颗粒呼吸器样品吸气、阻力4个测试结果均为满意，获合格证书；11月11日，参加中国海关科学技术研究中心组织《松材线虫检疫鉴定》测量审核，4个样品松材线虫检疫鉴定结果均为满意，获合格结果通知单。

【内部质量控制管理】2021年，技术中心采用加标回收、人员比对、仪器比对、留样再测、实样测定、标物测试等方式，组织33次34项内部质量控制实验，全部结果符合判定标准要求，具体实验有：饲料中氟测定，蜂蜜中氯霉素测定，发酵乳中黄曲霉毒素M1测定，西蓝花中阿维菌素测定，风味发酵乳中三氯蔗糖、葵花籽中抗蚜威测定，甲硫威测定，淀粉中二氧化硫测定，固体废物22种金属元素测定，聚乙烯塑料、食品中副溶血性弧菌（定性）检测，食品中蜡样芽孢杆菌（定量）检测，食品中大肠埃希氏菌（定量）检测，肉制品中羊源性成分定性检测，鸡血清中鸡马立克氏病抗体（琼脂免疫扩散试验）检测等。

【参加国家级和其他机构能力验证考核】2021年，技术中心参加10次17项能力验证考核，其中参加国家市场监督管理总局组织开展的国家级检验检测机构能力验证6次9项（具体见表7-1）；参加其他机构组织的能力验证4次8项（具体见表7-2）。

表7-1 技术中心参加国家市场监督管理总局能力验证一览表

序号	参加日期	承办方	项目名称	考核情况	合格证书编号
1	9月3日	中国检验检疫科学研究院测试评价中心	CNCA-21-06《食品接触用塑料材料及制品中高锰酸钾消耗量的测定》	高锰酸钾消耗量结果合格	CNCA-21-06-063-0903
2	11月23日	华测检测认证集团股份有限公司	CNCA-21-05《果蔬中农残的测定》	毒死蜱、联苯菊酯2个结果均合格	CNCA-21-05-330
3	12月2日	南京海关动植物与食品检测中心	CNCA-21-04《蜂蜜中氯霉素和硝基咪唑类的测定》	氯霉素、甲硝唑2个结果均合格	CNCA-21-04-291
4	12月6日	河北省食品检验研究院	CNCA-21-01《婴幼儿配方乳粉中叶酸的测定》	叶酸结果合格	CNCA-21-01-064
5	12月6日	广东省疾病预防控制中心	CNCA-21-02《婴鱼粉中总汞及甲基汞测定》	总汞、甲基汞2个结果均合格	CNCA-21-02-163
6	12月8日	大连海关技术中心	CNCA-21-03《粮食中呕吐毒素含量检测》	呕吐毒素结果合格	CNCA-21-03-128

表7-2 技术中心参加其他机构能力验证一览表

序号	参加日期	承办方	项目名称	考核情况	合格证书编号
1	1月11日	中国合格评定国家认可委员会组织，青岛海关技术中心承办	PT-FATA-2020-7《禽流感病毒通用型核酸检测》	5个样品禽流感病毒结果均满意	37000011208100074
2	9月11日	大连中食国实检测技术有限公司组织	CFAPA-1309《饮料中苯甲酸、山梨酸的测定》	2个样品苯甲酸、山梨酸4个测试结果均合格	CFAPA1309-036
3	10月28日	南京海关工业产品检测中心组织	JSICPT-Mineral-2021-01《铜精矿检测》	铜（Cu）、铅（Pb）、镉（Cd）、汞（Hg）4个测试结果均满意	JSICPT-Mineral-2021-01-47
4	11月15日	中国海关科学技术研究中心组织	STRC-PT-A-202103《非洲猪瘟病毒核酸检测》	5个样品非洲猪瘟病毒核酸检测结果均满意	STRC-PT-A-2021030035

【实验室检测资质认可】2021年2月27—28日，技术中心生物安全二级实验室接受CNAS专家组从实验室风险评估、实验室安全管理体系文件和运行满足认可准则及应用说明等方面开展现场监督评审，认为符合CNAS认可要求，维持二级实验室认可资质；8月20—22日，理化一室、理化二室、生物实验室再次通过CNCA和CNAS二合一远程复评审，食品、动物及动物产品、植物及植物产品3大类，食品（通用）、植物源食品、谷物及土特产、动物源食品、水产品、蜂产品等59个产品，菌落总数、沙门氏菌、诺如病毒、脂肪、蛋白质、过氧化值、总砷、铅、汞、

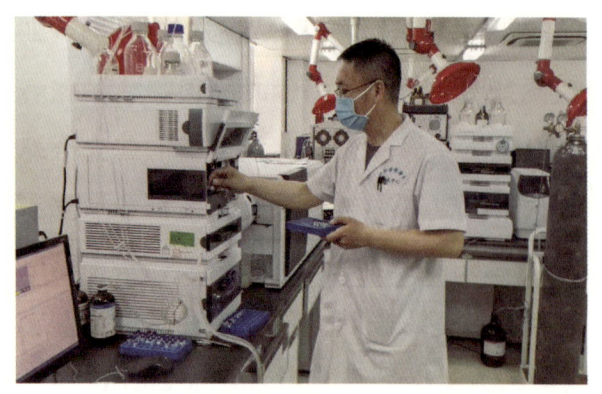

▲7月6日,技术中心实验室开展进口葵花籽农残项目检测

六六六、三聚氰胺、氯霉素、黄曲霉毒素总量、鸡源性成分等2,625个检测参数,获得认证认可。

【实验室安全管理】2021年,为提高全员安全生产重要性认识和处置能力,技术中心开展"危险化学品安全管理"和"实验室安全"培训,以危险化学品分类及危害、发生人身中毒事故急救过程为主要内容进行书面考试,参试人员全员通过;组织全员学习《内蒙古自治区安全生产委员会办公室关于近期几起典型生产安全事故情况的通报》,以兴安盟、赤峰、呼和浩特市等地发生典型安全事故为例,进行警示教育;根据《突发疫情应急检测生物安全》要求,对高致病性疫病检测细节及个人防护安全、清洁消毒及废弃物处置等进行现场培训及考核;利用海关全员培训系统"执法能力"模块《安全生产法》专题开展在线学习,全员参加培训。组织实验室人员开展实验室化学试剂溅洒、用电安全、划伤、喷淋装置正确使用等内容"化学实验室应急演练"。按照技术中心实验室安全检查表,实验室实行每日自查、中心领导每周检查制度,检查项目包括设施与场所、卫生与环境、场所其他安全、消防设施、应急喷淋装置、通风系统、用电基础安全等22项内容。全年,安全生产"零事故"。

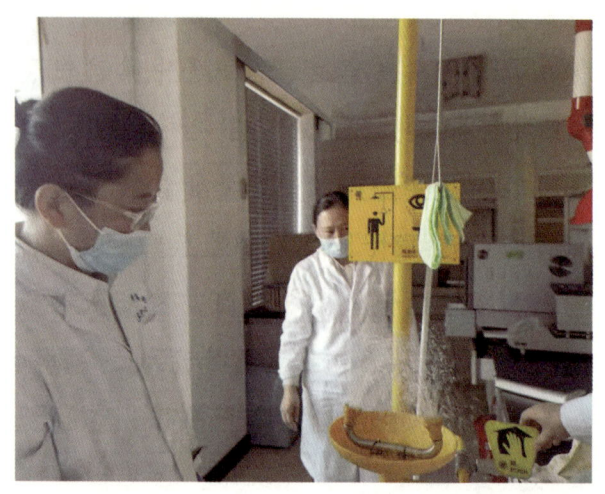

▲1月29日,技术中心实验室开展应急处置演练

【数据安全管理】2021年6月21日,技术中心组织全员签订《海关保密承诺书》,对认真履行国家保密法律、履行保密义务进行承诺;8月18日,重点检查实验室管理系统e-Lab2.0员工登录账号,数据导出,系统查询权限跨部门授权,擅自修改、分发、删除业务数据等内容,未发现数据泄露情况;10月15日,组织全员参加呼和浩特海关"传承红色基因,筑牢保密防线"在线答题知识竞赛考试,全部合格;每季度从业务系统数据泄露、篡改风险排查、业务系统用户管理、数据对外提供等方面,开展实验室数据安全、保密、网络安全检查,未发现数据泄露、篡

改等风险隐患。

【固体废物属性鉴定实验室建设】2021年3月26日，技术中心对进口固体废物属性鉴定常规实验室气相色谱仪等20台（套）仪器开展校准测试，全部获合格校准证书；3—4月，对波长色散X射线荧光光谱仪、X射线衍射仪等设备进行现场操作培训，10人次参加；7月，开展"固体废物属性鉴定技能""铁矿石、铜精矿检测技能"技术标准培训4人次，同月对《X射线衍射法鉴别金属矿产类进口固体废物物相 第1部分：通则》和《冶金产品分析方法 X射线荧光光谱法》进行方法验证，按照标准方法操作步骤用X射线衍射仪鉴别铜精矿中主要物相成分和三氧化二钇标物物相，用X射线荧光光谱仪对烧结矿进行定性、半定性检测，识别主量和次量等，填制验证报告；8月，对《红外光谱分析方法通则》进行方法验证，对聚乙烯标准物质及样品进行光谱鉴别，同月向CNAS递交金属元素、主要成分、物相、放射性等检测参数40余项认可申请；9月，对《固体废物属性鉴定风险控制》要求进行培训；10月28日，参加南京海关组织铜精矿中铜、铅、镉、汞的检测能力验证。年末，完成收集《仪器设备目录》《环境与设施》《管理要求》等验收资料，向呼和浩特海关科技处递交实验室验收申请，等待验收。

【化学品废弃物管理】2021年1月，技术中心与呼和浩特市某固体废物处理有限公司签订危险废物转移服务合同，聘请专业化公司处置化学品废弃物；制订危险废物管理计划，规定危险废物产生概况、危险废物减量化计划和措施、危险废物转移情况、危险废物委托利用处置措施等内容；向呼和浩特市生态环境局赛罕区分局申请危险废物管理计划备案登记，通过形式审查，获备案登记。4月，启用新化学品废弃物储存库，配置废弃物托盘、空调、监控、排风系统、防火设施。4月21日、6月25日，先后2次接受呼和浩特市生态环境局赛罕区分局对污染源现场监察。全年处置危险废溶剂、有机试剂空瓶等废弃物0.11吨。

【三项课题验收鉴定】课题1：2019年7月，技术中心报送"进口牛精液中两种病原双重微滴数字PCR检测方法研究"课题在总署立项后，由陈林军、赵治国、崔强、延涵、刘丹、王海艳、王科珂、敖威华、李刚、马彩霞等组成课题组，开展课题研究；2019年7月—2021年8月，采用荧光定量PCR、数字PCR等分子生物学，研究进口牛精液中牛病毒性腹泻（黏膜病）病毒（BVDV）和牛传染性鼻气管炎病毒（IBRV）病毒检测方法，建立可同时检测牛精液中牛病毒性腹泻（黏膜病）病毒和牛传染性鼻气管炎病毒病毒双重荧光定量PCR及双重微滴数字PCR检测方法，完成计划任务书规定研究内容；2021年9月，该课题通过总署科技司组织验收鉴定，11月5日获成果登记证书。课题2：2019年7月，技术中心报送"苜蓿黄萎病微滴数字PCR快速检测技术研究"

课题在总署立项后，由延涵、赵治国、崔强、陈林军、刘丹、袁淑珍、敖威华、马彩霞、王海艳、盛万里组成课题组，开展课题研究；2019年7月—2021年8月，根据苜蓿黄萎病发生在苜蓿草土传、种传病害，存在隐蔽性、不易被察觉特点，开发以核酸片段为检测目标的微滴数字PCR快速检测技术，建立检测方法，完成计划任务书规定研究内容；2021年9月，该课题通过总署科技司组织的验收鉴定，11月5日获成果登记证书。课题3：2019年7月，技术中心报送"马肉中非甾体抗炎类药的液相微萃取检测"课题在总署立项后，由郑书展、张春艳、任彩霞、王晓敏、盛万里组成课题组；2019年7月—2021年8月，利用廉价易得的氯化胆碱和苯酚为原料，经过简单混合合成疏水性低共熔溶剂（DES），并将其作为分散液液微萃取萃取溶剂，结合超高效液相色谱—串联质谱技术，研究马肉中非甾体抗炎类药检测，建立马肉中10种非甾体抗炎药（苯基丁氮酮、氟尼辛、奈丁美酮、萘普生、双氯芬酸、舒林酸、酮洛芬、托芬那酸、吲哚美辛、乙酰氨基酚）测定方法，完成计划任务书规定研究内容；2021年9月，该课题通过总署科技司验收鉴定，11月5日获成果登记证书。

【**多项研究获成果登记证书**】2021年8月20日，技术中心承办"食品中常见病原菌活菌叠氮溴化乙锭—微滴数字PCR快速检测技术研究""进口牛精液中三种病原微滴数字PCR定量检测方法研究"课题，获内蒙古自治区科技厅成果登记证书。由原内蒙古出入境检验检疫局立项，"乳及乳制品中120种农药残留的气相色谱—串联质谱同时测定及确证方法研究""基于高效液相色谱—飞行时间质谱的进出口粮谷中多种真菌毒素的快速检测方法研究""微波灰化消解法在乳粉元素检测中的应用研究""气质法检测胡麻油中掺杂菜籽油的方法研究""动物垫料中沙门氏菌检测方法研究""动物垫料中大肠杆菌检测方法研究""牛囊尾蚴病检疫鉴定方法研究"7个课题，完成计划任务书规定研究内容，2021年11月5日获成果登记证书。

【**学术研究**】2021年，技术中心在《分析测试学报》《畜牧与饲料科学》等期刊发表学术论文4篇（具体刊发情况及内容见表7-3）。

表7-3　2021年技术中心在期刊发表论文情况一览表

序号	论文名称	期刊名称	作者	主要研究内容
1	基于低共熔溶剂分散液液微萃取/超高效液相色谱—串联质谱法测定马肉中非甾体抗炎药	核心期刊《分析测试学报》第5期	郑书展　任彩霞　张春艳　王晓敏　盛万里	采用氯化胆碱和苯酚合成低共熔溶剂（DES），再以其为萃取剂建立分散液液微萃取（DLLME)结合超高效液相色谱—串联质谱（UPLC-MS/MS）测定马肉中10中非甾体抗炎药的方法，该法操作简单、准确高效、绿色环保。

表7-3 续

序号	论文名称	期刊名称	作者	主要研究内容
2	蒙古国口蹄疫防控情况与探讨	《畜牧与饲料科学》杂志第5期	陈林军 崔强 于志超 李军燕 罗晓平 王海艳 延涵 敖威华 赵治国	研究蒙古国口蹄疫疫情防控情况，根据世界动物卫生组织（OIE）2015—2020年资料及近年来蒙古国口蹄疫防控材料进行分析，蒙古国口蹄疫疫情呈先上后下降趋势，表明蒙古国疫情得到有效控制，建议中蒙两国加强兽医领域合作，可以降低蒙古国边境地区口蹄疫向我国内蒙古地区跨境传播风险，也可以从源头上把控食品安全风险，在符合国际规则和国内规定情况下，促进蒙古国牛羊肉有序进口，为我国防止外来动物疫病入侵及科学防控疫情提供参考。
3	我国数字PCR方法标准化现状	《大众标准化》杂志第10期（下）	延涵 赵治国 崔强 陈林军 刘丹	主要从数字PCR技术进行简介，总结我国数字PCR方法标准化现状，对该方法标准化提出建议。
4	数字PCR技术在动物疫病检测中应用	《畜牧与饲料科学》杂志第6期	陈林军 崔强 于志超 李军燕 罗晓平 王海艳 延涵 刘丹 赵治国	主要从数字PCR技术原理、应用、存在的问题及发展趋势等进行综述及分析，为数字PCR在动物疫病检测中进一步应用提供参考。

【地方标准制定】2018年5月22日，内蒙古质监局向技术中心印发制定7项地方标准任务。技术中心成立以赵治国、崔强、延涵、王海艳为主要成员的制标团队，进行分工合作，以动物垫料、大肠埃希氏菌O157:H7/NM、单核细胞增生李斯特氏菌等为研究对象，开展试验1,400余项次，对取样、制样、培养、分离鉴定等进行研究，确定标准方法，完成标准制定内容并接受内蒙古自治区市场监督管理局组织审定；1月25日发布，2月25日实施（具体内容见表7-4）。

表7-4 技术中心制定7项地方标准一览表

序号	标准编号	标准名称	起草人	标准主要内容
1	DB15/T 2072—2021	动物垫料中大肠埃希氏菌O157：H7/NM检测	赵治国 崔强 郭文丽 延涵 王海艳 陈林军 敖威华 韩祎陟 靳木子 罗晓平 李军燕	标准规定动物垫料中大肠埃希氏菌O157：H7/NM定性检测方法、设备和材料、培养基和试剂，适用于定性检测。
2	DB15/T 2073-2021	动物垫料中单核细胞增生李斯特氏菌检测	赵治国 郭晓宇 张晓东 敖威华 王海艳 崔强 陈林军 延涵 靳木子 李军燕 罗晓平	标准规定动物垫料中单核细胞增生李斯特氏菌的分离鉴定定性检测方法及全自动微生物生化鉴定系统等设备和材料。

表 7-4 续

序号	标准编号	标准名称	起草人	标准主要内容
3	DB15/T 2075-2021	动物垫料中金黄色葡萄球菌检测	赵治国 陈林军 韩祎陟 崔强 敖威华 延涵 王海艳 杨帆 靳木子 盛万里 马彩霞	标准规定动物垫料中金黄色葡萄球菌的定性检测方法及使用的全自动微生物生化鉴定系统等设备和材料。
4	DB15/T 2076-2021	动物垫料中绿脓杆菌检测	赵治国 敖威华 杨帆 延涵 王海艳 陈林军 崔强 韩祎陟 郭文丽 马彩霞	标准规定动物垫料中绿脓杆菌的定性检测方法及使用的全自动微生物生化鉴定系统等设备、材料。
5	DB15/T 2077-2021	动物垫料中志贺氏菌检测	赵治国 延涵 盛万里 王海艳 陈林军 崔强 敖威华 李军燕 罗晓平 韩祎陟 靳木子	标准规定动物垫料中志贺氏菌的分离鉴定性检测方法及使用设备、材料。
6	DB15/T 2071-2021	动物垫料中β-溶血性链球菌检测	王海艳 赵治国 郝广福 盛万里 靳木子 马彩霞 敖威华 崔强 陈林军 延涵 陈宇飞	标准规定了动物垫料中β-溶血性链球菌的分离鉴定定性检测方法及使用的全自动微生物生化鉴定系统等设备、材料。
7	DB15/T 2074-2021	动物垫料中肺炎克雷伯氏菌检测	王海艳 郝广福 赵治国 靳木子 盛万里 马彩霞 敖威华 崔强 陈林军 延涵 陈宇飞	标准规定动物垫料中肺炎克雷伯氏菌的分离鉴定定性检测方法及使用的全自动微生物生化鉴定系统等设备、材料。

【行业标准制定】2021年，在总署综合业务司印发制定行业标准《出口特级初榨橄榄油中游离脂肪酸乙酯含量的测定气相色谱—质谱法》后，技术中心组织张慧、白国涛、沈伟健、陈丽梅、马彩霞、张春艳等组成工作团队；制定标准期间，通过设计初榨橄榄油中游离脂肪酸乙酯含量研究技术路线，优化仪器升温程序，比较选择固相萃取净化条件，确定样品前处理及气相色谱—质谱仪测试方式；8月31日，开展初榨橄榄油中游离脂肪酸乙酯含量测定方法定量限、回收率、精密度等实验数据验证，建立气相色谱—质谱检验方法；10月，开展相关实验室协同验证，编制标准草案稿；11月，开展标准征求意见征集并予以修改，形成标准意见稿；12月2日，通过总署综合业务司组织标准审定。

（撰稿人：张春艳）

呼和浩特国际旅行卫生保健中心

【概况】呼和浩特国际旅行卫生保健中心（呼和浩特海关口岸门诊部），成立于2019年5月5日，隶属于呼和浩特海关，公益二类独立事业单位，正处级，主要负责出入境人员传染病监测体检、预防接种、国际旅行医学咨询、国际旅行卫生保健健康教育与业务培训、签发医学检查证明书及验证；承担卫生检疫实验室建设和运维工作，为口岸卫生检疫提供技术支撑，为国际旅行者提供医疗服务；开展卫生检疫科学研究和卫生处理技术服务；开展与国际旅行卫生保健中心业务相关健康体检和健康管理业务等。

2021年，保健中心以习近平新时代中国特色社会主义思想为指导，以政治建设为统领，扎实开展党史学习教育，党支部被命名为2020年度呼和浩特海关"最强党支部"。在做好常态化疫情防控、出入境人员健康体检和预防接种、口岸卫生检疫技术支撑等前提下，围绕事业单位改革，积极拓展业务。为出入境人员提供服务，按照要求减免费用，完成出入境人员健康检查1,621人次，预防接种909人次，检出法定传染病36例。加快实验室能力提升，推进P3实验室建设，完成"应对重大疫情卫生检疫设施"改造项目，启用P2+实验室，新冠病毒核酸检测能力从每天500人次提升至1,500人次。开展口岸病媒样本监测和检测，首次检出库蚊黄病毒阳性。推进科技工作创新发展，与中国海关科学技术研究中心确立合作关系，1项科研项目获内蒙古自治区科学技术进步三等奖。

【党的建设】2021年，保健中心组织开展"共创健康中国，共享职业健康""健康知识科普""送健康进学校、进企业、进

▲5月24日，保健中心参加呼和浩特海关"'双报到'我为群众办实事"启动仪式暨"送健康进社区"活动

社区"等"我为群众办实事"系列活动。与呼和浩特海关政工办、动植物检疫处、卫生检疫处联合开展主题党日活动，为呼和浩特海关定点帮扶榆树营村村民提供免费义诊和健康咨询。制定"我为群众办实事"实践活动重点民生项目清单，将出国留学人员体检出证时限缩短至3个工作日，核酸检测报告采样后当日出具，疫苗转签记录立等可取；提供72小时以内中英文新冠病毒核酸阴性检测报告和新冠病毒疫苗接种中英文记录，免费开展新冠病毒疫苗接种记录中英文转签业务，全年转签789人份。开展"以案释法严明纪律作风"专项活动，组织签订《严格遵守中央八项规定及其实施细则精神进一步推进清廉海关建设承诺书》，教育党员干部自觉抵制腐败思想，杜绝不正之风和奢侈浪费行为。

【**新冠肺炎疫情防控技术支持**】2021年，保健中心发挥专业机构职能优势和专家技术优势，通过提供技术指导、人力支援、健康服务、联防联控等措施，为疫情防控提供技术支持，包括派员参加二连浩特市新冠肺炎疫情流调工作、呼和浩特海关新冠肺炎疫情防控督导检查、自治区口岸疫情防控调研组工作等。

【**口岸新冠病毒实验室检测**】2021年，保健中心实验室负责呼和浩特白塔机场口岸入境航班进境人员新冠病毒核酸检测、抗体检测、血常规以及旅检现场环境、入境邮递物品新冠病毒核酸检测。同时，根据相关通知要求进行多病共防，病原微生物实验室开展甲型流感病毒、乙型流感病毒、甲流H1N1病毒、禽流感H5N1病毒、流感H3亚型等19种病原体检测。全年，保健中心完成入境人员新型冠状病毒核酸检测6,658人次，新型冠状病毒抗体检测2,868人次，检出核酸双靶标阳性31例，乙肝病毒核酸阳性3例，乙肝病毒、季节性流感H3病毒复合感染核酸阳性1例；检测新冠病毒环境样品398例；检测入境邮包新冠病毒核酸375例。

【**P3实验室制度建设**】2021年5月，二连海关完成P3实验室硬件基础建设，后续运行推进工作由保健中心承担。5月10日，保健中心在P3实验室基础建设竣工验收基础上，接收二连海关移交档案及施工图，并对体系文件、仪器档案、施工资料梳理归档。5月12日—7月14日，组织专业技术人员编制P3实验室《生物安全管理手册》《生物安全手册》《程序文件》《实验室标准SOP》《质量手册》《记录表格》《风险评估报告》等文件资料。

【**P2+实验室建设**】2021年5月14日，保健中心落实呼和浩特海关应对重大疫情卫生检疫基础设施和边境口岸P2实验室改造要求，完成总建筑面积220平方米实验室改造建设。实验室设置负压四分区分子生物学实验室、双操作间微生物实验室、病媒鉴定室、洗消室等功能区域，配备50余台（套）设备。同日，呼和浩特海关科技处、卫生检疫处及技术中心、保健中心人员组成专家组，对实验室布局、硬件设施、体系文件等开展内部验收。5月15日，实验室投入使用，最大检测量由每日500人次提升至1,500人次。

6月30日，呼和浩特市行政审批和政府服务局组织 BSL-2 病原微生物实验室专家现场审核，对实验室风险评估报告、实验室平面工艺设计方案、实验室设计参数与认可准则符合性、实验室现场相关参数与实验室设计参数符合性、实验室安全管理体系文件和运行满足认可准则及应用说明等方面进行审核。7月14日，取得《内蒙古自治区与人体健康有关的病原微生物实验室和实验活动备案凭证》，准许实验室开展实验活动。全年，实验室完成各项检测4.7万项。

【实验室能力建设】2021年1月16日，保健中心根据2020年12月15日CNAS专家评审组对实验室质量管理体系和技术要求进行评审时提出的5项整改要求，将《记录控制程序》修订及组织学习情况、《检验结果质量控制程序》计划及组织学习情况、相关工作印证材料等27份补充整改资料提交至CNAS秘书处审核，1月22日，CNAS审核通过，并发放认可决定书，完成2020年度实验室复评审。2021年，保健中心根据《医疗机构临床实验室管理办法》，参加国家卫健委临检中心室组织室间质评34次90项；中国CDC全国艾滋病确证实验室组织能力验证1次4项；内蒙古临检中心组织开展室间质评能力验证1项12次（具体见表7-5）。

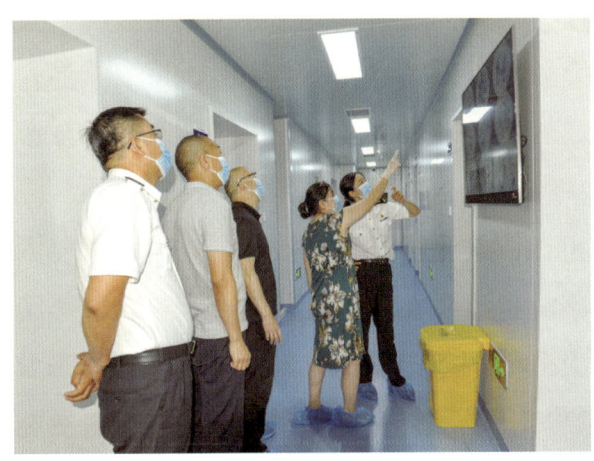

▲6月30日，呼和浩特国际旅行卫生保健中心生物安全实验室接受呼和浩特市审批局专家现场审核

表7-5　保健中心室间质评能力验证一览表

序号	质评活动	项目	频次（年/次）	样本数	结果
1	常规化学室间质评活动	钙、磷、血糖、尿素、尿酸、肌酐、总蛋白、白蛋白、总胆固醇、甘油三酯、总胆红素、丙氨酸氨基转移酶、天门冬氨酸氨基转移酶、碱性磷酸酶、肌酸激酶、乳酸脱氢酶、γ-谷氨酰基转移酶、镁、直接胆红素、α-羟丁酸脱氢酶	3	5	成绩合格，发放证书
2	国家卫健委核酸室间质评	核酸检测（病毒学）、核酸检测（非病毒学）、人乳头瘤病毒基因分型检测、人乳头瘤病毒-16、-18及分型检测、巨细胞病毒核酸检测、EB病毒核酸检测（PCR-EBV）、新型冠状病毒核酸检测	2	5	成绩合格，发放证书

表 7-5 续

序号	质评活动	项目	频次（年/次）	样本数	结果
3	内分泌室间质评活动	游离 T3、游离 T4、TSH	2	5	成绩合格，发放证书
4	肿瘤标志物室间质评活动	CEA、AFP、CA125、CA153、CA199、TPSA	2	5	成绩合格，发放证书
5	特殊蛋白室间质评活动	CRP、RF、ASO	2	5	成绩合格，发放证书
6	糖化血红蛋白室间质评活动	HbA1c	1	5	成绩合格，发放证书
7	全血细胞计数室间质评活动	WBC、RBC、HGB、PLT、HCT、MCV、MCH、MCHC	2	5	成绩合格，发放证书
8	尿液化学分析室间质评活动	比重、pH、蛋白、葡萄糖、胆红素、酮体、红细胞、亚硝酸盐、尿胆原、白细胞	2	5	成绩合格，发放证书
9	红细胞沉降率室间质评活动	血沉	2	5	成绩合格，发放证书
10	血型室间质评活动	ABO 正定型、ABO 反定型、Rh（D）	2	5	成绩合格，发放证书
11	脂类室间质评活动	胆固醇、甘油三酯、高密度脂蛋白胆固醇、低密度脂蛋白胆固醇、脂蛋白（a）、载脂蛋白 A1、载脂蛋白 B	2	5	成绩合格，发放证书
12	心肌标志物室间质评活动	肌酸激酶-MB（活性）、同型半胱氨酸	2	5	成绩合格，发放证书
13	血液黏度室间质评活动	切变率为 1/S 下的黏度、切变率为 50/S 下的黏度、切变率为 200/S 下的黏度	2	5	成绩合格，发放证书
14	感染性疾病抗原抗体快速检测室间质评活动	HBsAg、抗 HIV、梅毒螺旋体抗体、抗 HCV	2	5	成绩合格，发放证书
15	感染性疾病血清学标志物系列 A 室间质评	HBsAg、HBsAb、HBeAg、HBeAb、HBcAb、抗-HCV	2	5	成绩合格，发放证书
16	感染性疾病血清学标志物系列 B 室间质评	抗 HAV IgM、抗 HEV IgM	2	5	成绩合格，发放证书
17	感染性疾病血清学标志物系列 C 室间质评	抗-HIV、梅毒抗体（特异）、梅毒抗体（非特异）	2	5	成绩合格，发放证书
18	中国 CDC 全国艾滋病确证实验室能力验证	丙肝抗体胶体金法、酶联免疫法，HIV 抗体胶体金法、酶联免疫法和 HIV 蛋白印迹法检测。	1	5	成绩合格，发放证书
19	内蒙古临检中心组织开展的室间质评能力验证	新型冠状病毒核酸检测	12	5	100% 满意

【实验室培训及实操演练】2021年，保健中心依照加强实验室人员生物安全意识及业务能力规划要求，定期对实验室消毒管理、实验室安全管理、实验室生物安全、医疗废弃物、职业暴露应急预案及制度、实验室应对新冠肺炎疫情应急预案、入境航班新冠病毒检测消毒流程等进行培训、考核；对生物安全、职业暴露、应急预案进行演练。全年，保健中心进行各类培训（具体见表7-6）、演练（具体见表7-7）16次，培训全部合格。

表7-6　保健中心2021年培训一览表

序号	培训内容	培训范围	考核结果
1	中华人民共和国生物安全法	实验室全体人员	合格
2	病原微生物实验室生物安全管理条例	实验室全体人员	合格
3	医疗废弃物管理条例	实验室全体人员	合格
4	新型冠状病毒实验室生物安全指南（第二版）	实验室全体人员	合格
5	医疗机构新型冠状病毒感染预防与控制技术指南（第三版）	实验室全体人员	合格
6	入境航班血常规检测规程	实验室全体人员	合格
7	防护服穿脱程序	实验室全体人员	合格
8	实验室应对新型冠状病毒肺炎疫情应急预案	实验室全体人员	合格
9	实验室应对新型冠状病毒肺炎疫情应急预案	实验室全体人员	合格
10	实验室职业暴露应急预案	实验室全体人员	合格
11	实验室新冠肺炎应急演练方案	实验室全体人员	合格
12	实验室生物安全管理制度	实验室全体人员	合格
13	消毒管理作业指导书	实验室全体人员	合格

表7-7　保健中心2021年演练一览表

序号	演练时间	演练名称	演练内容	参加人员	演练方式
1	6.22	生物安全事故演练	检测过程中样本溢洒，防护出现破损，人员突发身体状况	实验室全体人员	实操演练
2	7.9	生物安全防护专项演练	生物安全防护等级，相应的生物安全防护装备，可能产生的生物安全危害处理方式，检测过程中的生物安全操作注意要点	实验室全体人员	实操演练
3	8.16	新版防控方案专项演练	新版新冠病毒防控技术方案中对样本处理处置、结果研判更改部分的演练	实验室全体人员	桌面推演

【实验室生物安全制度建设】2021年6月24日，保健中心制订实验室疫情防控方案等，在原实验室职业暴露应急预案中修订增加关于一线检测人员职业暴露应急预案。8月3日，对实验室安全管理制度进行检查排查，改版实验室体系文件，制

订文件控制、记录管理48项；修订病原微生物检测实验室质量体系、风险评估报告、质量手册、记录表格等92处，作业指导书16项；新增6个仪器操作规程和使用记录。8月19日，修订实验室病原微生物危害评估报告，更新实验室风险评估报告和风险控制情况。

【预防接种与传染病监测体检】 2021年，保健中心区分法定体检对象和非法定体检对象，开展出入境人员传染病监测体检；区分强制性预防接种和推荐性预防接种，开展预防接种。全年，保健中心完成黄热病法定疫苗接种205份；推荐性预防接种949份，其中霍乱疫苗512份、麻腮风疫苗248份、流脑疫苗108份、流感疫苗81份；完成出入境人员体检1,673人次，艾滋病检查数1,653人次，发现病例数271例，占总检人数16.20%，其中传染病36例，占疾病总数13.28%，非传染病235例，占疾病总数86.72%；签发各类证明2,966份。

【"预防接种异常反应应急处置"演练】 2021年3月12日，为提升工作人员对过敏性休克、心脏呼吸骤停等突发事件应急处置和急救技术能力，提高对预防接种不良反应防范意识，保健中心制订预防接种异常反应应急处置预案，确定过敏性休克、心脏呼吸骤停应急处置等演练内容；11月4日，开展模拟1名出入境人员在接种疫苗后出现过敏性休克，现场工作人员采用急救技术，使休克者成功苏醒，恢复正常模拟演练。呼和浩特海关分管副关长、隶属海关国际旅行卫生保健中心及相关部门业务人员近20人现场观看演练。

【艾滋病预防与筛查】 2021年11月26日，保健中心对二连浩特国际旅行卫生保健中心和包头海关综合技术服务中心HIV筛查实验室开展生物安全、实验室制度等业务培训和督导各1次。12月1日，开展"世界艾滋病日"活动，在呼和浩特白塔机场出入境候机大厅、保健中心接待大厅放映有关艾滋病教育宣传视频，宣传艾滋病危害、预防知识；针对出入境劳务人员、对外工程管理人员、留学生、涉外婚姻中外籍配偶等重点人群，组织主题宣讲；活动期间，解答医疗预防救治问题24人次，发放宣传册100多册。全年，保健中心实验室接收筛查HIV阳性样本5例，确诊艾滋病1例。

【地方标准制定与发布】 2021年7月23日，经内蒙古市场监督管理局审定，保健中心《中蒙跨境口岸地区生物媒介鼠疫监测、检测和防护技术规程》《出入境人员健康体检规程》2项地方标准发布和实施。12月6日，《〈边境口岸鼠疫检测实验室建设规范〉第1部分：总则》《〈边境口岸鼠疫检测实验室建设规范〉第2部分：鼠疫快速筛查实验室》《〈边境口岸鼠疫检测实验室建设规范〉第3部分：鼠疫核酸检测实验室》《〈边境口岸病媒生物跨境联合监测及检测技术规程〉第1部分：总则》《〈边境口岸病媒生物跨境联合监测及检测技术规程〉第2部分：鼠》《〈边境口岸病媒生物跨境联合监测及检测技术规程〉第3部分：蜱》6项地方标准初稿提交内蒙古市场监督管理局审定。

【科研项目成果】2021年，保健中心继续在内蒙古自治区科技厅立项博士基金项目"中蒙边境口岸地区病媒生物跨境联合监测及检测技术研究"，由靳木子、云华、赵治国、陈宇飞、魏怀波、王馨厚、田丽、云托娅、白潇等组成项目组。8月3日，该项目获得2020年度内蒙古自治区科学技术进步三等奖。

【学术研究】2021年，保健中心在《中国国境卫生检疫杂志》《中华疾病控制杂志》等期刊发表学术论文5篇（具体刊发情况及内容见表7-8）。

表7-8 2021年保健中心在期刊发表论文情况一览表

序号	论文名称	期刊名称	作者	主要研究内容
1	2018年中蒙联合鼠类监测及其携带病原体调查	核心期刊《中国国境卫生检疫杂志》第12期	靳木子 张胜 云华 宋亚军 李宏	对我国二连浩特—蒙古国扎门乌德口岸和阿日哈沙特—哈比日格口岸地区鼠类及其携带病原体情况进行调查研究。
2	内蒙古口岸卫生检疫核心能力现状分析	核心期刊《中国国境卫生检疫杂志》第12期	靳木子 云华 张胜 张小玲 陈宇飞	总结内蒙古各口岸卫生检疫现状，明确内蒙古各口岸卫生检疫核心能力状况。
3	肿瘤细胞代谢研究进展	核心期刊《中国国境卫生检疫杂志》第12期	靳木子 陈宇飞 张小玲 云华 范晶	总结肿瘤代谢的研究进展。
4	中国、蒙古国和俄罗斯鼠疫防治体系对比研究	核心期刊《中国国境卫生检疫杂志》第4期	郭文丽 张胜 靳木子 陈宇飞	总结中国、蒙古国、俄罗斯三国鼠疫疫源地分布、面积、人感染病例和流行情况。
5	内蒙古西部口岸地区鼠类及其携带病原体调查研究	核心期刊《中华疾病控制杂志》第6期	王宁 靳木子 蒋兰芬 张胜 云华	对内蒙古西部口岸地区开展流行病学调查，调查该地区鼠的种类、分布状况以及携带的主要病原体。

【媒介监测与鉴定】2021年4月20日，保健中心制订口岸病媒生物及鼠疫监测方案。随后，陆续派员与呼和浩特白塔机场海关、鄂尔多斯海关等海关合作开展口岸病媒监测工作，集中办理《可感染人类的高致病性病原微生物菌（毒）种或样本运输申请表》，指定专人专车承担样本运输作业。监测过程中，捕获达乌尔黄鼠、五趾跳鼠、三趾跳鼠、子午沙鼠等7种171只，检测肝、肺样本各166例，检出巴尔通体阳性117例；捕获成蚊41只，首次检出库蚊黄病毒阳性36例；捕获蜱虫92只，检出贝氏柯克斯体阳性3例、嗜吞噬细胞无形体阳性1例、斑点热群立克次体阳性72例。同时，开展病媒生物鉴定，鉴定蜱虫89只、鼠类170例，并建立呼

和浩特海关关区口岸病媒生物及鼠种类分布基础数据库。

【安全生产】2021年，保健中心修订安全隐患排查治理制度，明确各部门增加专职安全员、实行部门日检查周报告制、安全督查小组每月开展1~2次综合性安全生产大检查、假日期间领导24小时带班等规定；组织观看《中华人民共和国安全生产法》《生命重于泰山》安全生产专题片；利用海关全员培训系统（钉钉平台），全员参与《安全生产法》专题在线学习；实验室每日对实验室消防设施、试剂存放、医疗废弃物处置、特种设备管理、人员安全防护等20项内容进行检查。全年，发现试剂准备区压力表显示与实际不相符、负压实验室湿度偏低未达标准、致微高压灭菌锅滤芯达到使用寿命等问题，全部完成整改。

【医废及消毒管理】2021年4月29日，保健中心与呼和浩特市某公司签署委托处置协议书，确定医疗废物交接方式、清运时限、防护消毒等内容；6月9日，对12名物业工作人员进行消毒、防护、医废处置培训；7月1日，修订新型冠状病毒防控期间清洁与消毒、医废及污水消毒处理管理制度，明确诊室空气及地面消毒、诊室物体表面清洁与消毒、公共场所空气及地面消毒等内容。全年，保健中心完成实验室、诊室、公共区域和卫生间消毒1,500余次，环境消毒效果评价4次，采样488份；完成中心环境监测16次，采样768份，高压灭菌生物指示剂监测1次；处置医废3.3吨。

（撰稿人：李 娟 白 潇 云托娅
　　　　郝静云 靳木子）

呼和浩特海关学会

【概况】呼和浩特海关学会是呼和浩特海关内部专门从事政策理论研究的群众团体，是中国海关学会会员单位。呼和浩特海关学会第五届理事会成立于2015年3月，有会长、副会长各1名，秘书长1名、三级调研员1名和兼职学会秘书1名。按照中国海关学会和呼和浩特海关关于加强政策理论研究工作和特色新型智库建设部署，学会组织和开展关区群众性理论研究活动，主要职责是接受中国海关学会指导，结合内蒙古自治区高质量发展高水平开放和呼和浩特海关事业创新发展实际，积极开展自治区和呼和浩特海关治理体系、治理能力现代化的理论与实践问题研究，为自治区经济社会发展和呼和浩特海关改革发展提供政策理论支持；加强基层理论骨干的发现和培养，汇集和发展基层理论研究力量，为呼和浩特海关干部培养提供理论性人才储备；研究和介绍海关建制、历史沿革和管理经验，开展外部学术交流。

2021年，学会组织开展群众性理论研究征文活动，征集群众性理论研究论文146篇；秉承"理论研究引导者，工作生活聚焦者，乐守边关倡导者"理念，通过《边关瞭望》电子专栏编辑发布呼和浩特海关关区内理论研究各类文章。

【论文征集】2021年，为推动广大党员干部深入学习贯彻习近平新时代中国特色社会主义思想，呼和浩特海关机关党委（政工办）、海关学会开展庆祝中国共产党成立100周年理论文章征集，征文主题为庆祝中国共产党成立100周年，体现政治性、理论性、政策性。4月17日，呼和浩特海关布置开展"海关在总体国家安全观中的历史使命与责任担当"主题征文，征文主题以党的十九大和十九届历次全会精神为指导，紧紧围绕总体国家安全观，深入研究海关在筑牢国门安全防线、促进社会经济发展中的使命与担当，全面提升海关维护国门安全的工作能力，为维护国家安全作出积极贡献。全年，呼和浩特海关学会征集群众性理论研究论文146篇，同比增加53篇。

【论文评审】2021年9月，为确保征文质量，呼和浩特海关学会组织8名评审人员对年度征集146篇论文开展评审工作，并对论文提出修改完善意见。10月10日，在进一步修改完善基础上，推送8篇论文参加中国海关学会大连分会评审。12月15日，学会推送《探析总体国家安全观视域下海关维护国际产业链供应链安全的路径》论文，在中国海关学会获优秀奖，在全国海关5,290篇参评论文中排名第19位。12月20日，学会向中国海关学会大连分会推送论文全部获奖，其中关领导特别奖2篇、一等奖1篇、二等奖1篇、三等奖6篇（具体见表7-9）。

表7-9　呼和浩特海关学会推荐论文在中国海关学会大连分会获奖情况一览表

序号	获奖情况	论文名称	作者
1	关领导特别奖	坚持统筹发展和安全推动内蒙古自治区深度融入"一带一路"建设	李建伟
2		牢记殷切嘱托 展现更大作为 为书写新时代内蒙古发展新篇章贡献海关力量	李建伟
3	一等奖	探析总体国家安全观视域下海关维护国际产业链供应链安全的路径	崔建高
4	二等奖	濒危野生动物及其制品走私风险防控路径探究	依仁且　何江平
5	三等奖	IP视角下海关维护国门安全浅析	王宏亮
6		贯彻总体国家安全观　筑牢国门安全	王鑫禹
7		新形势下加强和改进思想政治工作 树立总体国家安全观	黄卫东
8		海关新常态下国门生物安全面临的挑战和对策	陈小仑
9		空港口岸海关旅检反恐维稳工作在当代国家安全格局中的风险及对策	周天虎

【启动换届】2021年11月26日，呼和浩特海关党委研究批准《呼和浩特海关学会换届工作方案》，同意新一届学会选举会长1名、副会长4名、秘书长1名、副秘书长1名。12月1—20日，学会启动新一届理事推选工作，各部门单位推选理事35名。

【志书出版】2021年3月24日，呼和浩特海关启动《内蒙古自治区地方志（呼和浩特海关志）》《内蒙古自治区地方志（检验检疫志）》招标程序。年末，该志书在内蒙古人民出版社审校，待出版。

（撰稿人：崔建高）

第八篇

人物荣誉

2021年荣获全国、海关总署、内蒙古自治区"两优一先"表彰集体和个人名单

颁奖部门（单位）	获奖部门单位（个人）	获奖名称
中共中央	额济纳海关党总支	全国先进基层党组织
自治区党委直属机关工委	卫生检疫处党支部	自治区直属机关先进基层党组织
自治区党委直属机关工委	呼和浩特海关机关党委	自治区直属机关先进基层党组织
自治区党委直属机关工委	赛罕海关集中审像科党支部	自治区直属机关先进基层党组织
自治区党委直属机关工委	二连海关邱云生	自治区直属机关优秀党务工作者
自治区党委直属机关工委	额济纳海关包金山	自治区直属机关优秀共产党员

呼和浩特海关首次荣获"光荣在党50年"纪念章名单

序号	姓名	性别	民族	出生年月	入党时间	党龄（周年）
1	张国元	男	汉族	19530328	1971.03.01	50
2	夏臣安	男	汉族	19520813	1970.01.07	51
3	王文京	男	汉族	19511220	1971.07.01	50
4	汪运甫	男	汉族	19490701	1970.02.17	51
5	潘 峰	男	汉族	19480718	1970.05.01	51
6	陈凤枝	女	汉族	19520523	1970.06.01	51
7	李瑞英	女	汉族	19520925	1971.07.01	50
8	李书良	男	汉族	19460108	1969.05.01	52
9	张培金	男	汉族	19440305	1966.01.01	55
10	冀生跃	男	汉族	19441218	1971.03.10	50
11	王文华	男	汉族	19420606	1971.07.01	50
12	何 钧	男	汉族	19470523	1971.02.15	50
13	王 栋	男	汉族	19470829	1971.07.01	50
14	关喜年	男	汉族	19371219	1958.11.11	62
15	刘永胜	男	汉族	19351202	1959.05.05	62
16	王鑫山	男	汉族	19350511	1956.11.01	64
17	闫 林	男	汉族	19350201	1953.11.07	69
18	杨东升	男	汉族	19341212	1971.02.01	50
19	单豪勇	男	汉族	19331007	1954.04.01	67
20	邬喜财	男	汉族	19321024	1960.12.01	60
21	马昭庆	男	汉族	19280610	1946.06.01	75
22	陈汉皋	男	汉族	19460926	1968.07.01	53
23	段步升	男	汉族	19521122	1970.12.01	50

2021年国务院"授衔令"(二级关务监督及以上)

序号	姓名	衔级
1	孙志	一级关务监督
2	高明炎	一级关务监督
3	王静	一级关务监督
4	陆杨	二级关务监督
5	王昭岩	二级关务监督
6	李恒亮	二级关务监督
7	杭小溪	二级关务监督
8	苏庆	二级关务监督
9	张福中	二级关务监督
10	李亚平	二级关务监督
11	孙毅	二级关务监督
12	宋军	二级关务监督
13	马银山	二级关务监督
14	张宏伟	二级关务监督
15	苗春雨	二级关务监督
16	成占友	二级关务监督

2021年获得扎根艰苦地区边关工作金质、银质、铜质奖章人员名录

获得金质奖章名录：黄河、那顺、萨出日勒图、张新、张永宏、白长江、李刚、达布希拉图、赵利斌、王臣成；

获得银质奖章名录：耿季军、刘海、石磊、王家平、赵晓莉、冀晓丽、张聿哲；

获得铜质奖章名录：何欣、陶勇、李月明、刘桂青、王磊、吴超、杨海涛、袁欣、聂芝君、包金山、王小平、杨东、范婷婷、王建、赵华、白靖宇。

第九篇

大事记

2021 年呼和浩特海关大事记

1月

▲6日 作为全国海关首批试运行试点单位，印发《新一代风险作业子系统非贸模块邮递应用试运行工作方案》，2月3日该系统在白塔机场海关邮递监管现场开始试运行，可下达紧急布控查验指令。

▲7日 包头海关缉私分局立案调查1起涉检行政案件，乌海市某化工公司使用未经鉴定危险物包装容器出口碳化钙22.5吨，案值11.86万元。

▲8日 检疫监管二连公路口岸"绿色通道"援助蒙古国复工复产人员243人入境。

▲11日 组建进出口货物涉检风险研判专家组，开展进出口货物涉检风险研判评估工作。

▲25日 检疫监管二连公路口岸"绿色通道"援助蒙古国复工复产人员257人入境。

呼和浩特海关技术中心制定《动物垫料中大肠埃希氏菌O157：H7/NM检测》《动物垫料中单核细胞增生李斯特氏菌检测》《动物垫料中金黄色葡萄球菌检测》《动物垫料中绿脓杆菌检测》《动物垫料中志贺氏菌检测》《动物垫料中β-溶血性链球菌检测》《动物垫料中肺炎克雷伯氏菌检测》7个地方标准获发布，2月25日开始实施。

▲25—27日 开展2021年元旦春节视频慰问活动，对关区257名困难党员、老党员、老工人、老干部进行慰问。

▲26日 与满洲里海关、内蒙古自治区应急管理厅联合建立安全生产联防联控合作机制。

▲27日 呼和浩特海关党委召开（扩大）会议，研究部署安全生产工作。

2月

▲2日 呼和浩特海关以视频形式召开2021年工作会议和全面从严治党工作会议，从做到"两个维护"坚定坚决等7个方面和政治机关建设扎实推进等7个方面对2020年和"十三五"时期工作进行回顾，确定2021年呼和浩特海关工作和全面从严治党工作总体思路。

召开2021年领导干部报告个人有关事项工作部署会，学习掌握报告要点和有关要求。

印发《政务信息会商审核办法》《政务信息量化考核办法》《政务信息约稿办法》《政务信息员管理办法》，提升政务信息工作质量和水平。

▲4日　印发《涉案财物管理工作联系配合实施细则（试行）》，明确各部门工作职责及协作机制，提升工作质效。

▲5日　全国首票《亚太贸易协定》项下蒙古国进口货物在额济纳海关通关享惠。

▲9日　在关区中蒙边境6个隶属海关现场开展确诊病例追溯模拟演练。

▲11—17日　工会举办"工会陪你E起就地过年"线上"三书三赛"活动。

▲23日　党委组建7个监督检查组，对各部门单位2019年以来巡视巡察整改情况进行为期1个月验证式检查。

▲24日　额济纳海关策克口岸智能闸机通道正式运行。

▲25日　二连海关王伊琴同志荣获全国三八红旗手。

▲26日　呼和浩特国际旅行卫生保健中心实验室从入境人员中初筛出1例HIV抗体阳性人员，为艾滋病病毒感染者。

▲27—28日　技术中心生物安全二级实验室通过CNAS组织监督评审。

3月

▲1日　呼和浩特白塔机场海关获得2020年度自治区"扫黄打非"先进集体称号，靳君文获得先进个人荣誉称号。

▲5日　党委巡察工作领导小组举办巡视巡察干部专题学习线上培训班。

团委举办"青春志愿行，建功新时代"学雷锋健康教育主题志愿服务活动。

以呼和浩特海关为主起草的内蒙古地方标准《口岸反恐怖防范要求》（DT15/T 2069—2021）在国家市场监管总局完成备案登记，正式发布实施。

▲10日　印发《关于开展"现场监管与外勤执法权力寻租"专项整治工作实施方案》通知，专项整治工作正式启动。

▲11日　召开改革创新研讨会，研究年度改革创新重点工作任务。

▲12日　印发《2021年度重大政策措施落实情况跟踪督察重点项目清单》，依据不低于30%的比例从总署项目清单中选取"持续强化口岸卫生检疫措施落实情况"等5个督察项目，确定2021年度督察重点。

召开"现场监管与外勤执法权力寻租"专项整治工作动员部署视频会议。

乌拉特海关缉私分局查获一起走私马肠衣、防风进境案，查获涉嫌走私进境马肠衣302千克、防风209千克，抓获涉案人员2人。

▲13日　关长李建伟、副关长王华就重点产品专项课题赴包头市调研。

▲16日　副关长彭志生赴呼和浩特白塔机场海关调研动植物疫情和外来入侵物种口岸防控工作。

▲17日　乌拉特海关甘其毛都口岸智能闸机通道正式运行。

经自治区工委委员会研究同意，呼和浩特海关缉私局机关党委成立。

▲18日　关区陆路口岸智能闸机系统投入使用，实现健康申报信息录入、身份信息、人脸识别、体温监测集成及蒙文版电子健康申报，通关时间由人工核验6分钟缩短至5秒。

《2021年度普法责任清单》印发实施。

▲20日　保健中心地方标准《中蒙跨境口岸地区生物媒介鼠疫监测、检测和防护技术规程》由内蒙古市场监督管理局审定，于7月23日发布、8月23日实施。

▲28日　包头海关缉私分局侦办1起"水客"走私奢侈品案件，抓获2名主要涉案嫌疑人，现场查获7个品牌奢侈品58件。

▲30日　成立边民互市贸易进口商品落地加工工作推进小组。

▲31日　召开进口大宗矿产品检验监管模式改革研讨会。

4月

▲5日　《呼和浩特海关党委关于呈报〈新时期深化内蒙古自治区建设国家向北开放桥头堡研究报告〉的报告》获自治区党委石泰峰书记批示。

▲7日　处级干部学习贯彻党的十九届五中全会精神暨党史学习教育专题培训班第一期在呼和浩特市开班。

▲9日　二连海关缉私分局立案侦办1起走私固体废物案，查获涉嫌走私入境废旧金属（车体）8.5吨，抓获犯罪嫌疑人1名。

▲13日　召开贯彻落实自治区打击走私综合治理工作会议精神专题会。

首家进境种猪隔离检疫场通过总署验收。该隔离检疫场位于鄂尔多斯市达拉特旗，占地面积16万平方米，1次可隔离种猪2,300头。

▲15日　以《中华人民共和国生物安全法》为主题开展全民国家安全教育日普法宣传活动。

▲22—23日　与内蒙古自治区商务厅等在呼和浩特市共同举办内蒙古自治区RCEP协定解读及2021年外贸形势分析培训班。

▲23日　寄递渠道查获典型案例被总署口岸监管司转发全国海关学习。

▲25日　开展《职业病防治法》宣传活动。

保健中心与中国海关科学技术研究中心签订合作共建协议，推进实验室合作平台建设。

关长李建伟、政治部主任刘伶、纪检组长孙福军专题听取"现场监管与外勤执法权力寻租"专项整治工作情况汇报。

▲26日　包头海关与蒙古国东戈壁省边境技术监督局签订《中华人民共和国包头海关 蒙古国东戈壁省边境技术监督局 中国满都拉口岸 蒙古国杭吉口岸 国际沟

通联络机制的合作安排》，建立口岸卫生检疫国际沟通机制、口岸突发公共卫生事件应急通报机制等。

召开视频会议，部署知识产权海关保护工作。

开展第16个"全国疟疾日"主题宣传活动。

关长李建伟赴包头市重点企业调研稀土产业发展情况。

▲27日　印发《2021年预算绩效管理评价工作实施方案》，成立预算绩效管理评价小组，拟定《海关预算绩效管理评价指标和评分标准》，推进全过程预算绩效管理。

▲28日　选取第三方评审机构华瑞正通（北京）管理咨询有限公司，对2020年"防止境外疫情输入专项"和"口岸检疫查验能力提升项目"2个重点项目采取评分和评级相结合方式，开展绩效评价，监督预算管理责任落实。

二连海关缉私分局查获1起走私国家禁止进出口货物案，查获涉嫌走私入境蒙古国未经加工牛皮32.86吨、骆驼皮66.42吨，抓获犯罪嫌疑人2名。

二连海关公路现场首票煤炭集中申报报关单成功完成现场综合业务处置，关区5个公路口岸进口煤炭全部通过集中申报方式通关。

▲29日　总署将二连海关作为基层减负监测点，建立情况直报机制。

▲30日　"呼和浩特海关知识产权海关保护专题执法培训"课程在钉钉平台上线。

召开领导干部大会，传达《海关总署关于专项整治工作中查处的3起违纪违法典型案例的通报》《呼和浩特海关2012年以来现场监管与外勤执法领域8起典型违纪违法案例通报》。

5月

▲7日　驻署纪检监察组吴戈副组长一行在呼和浩特海关调研"现场监管与外勤执法权力寻租"专项整治工作。

▲11日　开展"美好生活·民法典相伴"主题宣传活动。

▲15日　保健中心生物安全实验室改造完成投入使用，单日检测量由原500人次提升到1,500人次。

技术中心编写《基于低共熔溶剂的分散液液微萃取/超高效液相色谱—串联质谱法测定马肉中非甾体抗炎药》论文在核心期刊《分析测试学报》第5期发表，主要研究采用氯化胆碱和苯酚合成低共熔溶剂（DES），以其为萃取剂建立分散液液萃取（DLLME)结合超高效液相色谱—串联质谱（UPLC-MS/MS）测定马肉中10种非甾体抗炎药方法。

▲18日　保健中心地方标准《出入境人员健康体检规程》由内蒙古市场监督管理局审定，于7月23日发布、8月23日实施。

▲19日　成立"三智"工作专班，按

月调度习近平主席在中国—中东欧国家领导人峰会上重要讲话精神和"三智"工作进展情况。

▲20日 保健中心党支部联合内蒙古营养健康管理学会为呼伦南路小学学生和家长传授营养科普知识。

▲24日 与如意区工委在上东领海小区开展"'双报到'我为群众办实事"启动仪式暨"送健康进社区"活动。

▲25—29日 在中国珠恩嘎达布其—蒙古国毕其格图口岸地区开展中蒙口岸病媒联合监测，捕获鼠类5种97只，检出巴尔通体阳性48例。

▲25日 召开打私业务绩效推进会，重点分析短板不足，部署下一步工作任务。

▲27日 纪检组组长孙福军赴乌拉特海关专题调研"现场监管与外勤执法权力寻租"专项整治开展情况。

召开党委理论学习中心组（扩大）学习会，邀请内蒙古党校黄伟教授做"深入学习贯彻习近平法治思想"专题辅导。

▲28日 H2018通关管理系统3.0版应用培训通过视频方式举行。

开展进出口危险货物及其包装检验监管人员培训班。

6月

▲1日 副关长彭志生赴自治区农牧厅调研，围绕安全引进境外优良种质资源、打造农畜产品生产基地等内容开展研讨。

开展"我为群众办实事"主题党日活动，为榆树营村村民提供免费义诊和健康咨询。

▲4日 "安全生产月"活动启动，6月在关区范围内统一开展，内容包括"深入学习贯彻习近平总书记关于安全生产重要论述""宣传贯彻安全生产法，推动'第一责任人'守法履责""开展安全生产隐患举报曝光活动"等11个方面。

▲5日 工会举办"我们的节日、端午健康行"活动。

▲7日 党委组建3个巡察组进驻关税处等6个部门单位，开展2021年第一轮常规巡察。

▲8日 首次举办颁发"光荣在党50年"纪念章活动。

包头海关缉私分局立案侦办1起涉嫌走私毒品案，查获国家管制类精神类药品麦角二乙胺（俗名"LSD邮票"）50枚，抓获犯罪嫌疑人1名。

▲9日 召开警示教育动员大会。

▲10日 二连海关在进口蒙古国冷冻马肉托盘中检出新冠病毒核酸阳性货物1批。

▲10—11日 总署在呼和浩特海关进行新冠肺炎疫情防控专项督查。督查组二级巡视员赵阳等一行4人，通过听取汇报、查阅资料、现场查看、视频连线和座谈交流方式，督查新冠肺炎疫情防控工作情况。

▲11日 印发《邮递渠道安全准入

风险防控"清邮"行动方案》，开展为期2个月的邮递渠道安全准入风险防控"清邮"行动，防范安全准入（含准出）风险。

▲16日　二连海关缉私分局立案侦办1起涉嫌走私毒品案，查获国家管制精神药品唑吡坦1盒20粒、咪达唑仑1盒5支针剂、三唑仑2盒40粒，抓获犯罪嫌疑人1名。

▲18日　包头海关缉私分局立案侦办1起涉嫌走私毒品案，抓获犯罪嫌疑人1名，现场查获从日本邮寄至鄂尔多斯市国家一类精神管制药品三唑仑30片。

▲20日　自治区商务厅同意将《对外贸易经营者备案登记表》纳入"多证合一"，新设企业在办理市场开办申请时即可同步向海关申请收发货人备案。

乌拉特海关缉私分局破获1起涉嫌走私毒品案，现场查获毒品安钠咖500粒，抓获犯罪嫌疑人2名；在犯罪嫌疑人家中查获安钠咖189.3克、易制毒原料3,304.3克及制毒工具若干。

▲21日　1名关员入选内蒙古自治区反恐怖工作专家人才库特聘专家，聘请时间5年。

▲24日　经总署缉私局党组研究决定，二连海关缉私分局张海涛被评为"全国缉私部门优秀党务工作者"，包头海关缉私分局党支部被评为"全国缉私部门先进基层党组织"。

▲25日　召开打私反腐"一案双查"联席会。

▲28日　首次以视频形式组织开展口岸新冠肺炎疫情防控突发事件应急处置演练。演练内容为：隶属二连海关为口岸工作人员职业暴露突发事件应急处置，包头海关对入境人员冲关闯关突发事件进行应急处置，乌拉特海关对危急重症人员紧急通关突发事件进行应急处置。

总署党委研究决定，王静任呼和浩特海关一级总监，免去呼和浩特海关副关长职务。

隶属额济纳海关党总支获评全国先进基层党组织，书记黄卫东赴北京领奖，受到习近平总书记接见。

▲6月15日—7月15日　开展庆祝中国共产党成立100周年百名书记讲党课活动。

▲6月20日—7月20日　直属机关党委组建83人"永远跟党走"合唱队，选曲《前进吧，中国共产党》《歌唱祖国》，参加内蒙古自治区党委宣传部组织庆祝中国共产党成立100周年职工大合唱活动，在100余个参赛队伍中晋级5强，参加集中展演。

▲30日　保健中心接受呼和浩特市审批局组织BSL-2病原微生物实验室评审现场审核。

7月

▲1日　在自治区98个直属机关中以得分第一名成绩获评内蒙古自治区首届创建北疆模范机关先进单位。

卫生检疫处党支部被评为内蒙古自治区直属机关先进基层党组织。

▲2日　直属机关党委举办庆祝中国共产党成立100周年摄影书画作品展。

隶属额济纳海关监管一科党支部"探索从支部标准化、规范化入手，解决边关基层党建业务'两张皮'问题的有效路径"课题入围全国海关首批22个基层党建"书记项目"。

▲6日　印发《项目支出绩效评价管理实施细则（试行）》，确定项目支出绩效评价分为单位自评、重点项目评价和财政评价，推进预算绩效管理。

▲7日　各派驻纪检组汇报专项整治工作检查情况，各派驻纪检组通过实地"问""查""看"，对标对表对驻在单位专项整治工作进行检查。

▲8日　派驻纪检组落实《关于做好"两简"案件处置监督工作的通知》要求，对驻在单位业务办理过程中查处相对人违法行为情况进行监督。

呼和浩特白塔机场海关党总支"空港＋优"被评为2021年度全国海关党建示范品牌。

▲14日　建立党委委员每日带班视频督导、疫情防控督导组常态督查、"挑毛病"专家组随机专业督导三级联动，对各业务现场一线卫生检疫、冷链食品、高风险非冷货物工作人员检疫查验、安全防护、终末消毒监督等环节进行全方位监督。

▲15日　保健中心联合内蒙古自治区残疾人福利基金会赴兴和县开展助残义诊送健康活动。

▲16日　缉私局对教育整顿"回头看"工作再次进行研究部署。

▲19日　印发《呼和浩特海关新型冠状病毒肺炎口岸防控方案（第八版）》，对风险预警、入境交通工具检疫、入境人员卫生检疫等内容进行补充完善。

隶属白塔机场海关CT设备智能审图算法升级，更新5类算法，增加10项报警功能。

▲20日　副关长彭志生在东乌海关调研疫情防控工作开展情况。

▲21日　缉私局立案侦办1起走私毒品大麻案，在重庆市、四川省达州市统一行动抓获犯罪嫌疑人3名，缴获毒品大麻102克。

▲22日　《呼和浩特海关深化"证照分离"改革 进一步激发市场主体发展活力的实施方案》印发实施，全面推行海关涉企经营许可事项"证照分离"改革。

8月

▲3日　《中蒙边境口岸地区病媒生物跨境联合监测及检测技术研究》获得2020年度内蒙古自治区科学技术进步三等奖。

▲5日　二连海关缉私分局与二连浩特市烟草专卖局联合行动，查获利用蒙古籍货车藏匿走私进境香烟900条，案值22.3万元，涉嫌偷逃税15.39万元，抓获

犯罪嫌疑人2名。

▲9日 "牛奶中除草剂农药残留快速检测方法研究""进出口水产品中抗抑郁类药物残留量的测定研究"2个科研项目获得总署立项。

技术中心申请"牛奶中除草剂农药残留快速检测方法研究"科研课题获总署立项。

▲10日 副关长彭志生赴中国检验认证集团内蒙古有限公司,就其开展新冠肺炎疫情口岸消毒相关工作调研指导。

▲11日 《呼和浩特海关企业信用管理制度改革实施方案》实施,推进企业信用管理制度改革。

▲12日 法规处开展"海关办理行政处罚案件程序规定""海关行政许可管理办法"等专题培训。

▲17日 缉私局查获1起涉嫌违规邮寄国家管制药品案,查获三唑仑1包共56粒(每粒0.25毫克)。

调整统筹口岸疫情防控和促进外贸稳增长工作指挥部组成人员及工作职责,指挥部下设工作组12个:综合组、疫情评估组、口岸防控组、科技支撑组、信息宣传组、外事工作组、人员保障组、后勤保障组、防疫物资通关组、促进外贸稳增长工作组、商品风险监测工作组和内部防控组。

▲18日 举办压缩整体通关时间工作知识培训和业务研讨。

印发《关于做好"用身边事教育身边人"推动警示教育活动走深走实工作的通知》,要求灵活运用身边警示教育资源,持续做好政策感召。

▲20日 技术中心"食品中常见病原菌活菌叠氮溴化乙锭-微滴数字PCR快速检测技术研究"课题获内蒙古科技厅成果登记证书。

技术中心"进口牛精液中三种病原微滴数字PCR定量检测方法研究"课题获内蒙古科技厅成果登记证书。

▲20—22日 技术中心通过CMA和CNAS组织二合一远程复评审,获得认证认可3大类(食品、动物及动物产品、植物及植物产品)、59个产品,共2,625个检测参数。

▲25日 召开进口矿产品检验监管模式改革研讨会。

▲27日 开展"两步申报"改革培训与研讨。

▲30日 召开警示教育月活动专题宣讲会。

党委组建3个巡察组进驻办公室等7个部门单位,开展2021年第二轮常规巡察。

9月

▲1日 抽调各陆路口岸隶属海关卫生检疫人员,开展新冠肺炎疫情防控研判,编撰研判报告。

技术中心编写《蒙古国口蹄疫防控情况与探讨》论文在《畜牧与饲料科学》杂

志第 5 期发表，主要研究蒙古国口蹄疫疫情防控情况，建议在符合国际规则和国内规定情况下，促进蒙古国牛羊肉有序进口。

▲2 日　印发《呼和浩特海关贯彻〈"十四五"海关发展规划〉实施意见》。

▲6 日—11 月 30 日　按自查自纠阶段、现场检查阶段、汇总报告阶段、推动整改阶段 4 个阶段，开展进出口危险化学品监管措施落实情况督察自查，发现个别企业存在申报不规范、审核不严格等问题。

▲10 日　缉私局与蒙古国开展"大地女神"第 7 期和"雷电 2021"国际联合执法行动，打击固体废物和濒危物种及其制品跨境走私。

2021 年新录用公务员初任培训结业。

印发《进一步规范高风险进境航班布控与终末消毒监督工作实施方案》。

▲17 日　"中蒙海关 AEO 互认实施推进会"以视频会议形式在呼和浩特海关召开，总署企业管理和稽查司司长王胜、蒙古国海关总局风险管理司司长恩和太平、呼和浩特海关副关长肖万岐参加会议。

举办税收征管绩效考核培训会。

▲18 日　印发《推进风险管理高质量发展实施方案》，制定"短期—中期—长期"目标。

召开"现场监管与外勤执法权力寻租"专项整治领导小组工作会议，听取各部门单位推进情况及迎检准备情况汇报。

▲20 日　东乌海关珠恩嘎达布其口岸海关监管作业场所卡口启用。

▲21 日　应蒙古国人兽共患病国家中心邀请，受总署委派，副关长王华参加为纪念蒙古国人兽共患病国家中心成立 90 周年举办的"人兽共患病现状问题"国际科学大会视频会议，并在会上致贺词。

▲22 日　向自治区人民政府报送《呼和浩特海关关于促进自治区综合保税区高质量发展建议的报告》。

国务院批准内蒙古二连浩特航空口岸对外开放。

▲23 日　向总署动植司报送锡林郭勒五丰现代牧业等 3 家公司供港澳活牛育肥场注册登记，提请在总署网站予以维护和更新。这是呼和浩特海关关区首次开展供港澳活牛育肥厂注册登记。

总署"现场监管与外勤执法权力寻租"专项整治实地检查组，进驻呼和浩特海关开展实地检查。

总署食品局将呼和浩特海关撰写的《中蒙进出口食品安全管理体系比较研究报告》印发全国海关参考。

技术中心在总署立项课题"进口牛精液中两种病原双重微滴数字 PCR 检测方法研究""苜蓿黄萎病微滴数字 PCR 快速检测技术研究""马肉中非甾体抗炎类药的液相微萃取检测"通过总署科技司组织课题验收鉴定，12 月获成果登记证书。

▲24 日　举办内控机制建设和新海廉平台应用视频培训。

10月

▲1日 技术中心编写《我国数字PCR方法标准化现状》论文在《大众标准化》杂志第10期（下）发表，论文主要总结我国数字PCR方法标准化现状，提出建议。

▲9日 成立技术性贸易措施交涉应对工作专班，参加总署技术性贸易措施交涉应对专项工作，承接标法中心、全国农食产品工作组下达通报评议任等。

▲11日 安全生产工作领导小组印发《学习宣传贯彻〈中华人民共和国安全生产法〉实施方案》，开展3个月《安全生产法》学习宣传活动。

▲11—13日 在中国二连浩特口岸—蒙古国扎门乌德口岸地区开展中蒙口岸病媒联合监测，捕获啮齿动物3种36只，检出巴尔通体阳性17例。

▲10月26日—11月30日 工会举办"抗击新冠进行时 工会战疫聚人心"居家意趣活动。

▲29日 关长李建伟在保健中心调研指导内部疫情防控、实验室生物安全等工作。

▲30日 鄂尔多斯集团国际贸易公司、内蒙古鹿王羊绒有限公司先后通过AEO认证，成为海关高级认证企业。

11月

▲1日 技术中心编写《数字PCR技术在动物疫病检测中的应用》论文在《畜牧与饲料科学》杂志第6期发表，论文主要为数字PCR在动物疫病检测中进一步应用提供参考。

▲3日 《呼和浩特海关贯彻〈"十四五"海关法治建设规划〉实施意见》实施。

▲5日 技术中心"乳及乳制品中120种农药残留的气相色谱—串联质谱同时测定及确证方法研究""基于高效液相色谱—飞行时间质谱的进出口粮谷中多种真菌毒素的快速检测方法研究""微波灰化消解法在乳粉元素检测中的应用研究""气质法检测胡麻油中掺杂菜籽油的方法研究""动物垫料中沙门氏菌检测方法研究""动物垫料中大肠杆菌检测方法研究""牛囊尾蚴病检疫鉴定方法研究"7个课题获呼和浩特海关成果登记证书。

技术中心向国家知识产权局申请实用新型专利，《一种氯乙酸结晶装置》《一种氯乙酸氯化釜》《一种石油加工搅拌釜的刮板装置》《一种石油制品搅拌装置》获专利。

▲8日 中央第四督导组内蒙古副小组长都继恺现场参加呼和浩特海关缉私局教育整顿专题民主生活会，总署缉私局副局长兼政治部主任李云龙视频参会并进行点评。

▲9日 开展以查发为导向的稽查业务改革。

▲10日 举行2021年中蒙边境地海关联络官线上会晤，双方就新冠肺炎疫情

两国边境海关面临问题、深化中蒙边境地海关"三智"合作、协同加强中蒙二连浩特—扎门乌德边境经济合作区企业管理政策研究等11个事项研讨并达成共识。

▲11日 开展优化口岸营商环境暨国际贸易"单一窗口"使用第一期线上培训，讲授中国国际贸易"单一窗口"标准版货物申报——"两步申报""两段准入"与进口报关单原产地申报。

▲17日 关税处靳谦被评为2020年全国海关优秀公职律师。

▲18日 向新聘任9位特邀督察员颁发聘书，通报第二批教育整顿开展情况。

开展优化口岸营商环境暨国际贸易"单一窗口"使用第二期线上培训，讲授中国国际贸易"单一窗口"标准版海关原产地申请、原产地证书自助打印。

▲19日 成立呼和浩特海关海关史研究工作领导小组，组长由政治部主任担任，领导小组下设办公室，承担呼和浩特海关史研究谋划、呼和浩特海关口述史料抢救征集、《呼和浩特海关志》编修等工作任务。

《应急物资装备储备库管理办法（试行）》《节约能源资源管理办法（试行）》印发实施。

领导干部进行宪法宣誓。

▲21日 印发《"现场监管与外勤执法权力寻租"专项整治整改工作实施方案》，推动落实整改。

▲22日 乌拉特海关缉私分局立案侦办1起走私毒品案，现场缴获咖啡因片剂600粒、安钠咖制成品247.29克，抓获犯罪嫌疑人1名。

▲23日 选送"如何用好红色资源提升'三会一课'的质量，增强党员干部的获得感？"等3个项目，入选全国海关支部书记"百问百答"。

▲24日 召开新冠肺炎疫情防控、"国门利剑2021"行动考核工作推进会。

▲26日 印发《呼和浩特海关年鉴（2022）编纂工作方案》，成立呼和浩特海关年鉴编纂委员会，由关长任主任委员，其他关领导任副主任委员，所属各职能部门主要负责同志为编纂委员会委员，总署关史办审稿并修订完成终稿后交中国海关出版社出版发行。

《关于做好第八个五年（2021年至2025年）时期法治宣传教育工作的实施意见》印发实施。

技术中心车载移动P2+实验室通过呼和浩特海关多部门联合验收。

印发《快件渠道进口物品外包装新冠病毒检测采样实施方案（试行）》。

▲29日—12月5日 开展"宪法宣传周"宣传活动。

▲29日 直属机关党委、商品检验处、人事教育处组织关区"2021年岗位练兵和技能比武"，隶属赛罕海关张泽宇入选全国"百强选手"。12月6日，隶属二连海关查获出口电饭煲、白塔机场海关查获奥林匹克标志专有权2起侵权案入选内

蒙古自治区2021年"双打"工作10大典型案例。

▲30日　包头海关缉私分局立案调查1起擅自交付、发运海关监管货物案，涉案进口煤炭724.42吨，案值60万元。

举办"2021年蒙语翻译培训班"，强化外事翻译专业能力，推进对蒙古国边境海关合作。

12月

▲1日　开展第34个"世界艾滋病日"主题宣传活动。

▲2日　技术中心制定行业标准《出口特级初榨橄榄油中游离脂肪酸乙酯含量的测定气相色谱—质谱法》，通过总署综合业务司组织标准审定。

▲4日　"百人联千企 力行促外贸"优化营商环境专项行动入选2021年度内蒙古自治区十大法治事件。

▲9日　举行新冠肺炎疫情口岸及内部防控应知应会知识闭卷考试，全体关员参加。

▲13日　国家税则委员会采纳呼和浩特海关提出增设"沙棘汁"海关税则号列和统计商品编码建议，增设"沙棘汁"税则号"2009.8916"。

▲19日　呼和浩特白塔机场海关国际快件监管中心CT智能审图实现同屏比对。

▲20日　印发《预算管理规程（试行）》《国库集中支付管理工作规范指引》。

▲22日　"公路口岸监管作业模式改革"项目入选全国海关首批"三智"示范展示项目；"智能行政管理系统建设""海关总署生物安全三级实验室（呼和浩特）""白塔机场疫情防控全程信息化系统建设"3个项目入选全国海关"三智"先行先试项目。

▲23日　召开呼和浩特海关离退休干部工作情况视频通报会议，向离退休干部通报呼和浩特海关2021年全年工作情况。

▲26日　12360服务热线与内蒙古自治区12345热线优化归并，共享海关知识库条目。

▲28日　印发《属地查检工作方案》，推进属地查检业务改革。

▲29日　监管首列"青城号"呼和浩特—莫斯科中欧班列从中铁呼和浩特局沙良物流园区驶出开往莫斯科，满载51个集装箱，装运空调、家具等货物。

中国电子口岸数据中心呼和浩特分中心与中国建设银行内蒙古分行"关银一KEY通业务合作协议"正式签约，开设15个制卡网点，企业办理电子口岸业务时间由原来15天缩短至2小时。

▲31日　进出口整体通关时间分别为16.61小时、0.11小时，较2017年分别压缩88.82%和95.17%。

第十篇

统计资料

呼和浩特海关进出口商品年度总值表

年度	进出口（万元）	出口（万元）	进口（万元）
1992	142,946.10	51,828.10	91,118.00
1993	184,812.90	52,697.50	132,115.40
1994	309,956.20	47,415.60	262,540.50
1995	554,117.60	59,714.10	494,403.50
1996	338,367.30	60,804.50	277,562.80
1997	296,262.80	59,387.60	236,875.20
1998	301,620.30	66,975.40	234,644.90
1999	326,731.20	102,586.20	224,145.00
2000	501,395.30	112,828.20	388,567.20
2001	553,294.80	71,092.60	482,202.10
2002	739,210.90	110,239.60	628,971.30
2003	933,705.90	133,156.30	800,549.70
2004	1548,757.00	219,339.30	1329,417.60
2005	2333,307.50	471,349.30	1861,958.30
2006	2254,951.90	383,671.10	1871,280.80
2007	2234,257.30	515,710.30	1718,547.00
2008	2498,767.00	622,932.10	1875,834.80
2009	2345,336.10	649,767.70	1695,568.40
2010	3565,007.30	953,104.60	2611,902.60
2011	4842,479.10	1451,922.60	3390,556.40
2012	4718,659.60	1345,256.20	3373,403.40
2013	4551,085.50	1211,355.20	3339,730.30
2014	5201,913.00	1261,486.80	3940,426.10
2015	4086,358.60	976,384.40	3109,974.20
2016	4078,856.80	667,037.70	3411,819.10
2017	5295,971.20	927,196.30	4368,774.90

续表

年度	进出口（万元）	出口（万元）	进口（万元）
2018	6278,157.30	1098,372.90	5179,784.40
2019	7041,176.90	1539,969.90	5501,207.00
2020	6153,373.20	1487,934.40	4665,438.80
2021	7740,648.80	2135,556.90	5605,091.80

2021年呼和浩特海关进出口商品月度总值表

月份	进出口（万元）	出口（万元）	进口（万元）
1月	687,537.90	161,673.80	525,864.00
2月	579,712.40	124,220.80	455,491.60
3月	717,188.50	218,144.70	499,043.80
4月	519,982.50	137,756.50	382,226.00
5月	586,305.60	168,662.80	417,642.80
6月	736,157.10	238,999.70	497,157.40
7月	629,277.50	169,711.50	459,565.90
8月	746,822.10	237,717.90	509,104.20
9月	728,810.70	260,495.40	468,315.30
10月	721,705.30	150,784.10	570,921.10
11月	666,185.60	99,401.00	566,784.60
12月	420,963.60	167,988.60	252,975.10

2021年呼和浩特海关进出口商品国别（地区）前30位总值表

序号	国别（地区）	进出口（万元）	出口（万元）	进口（万元）
1	蒙古国	5217,360.90	1196,412.80	4020,948.10
2	澳大利亚	812,417.40	927.60	811,489.90
3	俄罗斯联邦	588,699.70	169,287.50	419,412.10
4	韩国	236,854.10	221,246.60	15,607.50
5	中国台湾	103,942.70	12,490.90	91,451.90
6	日本	91,418.10	20,385.00	71,033.10
7	越南	77,258.30	77,255.10	3.30
8	中国香港	63,056.70	63,042.70	14.00
9	美国	54,991.70	782.30	54,209.40
10	菲律宾	50,995.50	50,934.50	61.00
11	沙特阿拉伯	46,462.80	46,462.80	0.00
12	白俄罗斯	42,424.20	33,320.60	9,103.60
13	瑞典	34,565.20	1,137.30	33,427.90
14	德国	24,609.20	6,430.40	18,178.80
15	以色列	24,035.00	24,022.50	12.60
16	智利	23,772.40	23,772.40	0.00
17	阿联酋	20,512.20	20,512.20	0.00
18	中国	17,428.70	0.00	17,428.70
19	印度尼西亚	14,751.70	14,751.40	0.30
20	秘鲁	14,200.40	14,200.40	0.00
21	马来西亚	13,147.60	13,120.60	26.90
22	巴基斯坦	13,032.00	13,032.00	0.00
23	比利时	12,802.40	12,570.00	232.40
24	泰国	11,684.10	403.10	11,281.00
25	巴西	11,161.60	10,856.60	305.00

续表

序号	国别（地区）	进出口（万元）	出口（万元）	进口（万元）
26	孟加拉国	8,210.90	8,210.00	0.80
27	英国	8,181.60	195.60	7,986.10
28	哈萨克斯坦	7,524.40	4,737.90	2,786.50
29	尼日利亚	7,258.50	7,258.50	0.00
30	印度	6,004.90	5,963.90	41.00

2021年呼和浩特海关进出口商品贸易方式总值表

贸易方式	进出口（万元）	出口（万元）	进口（万元）
合计	7740,648.80	2135,556.90	5605,091.80
一般贸易	4641,785.60	1741,875.90	2899,909.70
国家间、国际组织间无偿援助和赠送的物资	2,246.70	2,246.70	0.00
其他捐赠物资	449.70	449.70	0.00
加工贸易	394,158.00	102,569.90	291,588.10
来料加工贸易	205,529.80	65,318.00	140,211.80
进料加工贸易	188,628.20	37,251.90	151,376.30
边境小额贸易	1291,809.40	164,112.70	1127,696.60
对外承包工程出口货物	7,623.60	7,623.60	0.00
租赁贸易	397.00	397.00	0.00
保税物流	1378,412.10	108,022.30	1270,389.80
海关保税监管场所进出境货物	1314,055.90	74,380.30	1239,675.60
海关特殊监管区域物流货物	64,356.30	33,642.00	30,714.30
海关特殊监管区域进口设备	626.10	0.00	626.10
其他贸易	23,140.60	8,259.20	14,881.40

2021年呼和浩特海关进出口企业性质总值表

企业性质	进出口（万元）	出口（万元）	进口（万元）
合计	7740,648.80	2135,556.90	5605,091.80
国有企业	2534,687.80	754,802.80	1779,885.00
外商投资企业	548,010.40	241,688.70	306,321.70
中外合作企业	1,658.00	1,658.00	0.00
中外合资企业	226,700.90	99,554.80	127,146.10
外商独资企业	319,651.50	140,475.90	179,175.60
民营企业	4606,122.30	1100,234.70	3505,887.60
集体企业	24,386.20	18,392.00	5,994.20
私营企业	4580,936.00	1081,366.50	3499,569.40
个体工商户	800.10	476.10	323.90
其他	51,828.30	38,830.80	12,997.50

2021年呼和浩特海关进出口商品关别总值表

代码	名称	进出口（万元）	出口（万元）	进口（万元）
0701	赛罕海关	89,692.80	4,021.80	85,671.00
0702	二连海关铁路	2204,626.30	273,153.40	1931,472.90
0703	包头海关	865,406.30	201.90	865,204.40
0704	呼和浩特海关邮办	10,893.60	9,189.40	1,704.20
0705	二连海关公路	812,366.10	672,993.30	139,372.80
0706	包头海关箱站	528,971.90	528,971.90	0.00
0707	额济纳海关	200,882.80	14,953.00	185,929.80
0708	乌拉特海关	2252,989.50	225,211.90	2027,777.70
0709	包头海关满达口岸	157,857.40	49,522.70	108,334.70
0710	东乌海关	55,622.90	4,179.50	51,443.30
0711	呼和浩特白塔机场海关	27,680.00	7,327.80	20,352.20
0712	呼和浩特综保区	6,632.60	5,333.40	1,299.20
0713	鄂尔多斯海关	52,524.80	12,463.60	40,061.10
0714	集宁海关	154,262.20	149,238.40	5,023.70
0715	乌海海关	20,023.60	20,023.60	0.00
0716	鄂尔多斯综保区	226,009.70	91,344.10	134,665.60
0717	包头保税物流中心B型	59,786.10	59,786.10	0.00
0718	巴市保税物流中心B型	1,910.90	0.00	1,910.90
0719	二连海关公路口岸直通	3.70	3.70	0.00
0720	七苏木保税物流中心B型	12,343.20	7,474.90	4,868.30
0721	阿拉善海关	162.50	162.50	0.00

2021年呼和浩特海关进出口商品运输方式总值表

运输方式	进出口（万元）	出口（万元）	进口（万元）
合计	7740,648.80	2135,556.90	5605,091.80
公路运输	3511,712.40	886,919.30	2624,793.20
铁路运输	2391,176.10	448,083.10	1943,093.10
水路运输	1582,608.00	613,588.10	969,019.90
航空运输	161,546.10	95,479.70	66,066.30
邮件运输	10,946.00	9,191.30	1,754.60
其他运输	82,660.20	82,295.50	364.70

2021年呼和浩特海关进出口商品类章总值表

序号	名称	进出口（万元）	出口（万元）	进口（万元）
1	第1章 活动物	1,270.40	5.10	1,265.30
2	第2章 肉及食用杂碎	26,990.30	16,429.40	10,560.90
3	第3章 鱼、甲壳动物、软体动物及其他水生无脊椎动物	111.40	111.40	0.00
4	第4章 乳品；蛋品；天然蜂蜜；其他食用动物产品	6,479.70	178.30	6,301.40
5	第5章 其他动物产品	169.40	0.00	169.40
6	第6章 活树及其他活植物；鳞茎、根及类似品；插花及装饰用簇叶	267.00	267.00	0.00
7	第7章 食用蔬菜、根及块茎	7,035.20	7,035.20	0.00
8	第8章 食用水果及坚果；甜瓜或柑橘属水果的果皮	105,121.70	3,967.10	101,154.60
9	第9章 咖啡、茶、马黛茶及调味香料	717.20	717.20	0.00
10	第10章 谷物	6,694.70	4,756.10	1,938.60
11	第11章 制粉工业产品；麦芽；淀粉；菊粉；面筋	3,769.60	3,769.60	0.00
12	第12章 含油子仁及果实；杂项子仁及果仁；工业用或药用植物；稻草、秸秆及饲料	29,118.60	12,626.90	16,491.70
13	第13章 虫胶；树胶、树脂及其他植物液、汁	580.40	580.40	0.00
14	第14章 编结用植物材料；其他植物产品	16.40	16.40	0.00
15	第15章 动、植物或微生物油、脂及其分解产品；精制的食用油脂；动、植物蜡	1,202.50	238.20	964.30
16	第16章 肉、鱼、甲壳动物、软体动物及其他水生无脊椎动物、昆虫的制品	27,157.40	688.30	26,469.10

续表1

序号	名称	进出口（万元）	出口（万元）	进口（万元）
17	第17章 糖及糖食	1,759.30	1,728.40	31.00
18	第18章 可可及可可制品	258.70	258.70	0.00
19	第19章 谷物、粮食粉、淀粉或乳的制品；糕饼点心	13,143.00	13,136.50	6.50
20	第20章 蔬菜、水果、坚果或植物其他部分的制品	4,772.70	4,767.10	5.60
21	第21章 杂项食品	5,155.80	3,635.90	1,520.00
22	第22章 饮料、酒及醋	1,062.00	571.20	490.80
23	第23章 食品工业的残渣及废料；配制的动物饲料	4,718.30	3,748.10	970.20
24	第24章 烟草、烟草及烟草代用品的制品；非经燃烧吸用的产品，不论是否含有尼古丁；其他供人体摄入尼古丁的含尼古丁的产品	1,744.00	1,744.00	0.00
25	第25章 盐；硫磺；泥土及石料；石膏料、石灰及水泥	39,356.10	1,330.30	38,025.80
26	第26章 矿砂、矿渣及矿灰	3253,593.60	131.00	3253,462.60
27	第27章 矿物燃料、矿物油及其蒸馏产品；沥青物质；矿物蜡	1430,437.90	126,451.50	1303,986.40
28	第28章 无机化学品；贵金属、稀土金属、放射性元素及其同位素的有机及无机化合物	6,094.80	4,863.70	1,231.10
29	第29章 有机化学品	9,367.50	9,367.50	0.00
30	第30章 药品	3,267.90	3,266.20	1.70
31	第31章 肥料	13,666.50	299.10	13,367.40
32	第32章 鞣料浸膏及染料浸膏；鞣酸及其衍生物；染料、颜料及其他着色料；油漆及清漆；油灰及其他类似胶黏剂；墨水、油墨	1,603.00	1,603.00	0.00
33	第33章 精油及香膏；芳香料制品及化妆盥洗品	697.20	584.80	112.50
34	第34章 肥皂、有机表面活性剂、洗涤剂、润滑剂、人造蜡、调制蜡、光洁剂、蜡烛及类似品、塑型用膏、"牙科用蜡"及牙科用熟石膏制剂	3,745.20	3,648.50	96.70
35	第35章 蛋白类物质；改性淀粉；胶；酶	16,793.80	14,948.30	1,845.50
36	第36章 炸药；烟火制品；引火合金；易燃材料制品	711.10	711.10	0.00
37	第37章 照相及电影用品	3,990.40	839.40	3,150.90
38	第38章 杂项化学产品	7,183.90	6,607.30	576.60

续表2

序号	名称	进出口（万元）	出口（万元）	进口（万元）
39	第39章 塑料及其制品	100,284.7	47,420.6	52,864.1
40	第40章 橡胶及其制品	30,694.40	29,514.20	1,180.20
41	第41章 生皮（毛皮除外）及皮革	2,523.30	0.00	2,523.30
42	第42章 皮革制品；鞍具及挽具；旅行用品、手提包及类似容器；动物肠线（蚕胶丝除外）制品	1,930.80	1,888.50	42.30
44	第44章 木及木制品；木炭	176,726.50	14,202.30	162,524.20
45	第45章 软木及软木制品	9.60	9.60	0.00
46	第46章 稻草、秸秆、针茅或其他编结材料制品；篮筐及柳条编结品	241.30	241.30	0.0
47	第47章 木浆及其他纤维状纤维素浆；回收（废碎）纸及纸板	198,404.00	0.0	198,404.00
48	第48章 纸及纸板；纸浆、纸或纸板制品	70,662.50	11,399.80	59,262.70
49	第49章 书籍、报纸、印刷图画及其他印刷品；手稿、打字稿及设计图纸	1,152.20	1,152.10	0.10
50	第50章 蚕丝	544.40	544.40	0.00
51	第51章 羊毛、动物细毛或粗毛；马毛纱线及其机织物	85,016.40	4,912.00	80,104.40
52	第52章 棉花	6,206.50	6,206.50	0.00
53	第53章 其他植物纺织纤维；纸纱线及其机织物	160.40	113.20	47.20
54	第54章 化学纤维长丝；化学纤维纺织材料制扁条及类似品	5,161.10	5,161.10	0.00
55	第55章 化学纤维短纤	8,022.40	8,015.50	6.90
56	第56章 絮胎、毡呢及无纺织物；特种纱线；线、绳、索、缆及其制品	2,035.60	2,035.30	0.30
57	第57章 地毯及纺织材料的其他铺地制品	2,227.30	2,100.60	126.60
58	第58章 特种机织物；簇绒织物；花边；装饰毯；装饰带；刺绣品	1,564.90	1,564.80	0.10
59	第59章 浸渍、涂布、包覆或层压的纺织物；工业用纺织制品	3,082.20	3,081.90	0.30
60	第60章 针织物及钩编织物	1,755.30	1,755.30	0.00
61	第61章 针织或钩编的服装及衣着附件	5,751.90	5,455.10	296.80
62	第62章 非针织或非钩编的服装及衣着附件	6,385.90	6,190.00	195.90
63	第63章 其他纺织制成品；成套物品；旧衣着及旧纺织品；碎织物	14,555.90	14,554.30	1.60

续表 3

序号	名称	进出口（万元）	出口（万元）	进口（万元）
64	第 64 章　鞋靴、护腿和类似品及其零件	7,437.30	7,315.20	122.20
65	第 65 章　帽类及其零件	422.00	411.50	10.50
66	第 66 章　雨伞、阳伞、手杖、鞭子、马鞭及其零件	62.40	62.40	0.00
67	第 67 章　已加工羽毛、羽绒及其制品；人造花；人发制品	227.80	227.80	0.00
68	第 68 章　石料、石膏、水泥、石棉、云母及类似材料的制品	15,830.60	15,817.00	13.60
69	第 69 章　陶瓷产品	9,526.20	9,041.20	484.90
70	第 70 章　玻璃及其制品	15,782.70	15,716.00	66.70
71	第 71 章　天然或养殖珍珠、宝石或半宝石、贵金属、包贵金属及其制品；仿首饰；硬币	1,039.40	33.40	1,006.00
72	第 72 章　钢铁	668,321.90	668,180.60	141.30
73	第 73 章　钢铁制品	130,527.80	129,564.70	963.20
74	第 74 章　铜及其制品	4,480.40	338.90	4,141.50
75	第 75 章　镍及其制品	11.80	11.80	0.00
76	第 76 章　铝及其制品	18,725.30	14,241.10	4,484.20
78	第 78 章　铅及其制品	2,111.00	40.80	2,070.20
79	第 79 章　锌及其制品	0.80	0.80	0.00
80	第 80 章　锡及其制品	0.10	0.10	0.00
81	第 81 章　其他贱金属、金属陶瓷及其制品	14.10	0.30	13.80
82	第 82 章　贱金属工具、器具、利口器、餐匙、餐叉及其零件	2,579.20	2,579.10	0.10
83	第 83 章　贱金属杂项制品	4,343.90	4,338.20	5.70
84	第 84 章　核反应堆、锅炉、机器、机械器具及零件	296,932.30	225,695.40	71,236.80
85	第 85 章　电机、电气设备及其零件；录音机及放声机、电视图像、声音的录制和重放设备及其零件、附件	278,447.00	150,961.10	127,486.00
86	第 86 章　铁道及电车道机车、车辆及其零件；铁道及电车道轨道固定装置及其零件；附件；各种机械（包括电动机械）交通信号设备	4,904.60	4,904.60	0.00
87	第 87 章　车辆及其零件、附件，但铁道及电车道车辆除外	361,395.80	356,606.60	4,789.20
88	第 88 章　航空器、航天器及其零件	2,367.80	2,367.80	0.00

续表 4

序号	名称	进出口(万元)	出口(万元)	进口(万元)
89	第 89 章　船舶及浮动结构体	87.50	87.50	0.00
90	第 90 章　光学、照相、电影、计量、检验、医疗或外科用仪器及设备、精密仪器及设备；上述物品的零件、附件	85,545.10	52,357.60	33,187.60
91	第 91 章　钟表及其零件	110.20	109.60	0.60
92	第 92 章　乐器及其零件、附件	241.80	238.00	3.80
94	第 94 章　家具；寝具、褥垫、弹簧床垫、软坐垫及类似的填充制品；未列名灯具及照明装置；发光标志、发光铭牌及类似品；活动房屋	22,014.40	21,992.60	21.80
95	第 95 章　玩具、游戏品、运动用品及其零件、附件	8,400.60	8,400.60	0.00
96	第 96 章　杂项制品	5,396.10	5,329.20	66.80
97	第 97 章　艺术品、收藏品及古物	73.10	73.00	0.10
98	第 98 章　特殊交易品及未分类商品	28,363.50	15,366.00	12,997.50

缩略语

缩略语

AEO：世界各海关对高信用企业的统称，中文译名为"经认证的经营者"。

AGV：自动导引运输车。

APHIS：美国农业部动植物卫生检验局。

ASEM：亚欧会议。

AOPA：中国航空器拥有者及驾驶员协会

B2B：企业与企业之间通过专用网络或互联网进行数据信息的交换、传递，开展交易活动的商业模式。

B2C：企业对个人商务模式。

B类快件：境内收寄人（自然人）收取或者交寄的个人自用物品（旅客分离运输行李物品除外）。

CMA：检验检测机构资质认定。

CITES：《濒危野生动植物种国际贸易公约》

CNAS：中国合格评定国家认可委员会。

CNCA：中国国家认证认可监督管理委员会。

C类快件：价值在5,000元人民币（不包括运、保、杂费）及以下的货物（涉及许可证件管制的，需要办理出口退税、出口收汇或者进口付汇的除外）。

e-CIQ系统：中国电子检验检疫系统。

EDI：电商经营许可证。

HIV：人类免疫缺陷病毒。

ICP：网络内容服务商。

JC2006：企业信用信息调查子系统。

Online：在线的、在网上。

PDF文档：便携文档格式。

REACH指令：《化学品的注册、评估、授权和限制》，是欧盟对进入其市场的所有化学品进行预防性管理的法规。

RCEP：《区域全面经济伙伴关系协定》。

P2实验室：生物安全防护二级实验室。

P2+实验室：加强型生物安全二级实验室。

P3实验室：生物安全三级实验室。

SCI：《科学引文索引》。

TIR：国际公路运输协定。

WCO：世界海关组织。

WTO/TBT 协议：世界贸易组织《贸易技术壁垒协议》。

WTO/SPS 协定：世界贸易组织《实施卫生与植物卫生措施协定》。

"7 个 100%"：筛查环节 100% 查验健康申报、开展体温筛查、实施医学巡查；排查环节 100% 实施流行病学排查、医学排查、实验室检测排查；处置环节 100% 对有症状者、疑似病例、无症状感染者和确诊病例一律转运地方卫生健康部门妥善处置。

"14+7+7"或"N+7+7"集中封闭管理：14 天或 N 天 +7 天 +7 天集中封闭管理。

12360 海关热线：中国海关社会公益服务号码。

"一案双查"：外查走私案件与内查违纪违法问题同步进行。

"一岗双责"：对业务工作和党风廉政建设负双重责任。

"两步申报"：第一步概要申报提货，第二步完整申报。

"两段准入"：分段实施"准许入境""合格入市"监管。

"两轮驱动"：随机抽查、精准布控。

"双报到"：党员到所在社区和居住地区报到。

"三智"：智慧海关、智能边境、智享联通。

"三会一课"：定期召开支部党员大会、支部委员会、党小组会，按时上好党课。

"三项制度"：行政执法公示制度、执法全过程记录制度、重大执法决定法制审核制度。

"三查三排一转运"：对入出境人员实施 100% 查验健康申报、全面开展体温监测筛查、严密实施医学巡查；对发现有症状、来自疫情严重国家或接触过确诊病例人员，严格实施流行病学排查、医学排查和实验室检测排查；对判定的确诊病例、疑似病例、有症状人员和密切接触者"四类人员"，一律按照有关规定落实转运、隔离、留观等防控措施。

"三区两通道"：生活区、医学观察区、物资保障供应区；工作人员通道和隔离人员通道。

"三重一大"：重大事项决策、重要干部任免、重要项目安排，大额度资金的使用。

"三项制度"：行政执法公示制度、执法全过程记录制度、重大执法决定法制审核制度。

"三公"经费：因公出国（境）费、公务接待费、公务用车运行维护费及购置费。

"四定原则"：定时间、定地点、定方法、定人员。

"四不两直"：不发通知、不打招呼、不听汇报、不用陪同接待，直奔基层、直插现场。

"四自一简"：综合保税区内企业自主备案、合理自定核销周期、自主核报、自主补缴税款，海关简化业务核准手续。

"四个最严"：最严谨的标准、最严格的监管、最严厉的处罚、最严肃的问责。

"四强"支部：政治功能强、支部班子强、党员队伍强、发挥作用强支部。

"四必须"：必须成立工作专班、必须制订工作方案、必须建立管理制度、必须严格监督管理。

"五关"建设：政治建关、改革强关、依法把关、科技兴关、从严治关。

"五件套"：登记造册、两点一线、封闭管理、一天一检、全员全程接种疫苗。

"五有"：有疫情防控指南，有完善的防控管理制度和责任人，有适量口罩、洗手液、消毒剂等防护物资储备，有属地医疗卫生力量支持，有应急工作预案、隔离场所和转运安排准备。

"六稳"和"六保"：稳就业、稳金融、稳外贸、稳外资、稳投资、稳预期工作；保居民就业、保基本民生、保市场主体、保粮食能源安全、保产业链供应链稳定、保基层运转。

"六个不"：由地方联防联控机制管理的，标准不降低、区域不交叉、通道不共用、空调气流不交换、人员不接触、管理不缺位。

先放后检：进口矿产品经放射性监测、外来夹杂物检疫等现场检验检疫符合要求后，即可提货。

"多证合一"：企业在办理工商注册登记时，可同时通过"多证合一"方式申请办理进出口货物收发货人备案登记，无需再到海关办理备案登记手续。

"互联网＋海关"：在互联网上办理海关相关业务的一体化平台。

"双随机、一公开"：在监管过程中随机抽取检查对象，随机选派执法检查人员，抽查情况及查处结果及时向社会公开。

"单一窗口"：通过单一平台提交标准化信息和单证。

汇总征税：一定时期内多次进出口货物应纳税款汇总计征。

提前申报：经海关批准的企业可以在进口货物启运后、抵港前或出口货物运入海关监管场所前3日内，提前向海关办理报关手续。

主动披露：与进出口业务直接有关的企业、单位主动向海关报告其违反海关监管规定，并接受海关处理的行为。

"水客"：一种俗称，专指受人雇佣，以帮人携带普通物品进出境，赚取"代工费"为谋生手段的无业人员。

"双无"固体废物：无法确定责任人或者无法退运的固体废物。

"关银—KEY通"：中国电子口岸数据中心与中国建设银行合作推出的新型电子口岸客户端安全产品。

条目汉字笔画索引

条目汉字笔画索引

说明

1.本索引供读者按条目标题的汉字笔画查检条目。

2.条目标题按第一字笔画由少到多的顺序排列。笔画相同的字，按起笔笔形一（横）、丨（竖）、丿（撇）、丶（点）、乛（折，包括く、𠃌、乚等）的顺序排列。第一字相同的，依次按后面各字的笔画和起笔笔形顺序排列。

3.用阿拉伯数字和英文字母开头的条目标题，依次排在全部汉字开头条目标题的后面。

一画

"一把手"和领导班子纪检监督　103
"一把手"和领导班子监督　95
一线工作人员集中封闭管理　150
"一带一路"重点口岸病媒生物专项监测　154

二画

"十四五"动植检实施方案制订　160

人才培养建设　109
入选"'我为群众办实事'百佳项目"　90
入选十大法治事件　126

三画

三项课题验收鉴定　341
"三重一大"事项决策制度修订　95
"三重一大"制度制修订　333
"三智"示范展示　186
"三智"建设与合作机制　216
"三智"项目培育展示　216
干部人事档案专项审核　109
干部选拔任用　106
工会陪你E起就地过年　97
大数据应用队伍建设　140
大数据应用效果　140
与检察、审判机关联系配合　213
口岸卫生监督　281　289
口岸开放　117
口岸公共卫生监督　152
口岸生物安全风险防控研究　151
口岸生物安全宣传教育　151

口岸发展　117
口岸食品安全抽检　153
口岸监管　265　269　283　291　297
口岸病媒生物及鼠疫监测　306
口岸病媒生物监测　274　295
口岸常规病媒生物监测　153
口岸常态化新冠肺炎疫情防控技术方案
　　修订　148
口岸新冠肺炎疫情防控　281　289　300
口岸新冠肺炎疫情防控机制建设与运行
　　147
口岸新冠肺炎疫情防控国际合作　277
口岸新冠病毒实验室检测　346
个人有关事项报告查核处理　109
卫生检疫　273　294　305
习近平新时代中国特色社会主义思想教育
　　培训　110

四画

专业技术类公务员分类管理　108
专项科研申报　225
支持AGV跨境无人驾驶自动通关项目
　　建设　302
"互联网+核查"　277
互联网信息编报　231
《中华人民共和国进出口食品安全管理办
　　法》宣传贯彻　163
中欧班列监管　178　275　307　313
中蒙边境地海关联络官会晤　217
中蒙病媒生物联合监测　217
中蒙联合病媒生物监测　277

内设机构调整　106
内部质量控制管理　338
内控机制建设培训　249
内控评价　249
内控管理　249
牛结节性疫病防控　157
化学品废弃物管理　341
反恐培训与演练　188
分流入境航班监管接受督导　178
公车管理　330
公文处理制度落实　233
公文质量管理　233
公务用车管理　245
公务员初任培训　111
公务员招录　109
公司制度汇编　336
公司管理　336
公路口岸智能卡口联动　186
公路进出境运输工具备案管理　177
公路运输进出境货物监管　180
风险信息管理　137
风险预警机制建设　137
风险管理高质量发展规划与实施方案制订
　　138
为企业排忧解难　334
为基层减负　96
队伍建设　267　272　288　310　321
　　328
队伍建设平台推广应用　110
以企业为单元税款担保改革　132
以案示警　104

以案促改　105

五画

打击"水客"长效机制建设　210
打击走私综合治理考评机制建设　214
打击走私综合治理会议　213
打私反腐"一案双查"　103
打私综合治理调研　213
打私联合执法　213
艾滋病预防与筛查　350
节约型机关创建　329
节能管理　245
节假日施工　330
北疆模范机关创建　95
业务运行风险监控　138
业务统计　192
业务数据分类分级标准安全管理　193
"四风"监督　102
外来入侵物种防控　158
外事队伍建设　218
外事培训交流　218
立法建议被总署吸纳　123
出入境旅客健康申报电子化　183
出口化肥检验监管　175
出口食品企业培育　169
加工贸易企业监管　206
召开外贸新闻发布会　193
边关工作荣誉表彰　110
发挥离退休干部作用　259

六画

刑事执法质量检查　212
动植物检疫　300
执纪审查协作办案　104
执法一线科长队伍建设　107
执法质量管控　212
地方标准制定　343
地方标准制定与发布　350
《亚太贸易协定》项下货物享惠　145
权责清单编制参与和修改建议　124
"过紧日子"定期评估　241
协同防控　144
协助综保区面积调整　135
压缩整体通关时间培训交流　118
"百人联千企　力行促外贸"专项活动　118
　　318
成立压缩整体通关时间工作专班　118
成立技术性贸易措施专班　218
成立知识产权海关保护工作专班　131
成立党员突击队和创新专班　92
师资建设　111
网络安全宣传周　222
年末年初税费财务管理　240
年鉴编纂方案制订与启动　238
传染病监测能力提升　151
优化口岸营商环境　265　276　291　302
　　309　313　318　322
优化和改善企业管理　203
优化营商环境专项活动　285
优化营商环境措施及任务分工　118

401

优化营商环境新闻发布会　117
自治区人大建议办理　234
自治区政协提案办理　235
向北开放重要桥头堡研究　194
行业标准制定　344
行邮税征管应用系统试点　144
行政大要案报批　211
行政执法"三项制度"落实　124
行政执法质量检查　211
行政规范性文件清理建议被自治区采纳
　　123
行政审批改革培训　204
行政审批制度改革　203
行政复议、诉讼信息维护与机制建设
　　123
全民国家安全教育日宣传活动　125
"全国疟疾日""世界艾滋病日"
　　主题宣传　151
会议管理制度落实　232
合作共建实验室　223
企业备案改革　204
企业注销管理　205
企业信用培育与差别化管理　205
企业信用管理　205
企业集团加工贸易监管　206
企业集团财务公司税款担保　143
企业管理　269　284
"多证合一"备案　204
多项研究获成果登记证书　342
多项测量审核获通过　338
多病共防　152

问责　104
关区业务集中处置　268
关级课题研究　200
"关银一KEY通"合作项目　333
安全生产　322
安全生产　329　335　352
"安全生产月"活动　190
安全生产联防联控合作　188
安全生产管理　189
论文评审　353
论文征集　353
农产品"绿色通道"监管　274
防止商品假冒伪劣"清风行动"　175
纪律审查　103
纪检监察　263　272　281　288　293
　　299　304　310　316　320
巡审联动　100
巡视长期整改　99
巡视监督重点自查梳理和整改　99
巡察干部管理　100
巡察学习与研究　101
巡察组织建设　99
巡察整改监督　101

七画

形势分析及工作督查例会　233
进口牛精液检疫监管　158
进口冷链货物预防性消毒监督　180
进口冷链食品疫情防控　168
进口冷链食品疫情防控人员安全防护
　　168

进口冷链食品疫情防控应急演练 169

进口种羊检疫监管 157

进口种鸡隔离检疫监管 296

进口种猪检疫 157

进口原油质量检验监管 174

进口铜精矿检验监管 174

进口粮食加工管理 160

进口煤炭评估 250

进口煤炭质量安全风险管理试点 173

进口煤炭检验监管 174

进出口危化品督察 248

进出口危险品及其包装检验监管 171

进出口危险品业务培训和岗位练兵 172

进出口危险品属地查验 172

进出口农产品和饲料安全风险监控 159

进出口防疫物资质量安全监管 173

进出口食品民生项目 164

进出口食品安全风险监测 165

进出口食品安全合作 167

进出口食品安全信息编报 165

进出口食品安全宣教 290

进出口食品安全监督专题培训 164

进出口食品安全监督抽检 164

进出口食品安全监管 275 283 308 313 317

进出口商品质量安全预警监管 175

进出口商品质量监督检查 176

进出口粮食等企业资质审核 160

进出境动植物检疫处理工作质量检查 161

进出境动植物检疫处理监督管理 160

进出境动植物检疫岗位资质培训 161

进出境航空器监管 177

进境动物隔离场验收制度制定与运行 155

进境物品税收征管督导核查 144

进境种羊隔离检疫 282

进境种猪隔离场审验 158

进境种猪隔离场验收与检疫准备 307

运维服务与巡检管理 336

扶贫驻村干部选派 110

技术性贸易措施调查及案例 130

技术性贸易措施影响调查 218

走访慰问老党员老干部 257

走私冻品和"双无"固体废物移交处置 243

志书出版 354

劳动合同管理 333

"两个阵地"建设 258

"两步申报"业务改革推广 128

"两步申报"业务改革培训 128

医废及消毒管理 352

来自动物疫区运输工具检疫 156

助企动植物检疫专项活动 161

邮递物品风险防控 139

邮递物品监管 181

困难帮扶 257

财务及后勤保障 314 323

财务内部控制建设 244

财务制度修订 335

财务基础工作核查 244

财务管理 265 270 298 303

"我看建党百年新成就"专题调研　255
估价管理　142
系统应用管理　221
应对重大疫情卫生检疫设施项目改造
　　295
应对境外技术性贸易措施　170
应急值守　231
沙棘税号申请　191
快件监管　181
"证照分离"改革实施方案制订与落实
　　122
启动换届　354
改进离退休干部管理　256
改革创新课题研究　197
陆路口岸检疫查验　148

八画

"现场监管与外勤执法权力寻租"专项整治
　　104
事业单位岗位设置管理　108
国门生物（动物检疫）安全监测　156
国门生物（植物检疫）安全监测　159
国门生物安全监测　311
"国门守护"进口食品安全行动　169
"国门利剑"稽查行动　207
"国门利剑2021"风险防控　139
"国门绿盾"行动　159
国库集中支付管理规范制定　242
国库集中支付管理培训　242
国际地区执法合作　213
固体废物属性鉴别　172

固体废物属性鉴定实验室建设　341
固定资产清查与处置　335
"呼和浩特—莫斯科"中欧班列首发监管
　　179
知识产权海关保护专项行动　130
供港澳活牛育肥厂注册　156
"质量强企"合作　333
征管规范　145
服务企业发展　296
"放管服"改革落实措施与成效　122
"单一窗口"业务创新　120
"单一窗口"推广应用　119
"单一窗口"推广培训　119
法制宣传与培训　212
法治人才队伍建设　123
法治建设　272　281　288　294　300
　　305　311　321
法治建设规划实施意见制定　122
《法治参考》专栏设立　127
法治宣传教育规划实施意见制定　124
法治宣传教育基地培育　127
法治调研与合作　125
法治培训　123
法律顾问聘用与民事合同审查　124
治理违反中央八项规定精神突出问题　96
学习宣传习近平法治思想　121
学术研究　342　351
实验室生物安全制度建设　349
实验室仪器设备使用与管理　224
实验室安全检查　223
实验室安全管理　340

实验室建设　223
实验室建设审计调研　248
实验室能力建设　347
实验室培训及实操演练　349
实验室检测资质认可　339
实验室管理与布局　223
试点推广原产地无纸化申报　307
建立进出境动植物检疫审核验收专家库
　　161
隶属海关政务公开调研　237
参与口岸反恐标准制定　188
参与署级执法评估专题　250
参加"永远跟党走"合唱比赛　97
参加国家级和其他机构能力验证考核
　　338
线下活动新冠肺炎疫情防控工作方案制订
　　239
组建税收征管人才库　143
经济责任审计　248

九画

贯彻《"十四五"海关发展规划》实施意
　　见制定　196
项目支出核心绩效指标体系修订　241
项目支出绩效评价与绩效运行监控管理
　　241
政务公开能力提升　236
政务信息管理　231
政务管理　265　270　314　318
政府工作督查　234
政府采购实施　330

政府采购管理专项检查　244
查验随机与"选查处"分离　207
查缉走私　264　276　284　292　298
　　301　309　317　322
研提促发展建议　133
选人用人检查自查　108
科技人员跟班作业　222
科技发展　302
科技发展规划实施意见制定　226
科技成果及奖励管理　225
科技项目验收评审管理　225
科技宣传　226
科研项目成果　351
重大政策措施督察　247
重要野生动物鉴定课题研究　278
重点工作专项审计　248
重点实验室项目总验收　244
重点建设项目绩效评价　244
重点商品调研　202
复工复产"绿色通道"入境监管　183
保密法宣传教育　235
保密管理职责履行　235
保税物流监管　312
保税监管安全生产与案例　134
信访工作　237
信息化制度建设　222
信息收集转化　137
信息系统安全保障　222
食品安全宣传　163
食品营养健康宣传　167
贸易统计　192

"美好生活·民法典相伴"普法宣传 125
首单"班列+电商"业务监管 182
派驻监督 102
举办建党100周年摄影书画作品展 90
宣传贯彻《中华人民共和国数据安全法》 193
"宪法宣传周"活动 126
绒毛出口企业推荐至欧盟 156
统计咨询服务 194
统计监测分析 202

十画

获评全国先进基层党组织 92
档案安全检查 236
档案资料保管 236
核心设备及基础设施建设 220
监控指挥中心运行管理 187
监管业务 301 312 316 321
监管场所巡查 183
监管场所验核与存储危险品排查 183
党委理论学习中心组学习 89
党的建设 263 267 271 280 287
　　293 299 304 310 315 320 327
　　332 337 345
铁路口岸司机电讯检疫 273
特色产业产品监管 269
特别贸易关注议题 219
特定资质企业管理 205
特殊区域内跨境电商验核与稽查 134
特殊区域管理子系统上线 135
健康教育 150

准备期养老保险金、职业年金核算和清缴 244
病媒生物及鼠疫监测 282
病媒生物及鼠疫监测 290
离退休干部文化宣传 258
离退休干部参加重要会议 256
离退休干部思想政治建设 253
离退休干部信息化服务 257
离退休干部党支部建设 253
离退休干部党支部品牌培育 254
离退休干部党风廉政建设 254
离退休干部党史学习教育 254
离退休干部党委工作制度制定 252
离退休干部教育培训 258
资产处置与年金清缴 331
资产管理 246
竞争性选调 108
旅客行李物品监管首次采用"一次过检"模式 182
酒驾醉驾治理监督 103
涉外会议保障 335
涉案财物仓库安全管理 242
涉案财物保管 330
涉案财物配合管理制度修订 242
涉案财物管理自查 242
涉检风险研判 139
涉税化验调研 143
海关口述史料征集 238
海关全民所有制企业改制 243
海关企事业单位脱钩 243
海关技术规范制修订 130

海关法治宣传日活动　126
《海关政研》专栏采编　199
案件审理委员会会议　124
案件集体审议制度制定与执行　212
调查问卷填报与分析　191
通关专题研究分析　129
通关运行监测分析　129
通关时效评估　250
预防性消毒处理监督指导　152
预防接种与传染病监测体检　350
"预防接种异常反应应急处置"演练　350
预算绩效管理评价　241
预算管理　240

十一画

培训方式形式多样化　111
培训对象分级分类　111
培训机制建设　111
职称评审　109
基层党建品牌创建　91
基层减负督查　233
黄河流域监测分析　202
检疫监管制度制定与运行　155
检验检疫　264
"辅助系统"二期建设与应用　186
辅助系统建设　133
常规巡察　100
"猎鼠"专项行动　138
商品检验　283　290　308
"断链刨根"专项整治　182
"清邮"行动　140

寄递渠道知识产权海关保护专项行动
　　131
综合治税　142
综合保税区监管　269　306

十二画

联络官调整报批　217
落实"四自一简"政策　132
落实"问题清零"机制　129
落实海关系统全民所有制企业改制　331
最强党支部建设　91
智能卡口与智慧审图系统建设　221
智能闸机电子化验核应用　187
智能审图同屏比对　187
税收分析　142
税收征管　284　292　297
税政调研　141
税费财务管理制度落实　240
税款担保改革　143
集装箱进口高风险非冷链预防性消毒方案
　　制修订　180
禽流感疫情防控　156
竣工结算审计　249
普法责任清单与计划制订　125
属地纳税人管理　142
属地查验　316
属地查验改革　208
属地新冠肺炎疫情防控　273　289
媒介监测与鉴定　351
缉私工作会议　209
缉私专项行动推进　210

407

缉私重点任务分工方案制订 210
编制项目支出规划 241
编制核查 106

十三画

携手助企专项活动 143
"蓝天2021"专项行动 211
蒙古国食品安全管理体系研究 165
禁限管控 129
概况 89 99 102 106 117 121 128
　　132 137 141 147 155 163 171
　　177 191 203 209 215 220 231
　　240 247 252 263 267 271 280
　　287 293 299 304 310 315 320
　　327 332 337 345 353
督察内审 285 292
跨境电商平台建设 335
跨境电商政策研究 277
跨境电商保税进口操作指南制定 133
跨境客车渠道风险防控 139
署级风险预警课题 138
署级合作项目研究 215
署级科研立项 224
署级课题研究 199
署级跟踪督察 247
签署国际口岸卫生检疫合作协议 285
简化申报与随机巡查 182
廉政意见回复 103
新闻宣传 237
新冠肺炎季节性疫情防控方案制订 148
新冠肺炎疫情内部防控 272 328

新冠肺炎疫情内部防控制度制定 238
新冠肺炎疫情内部防控管理系统上线运行 239
新冠肺炎疫情防控 264 268 311 321
　　333 338
新冠肺炎疫情防控人力保障 107
新冠肺炎疫情防控专项督导 149
新冠肺炎疫情防控安全防护监督 149
新冠肺炎疫情防控安全防护培训计划与实施 149
新冠肺炎疫情防控安全防护督导 251
新冠肺炎疫情防控安全防护管理 149
新冠肺炎疫情防控技术支持 346
新冠肺炎疫情防控应急处置及演练 150
新冠肺炎疫情防控物资保障 245
新冠肺炎疫情防控保障 328
新冠肺炎疫情防控监督 102
新冠肺炎疫情防控督导 251
意识形态管理 90
数字实验室切换上线 224
数据分析 193
数据安全管理 340
群团组织建设 97

十四画及以上

稽查业务改革方案制订 206
遴选进口食品境外生产企业注册评审员 163
警示教育月活动 96
警示教育活动 95

12360服务热线归并　236

2021年工作会议　232

2021年全面从严治党工作会议　232

HLS2017平台应用　250

P2+实验室建设　346

P3实验室制度建设　346

RCEP实施准备　145

"中国海关史料丛书" 编委会

主 任 委 员　　胡 伟

副 主 任 委 员　　黄冠胜　杨振庆

编 委 会 委 员　　刘学透　赵燕敏　吴瑞祥　刘书臣　黄秀生
　　　　　　　　　李海勇　王晓刚　田 壮　王 虹　刘先中

执 行 主 编　　谢 放　詹庆华　郭志华

编　　　　辑　　房 季　王 虎　解 飞　范嘉蕾　李 多
　　　　　　　　刘金玲　贺 红